AMRA

Frank Joseph

LEMURIEN

Aufstieg und Fall der ältesten Weltkultur

Aus dem Amerikanischen
von Thomas Görden

AMRA

Brandheiße Infos finden Sie regelmäßig auf:
www.facebook.com/AMRAVerlag

Besuchen Sie uns im Internet:
www.AmraVerlag.de

Amerikanische Originalausgabe:
The Lost Civilization of Lemuria. The Rise and Fall of the World's Oldest Culture

Deutsche Erstausgabe im AMRA Verlag
Auf der Reitbahn 8, D-63452 Hanau
Hotline: + 49 (0) 61 81 – 18 93 92
Service: Info@AmraVerlag.de

Herausgeber & Lektor	Michael Nagula
Einbandgestaltung	Guter Punkt
Layout & Satz	Birgit Letsch
Druck	CPI books GmbH

ISBN Printausgabe 978-3-939373-18-6
ISBN eBook 978-3-95447-062-4

Inhalt

Für Professor Nobuhiro Yoshida,
Vorsitzender der Japanischen Gesellschaft
für Petrografie

EINLEITUNG

Terra incognita

Es reizt uns herauszufinden, ob der Umstand, dass einige dieser Glaubensvorstellungen und Legenden so viele verbindende Elemente aufweisen, auf bloßen Zufall zurückzuführen ist, oder ob die Ähnlichkeit zwischen ihnen nicht auf eine uralte, völlig unbekannte und unvermutete Zivilisation hindeutet, von der alle anderen Zeugnisse verschwunden sind.

PROFESSOR FREDERICK SODDY,
NOBELPREISTRÄGER, 1910

Die bedrohliche Silhouette eines Fremden tauchte plötzlich aus der Dunkelheit auf. Als ich die Fäuste hob, um mich zu verteidigen, packten zwei Komplizen mich von hinten, jeder auf einer Seite. Jemand drückte mir den Hals zu, und einen Augenblick später sackte ich, nach Luft ringend, aufs Straßenpflaster.

Es dauerte eine Weile, bis das Bewusstsein langsam wieder in mein nach Sauerstoff hungerndes Gehirn zurückströmte. Ich war in der Nacht allein. Der Überfall kam mir fern, vage, unwirklich und traumartig vor. Ich blickte zum Nachthimmel empor, wo jenes kosmische Halsband funkelte, das wir die Milchstraße nennen. Für kurze Zeit lag ich ruhig auf dem Rücken, fast wie auf der friedlichen Prärie meiner Jugendzeit in Illinois. In Wirklichkeit befand ich mich auf den Pflastersteinen einer Gasse in Cuzco, der alten Hauptstadt Perus. Diese Gasse verband die nach der Eroberung durch die Spanier erbaute Kathedrale mit der Coricancha, dem eindrucksvollen Tempel der Inka, bekannt als Goldener Hof. Man hatte mich sozusagen zwischen den Welten überfallen. Cuzco war der Nabel der Welt, das heilige Zentrum der ewigen Wiedergeburt.

Schwankend rappelte ich mich auf. Ich war dankbar, am Leben zu sein und keine Verletzungen durch Dolche davongetragen zu haben, wie Räuber sie in dieser Erdregion traditionell bei sich tragen, wo Diebstahl in all seinen Spielarten eine nationale Industrie ist. Aber meine Kehle war rau und das Schlucken schmerzhaft. Schlimmer noch, man hatte mir mein Geld und sämtliche Ausweise gestohlen – Reisechecks, Kreditkarte, Pass. Nun befand ich mich ohne sichtbare Unterstützung oder Identität in einem sehr fremden Land – keine empfehlenswerte Situation.

Trotz meiner Benommenheit und dem Schock angesichts dieser gewalttätigen Begegnung musste ich an den letzten Inka-Herrscher denken, Atahualpa, der von den Spaniern vor fünf Jahrhunderten erdrosselt worden war. Ich wusste jetzt, wie es sich anfühlen musste, ermordet zu werden. Es war gar nicht so schlimm. Das Leben war es, das schmerzhaft war. Man weiß, dass man lebt, wenn man Schmerzen hat. Dennoch fühlte ich eine innere Verbundenheit mit dem alten Atahualpa.

Trotz dieses misslichen Abenteuers setzte ich in klapprigen Eisenbahnzügen meine Reise durch die Anden fort, deren Ziel die Himmelsstadt der Inka war. Um Mitternacht war ich mit den umgebenden Berggipfeln allein. Ich sah eine Nebelbank sich langsam teilen. Wie ein gespenstischer Vorhang öffnete sie sich und gab den Blick auf das in unheimlichem Mondlicht schimmernde Machu Picchu frei. Von dort aus erkundete ich den Titicacasee, den am höchsten gelegenen See unseres Planeten, und die in der Nähe befindlichen Ruinen von Tiahuanaco, der unerklärlichen Hauptstadt eines Reiches, das es eigentlich gar nicht gegeben haben dürfte. Im Herrera-Museum in Lima war ich auf die blonden und rothaarigen Mumien eines offensichtlich nicht-indianischen Volkes der Vor-Inka-Zeit gestoßen, das vor langer Zeit die Pazifikküste beherrscht hatte. Tage später überflog ich in einem gecharterten Kleinflugzeug die häufig von Erdbeben geschüttelte Ebene von Nazca. Aus tausend Metern Höhe über Grund fotografierte ich die sich über Dutzende von Kilometern erstreckende größte Kunstsammlung überhaupt, wo die trockenste Wüste der Erde mit gigantischen Bildern von Pflanzen und Tieren, geometrischen Figuren und schnurgeraden Linien verziert ist.

Später, auf den solideren Boden des nördlichen Illinois zurückgekehrt, war ich immer noch ganz erfüllt von den Bildern und Emotionen dieser fast zweimonatigen intensiven Reise in die vorspanische Vergangenheit Südamerikas. Um meine Heimkehr (wenn nicht mein Überleben) zu feiern, luden mich Freunde in ein besonders beliebtes Restaurant in Chicagos Chinatown ein, auf der South Side der Stadt. Zum Samstagabend-Dinner gehörte nicht nur eine gute Mahlzeit, sondern auch der von der Universität gesponserte Auftritt einer Folklore-Tanzgruppe aus Hongkong. Es handelte sich um eine Art Historienspiel, bei dem die in regionale Kostüme gekleideten Tänzer Höhepunkte der chinesischen Geschichte pantomimisch darstellten.

Über Lautsprecher kündigte eine körperlose Stimme in akzentreichem, aber doch verständlichen Englisch an, dass es sich bei der ersten Nummer um den ältesten bekannten Tanz Chinas handeln würde, dargeboten von einer jungen Dame in einem Kostüm wie zu Zeiten der legendären Dynastie des Kaisers Huangdi, dem China seinen Namen verdankt und der vor über viertausend Jahren regierte. Im Anschluss daran stimmte das schrille Live-Orchester die erwartete süßsaure Musik an. Und der Auftritt dieser Tänzerin versetzte mich in allergrößtes Erstaunen. Diese kleine Chinesin führte den ältesten Tanz ihres Landes auf – und trug ein Kostüm, das nahezu identisch war mit jenen Kostümen, die ich erst vor wenigen Tagen gesehen hatte, als junge Aymara-Indianerinnen in den peruanischen Anden den ältesten Volkstanz *ihres* Landes aufführten.

Die Ähnlichkeit der Kostüme war absolut verblüffend. Für mich bestand kein Zweifel, dass vor sehr langer Zeit Menschen aus China einen beängstigend großen Ozean überquert und bei den Bewohnern Südamerikas unauslöschliche kulturelle Eindrücke hinterlassen haben mussten. Die Chinesen galten über Jahrhunderte hinweg als kundige Seefahrer, während die peruanischen Fischer nicht gerade dafür bekannt waren, sich außer Sichtweite des Landes aufs offene Meer zu wagen. Daher nahm ich an, dass die Einflüsse von Westen nach Osten über den Pazifik gekommen sein mussten. Dennoch war die Anden-Zivilisation nicht chinesisch. Sie schienen nichts miteinander gemeinsam zu haben, mit Ausnahme der nahezu identischen Kostüme, die von Tänzerinnen in beiden Teilen der Welt getragen wurden.

Einige Monate später arbeitete ich als Journalist der *Asian Pages*, eine in St. Paul erscheinende Tageszeitung für die asiatischen Einwohner von Minnesota. Einer Reportage wegen besuchte ich ein lokales Kulturzentrum, wo man mit traditionellen Folklore-Darbietungen das kambodschanische Neujahrsfest feierte. Da ich Südostasien bereits besucht hatte, kannte ich die attraktive Synthese musikalischer und tänzerischer Themen, die sich zwischen Indien, Vietnam und Laos, Burma und Kambodscha entwickelt hatte. Aber *eine* Nummer, sie stammte offenbar aus einer Provinz, die dafür berühmt war, besonders alte kulturelle Traditionen zu pflegen, war anders als alles, was mir auf meinen Reisen begegnet war – jedenfalls in Asien.

Sie war völlig un-kambodschanisch. Getrennte Reihen von Tänzern und Tänzerinnen traten gemeinsam auf. Sie trugen nicht die typischen geschmückten und glitzernden Kostüme, sondern einfache Lendenschurze und Sarongs, mit großen grünen Blättern im Haar, die Männer mit nackter Brust. Zum rhythmischen *klop-klop* halbierter Kokosnussschalen chanteten sie mehr als zu singen und machten dazu graziöse, fließende Gesten mit Händen und Armen. Es war die polynesischste Darbietung, die ich je außerhalb Honolulus gesehen hatte.

War es möglich, dass in alter Zeit Kambodschaner Tausende von Kilometern in den Pazifischen Ozean gereist waren, um den dortigen Insulanern ihren Tanz beizubringen? Oder brachten die Polynesier einige ihrer zeremoniellen Aktivitäten nach Kambodscha? Beide Möglichkeiten schienen unbegründet und absurd zu sein. Und doch war der »kambodschanische« Neujahrs-Tanz ein Spiegelbild von etwas, das man gemeinhin aus Hawaii kennt. Waren diese bemerkenswerten Ähnlichkeiten reiner Zufall? Und wenn nicht, was bedeuteten sie dann? Ich musste an den chinesischen Tanz mit peruanischem Kostüm denken, den ich in Chicago gesehen hatte. War es nicht, statt südamerikanische Besuche im alten China oder kambodschanische in Polynesien zu vermuten, ebenso denkbar, dass Pazifik-Insulaner, Aymara-Indianer, Südostasiaten und die Chinesen des dritten vorchristlichen Jahrtausends alle von der gleichen äußeren Quelle beeinflusst wurden?

Solche Spekulationen waren alles andere als neu. Praktisch von Anfang an stieß ich bei meiner ein Vierteljahrhundert währenden Erforschung der kontroversen Zivilisation von Atlantis gelegentlich auf Hinweise, dass Atlantis im Pazifik ein Gegenstück besessen haben musste, bekannt als Lemurien oder Mu. Es drängte mich, James Churchwards fünfbändige Untersuchung zu konsultieren, die als beste Quelle zu diesem Thema galt, aber sein unangenehm rechthaberischer Ton stieß mich ab, und schlimmer noch, der Text erwies sich als schwülstig, unzureichend belegt und generell wenig überzeugend. Die restliche Literatur zum Thema Lemurien beschäftigte sich überwiegend mit theosophischen und anthroposophischen Mutmaßungen über »Wurzelrassen«, Riesen mit Augen im Hinterkopf und anderen Ausgeburten der Fantasie, die eher in billige Fantasy-Romane gepasst hätten und nichts mit einer seriösen Erforschung der fernen Vergangenheit zu tun hatten.

Ich verlor jedes Interesse an einem pazifischen (manchmal indischen) »versunkenen Kontinent« und war deshalb schlecht vorbereitet, als dieser unerwartet in meinem Leben wieder auftauchte. Gerade hatte ich für *Asian Pages* ein Interview mit einer wortgewandten Vertreterin der malaysischen Regierung geführt, die sich in St. Paul, der Hauptstadt von Minnesota, aufhielt. Nach dem halbstündigen Interview plauderten wir noch etwas über ihr Land, über das ich, wie ich zugeben musste, kaum etwas wusste. Daraufhin erwähnte sie, dass für ihre Landsleute ihre Herkunft vor der Großen Flut genauso im Dunklen läge.

»Der was? Ich dachte, Ihr Volk ist nicht christlich geprägt«, sagte ich.

»Das sind wir auch nicht.« Sie lächelte. »Wir haben unsere eigene Version von der Flut. Es ist eine alte Legende, die man sich überall auf dem Archipel erzählt. Jedes Kind kennt sie von seinen Eltern oder lernt sie in der Grundschule.«

Ich bat sie, mir die Geschichte zu erzählen.

»Dieser Legende zufolge existierte vor sehr langer Zeit ein mächtiges Königreich auf einer großen Insel weit im Osten, im Pazifischen Ozean. Es war ein wundervolles Reich, eine Art Paradies. Dort schuf Gott die ersten Menschen. Sie bauten prächtige Städte, mit großen Tempeln und Palästen, die frühesten, die je von Menschen erbaut wurden. Sie waren sehr wohlhabend, denn die Meere waren noch reich an Fischen, und in dem sonnigen Klima gediehen alle Arten von Früchten und Getreide. Dass sie reich waren, ermöglichte es ihnen, sich anderen Interessen zu widmen. Also erfanden sie die Schrift, Religion, Seefahrt, Astrologie, Medizin, Musik – so ziemlich alles, was es gibt. Und während Tausenden von Generationen blühte ihr Reich. Diese Menschen waren große Zauberer mit magischen Fähigkeiten. So konnten sie zum Beispiel schwere Steine durch die Luft schweben lassen.

Doch eines Tages stieg das Meer immer höher und bedrohte das Landesinnere. Die weisen Männer wussten, dass ihr Königreich schließlich vom Wasser verschlungen werden würde. Es gelang ihnen, die meisten Angehörigen ihres Volkes rechtzeitig zu evakuieren. Voller Kummer mussten sie zusehen, wie ihre Insel allmählich in den Fluten versank. Doch während sie unterging, erhob sich im Westen ein anderes Gebiet aus den Tiefen des Meeres. Glücklich flohen die Überlebenden auf dieses neue Land und bevölkerten es mit ihren Nachkommen. So ist Malaysia entstanden«, schloss sie mit fast kindlichem Stolz darüber, die uralte Tradition ihres Landes so kurz und prägnant zusammengefasst zu haben.

»Und diese Geschichte erzählt man bei Ihnen den Kindern?«, fragte ich überrascht.

»Das ergibt durchaus Sinn«, antwortete sie. »Die tektonischen Kräfte einer Landmasse könnten eine andere verdrängt haben. Etwas Derartiges könnte geschehen sein.

Wer vermag das zu sagen? Was herabsinkt, muss wieder aufsteigen, auch in geologischer Sicht!«

Ich musste erst einmal tief Luft holen. Dann schaute ich sie ernst an und fragte: »Haben Sie schon einmal etwas von Lemurien oder Mu gehört?«

»Wovon?«

Jahre später erfuhr ich, dass der umstrittene Katastrophist Immanuel Velikovsky eine gleichlautende Volksüberlieferung zitierte, die sich die Bewohner Samoas erzählten, um den Ursprung *ihrer* Insel zu erklären. Aber vor meiner Begegnung mit der malaysischen Regierungsvertreterin war mir nicht bewusst, dass es im Pazifikraum Legenden über eine große Flut gibt, die nicht auf den Einfluss christlicher Missionare zurückzuführen sind. Ich fragte mich: Wenn die malaysische Version ein regelrechtes Nationalepos ist, wie viele ähnliche Volkslegenden über ein versunkenes Heimatland mögen dann noch existieren? Was mich ebenfalls erstaunte, war die bemerkenswerte Abweichung von Berichten über die Zerstörung von Atlantis, die stets als gewaltsame Katastrophe mit verzehrenden Feuersbrünsten und gewaltigen Todesfluten geschildert wird, die innerhalb eines Tages und einer Nacht über ein dem Untergang geweihtes Volk hereinbrachen. Hier, eine Welt entfernt vom Atlantischen Ozean, wiederholte sich der Prozess der Überflutung. Die malaysische Legende war jedoch eindeutig weder von der Genesis noch von Platon beeinflusst. Wie ließ sich ihr Ursprung dann erklären?

Zum ersten Mal stürzte ich mich in das reiche Erbe der polynesischen Mythologie und fand mehrere überzeugende Antworten. Diese führten mich zu weiteren Entdeckungen jenseits des Pazifiks, in Asien, im Nahen Osten und, unerwarteterweise, in Italien. Dort lernte ich, dass der Name Lemurien in historischer Zeit erstmalig von den Römern verwendet wurde. Es war der Name für ihre älteste Zeremonie, die sie alljährlich am neunten, elften und dreizehnten Mai begingen. Ähnlich dem heutigen Halloween diente Lemurien dazu, die ruhelosen Geister von Menschen friedlich zu stimmen, die eines gewaltsamen oder viel zu frühen Todes gestorben waren. Die Römer glaubten, dass diese gepeinigten Seelen von einem uralten Volk begleitet wurden, das tragisch zugrunde gegangen war, als seine ferne Heimat, die ebenfalls den Namen Lemurien trug, der Zerstörung durch eine Naturkatastrophe in einem weit entfernten Ozean anheimfiel. Es gibt einen philologischen Hinweis darauf, dass es sich bei dem Begründer dieser Zeremonie, Ro*mu*lus, und seinen Zwillingsbruder Re*mu*s um Lemurer handelte.

Wie dem auch sei, die Zeremonie endete damit, dass man kleine Bildnisse der unzeitgemäß Verstorbenen in den Fluss Tiber warf, womit man sie symbolisch der Großen Flut übergab. Man bezeichnete sie als *Lemuren,* wovon sich der Name der Zeremonie ableitete. Der Legende nach besaßen diese Geister große, glühende Augen, was Zoologen des späten 19. Jahrhunderts dazu veranlasste, einer besonderen Primatengattung den Namen dieser römischen Spukgestalten zu geben. Und durchaus folgerichtig erweckten Wissenschaftler die Idee eines »verlorenen Kontinents« zu neuem Leben, um die ansonsten nicht nachvollziehbare Beschränkung des Verbreitungsgebiets der affenähnlichen Lemuren auf Madagaskar und Borneo zu erklären.

Lange vor diesen viktorianischen Gelehrten hatten römische Geografen eine deutliche Unterscheidung zwischen Lemurien und Atlantis getroffen. Von Letzterem glaubte man, es habe vor seiner Vernichtung den Atlantik beherrscht. Zum Gegenstand religiöser Aktivitäten wurde Atlantis bei den Römern nie. Atlantis hatte nach ihrer Vorstellung den Westen beherrscht, während Lemurien sich irgendwo im Osten befunden hatte, erheblich weiter weg. Der berühmte Geograf Strabo nennt Lemurien Taprobane, den »Anfang einer anderen Welt«, der sich zwanzig Seetage von der Südspitze Indiens entfernt befinden soll. Auf der Reise zu dieser großen Insel mit ihren fünfhundert Städten komme man an einer Reihe namentlich nicht genannter Inseln vorbei, mit denen vermutlich die Kokosinseln gemeint sind.

Von der Existenz dieser Insel wusste bereits Euhemerus, ein berühmter griechischer Denker, der wegen seiner Entdeckung und Übersetzung »heiliger Schriften« in verschiedenen Teilen des Peloponnes im Jahre 301 v. Chr. durch den makedonischen König Kassander protegiert wurde. In diesen Texten wird die angeblich wahre Herkunft der Götter beschrieben, die demnach nicht vom Olymp stammen, sondern aus einem großen Königreich, das in einem fernen Ozean im Osten gelegen haben soll und nur durch eine mehrmonatige Seereise erreicht werden konnte. Kassander ließ eine Expedition ausrüsten, die nach dieser rätselhaften Zivilisation suchen sollte. Und tatsächlich entdeckten Euhemerus und seine Mannschaft dieses Land namens Panchaia. Er berichtete, dass seine Bewohner »außerordentlich fromm sind und die Götter durch die großartigsten Opfer und bemerkenswerte Votivgaben aus Silber und Gold ehren. Auch gibt es auf der Insel einen sehr hohen Hügel, auf dem ein Heiligtum des Zeus steht, das er errichtete, als er als König über die ganze bewohnte Welt herrschte und noch in Gesellschaft der Menschen lebte. In dem Tempel gibt es eine Goldstele, auf der in der Schrift der Panachaier die Taten von Uranus, Kronos und Zeus festgehalten sind«. Auf dieser Inschrift soll zu lesen gewesen sein, dass Uranus als erster König die Erde regierte und ein herausragender Astronom war, weshalb ihm der Titel »Himmel« verliehen wurde. Auf ihn folgte Kronos, dessen Söhne Poseidon und Zeus die ganze Welt bereisten, ehe auch sie zu Königen wurden, wobei der eine über das Meer und der andere über das Land herrschte.

Euhemerus kehrte nach Makedonien zurück und veröffentlichte seinen Reisebericht *Heilige Schrift*. Teile davon überdauerten den Zusammenbruch der antiken Welt, weil sie im Werk eines anderen griechischen Schriftstellers, Diodorus Siculus, zitiert wurden. Zwar tun die meisten modernen Forscher diese *Heilige Schrift* als bloße Fabel ab, doch möglicherweise hat ihr Verfasser tatsächlich ein Überbleibsel Lemuriens entdeckt, vielleicht die Osterinsel, deren Bewohner eigene schriftliche Aufzeichnungen besaßen, wie es bei den Panachaiern der Fall gewesen sein soll. Angeblich war Lemurien die erste globale Zivilisation, und Euhemerus beschrieb Panachaia als eine *oikumene*, eine ökumenische Macht, die einst in grauer Vorzeit die ganze Welt beherrscht haben soll. Er berichtet, dass Poseidon einer ihrer frühen Könige war und über die Weltmeere herrschte. In seinem Dialog aus dem 4. Jahrhundert v. Chr. beschreibt Platon Poseidon als den göttlichen Begründer von Atlantis.

Lange haben die Forscher über die Rolle gerätselt, die dieser Meeresgott in Platons *Kritias* spielt: War er ein mythisches Symbol für die Naturkräfte, von denen die Insel Atlantis geformt wurde, oder repräsentiert er das kulturbringende Volk, das in ferner Vergangenheit dort eintraf, um eine neue Gesellschaft zu gründen? Platon schrieb, eine einheimische Frau, Kleito, habe Poseidon zehn männliche Zwillinge geboren, die ersten Könige von Atlantis. Wollte der griechische Philosoph damit andeuten, dass die Atlanter ursprünglich aus Lemurien stammten?

Schon der Name *Panachaia* deutet darauf hin. Er ist das griechische Wort für die Heimat aller ursprünglichen Völker und setzt sich zusammen aus *pan* für »alle« und *achaia*, was in der vorklassischen Zeit der Name für Griechenland war. Mit »vorklassisch« ist die Bronzezeit von 3.000 bis 1.200 v. Chr. gemeint, eine Ära, in der sich die kulturelle Blüte und die endgültige Zerstörung Lemuriens abgespielt haben müssen. Daher erscheint es angemessen, dass Panachaia auch ein Titel der Athene war, jener Göttin, die der Menschheit die zivilisierten Künste und Wissenschaften brachte. Wie als geradezu unfassbare Bestätigung von Euhemerus behauptete Churchward, das griechische Alphabet sei nicht nur von Kulturbringern aus Mu in den Peloponnes eingeführt worden, sondern seine ursprüngliche Anordnung habe auch einen Bericht über die Zerstörung ihres Heimatlandes enthalten. Seine Lesart, Buchstabe für Buchstabe von *Alpha* bis *Omega*, war immerhin faszinierend genug, um nicht von vornherein verworfen zu werden. Schließlich heißt der zwölfte Buchstabe des griechischen Alphabets tatsächlich *Mu*.

Während ich über all diese Enthüllungen nachgrübelte, lud mich Professor Nobuhiro Yoshida, der Vorsitzende der Japanischen Petrographischen Gesellschaft, ein, auf seinem Nationalkongress in Ena einen Vortrag zu halten. Ich nutzte die Gelegenheit, um lemurischen Spuren nicht nur in Japan nachzugehen, sondern auch in ganz Südostasien und Polynesien. Professor Yoshidas enormer Intellekt hätte mich vor Ehrfurcht erstarren lassen, wenn er nicht ein so mitfühlender und humorvoller Mensch wäre. Gleich bei unserer ersten Begegnung im Jahr 1996 schlossen wir Freundschaft, aber ich verehre ihn bis heute als meinen wahren *Sensei,* die größte lebende Autorität, was die Wurzeln der japanischen Zivilisation betrifft. Sein Geist von der Schärfe eines Samuraischwerts vermittelte mir ein Verständnis dieser Wurzeln, wie es kein Buch oder Universitätsseminar je vermocht hätte. Er zeigte mir abgelegene, wenig besuchte archäologische Fundstätten, die Menschen aus dem Westen selten oder nie zu Gesicht bekommen, und stellte mich zahlreichen professionellen Historikern und Amateurforschern vor, die sich mit Hingabe der Bewahrung ihrer nationalen Vergangenheit widmen.

Ehe ich von Tokio nach Thailand weiterreiste, traf ich mich mit einer kleinen Gruppe japanischer Verleger und Journalisten. Einer von ihnen zeigte mir eine kürzlich veröffentlichte Fotoserie, die meine Suche nach Lemurien auf dramatische Weise in neue Bahnen lenkte. Auf den Bildern war etwas zu erkennen, bei dem es sich offenbar um die massiven steinernen Ruinen eines Zeremonialgebäudes handelte, die in der Nähe von Yonaguni, Japans südlichster Insel, etagenförmig vom Meeresgrund emporragen.

Die Fotografien und Zeitungsberichte schienen authentisch zu sein. Hatte man Lemurien entdeckt?

Nach Wisconsin zurückgekehrt, verwendete ich diesen Unterwasserfund als Titelaufmacher für das populärwissenschaftliche Magazin *Ancient American,* dessen Herausgeber ich war. So erfuhren die Leser in den Vereinigten Staaten zum ersten Mal von dieser winzigen fernen Insel mit ihrem kuriosen, im Meer versunkenen Monument.

In den nächsten sechs Jahren kehrte ich jährlich nach Japan zurück. Bei jedem Besuch führte mich Professor Yoshida zu geheimnisvollen Ruinen, die im Ausland, aber auch bei den meisten Japanern gänzlich unbekannt sind. Weitere Erkundungen führten mich zu einer lemurischen Gedenkstätte in Thailand, und in den Dschungelwäldern von Oahu besichtigte ich die Reste eines Tempels – den Ruinen in der Nähe von Iseki Point nicht unähnlich. Dieser Tempel wird von den Einheimischen einem uralten Volk zugeschrieben, dem sie bis heute den Namen Mu geben.

Im Anschluss an diese ausgedehnten Reisen wurde ich nach England eingeladen, um meine Erkenntnisse zum ersten Mal der Öffentlichkeit zu präsentieren – auf der Quest for Knowledge Conference in Saint Albans, wo führende Experten der Alternativ-Wissenschaften zusammenkamen, unter ihnen Maurice Cotterell und John Anthony West. Die Idee, das »Monument« von Yonaguni sei von Menschen erbaut, stieß auf geteiltes Echo. Man war sich aber einig, dass es unbedingt weiter erforscht werden sollte. Ich kehrte nach Wisconsin zurück und schrieb über meine Lemurien-Forschungen mehrere Artikel für die Zeitschrift *Atlantis Rising,* diese dringend benötigte Vorkämpferin für unkonventionelle Positionen in Anthropologie, Geologie, Astronomie und Spiritualität. Einer dieser Artikel erregte die Aufmerksamkeit einer unabhängigen Filmproduzentin, die mich bat, das Drehbuch für einen Dokumentarfilm über Yonaguni und die Auswirkungen dieses Fundes auf die pazifische Archäologie zu schreiben. Sie verfügte bereits über ausgezeichnetes Unterwasser-Filmmaterial. Dieses Material zu ordnen und mit einigen meiner Forschungsergebnisse zu verknüpfen, führte zum Skript für den Film *The Temple of Mu.*

Die Dokumentation wurde erstmalig im Jahr 2000 im australischen Fernsehen ausgestrahlt, außerdem vom Fuji Television Network in ganz Japan gezeigt und im folgenden Jahr auf dem International Film Festival für einen Preis nominiert. Wichtiger ist aber, dass *The Temple of Mu* einen Wendepunkt in der modernen Wissenschaft beschreibt, der von den Mainstream-Akademikern noch immer nicht anerkannt ist. Über ein Jahrhundert lang, bis zu den Unterwasserfunden in japanischen und taiwanesischen Gewässern während der letzten Jahre, taten diese Akademiker jeden Hinweis auf Lemurien als bloße theosophische Fantasie ab – »schlimmer als Atlantis« nach den Worten eines Anthropologie-Professors, der auf seiner Anonymität besteht. Aber unsere einstündige Dokumentation lieferte materielle Beweise, gestützt durch die Meinung einiger führender Experten und seriös präsentiert, so dass sie sich nicht so einfach von der Hand weisen ließen. Trotz einigen Widerwillens auf offizieller Seite begann die Zivilisation des Pazifischen Ozeans sich aus den Tiefen der Mythologie unaufhaltsam in die archäologische Realität zu erheben.

Ein Teil dieses Mythos wurde im frühen 20. Jahrhundert von Edgar Cayce verkündet, dem sogenannten Schlafenden Propheten. Zweifelsohne liefern die Trance-Botschaften eines spirituellen Mediums Skeptikern um so mehr Grund, sich von dem Thema fernzuhalten. Aber solche Kleingeister werden sich auch durch noch so untadelige Beweise nicht überzeugen lassen. Der Sache eines neuen Geschichtsbildes ist aber sehr damit gedient, Cayces tiefschürfende Beschreibungen einer mit anderen Mitteln unzugänglichen Vergangenheit in die Forschungen einzubeziehen.

Ich kannte Cayces »Readings« zum Thema Atlantis bereits, war aber nicht so vertraut mit seinen weniger zahlreichen Aussagen bezüglich dessen geografischen Gegenstücks. Daher fand ich es außerordentlich spannend festzustellen, wie bemerkenswert gut seine Bemerkungen sich mit allem deckten, was über Atlantis und Lemurien bereits bekannt war. Und zugleich warfen sie ein neues Licht auf die unterschiedlichen und doch zueinander in Beziehung stehenden Ursprünge und Schicksale dieser beiden versunkenen Königreiche. Die Association for Research and Enlightenment in Virginia Beach, die Cayces Erbe betreut, gab ein Buch mit dem Titel *Edgar Cayce's Atlantis and Lemuria* heraus. Darin werden seine Durchgaben bezüglich dieser kontroversen Zivilisationen im Licht jüngster wissenschaftlicher Entdeckungen untersucht.

Seit dem Erscheinen des Buches im Jahr 2001 erhielt ich Kenntnis von neuen Beweisen, die deutlicher als je zuvor Existenz, Geschichte und Schicksal des versunkenen Reiches im Pazifischen Ozean bestätigen. In Vorbereitung auf dieses Buch, das Sie in Händen halten, stellte ich ganze Berge von Forschungsmaterial zusammen. Während des langen Sichtungsprozesses dieses Materials konnte ich mich einigen grundsätzlichen Schlussfolgerungen nicht verschließen, die sich zwingend aus den kombinierten Beweisen ergaben:

- Ohne Zweifel hat Lemurien in ferner Vergangenheit existiert.
- Es war die Geburtsstätte der menschlichen Zivilisation.
- Es war der biblische »Garten Eden«.
- Die Lemurer entwickelten und nutzten eine unglaublich hochstehende Technologie, die sich von der unseren unterschied und ihr in mancher Hinsicht überlegen war.
- Vor ihrem endgültigen Verschwinden erlitten sie im Lauf vieler Jahrtausende nicht nur eine, sondern eine ganze Reihe von Naturkatastrophen.
- Ihre mystischen Prinzipien haben überlebt und beeinflussten einige der bedeutenden Religionen.

Diese sich unvermeidlich aufdrängenden Feststellungen bilden die Grundlage für *Lemurien – Aufstieg und Fall der ältesten Weltkultur*. Sinn und Zweck dieses Buches ist es, die besten und aktuellsten Beweise für die reale historische Existenz Lemuriens zu präsentieren, eines Landes, bewohnt von einem bewundernswerten Volk, dessen spirituelle Errungenschaften das kostbarste Erbe der Menschheit darstellen. Neue Enthüllungen deuten darauf hin, dass der Zeitpunkt nicht mehr fern ist, wenn allgemein anerkannt werden wird, was dieses im Meer versunkene Reich in Wirklichkeit war: die Urquelle der Menschheit. Durch diese Anerkennung in der modernen Welt werden die Lemurer wieder zum Leben erwachen. Die Kräfte, die sie vor so langer Zeit in Bewegung setzten, sind noch immer wirksam und leiten uns zu jenem unvermeidlichen Augenblick, da wir uns der unvergänglichen Essenz dieses verschwundenen Mutterlandes in vollem Umfang bewusst werden. Dann werden wir erkennen, dass wir die Kinder von Mu sind.

EINS

Eine vergessene Superwissenschaft

Und überall, an ihren Kanälen aufgereiht, erheben sich die von Mauern geschützten kleinen Inseln aus dem Mangrovendickicht – tot, seit unzähligen Jahren verlassen, gemieden von den Menschen, die in ihrer Nähe leben.

Abraham Merritt: Der Mondteich

Eines der größten antiken Welträtsel ist zugleich eines der undurchsichtigsten. In einer abgelegenen Region des westlichen Pazifiks, zwischen dem Äquator und dem elften Breitengrad, fast 1.600 Kilometer nördlich von Neuguinea und 3.700 Kilometer südlich von Japan, stehen die mächtigen Ruinen einer vor langer Zeit gestorbenen Stadt: Nan Madol. Gänzlich unpassend auf einem Korallenriff erbaut, nur eineinhalb Meter über dem Meeresspiegel, besteht diese Stadt aus einer Reihe rechteckiger Inseln und kolossaler Türme, von Vegetation überwuchert. Während seiner prähistorischen Blütezeit war Nan Madol ausschließlich vom

Meer aus zugänglich. Die von dort kommenden Boote näherten sich durch einen von künstlichen Inseln flankierten Korridor. Am Ende dieses Wasserweges liegt der einzige Eingang in die Stadt, eine eindrucksvolle Steintreppe, die zu einem Platz hinaufführt. Das über vier Quadratkilometer große Stadtzentrum besteht aus zweiundneunzig künstlichen Inseln. Sie alle sind durch ein umfangreiches Netzwerk von Kanälen verbunden, von denen jeder gut acht Meter breit und bei Flut über einen Meter tief ist.

Für den Bau von Nan Madol, das sich über eine Fläche von 68 Hektar erstreckt, wurden 250 Millionen Tonnen Säulenbasalt verwendet. Die Basaltprismen sind wie die Balken eines Blockhauses übereinander geschichtet, sieben bis acht Meter hoch. Ursprünglich müssen die Mauern noch einmal etwa drei bis sechs Meter höher gewesen sein. Genauere Schätzungen sind nicht möglich, weil diese pazifische Metropole langsam, aber unausweichlich dem wild wuchernden Dschungel zum Opfer fällt, der die lose geschichteten Bruchsteinwälle immer mehr zerstört. David Hatcher Childress, der in Nan Madol in den achtziger und frühen neunziger Jahren des vorigen Jahrhunderts mehrere Unterwasser-Untersuchungen durchführte, gelangt zu dem Schluss, dass »das ganze Projekt sich, was die aufgewendete Steinmenge und Arbeitskraft angeht, in seinen gewaltigen Ausmaßen ohne Weiteres mit der chinesischen Mauer und den ägyptischen Pyramiden messen kann«. Tatsächlich sind manche der in Nan Madol benutzten Basaltsäulen größer und schwerer als die über zwei Millionen Steinblöcke der Cheops-Pyramide. Für den Bau dieser prähistorischen Metropole der Karolineninseln verwendete man zwischen vier und fünf Millionen Steinsäulen.

Diese vier-, fünf- oder sechseckigen Säulen, die als Baumaterial für Nan Madol dienten, wurden aus Basaltfelsen herausgebrochen. Sie wurden grob in Form gehauen und

Nan Madol. (Foto: Sue Nelson)

dann ohne Mörtel oder Zement lose übereinander geschichtet, was ein deutlicher Unterschied zu dem sorgfältig aufgeschichteten Mauerwerk entlang der mutmaßlichen Kanäle ist. Die prismatischen Säulen der eigentlichen Stadt sind in der Regel ein bis vier Meter lang, darunter befinden sich aber auch viele, die eine Länge von über acht Metern erreichen. Das durchschnittliche Gewicht der Säulen beträgt fünf Tonnen, doch die größeren Exemplare wiegen jeweils zwanzig bis fünfundzwanzig Tonnen. Laut der Zeitschrift *Science* »gab es im Riff natürliche Wellenbrecher, die als Zufahrt zu den Häfen dienten. In diesen Bootskanälen lagen zahlreiche Inseln, die von eineinhalb bis zwei Meter hohen Steinwällen umgeben waren«.

Die gesamte zentrale Anlage war einst von einer fünf Meter hohen und ursprünglich achthundertfünfzig Meter langen Mauer umgeben. Von diesem massiven Wall haben nur wenige Abschnitte den Gewalten der seit Jahrhunderten heranbrandenden Stürme standgehalten. Immerhin sind bis heute zwei Hafendämme erhalten geblieben. Der eine ist fünfhundert Meter lang, der andere, deutlich größere, sogar eineinhalb Kilometer. Manche Mauern von Nan Madol sind mehr als vier Meter dick. Welchem Zweck sie dienten, ist unbekannt, denn sie sind eindeutig nicht Teil einer militärischen Festung. Man findet keinerlei Bögen, über Durchgänge sind einfache Steinplatten gelegt. Die mutmaßlichen »Häuser« haben keine Fenster, und es gibt keine Straßen, nur Kanäle. Dennoch ist die Anlage nicht in planlosen, unzusammenhängenden Bauphasen über mehrere Generationen hinweg entstanden. Die sorgfältige Anordnung sämtlicher Strukturen weist auf einen organisierten Gesamtbauplan hin, der innerhalb einer relativ kurzen Zeit ausgeführt wurde.

Das am besten erhaltene Gebäude der Stadt wird Nan Dowas genannt. Dabei handelt es sich um einen hohen, quadratischen, fensterlosen Turm, errichtet aus fünf Meter langen sechseckigen Basaltsäulen, die horizontal zwischen Schichten aus grob herausgehauenen Blöcken und kleineren Steinen liegen. Die künstliche Insel ist von zwei hintereinander liegenden Mauern umgeben. Auf dem Areal hinter den Mauern befinden sich 13.500 Kubikmeter Korallen und zusätzlich 4.500 Kubikmeter Basalt. Obwohl die Anlage noch zahlreiche andere Gebäude umfasst, ist Nan Dowas das beherrschende Bauwerk. Childress weist darauf hin, dass »dieses massive Gebäude errichtet wurde, indem man Basaltsäulen übereinander legte wie Holzbalken beim Bau eines Blockhauses«. An der Südostseite von Nan Dowas befindet sich der größte Steinblock der Stadt, ein einzelner Eckstein, der nicht weniger als sechzig Tonnen wiegt. Bei Grabungen unter diesem beeindruckenden Megalithen entdeckten Archäologen zu ihrer Überraschung, dass die

Erbauer ihn absichtlich auf eine in die Erde eingelassene Steinplattform gesetzt hatten.

Und es wartete noch eine Überraschung auf sie: Sie entdeckten einen großen Tunnel, der vom Mittelpunkt von Nan Dowas aus durch das Korallenriff verlief. Später stieß man auf ein ganzes Netzwerk unterirdischer Gänge, die alle künstlich geschaffenen Inseln miteinander verbinden. Auf der künstlichen Insel Darong schließt sich daran ein langer Tunnel an, der bis zu dem äußeren Riff führt, von dem die Stadt umgeben ist. Geradezu unglaublich ist, dass offenbar einige Tunnel unter das Riff führen und in Höhlen unter dem Meeresgrund münden. Auf Darong befindet sich außerdem ein von Steinen gesäumter künstlicher See, von denen es in der Anlage noch weitere gibt. Der offenbar längste Tunnel erstreckt sich von der Stadtmitte über achthundert Meter bis hinaus ins offene Meer. Noch größer als Nan Dowas ist die künstliche Insel von Pahnwi, die 20.000 Kubikmeter Korallentrümmer und Basaltsteine enthält.

Man schätzt, dass für den Bau von Nan Madol 20.000 bis 50.000 Arbeiter benötigt wurden, was in krassem Gegensatz zur geringen Einwohnerzahl von Pohnpei steht, der bis heute bewohnten Nachbarinsel von Nan Madol. Diese Insel hätte niemals eine so große Zahl von Menschen ernähren können.

Doch man hat in Nan Madol keinerlei Felszeichnungen, Reliefs oder Dekorationen gefunden, auch keine Statuen oder Ritualgegenstände – tatsächlich gibt es kaum Artefakte, die etwas über die Erbauer verraten. Keine Statuen oder Skulpturen schmückten je die Wasser-Boulevards dieser Stadt. Und nicht ein einziges der kleinen, tragbaren Steinbildnisse wurde gefunden, wie man sie im übrigen Mikronesien und im ganzen mittleren und westlichen Polynesien ansonsten häufig antrifft. Auch Werkzeuge oder Waffen hat man in Nan Madol bisher keine entdeckt.

Obwohl die Stadt nur noch eine Ruine ist, fällt es nicht schwer, sie sich in ihrer Blütezeit vorzustellen. Denken Sie sich alle verhüllende Vegetation weg, dann würden Besucher roh behauene Massen von Basalt sehen, kontrastierend zu sauber geordneten Steinschichten, die sich zu massiven Türmen und unüberwindlich scheinenden Mauern erheben, inmitten eines Komplexes aus kleineren, rechteckigen Gebäuden und künstlichen Seen, verbunden durch Dutzende von Kanälen, wobei all das sich über eine Fläche von 28 Quadratkilometern erstreckt. Kein Wunder, dass Nan Madol als das Venedig des Pazifiks bezeichnet wird. Aber es gab dort keinen Marktplatz, keine Tempel oder Vorratsspeicher, noch nicht einmal einen Friedhof, wo man die Toten hätte begraben können.

Der Name Nan Madol bedeutet »Räume dazwischen«, womit die Flächen gemeint sind, die durch das Netzwerk der Kanäle gebildet werden. Pohnpei (vor seiner Aufnahme in die Föderierten Staaten von Mikronesien 1991 hieß es Ponape) bedeutet »auf einem Altar«. Die Ruinen beschränken sich nicht auf die Korallenriffe gegenüber Madolenihmw Harbor, sondern finden sich auch auf Pohnpei selbst und einigen vor dessen Küste gelegenen Inseln. In einem abgelegenen, sumpfigen Wiesenareal hoch oben in den Bergen bei Salapwuk wurde eine vierzehn Meter lange und zehn Meter breite rechteckige Anlage gefunden, mit einer mittigen, knapp einen Meter hohen Trennwand. Diese gleich großen Einfriedungen umschließen eine Fläche von 141 Quadratmetern. Darin befinden sich innere Plattformen, die rund dreißig Zentimeter hoch sind. Wie in Nan Madol besteht die Ummauerung aus Basaltblöcken und -säulen. Mehrere andere Ruinen stehen an der Südwestküste von Pohnpei, die größte von ihnen auf einem 220 Meter hohen Berg. Der Gipfel ist von 1,50 bis 2,10 Meter hohen Mauern umgeben. Innerhalb

Nan Madol. (Foto: Sue Nelson)

dieser Mauern liegen terrassierte, durch gepflasterte Wege verbundene Plattformen.

In südwestlicher Richtung, einen knappen halben Kilometer entfernt, befinden sich auf Pohnpei mehrere sogenannte Krypten, doch in diesen 3,80 bis 4,50 Meter langen Behältnissen entdeckte man keine Spur menschlicher Überreste. Die Funktion dieser Krypten ist bislang ungeklärt. Näher an der Küste gibt es in Diadi eine kunstvoll errichtete Basalt-Umfriedung mit einer annähernd hundert Quadratmeter großen Plattform. In Alauso, nicht weit vom Ozean entfernt, erhebt sich eine zweistufige, zweiunddreißig Quadratmeter große Pyramide mit einer Feuergrube in der Mitte. In der Nähe, in Kiti Rock, befindet sich eine 2,2 Quadratmeter große Plattform mit vier aufrecht stehenden Basaltsäulen an den inneren Ecken. Die Insel Sokehs, von Pohnpei durch einen Mangrovensumpf getrennt, ist von zahlreichen Steinpfaden durchzogen, die Steinplattformen miteinander verbinden.

Zum Geheimnis, dass diese Bauwerke umrankt, trägt nicht zuletzt bei, dass man sich dafür kaum einen abgelegeneren Ort vorstellen kann als Pohnpei, einen winzigen Flecken inmitten der fast zwölf Millionen Quadratkilometer des westlichen Pazifiks, von denen Mikronesien umgeben ist. Schifffahrtswege und Handelsrouten liegen Tausende von Kilometern entfernt. William R. Corliss, der Enzyklopädist archäologischer Anomalien, bemerkt dazu: »Mit seiner Größe von nur 334 Quadratkilometern verliert sich Pohnpei geradezu in den Weiten des Pazifiks.«

Der »Große Berg«, Totolom, Tolocome oder Nahnalaud, ragt in der Mitte der ziemlich rechteckigen, neunzehn mal dreiundzwanzig Kilometer großen Insel, die von Mangrovensümpfen überwuchert ist, jedoch keine Strände besitzt, 791 Meter hoch empor. Pohnpei ist von einem Korallenriff umgeben, zusammen mit dreiundzwanzig kleineren Inseln. Die hohe Niederschlagsmenge – 495 bis 508 Zentimeter pro Jahr – sorgt für eine üppige Vegetation aus Farnen, Orchideen, Kletterpflanzen, Bougainvillen und Hibiskus in dicht bewaldeten Tälern und an steilen Berghängen. Die Luftfeuchtigkeit ist sehr hoch, so dass Mehltau, Fäulnis und Verfall überall auf der Insel am Werk sind. Hinzu kommt, dass Pohnpeis Lage es kaum als idealen Ort zum Aufbau einer Zivilisation erscheinen lässt. Tatsächlich hat die Insel für ein so gigantisches Unternehmen wie Nan Madol rein gar nichts zu bieten.

Doch Nan Madols Existenz setzt bei seinen Erbauern Stadtplanung, ein Maß- und Gewichtssystem, Arbeitsteilung, Autoritätshierarchien sowie fortgeschrittene Forschungs- und Bautechniken voraus. Alles das war notwendig, um das einzige vormoderne urbane Zentrum im ganzen Pazifikraum zu errichten. Aber um was für eine Art von Ort handelte es sich bei dieser Stadt ohne Straßen, Fenster oder Kunstwerke? Bill S. Ballinger, der Autor von *Lost City of Stone*, einem frühen populären Buch zu diesem Thema, schreibt dazu: »Nirgendwo sonst auf der Erde existiert etwas mit Nan Madol Vergleichbares. Bauweise, Architektur und Standort dieser uralten Stadt sind einzigartig.«

Kolonia, die am Nordende Pohnpeis gelegene kleine Hauptstadt der Insel, steht in starkem Gegensatz zu der großartigen prähistorischen Architektur auf der anderen Seite der Bucht. Ganz unähnlich zu der geordneten Präzision von Nan Madol wuchs Kolonia auf chaotische Weise, ohne jede Art von Stadtplanung. Heute zählt die Kleinstadt etwa 2.000 Einwohner, die überwiegend in einstöckigen Häusern aus Schlackenbetonsteinen mit rostigen Blechdächern wohnen. Anders als das Netz aus prähistorischen Steinpfaden, das sich über die ganze Insel erstreckt, sind die in der Neuzeit gebauten unbefestigten Straßen wegen der häufigen Regenfälle oft unpassierbar. Viele Insulaner hausen in kleinen Hütten aus getrocknetem Gras, Zuckerrohr und Bambus, nicht in monumentalen Steinbauten. »Kolonia ist alles andere als schön«, schreibt Georgia Hesse im *San Francisco Examiner*. »Eine Ansammlung heruntergekommener Häuser aus verwitterndem Holz und verrostendem Eisen, unordentlich entlang einer breiten Straße aufgereiht.« Es gibt kaum Arbeitsplätze, so dass die Einheimischen in Subsistenzwirtschaft den fruchtbaren vulkanischen Boden bebauen und ihren Speiseplan durch Fisch und Hühner ergänzen.

Die Karolinen boten niemals die Grundlage für ein Bevölkerungswachstum, das den Arbeitskräftebedarf für den Bau dieses Venedigs des Pazifiks hätte befriedigen können. Ballinger schrieb dazu: »Der Punkt ist, dass in Ponape und seiner Umgebung niemals die gewaltige Menge von Arbeitskräften verfügbar war, die für den Bau nötig gewesen sein muss. Diesen Faktor darf man nie außer Acht lassen, wenn man versuchen will, das Rätsel der Erbauung Nan Madols zu lösen.« Pohnpeis 474 Quadratkilometer sind größtenteils gebirgig und unbewohnbar. Die Insel ist kaum in der Lage, ihre 30.000 Bewohner zu ernähren. Doch für ein Bauprojekt dieses Ausmaßes hätte man viel, viel mehr Menschen benötigt. John Macmillan Brown, ein Wissenschaftler des frühen 20. Jahrhunderts aus Neuseeland, merkte an: »Um diese mächtigen, fünf bis fünfundzwanzig Tonnen schweren Steinblöcke mit Flößen durch das Riff zu transportieren und dann auf eine Höhe von achtzehn Metern zu hieven, benötigte man Zehntausende von Arbeitern. Und diese große Menschenanzahl musste untergebracht, gekleidet und ernährt werden. Heute jedoch leben in einem Umkreis von 2.400 Kilometern um Nan Madol nicht mehr als fünfzigtausend Menschen.« Ungefähr diese Anzahl von Arbeitern hätte man allein dafür benötigt, Nan Madols vier bis fünf Millionen Basaltblöcke in einem Zeitraum von etwa zwanzig Jahren aufzuschichten.

Die Pohnpeianer von heute erheben keinen großen Anspruch auf das archäologische Wunder vor ihrer Haustür, das für Reisende so faszinierend ist. In der Zeitschrift *Science* heißt es: »Die Einheimischen kennen keine Überlieferungen zu Nan Madol. Darüber, wer die Steine bearbeitete, wann die Stadt errichtet und warum sie verlassen wurde, wissen sie nichts zu berichten.« Sie meiden den Ort nach Möglichkeit, weil sie ihn für böse und gefährlich halten, und erzählen, dass dort immer wieder Besucher nach Einbruch der Dunkelheit von einer mysteriösen Macht getötet würden. Der Besuch Nan Madols galt für die Bewohner Pohnpeis sogar als Tabu, zumindest bis ins ausgehende 19. Jahrhundert. Über hundert Jahre später gibt es einige wenige örtliche Reiseführer, die bereit sind, Gäste in die Ruinen zu begleiten, jedoch niemals nach Einbruch der

Dunkelheit. Ballinger schrieb: »Die heutigen Pohnpeianer verfügen, und das schon seit Generationen, über keinerlei Kenntnisse in Steinbautechniken und interessieren sich auch nicht dafür. Der Bau Nan Madols erforderte erhebliches architektonisches Wissen«, das die jetzigen Insulaner nie auch nur ansatzweise gezeigt haben. »Ich musste alle meine Überredungskünste anwenden, um zwei Jungen zu finden, die bereit waren, mich täglich hinüber nach Nan Madol zu bringen«, klagte Erich von Däniken, berühmt für seine Theorien über prähistorische Besucher aus dem All, der Pohnpei Anfang der 1970er Jahre besuchte. Angesichts der Tausende von Arbeitsstunden und der Organisationsstrukturen, die erforderlich waren, um 250 Millionen Tonnen Basalt abzubauen, zu transportieren und komplexe Bauwerke daraus zu errichten, gelangt eine Studie des US-Innenministeriums zu dem Schluss, dass »die nicht schriftlich überlieferte Geschichte Ponapes darauf hindeutet, dass Nan Madol unter Führung eines Volkes erbaut wurde, welches auf Ponape nicht heimisch war«. Von Däniken beschreibt die heutigen Bewohner der Insel als »arm, wenig arbeitsam und ohne jeden geschäftlichen Ehrgeiz«. William Churchill, ein amerikanischer Ethnologe des frühen 20. Jahrhunderts, stellte fest, dass der Bau der prähistorische Stadt »die Fähigkeiten der heutigen Insulaner vollkommen übersteigt«. Damit bestätigte er die Überlegungen des Schiffsarztes der *Lambton,* eines englischen Seglers, der 1836 vor der Insel ankerte. Dr. Campbell vermutete, dass Nan Madol »das Werk einer Rasse sein muss, die der heutigen Generation weit überlegen war, jedoch seit langer Zeit dem Vergessen anheimgefallen ist, so dass über ihre Geschichte nichts mehr in Erfahrung gebracht werden kann. Ihre Größe und ihre Fähigkeiten zeigen sich nur noch an den von ihnen errichteten Bauwerken, deren vom Dschungel überwucherte Ruinen von einstigem Ruhm künden und uns Heutige zu Spekulationen und Mutmaßungen herausfordern«.

Die Überlieferungen der Einheimischen weisen in die gleiche Richtung. Sie berichten, dass aus einem Land weit im Süden siebzehn Männer und Frauen kamen, die Pohnpei erschufen, indem sie auf dem örtlichen Korallenriff Steine übereinanderschichteten. Nachdem dieses Werk vollbracht war, wurde die neue Insel von den Neuankömmlingen besiedelt, die sich mit der örtlichen Bevölkerung vermischten. Mit der Zeit vervielfachte sich ihre Zahl, aber sie lebten in ständiger Anarchie. Viel später erschienen die Zwillingsbrüder Olisihpa und Olsohpa auf der Insel. Sie kamen in einem »großen Kanu« aus ihrer Heimat im Westen, einem Land namens Katau Peidi. Dieses Mutterland ist bei den pazifischen Inselvölkern unter vielen Namen bekannt. Es gibt darüber eine Legende, in der es den Namen Kanamwayso trägt. Es soll ein prächtiges Königreich gewesen sein, dessen Bewohner sehr mächtig waren und den gesamten Pazifik besegelten. Doch herabfallende Sterne und Erdbeben bewirkten, dass Kanamwayso in Flammen aufging und im Meer versank, wo es noch immer von den Geistern derer bewohnt wird, die bei der Katastrophe den Tod fanden. Sie wachen über die Geister aller Menschen, die im Meer ertrinken.

Olisihpa und Olsohpa waren Zauberer, weise und heilige Männer, und von stattlicher Körpergröße. Sie landeten zunächst am Nordende von Pohnpei, stellten aber fest, dass das Gebiet dort sich nicht gut für ihre Zwecke eignete. Dann versuchten sie drei Mal hintereinander, sich an der Ostküste einzurichten – auf dem Gipfel des Berges Nankopworemen und in U, wo den Touristen von den örtlichen Reiseführern bis heute die mutmaßlichen Überreste dieser missglückten Siedlungsexperimente gezeigt werden.

Doch jedem dieser Orte mangelte es an einer der nötigen Voraussetzungen. Schließlich, nach sorgfältiger Suche, fanden die Brüder auf Sounahleng den perfekten Siedlungsplatz. Sounahleng ist ein Riff bei der Insel Temwen. Dort erbauten Olisihpa und Olsohpa die Stadt Nan Madol mit Hilfe eines »fliegenden Drachens«. Der Drache grub die Kanäle durch das Riff. Dann ließen die Zauber-Zwillinge die Basaltsteine magisch durch die Luft schweben und schichteten sie sauber und ordentlich zu großer Höhe auf. Für diese gewaltigen Bauarbeiten benötigten sie nur einen einzigen Tag. Nan Madol wurde heilige Stadt und Verwaltungszentrum. Von dort aus regierten die beiden Brüder und brachten Pohnpei eine gesellschaftliche Ordnung. Sie herrschten gemeinsam viele Jahre lang, bis Olisihpa an Altersschwäche starb. Danach regierte Olsohpa allein als der erste Saudeleur oder Herr der Insel. Er heiratete eine Frau aus der örtlichen Bevölkerung. Aus dieser Ehe gingen zwölf Generationen von Saudeleurs hervor. Sie alle regierten weise und friedlich bis zur Ankunft der Vorfahren der heutigen Pohnpeianer.

Diese wurden von Isokelekel, einem Kriegshäuptling aus dem Süden, angeführt. Er tötete Saudemwohl, den letzten Saudeleur. Es war ein einfach zu erringender Sieg, weil die Herren der Insel sich nie mit militärischen Dingen befasst hatten. Isokelekel begründete die Dynastie der Nahnmwarki, die über viele Jahrhunderte und trotz jahrelanger Besetzungen durch ausländische Mächte bis in die moderne Zeit die Insel beherrschte und erst abdankte, kurz bevor Pohnpei 1984 Mitglied und dann später Regierungssitz der Föderierten Staaten von Mikronesien wurde. Als Letzter nahm 1986 Samuel Hadley den Titel eines Nahnmwarki an.

Ein Teil dieser mystischen Version der Entstehung von Nan Madol kam im Jahr 1928 ans Licht, als japanische Archäologen bei mehreren prähistorischen Stätten auf Pohnpei die Überreste menschlicher Skelette ausgruben.

Zwar entdeckten sie nur ein paar Dutzend Knochen, die sich zudem in schlechtem Zustand befanden, doch genügten sie, um festzustellen, dass diese Menschen sich deutlich von den heutigen indigenen Inselbewohnern unterschieden haben mussten. Die früheren Insulaner waren erheblich größer und kräftiger. Zusätzlich zu diesen anomalen Skelettfragmenten fanden sich noch andere Beweise. Die Männer auf Pohnpei fertigen und benutzen bis heute eine Art Wurfspeer, den sie als von den einstigen Saudeleurs übernommenes Erbe betrachten. Während die Polynesier und andere Bewohner Mikronesiens traditionell 1,50 bis 2,10 Meter lange Speere benutzen, ist der Speer von Pohnpei einzigartige 3,65 Meter lang – ein Beleg dafür, dass die Nachkommen Olisihpas und Olsohpas ziemlich groß gewesen sein müssen.

Die Insulaner erzählen, die Baumeister wären in der Lage gewesen, die für Nan Madol verwendeten Steine durch die Luft schweben zu lassen. Bemerkenswerterweise findet sich diese Erklärung auch für wundersame Megalithbauten in anderen Weltgegenden, die sehr weit vom westlichen Pazifik entfernt liegen. Das berühmteste Beispiel ist Stonehenge in England, wo der Legende nach der Zauberer Merlin die fünfzig Tonnen schweren *Sarsensteine* an ihre jeweilige Position schweben ließ. Wenn es sich bei diesen Berichten über Levitationen, von unterschiedlichen Völkern in großer räumlicher und zeitlicher Entfernung erzählt, nicht um eine universelle menschliche Reaktion auf das Vorhandensein von anders nicht erklärlichen Ruinen handelt, dann stellen sie möglicherweise eine volkstümliche Erinnerung an eine verlorene Technologie dar.

So inakzeptabel eine solche Schlussfolgerung konventionellen Wissenschaftlern auch erscheinen mag, fällt es ihnen andererseits doch schwer, Erklärungen dafür zu finden, wie man damals beim Bau von Nan Madol fünfundzwanzig

Tonnen schwere Basaltblöcke ungefähr fünfzehn Meter in die Höhe hob, um sie dann fein säuberlich zu Mauern und Türmen aufzuschichten, oder wie man einen sechzig Tonnen schweren Basaltblock oben auf eine Plattform hievte. Heute vermag der größte Kran auf Pohnpei fünfunddreißig Tonnen zu heben. Eine aus zweihundert Millionen Tonnen Stein errichtete Anlage nachzubauen, noch dazu nicht auf festem Grund, sondern auf einem Korallenriff, nur eineinhalb Meter über dem Meeresspiegel, stellt selbst für neuzeitliche Bauingenieure, die modernste Maschinen einsetzen können, eine gewaltige Herausforderung dar.

Dr. Randall Pfingston, ein Physiker von der Marquette University in Michigan, der in den späten 1980er Jahren zusammen mit Childress die Insel Pohnpei besuchte, äußert sich in Childress' Buch *Lost Cities of Ancient Lemuria and the Pacific* folgendermaßen:

> Gravitation ist in Wirklichkeit eine bestimmte Frequenz, Teil von Einsteins Einheitlicher Feldtheorie. Kristallisierte Basaltblöcke müssen lediglich auf der Frequenz der Schwerkraft, 1012 Hertz, schwingen, oder der Frequenz zwischen kurzen Radiowellen und infraroter Strahlung, dann verlieren sie ihr Gewicht. Kristalle, sogar Basaltkristalle, eignen sich ideal für eine solche Resonanz. Wenn das die Methode war, mit der die Steine »magisch« durch die Luft bewegt wurden, dann haben sie sich dabei, genau wie es in der Legende berichtet wird, vermutlich nach oben und nach Osten gedreht, weil dies der Erdrotation entspricht. Die Zentrifugalkraft der Erdrotation bewirkte, dass die Steine durch die Luft schwebten. Bei diesem schwebenden Transport war es den Menschen möglich, rittlings auf den Basaltsäulen zu sitzen. Und wenn die Schwingungen reduziert wurden und das Gewicht der Steine wieder zunahm, konnten sie sie in Nan Madol an ihre vorgesehene Position dirigieren.

Paul Devereaux, der nachwies, das zwischen alten Megalith-Zentren und Erdenergien ein nicht zu leugnender Zusammenhang besteht, schreibt dazu: »Über manchen Störzonen wurden verschiedene Mineralien und Felsen heftig durcheinander gemischt, wodurch magnetische und elektrische Anomalien auftreten und sogar messbare Schwerkraftabweichungen. Schwerkraft, Magnetismus und die Richtung des wahren Nordens sind keine festen Größen, sondern können an unterschiedlichen Orten auf der Erdoberfläche variieren. Zum Beispiel hängen die magnetischen Eigenschaften eines Gesteins von seinem Gehalt an metallischen Erzen ab, während die Dicke der Erdkruste oder die Höhe eines bestimmten Standortes die dort messbare Schwerkraft beeinflussen. Unter tektonischem Druck können Störzonen ebenfalls veränderliche Energiefelder aufweisen.«

Im letzten seiner Drei Gesetze formulierte Arthur C. Clarke: »Jede hinreichend fortschrittliche Technologie ist von Magie nicht zu unterscheiden.«

Es stimmt, dass auf Pohnpei Yams und Maniok angebaut werden. Diese Pflanzen stammen aus Südamerika, was manche Forscher, unter ihnen Thor Heyerdahl, vermuten ließ, dass eine kulturelle Verbindung zu den Kulturen Perus und Boliviens bestanden haben könnte. Childress wundert sich über eine mehr als phonetische Ähnlichkeit zwischen den Nahnmwarkis von Pohnpei und den altägyptischen Nomarchen. Beides sind Bezeichnungen für einen lokalen Herrscher oder Fürsten. Möglicherweise lassen sich Parallelen ziehen zwischen Olisihpa, dem ersten Saudeleur oder Herrn von Nan Madol, und Elasippos, einem König von Atlantis, der in Platons Dialog *Kritias* aus dem 4. Jahrhundert v. Chr. erwähnt wird. Wenn man diesen Vergleich fortsetzt, stellt man fest, dass die Monarchen von Atlantis, genau wie die mächtigen Olisihpa und Olsohpa, Zwillinge waren, wobei die Zwillingspaare, die über Atlantis herrschten, dem

Geschlecht der Titanen aus der griechischen Mythologie entstammten. Aber die Städte der Inka und der Vor-Inka-Zeit weisen keinerlei Ähnlichkeit mit Nan Madol auf. Und Stadtplaner aus Ägypten oder Atlantis an einen winzigen Flecken im westlichen Pazifik zu verfrachten, erscheint doch allzu weit hergeholt, selbst für Anhänger eines extremen kulturellen Diffusionismus, jener älteren Richtung der Ethnologie, die das Auftreten einzelner Kulturelemente bei verschiedenen Völkern nicht auf parallele Entwicklung, sondern auf Interaktion, Übertragung, Wanderung und dergleichen zurückführt. Scheinbare Übereinstimmungen zwischen einer ansonsten unbedeutenden mikronesischen Insel und Südamerika, dem dynastischen Ägypten oder Atlantis deuten eher darauf hin, dass diese Kulturen und Pohnpei ihrerseits von einer anderen unbekannten Zivilisation beeinflusst wurden, an die sich die pazifischen Inselbewohner vage als Katau Peidi erinnern.

Einen Zeitrahmen für den Bau und die Besiedlung von Nan Madol zu bestimmen, würde erheblich dazu beitragen, die Identität seiner Schöpfer zu klären, da man dann einige zeitgleiche Kulturen als wahrscheinliche Kandidaten für deren Herkunft bestimmen könnte. Es gab verschiedene Versuche, das Alter der Stadt zu ermitteln, vor allem seit Einführung der Radiokohlenstoffdatierung, auch C14-Methode genannt. In den 1960er Jahren untersuchten Archäologen des Smithsonian-Instituts Speisereste in etwas, das sie für einen Schildkröten-Ofen hielten. Aus dem Ergebnis schlossen sie, dass Nan Madol um etwa 1285 n. Chr. bewohnt gewesen sein müsse. Zusätzliche Proben aus einer in der Nähe befindlichen Ascheschicht zeigten, dass man das Alter der Besiedlung zweihundert Jahre zurückverlegen musste. Bei umfangreicheren Thermolumineszenz-Untersuchungen, die Steven Athens in den 1970er Jahren für das Pacific Studies Institute in Honolulu durchführte, wurden Tonscherben, die man unter einer künstlichen Aufschüttung in Nan Madol (auf Dapahu, einer der kleinen künstlichen Inseln) gefunden hatte, auf ein Alter von über zweitausend Jahren datiert. Das war eine bemerkenswerte Entdeckung, nicht nur was den Besiedlungszeitraum Pohnpeis angeht, sondern auch weil Töpferei auf der Insel stets als völlig unbekannt gegolten hatte. Europäische Reisende, die im frühen 19. Jahrhundert die Insel besuchten, berichteten, dass der Gebrauch von Töpferwaren auf Pohnpei unbekannt war. Diese ersten europäischen Besucher, unter ihnen der bereits erwähnte Dr. Campbell, stimmten darin überein, dass die Ruinen in ihrer Bedeutung mit den ägyptischen Pyramiden zu vergleichen seien.

Doch die stark voneinander abweichenden wissenschaftlichen Datierungsergebnisse sind wenig hilfreich. Sie liefern keine Hinweise darauf, wann die Stadt erbaut wurde und ihre Blütezeit erlebte. Wir erfahren aus ihnen lediglich, dass im späten dreizehnten Jahrhundert jemand in Nan Madol eine Schildkröte aß und dass zur Zeit Christi jemand einen Krug zertrümmerte. Im feuchten Dschungelklima liefert die C14-Datierung keine verlässlichen Resultate, weil organische Materialien in sehr kurzer Zeit völlig verrotten. John H. Brandt schrieb in der Zeitschrift *Archaeology*: »Die oft gestellte Frage nach dem wahren Alter Nan Madols bleibt immer noch weitgehend unbeantwortet.«

Eine vertrauenswürdigere Methode zur Altersbestimmung Nan Madols als die unsichere Radiokohlenstoffdatierung ist der Anstieg des Meeresspiegels. Bereits 1885 berichtete die Zeitschrift *Science*: »Die Mauern auf dieser Insel befinden sich dreißig Zentimeter oder mehr unterhalb des Meeresspiegels. Als sie erbaut wurden, müssen sie sich zweifellos über dem Wasser befunden haben und mit dem Festland in Verbindung gestanden haben. Dann sind sie allmählich versunken, beziehungsweise der Meeresspiegel ist dreißig oder mehr Zentimeter angestiegen.«

In den 1970er Jahren, vor Pohnpeis politischer Unabhängigkeit, wurde die Insel zum ersten Mal professionell vermessen. Dies geschah im Auftrag des Trust Territory of the Pacific durch Dr. Arthur Saxe von der Universität in Oregon. Als er zu seiner Überraschung von den seltsamen Tunneln erfuhr, die hinaus ins Meer und in den Meeresboden hinein zu den unterseeischen Höhlen führen, dehnte er sein Vermessungsprojekt auf Pohnpeis Küstengewässer aus. Mit seinem Team von Tauchern entdeckte Dr. Saxe eine Linie gleich großer Steine, die rechtwinklig zu dem Abhang in etwa 25 Metern Tiefe verläuft, wo unterhalb des Hafens Madolenihmw der Meeresboden am Rand des Riffs steil abfällt. Die Steinreihe verschwand nach weiteren drei Metern im sandigen Meeresboden. Dass es sich bei dieser Steinreihe um eine künstliche Anlage handelt, bestätigte sich, als die Forscher entdeckten, dass die Steinreihe präzise eine Verbindungslinie zwischen zwei Inseln markiert – Pieniot und Nahkapw. Und genau dort sollte sich gemäß der örtlichen Überlieferung eine versunkene Ruine namens Kahnihmw Namkhet befinden.

Diese Legende fand ihre Bestätigung, als Dr. Saxe und seine Taucher eine Anzahl von Steinsäulen entdeckten, zwischen fünf und siebeneinhalb Meter hoch, die in einer Wassertiefe von drei bis achtzehn Metern stehen. Die Insulaner erzählten ihm, in einem tiefen Kanal zwischen Nahkapw und Nanmwoluhei gäbe es noch eine zweite Unterwasser-Ruine, und in dieser stünde ein mächtiger steinerner Torbogen. Tatsächlich fanden sich auf dem Meeresboden weitere aufrecht stehende oder umgestürzte Säulen. Doch das große steinerne Tor wurde nie entdeckt. Insgesamt fand man vor Nan Madol etwa zwölf bis fünfzehn Basaltpfeiler unter der Wasseroberfläche.

Ein paar Jahre später filmten Taucher im Auftrag des japanischen Fernsehens ein weiteres Dutzend Steinsäulen, die in Doppelreihen im Hafen von Madolenihmw unter der Wasseroberfläche stehen. Als diese Entdeckung bekannt wurde, schickte das australische Fernsehen ein eigenes Filmteam, um den Meeresboden in der Nähe von Nahkapw zu untersuchen. Dort fand man die von Dr. Saxe lokalisierten, von Korallen überkrusteten Pfeiler wieder und filmte sie für eine Dokumentation mit dem Titel *Ponape: Island of Mystery*.

Zu Beginn der 1990er Jahre unternahm Childress eine gezielte Suche nach den Unterwasser-Ruinen von Kahnihmw Namkhet und dem Steintor, das angeblich zwischen den Inseln Nahkapw und Nanmwoluhei stehen soll. Er und seine Tauchkameraden vom World Explorers Club fanden weder Kahnihmw Namkhet noch den steinernen Bogen. »Aber«, berichtete er, »wir entdeckten eine Menge Beweise dafür, dass es südlich der Insel im Meer versunkene Ruinen gibt, was der Legende über eine versunkene Stadt bei Nakapw neue Glaubwürdigkeit verleiht.« Gegenüber dem Hafen von Madolenihmw, an der Südseite von Nakapw, genau östlich Nan Madols, fanden Childress und sein Team unter Wasser unnatürlich gerade Linien auf dem Riff. Sie lassen auf darunter liegende steinerne Architektur schließen, die im Lauf der Jahrhunderte von den Korallen überwuchert worden ist. Außerdem stießen sie bei ihren Tauchgängen auf zahlreiche Steinsäulen mit einem geschätzten Gewicht von jeweils zehn Tonnen. Bei Niedrigwasser ragen die Spitzen einiger Monolithen aus dem Meer, was ein Beweis ist für uralte steinerne Anlagen, die sich vom Meeresgrund bis aufs Land erstrecken.

Diese Entdeckungen unter Wasser offenbaren nicht nur, dass Nan Madol ursprünglich viel größer und ausgedehnter war als das, was heute über dem Meeresspiegel sichtbar ist. Sie lassen auch wesentlich glaubwürdigere Rückschlüsse auf das Alter der prähistorischen Stadt zu als die C14-Datierung. Man hat im Meer vor Nan Madol bis in eine Tiefe von etwa 23 Metern Steinsäulen und -blöcke gefunden. Dr. Saxe und sein Team entdeckten eine künstliche Steinreihung, die in einer Tiefe von 29 Metern im Sand des Meeresbodens verschwand, was darauf hindeutet, dass sich vor Pohnpei archäologisches Material bis in einer Tiefe von 30 Metern nachweisen lässt. So niedrig ist der Meeresspiegel seit dem Ende der letzten Eiszeit niemals gewesen. Die sich heute unter der Wasseroberfläche befindenden Steine zwischen Pieniot und Nahkapw konnten nur entsprechend ausgerichtet werden, wenn ihr Standort sich über dem Meer befand, was zuletzt vor etwa 12.000 Jahren der Fall war. Zwar gibt es auf Pohnpei keine aufrecht stehenden Säulen, doch dic archäologischen Stätten unter Wasser unterscheiden sich so wenig von den heute über dem Meeresspiegel liegenden Bauwerken Nan Madols, dass Letztere wohl kaum in späterer Zeit oberhalb einer inzwischen vom Meer überfluteten älteren Stadt errichtet wurden. Vielmehr reicht eine einheitliche Architektur aus Basaltsäulen und -blöcken, die einem einzigen gemeinsamen Bauplan zu folgen scheint, vom Meeresgrund bis hinauf aufs Land.

Offensichtlich müssen Nan Madols Kanäle gebaut worden sein, lange nachdem die heute unter Wasser liegenden Pfeiler und Steinblöcke errichtet wurden: Vor 12.000 Jahren befanden sich die Kanäle dreißig Meter über dem Meeresspiegel. Sie konnten ihre Funktion demnach erst erfüllen, als der Meeresspiegel seine heutige Höhe erreicht hatte, also vor etwa 5.000 Jahren. Demnach reichen die Anfänge Nan Madols bis 10.000 v. Chr. und davor zurück, bis in eine heutige Wassertiefe von dreißig Metern. Als nach der Eiszeit der Meeresspiegel anstieg, bauten die Bewohner der Stadt in immer größerer Höhe, um das Steigen des Pazifiks auszugleichen, bis man etwa um 3000 v. Chr. das heute über dem Meer liegende Niveau erreicht hatte. Die Entdeckung archäologischer Strukturen in unterschiedlichen Tiefen von knapp dreißig, fünfundzwanzig, sechs und drei Metern belegt, dass die prähistorischen Baumeister mit einem unaufhaltsam steigenden Meeresspiegel Schritt halten mussten.

Diese Überlegungen werden hinfällig, wenn sich herausstellen sollte, dass jene Strukturen, die von den Wissenschaftlern bisher als »Kanäle« betrachtet werden, eine ganz andere Funktion hatten. Nichts, was an Schleusentore oder dergleichen erinnert und sie eindeutig als Wasserwege definieren würde, konnte bislang gefunden werden. Vielleicht waren sie etwas vollkommen anderes, zum Beispiel große Wasserbecken für die heiligen Aale, die angeblich von den Saudeleurs gehalten wurden.

Zwar ermöglicht uns all das nicht wirklich, das eindeutige Alter Nan Madols zu bestimmen, aber seine erste und demnach älteste Schicht deutet darauf hin, dass mit dem Bau vor dem Ende der letzten Eiszeit begonnen wurde. Die Unterwasser-Archäologie vor Pohnpei zeigt, dass das Gebiet, trotz seiner späteren Überflutung, bis wenigstens zum Ende des vierten vorchristlichen Jahrtausends besiedelt war – und zwar allem Anschein nach ununterbrochen. Wann die Stadt verlassen wurde, konnte bislang nicht ermittelt werden. Radiokohlenstoffdatierungen können eine Besiedlung nur bis zurück ins fünfzehnte Jahrhundert n. Chr. oder eventuell noch ein paar Jahrhunderte früher nachweisen. Sie verraten uns nichts darüber, wer die Stadt erbaute und ursprünglich dort siedelte, sondern beweisen lediglich, dass Menschen – höchstwahrscheinlich die Vorfahren der heutigen Mikronesier – sich von Zeit zu Zeit in den Ruinen niederließen, lange nachdem der Ort von seinen Erbauern verlassen worden war.

Nan Madol hat seine tiefe Lage teilweise unter dem Meeresspiegel und sein Alter mit einer anderen Ruine gemeinsam, doch liegen zwischen diesen beiden 2.000 Kilometer offener Pazifik. Es handelt sich um eine im Meer versunkene Steinplattform bei der japanischen Insel Yonaguni. Diese beiden weit voneinander entfernten prähistorischen Stätten verbindet mehr als nur das Rätsel ihres an der heutigen Höhe des Meeresspiegels ablesbaren Alters. Childress und sein Team fanden auf einem Riff bei Nan Madol in drei Metern Wassertiefe Steinblöcke, die mit Darstellungen von Kreuzen, Quadraten und sowohl geschlossenen wie auch offenen Vierecken verziert sind. Diese Petroglyphen gleichen eindeutig anderen, die im Bergland von Pohnpei gefunden wurden, was beide Funde in einen historischen Kontext stellt. Es besteht also eine direkte Verbindung zwischen der Fundstelle unter Wasser und den Funden an Land. Noch bedeutsamer ist, dass auch auf der im Meer versunkenen Ruine von Yonaguni durch japanische Forscher mindestens ein Kreuz und mehrere Quadrate fotografiert wurden. Dass identische Petroglyphen sowohl auf japanischen Ruinen wie auch auf den Ruinen der Karolineninseln zu finden sind, ist ein Beleg für eine wesentliche Verbindung zwischen beiden und liefert wichtige Hinweise auf ihre wahre Identität.

Auf seinen ausgedehnten Reisen in entlegene Gebiete bemerkte Childress außerdem Ähnlichkeiten zwischen den Säulen, die vor Nan Madol im Meer anzutreffen sind, und den sogenannten *Lat'te*-Steinen, die er auf Guam untersuchte, etwa 720 Kilometer von Pohnpei entfernt. Stärkere Ähnlichkeiten finden sich aber auf der 550 Kilometer entfernten Insel Kosrae. Diese am weitesten östlich gelegene, 109 Quadratkilometer große Karolineninsel hat etwas von einem maßstäblich verkleinerten Spiegelbild Pohnpeis. Nirgendwo sonst finden sich den Ruinen Nan Madols ähnlichere aus gewaltigen Basaltblöcken und grob gehauenen Monolithen errichtete Türme, massive Mauern und ausgedehnte Kanäle. Selbst der Standort ähnelt dem Gegenstück vor Pohnpei, denn die meisten Ruinen finden sich auf einer kleineren, künstlichen errichteten Insel – Lelu – vor einem Hafen auf der Ostseite.

Die Ruine selbst wird Insaru genannt. Auf Kosrae befinden sich noch weitere archäologische Stätten: in Menka, auf der südöstlichen Seite der Insel, und im Südwesten, in Walung. Von dort verläuft ein acht Kilometer langer Kanal nach Urwe an der Südküste. Die meisten Gebäude stehen aber in Insaru, wo man vierzig Tonnen schwere Basaltblöcke benutzte, um Anlagen zu errichten, die ziemlich genau den zehn bis zwanzig Meter hohen Wällen von Nan Madol gleichen, wenn es auch einige interessante Unterschiede gibt. 1999 leitete Dr. Felicia Beardsley im Auftrag des Kosrae Historical Research Preservation Office (KHRPO) ein archäologisches Forschungsprojekt an einem Ort namens Safonfok in der Nähe von Walung. Sie hatte nicht erwartet, bei den Testgrabungen mehr zu finden als ein paar fremde Einflüsse aus dem 18. oder frühen 19. Jahrhundert.

»Doch der Reichtum und der Erhaltungszustand der archäologischen Funde«, heißt es in einem KHRPO-Bericht, »offenbarte eine technologische Industrie, wie sie im Pazifik noch nirgendwo entdeckt wurde« – eine große Fabrik für die Massenproduktion von kunstvoll gefertigten Korallen-Angelhaken und Werkzeugen. Ebenfalls entdeckte man ein einfaches, aber geradezu elegantes Basaltmesser, das erste, das man überhaupt je auf Kosrae, Pohnpei oder sonstwo gefunden hatte, und eine sonderbare, diamantförmige Perle. Bemerkenswerterweise wurde diese Perle gefräst, eine Technik, die in ganz Mikronesien ansonsten unbekannt war. Dr. Beardsleys 5,5 Quadratmeter große

Ausgrabung brachte lediglich zehn Prozent dieser einstigen Fertigungsstätte ans Licht, wo mehrere Dutzend, vielleicht sogar Hunderte von Arbeitern damit beschäftigt waren, in großem Maßstab industrielle Waren zu fertigen. Diese Anlage in Safonfok ist einzigartig im gesamten Pazifik und zeugt von einer Zeit, als auf dieser Insel eine höher entwickelte Kultur herrschte.

Auf Kosrae gibt es etwa neunzig »Kanäle« und somit die gleiche Anzahl wie auf Nan Madol, doch die Kanäle von Insaru liegen heute fast trocken. Die kleine Insel Lelu, auf der die Stadt erbaut wurde, ist in unregelmäßigen Schüben ein Stück aus dem Meer aufgestiegen. Diese geologische Instabilität, zusammen mit Schwankungen des Meeresspiegels seit der letzten Eiszeit, macht es nahezu unmöglich, Insaru glaubwürdig zu datieren. Nichtsdestoweniger ergab die jüngste, am Beginn des 21. Jahrhunderts ausgeführte C14-Datierung, dass die Insel zumindest vor 3.000 Jahren bewohnt gewesen sein muss. Aber nur die große Ähnlichkeit der Ruinen mit denen Pohnpeis deutet darauf hin, dass sie aus der gleichen Zeit stammen.

Die archäologischen Überreste auf Lelu unterscheiden sich von denen Nan Madols lediglich durch ihre geringere Ausdehnung und zwei pyramidenartige Aufschichtungen aus Basaltblöcken, die von den Einheimischen als königliche »Gräber« bezeichnet werden, obwohl man dort nie irgendwelche sterblichen Überreste gefunden hat. Ansonsten gleichen die vom Dschungel überwucherten Steinpfade, quadratischen Gebäude, Bootsanleger und imposanten Mauern ihren größeren Ebenbildern im Nordwesten Mikronesiens. Childress schrieb etwas nur zu Offensichtliches: »Wegen der Ähnlichkeit der Bauweise zwischen Nan Madol und den Lelu-Ruinen von Insaru liegt der Schluss nahe, dass beide von den gleichen Meistern der Steinbaukunst errichtet wurden.«

Lokale Überlieferungen, die möglicherweise über die Lelu-Ruinen hätten Auskunft geben können, wurden größtenteils durch die übereifrigen Bestrebungen von Missionaren ausgelöscht, die Insulaner zu christianisieren. Ein nur noch als schwaches Echo vorhandener Mythos über den Bau der Stadt besagt, sie sei über Nacht von zwei Zauberern erbaut worden, doch selbst dieses Fragment scheint Pohnpeis Geschichte der Zwillingsbrüder Olisihpa und Olsohpa entlehnt zu sein. Die Version aus Kosrae unterscheidet sich nur dadurch, dass eine Rasse von »weißen Riesen« namens Kona hinzugefügt wird. Jene sollen die Steine unter der Anleitung der Zauberer getragen und aufgestellt haben. Zu dem Verlust an mündlichen Überlieferungen kam an der Wende zum 20. Jahrhundert ein noch schlimmerer Verlust hinzu: Insaru wurde als Steinbruch für den Bau einer Hafenmole genutzt. Diese Plünderung fügte der uralten Stadt schweren Schaden zu. Daher stammen die besten Fotografien aus den 1890er Jahren. Heute ist diese Ruine einer Ruine nur noch ein Schatten jener beeindruckenden Erscheinung, die sie noch vor gut einem Jahrhundert war.

In einer anderen Legende ist von einem fremden Schiff, der *Auk Palang*, die Rede, die vor sehr langer Zeit aus dem Nordwesten nach Kosrae segelte. Ihr entstiegen Baumeister, die dann die mächtigen Bauten errichteten. In jedem Fall werden in beiden Mythen, so spärlich diese Überlieferung auch ist, die Besucher als fremde Baumeister geschildert, deren übernatürliche Fähigkeiten das Vorstellungsvermögen der Eingeborenen weit überstiegen. Doch genauso wenig wie die Eingeborenen können moderne Archäologen, Geologen und Bauingenieure erklären, wie ein vorindustrielles Volk es fertigbrachte, vierzig Tonnen schwere Steinblöcke in die Höhe zu heben und mit großer Präzision zu Mauern aufzuschichten, die sechs und noch mehr Meter hoch sind.

Man hat Versuche angestellt, jene Bautechniken nachzuvollziehen, mit denen die Steinblöcke nach Ansicht konventioneller Wissenschaftler aufgeschichtet worden sein müssen. Für einen Dokumentarfilm des Discovery Channel aus dem Jahr 1995 versuchten diese Wissenschaftler, ihre Theorie in der Praxis zu erproben. Man verzurrte eine nur eine Tonne schwere Basaltsäule mit Spannseilen aus Bambus auf einem Kokosnuss-Floß. Trotz mehrfacher Versuche erwies sich das Experiment als totaler Fehlschlag. Die nachgebauten Flöße konnten maximal Steine von wenigen hundert Kilo Gewicht tragen. Das ist ziemlich weit von den zwanzig Tonnen schweren Säulen und sechzig Tonnen schweren Blöcken entfernt, die von den Erbauern Nan Madols und Insarus mit offenkundigem Geschick bewegt wurden. Der Bau eines Wasserfahrzeugs, das solche gewaltigen Ladungen tragen kann, übersteigt die Fähigkeiten der eingeborenen Mikronesier ebenso wie die überheblicher Archäologen. Selbst heutzutage stellt das Bewegen derartiger Lasten eine beträchtliche Herausforderung für mit modernstem Gerät ausgerüstete Experten dar.

Die Forscher haben noch immer nicht herausgefunden, wie solche enormen Basaltsteine gebrochen, geschweige denn transportiert wurden. »Vermutlich«, spekulierte Brandt, »erhitzten die Steinhauer die Felswände mit riesigen Feuern und leiteten dann kaltes Wasser über die Oberflächen. Die daraus resultierende Ausdehnung und Zusammenziehung brach jene Stücke heraus, die sie für ihre Bauprojekte benötigten.« Aber das ist alles bloß Spekulation. Es gibt keinen Beweis dafür, dass diese Methode, sogenannte Abplatzungen auszulösen (»Spalling«), in Pohnpei bekannt war oder benutzt wurde. Da sich an den Steinen keine Werkzeugspuren finden lassen, wäre es aber zumindest eine mögliche Erklärung. Oder dieses rätselhafte Venedig des Pazifiks wurde mit einer verlorenen Technologie erbaut, die ganz anders war als unsere.

Was war Nan Madol wirklich? Mit seinen gleichförmig fensterlosen Gebäuden, der nüchternen, schmucklosen Gestaltung und dem völligen Fehlen von Lagermöglichkeiten für Vorräte steht es einzigartig dar. Abgesehen von Kosrae gibt es auf der ganzen Welt nichts Vergleichbares. Dass Nan Madol und Kosrae Städte im eigentlichen Sinn waren, ist sehr unwahrscheinlich. Bei beiden finden sich keinerlei Hinweise auf eine große Stadtbevölkerung. Man hat weder Friedhöfe noch Werkzeuge (von Safonfok abgesehen) oder Hausratswaren gefunden. Und dass es sich um zeremonielle Zentren für rituelle Aktivitäten gehandelt haben könnte, erscheint zweifelhaft, da es keinerlei Schmuck oder Verzierungen gibt. »Die Architektur«, schrieb Ballinger über Pohnpeis seltsame Metropole, »ist nüchtern, streng und roh.«

Vielleicht war die ursprüngliche Funktion Nan Madols so fremdartig, dass wir sie uns kaum vorzustellen vermögen. Doch dramatische Orte wie dieser offenbaren sich uns, wenn wir unsere Engstirnigkeit ablegen. Wir brauchen uns nur dafür zu öffnen, dass sie uns ihre Geschichte erzählen. Nan Madol bildet da keine Ausnahme. Jedoch kann ein Geheimnis uns für immer verschlossen bleiben, wenn wir nur eine eng begrenzte Zahl wissenschaftlicher Schlüssel zu benutzen bereit sind. Wenn der passende nicht darunter ist, muss das nicht bedeuten, dass er nicht existiert. Das Mysterium von Pohnpei ist so gewaltig, dass Forscher bereit sein sollten, wirklich alle Wege zu beschreiten, so unorthodox sie auch erscheinen mögen, um es zu verstehen. Zumal die konventionellen Wissenschaftler bislang nicht erklären konnten, wie Nan Madol gebaut wurde, von wem, wann und zu welchem Zweck. Sie haben noch nicht einmal herausgefunden, woher die verwendeten Steine stammen.

Die Klärung der Frage, warum Nan Madol ausgerechnet an diesem Ort errichtet wurde, könnte ein erster Schritt zu einer Lösung des Rätsels sein: Warum wurde eine so unbedeutende Insel, endlos weit von sämtlichen Bevölkerungszentren entfernt und viel zu klein, um eine große Stadt zu ernähren, für ein riesiges, komplexes Bauprojekt ausgewählt, dessen Realisierung ein großes Heer an Arbeitern und Ingenieuren erforderte? Warum wählte man von den fünfhundert Karolineninseln gerade Pohnpei und Kosrae für derartig wichtige und aufwendige öffentliche Projekte? Keine der beiden Inseln verfügt über Eigenschaften, die sie als wichtigen Außenposten für eine hoch organisierte Gesellschaft interessant erscheinen lassen. Was beide Inseln jedoch einzigartig macht, ist ihre Position ungefähr auf halbem Weg zwischen Hawaii und den Philippinen. Nachdem der nördliche Äquatorialstrom etwa vom zwanzigsten Längengrad rund 9.300 Kilometer durch den zentralen Pazifik gerauscht ist, teilt er sich zwischen Kosrae und Pohnpei plötzlich in eine nördliche und eine südliche Meeresströmung. Diese Teilung ist bedeutsam, weil schwere Stürme entstehen, wenn kalte Luft in Kontakt mit dem warmen Meerwasser der Karolinen kommt.

»Es ist eine meteorologische Tatsache, dass viele Taifune des nordöstlichen Pazifiks in der Nachbarschaft von Pohnpei entstehen«, schreibt Childress. »Die Insel selbst wird normalerweise nicht von Zyklonen getroffen, da sie der Ort ist, wo Zyklone entstehen.« Könnte es sein, dass Pohnpei von den Erbauern Nan Madols bewusst wegen seiner einzigartigen Position ausgewählt wurde? Zumindest ist es ein faszinierender Zufall, dass sie ihre beispiellose Stadt an dem Ort errichteten, der im ganzen Pazifik den größten Schutz vor schweren Stürmen bietet. Dieses Volk war genial genug, um fünfundzwanzig Tonnen schwere Steinsäulen über einem im offenen Meer liegenden Korallenriff zehn Meter in die Höhe zu hieven, sechzig Tonnen schwere Basaltblöcke in Mauerwerk einzubauen und ein Netzwerk von Tunneln anzulegen, das vom Inselfestland durch ein Korallenriff und bis unter den Meeresboden in unterseeische Höhlen führt. Man sollte meinen, dass diese Menschen mehr über ihre Umwelt wussten, als wir ihnen zuzubilligen bereit sind. Haben sie, wenn dem so war, sich auf dieser entlegenen Insel angesiedelt, um Schutz vor den Taifunen zu suchen, die in den anderen Regionen des östlichen Pazifiks tobten? Oder gab es einen anderen Grund dafür, dass sie das immense Unterfangen auf sich nahmen, 250 Millionen Tonnen Stein heranzuschaffen, um daraus diese Stadt der Türme und Kanäle zu bauen?

Zwischen Pohnpei und Kosrae liegt eine 480 Kilometer lange Zone, eine Art Brutstätte, wo Taifune geboren werden und ihr erstes Stadium durchlaufen. Schnell wachsen sie zu Monsterstürmen heran, die alljährlich die Philippinen heimsuchen und dort Tod und Verwüstung hinterlassen. Bis in jüngste Zeit nahm man an, dass die Entstehung dieser Stürme ausschließlich auf kalte Luftmassen zurückzuführen sei, die in Konflikt mit den wärmeren Oberflächentemperaturen des Meerwassers geraten. Konventionelle Meteorologen glauben, dass Zyklone durch einen dreistufigen Prozess entstehen, bei dem die anfängliche Intensität eines Sturmes Änderungen der Lufttemperatur auslöst, was zu einem Wärmeaustausch mit dem Ozean führt. Im späten 20. Jahrhundert schrieb jedoch der amerikanische Erfinder Joseph Newman:

> Der für die Entstehung von Hurrikanen wesentliche Effekt ist elektromagnetischer Natur. Dass ein Hurrikan entsteht und bestehen bleibt, hängt nicht allein von der Wärme des Wassers ab, über dem er sich bewegt. Beweis: Die Durchschnittstemperatur des Wassers im Golf von Mexiko 32 Kilometer vor der Küste von Louisiana sieht folgendermaßen aus:

- Juni: 27,8 °C
- August: 30,6 °C
- September: 27,8 °C
- Oktober: 24,4 °C
- November: 18,9 °C

Würde zutreffen, was die Wetterexperten behaupten, müssten die stärksten und zerstörerischsten Hurrikane stets im Juli und August auftreten. Doch dem ist nicht so! Der Höhepunkt der Hurrikan-Saison liegt im September – nicht im Juli oder August. 1984 veröffentlichte ich eine Liste der schlimmsten Hurrikane seit Beginn der Wetteraufzeichnungen, aus der diese Tatsache deutlich abzulesen ist. Im September und Oktober gab es über dreihundert Prozent mehr Hurrikane von größerer Zerstörungskraft als im Juli und August. Selbst der November (mit einer Wasser-Durchschnittstemperatur von 18,9 °C) wies achtzig Prozent mehr Hurrikane auf, als sie im August mit seiner Wassertemperatur von 30,6 °C auftraten.

Newman ist überzeugt, dass »der primäre Faktor bei der Entstehung von Hurrikanen elektromagnetische Kräfte sind. Wärme ist sekundär. Diese Tatsache zu verstehen, kann uns in die Lage versetzen, Hurrikane zu kontrollieren oder sogar gezielt zu entschärfen.«

Gab es schon einmal eine Kultur, die über diese Fähigkeit verfügte? Vor sehr langer Zeit, auf zwei abgelegenen Inseln im östlichen Pazifik? Nan Madol und Insaru bilden gewissermaßen eine »Klammer« um jenes Gebiet, das die meteorologische »Kinderstube« der Taifune darstellt. Bedenken Sie auch, dass diese beiden Orte weltweit einzigartig sind, was die Millionen Tonnen magnetischen Basalts angeht, die dort verbaut wurden. Wenn geschmolzene Lava im richtigen Maß einer schnellen Abkühlung ausgesetzt ist, erstarrt sie zu den sehr feinkörnigen Prismen, die für Basalt charakteristisch sind, eines der schwersten und härtesten Gesteine auf der Erde. Während des Aushärtungsprozesses werden in der abkühlenden Lava eingeschlossene Eisenfäden infolge der immer noch hohen, wenn auch sinkenden Temperaturen magnetisiert.

Um zu prüfen, ob Nan Madol magnetische Anomalien aufweist, strich in den späten 1980er Jahren ein Forscher mit seinem Taschenkompass über eine der massiven Mauern. »Die Nadel machte eine Umdrehung nach der anderen«, erinnert sich Childress. Seine Aufregung darüber weckte die Aufmerksamkeit eines zufällig anwesenden Geologen. »Dass Basalt während seines Abkühlungsprozesses auf diese Weise magnetisiert wird, ist normal«, sagte der Wissenschaftler, »aber er müsste vertikal magnetisch sein. Die Kompassnadel sollte sich nicht drehen, wie es hier geschieht. Diese Steine sind auf eine sonderbare Art magnetisiert!«

Nan Madol und Insaru wurden fast ausschließlich aus magnetisiertem Basalt erbaut.

Vor der Niederlage Deutschlands im Ersten Weltkrieg war Pohnpei deutsche Kolonie. Danach gehörte es zu den Krümeln, die vom Siegertisch der Westalliierten in die ausgestreckte Hand des imperialistischen Japan fielen.

In den zwanzig Jahren ab 1919 führten Archäologen der Universität von Tokio mehrere Tauchgänge vor der Insel sowie Ausgrabungen in Nan Madol durch. Tragischerweise fielen nahezu sämtliches Material, das die Japaner sammelten, und ihre Forschungsberichte dem nächsten Weltkrieg zum Opfer. Dass sie menschliche Knochen entdeckten, die zu einem Volk gehören müssen, das größer als die eingeborenen Insulaner war, wurde bereits erwähnt. Diese übergroßen Knochen wurden im Hauptgebäude der Anlage gefunden, das von den lokalen Reiseführern als »Haus der Toten« bezeichnet wird.

Als sie unter dem Steinboden dieses Gebäudes tiefer gruben, stießen die Japaner auf einen noch spektakuläreren Fund: eine Gruppe von großen Särgen aus Platin. Bei genauerer Untersuchung zeigte sich, dass es sich bei diesen 2,44 Meter langen Metallkisten vermutlich doch nicht um Sarkophage handelte, denn es gab keinerlei Grabschmuck oder -beigaben. Das Rätsel wurde noch größer, als die Archäologen feststellten, dass die Behälter wasserdicht verschlossen waren. Welchem Zweck sie gedient hatten, ließ sich jedoch nicht ergründen, denn die vermeintlichen Särge waren leer. Anscheinend wurden diese besonders wertvollen Fundstücke nach Japan gebracht, wo sie während des Brandbombenangriffs von 1945 verschwanden, durch den Tokio fast völlig zerstört wurde. Doch vor dieser schrecklichen Katastrophe fanden die Japaner noch weitere Platinobjekte und sogar Silberbarren in Nan Madol.

Wegen ihrer politischen Isolation vom größten Teil der übrigen Welt in den 1930er Jahren setzten die Japaner erst 1939 zum ersten Mal einen Ausländer von ihren Platinfunden in Kenntnis. Dabei handelte es sich um den Deutschen Herbert Rittlinger, der Japan besuchte, das damals mit Nazi-Deutschland verbündet war. Rittlinger gehörte zu den bekanntesten Reiseschriftstellern seiner Zeit. Wegen seiner verlässlichen Beschreibungen aus erster Hand genoss er international hohes Ansehen. In seinem Roman *Der maßlose Ozean* verarbeitete er seine Reiserlebnisse auf den Karolineninseln. In seiner genauen Beschreibung der Insel und ihrer Ruinen berichtet er, dass die Japaner in der Zeit zwischen den beiden Weltkriegen nicht nur Kopra, Perlmutt, Sago und Vanille aus Pohnpei exportierten, sondern auch ganze Schiffsladungen Platin. »Die Geschichten der Eingeborenen, überkrustet von jahrhundertealten Legenden, sind wahrscheinlich übertrieben«, schrieb er skeptisch über ihren Saudeleur-Mythos. »Aber Platinfunde auf einer Insel, deren Gestein kein Platin enthält, waren und sind eine sehr reale Tatsache.«

Michael Sage, einer von Childress' Kollegen bei der Erforschung Nan Madols in den späten 1980er Jahren, »überprüfte in der Universitätsbibliothek von Indiana, ob wirklich Platin aus Pohnpei ausgeführt worden war. Es ist schwierig, Aufzeichnungen über diese Inseln aus jener Zeit ausfindig zu machen. Ich entdeckte keine spezifischen Daten über Platin, die Unterlagen belegten aber, dass in der Zeit kurz vor dem Zweiten Weltkrieg die Ausfuhr von Edelmetallen von den Karolinen insgesamt einen Sprung nach oben machte«. Sages Entdeckungen sind umso bemerkenswerter, da diese kostbaren Mineralien nirgendwo sonst im Pazifik vorkommen. Warum sie aber ausgerechnet auf dieser einsamen Insel gefunden wurden, trägt zusätzlich zum Geheimnis Pohnpeis bei.

Sollte Nan Madol wirklich eine bewohnte Stadt gewesen sein, gibt es eine weitere Anomalie. Auf Darong, einer der kleinen künstlichen Inseln, befindet sich ein künstlicher Teich, der mit sorgfältig behauenen und gesetzten Steinen eingefasst ist. Unter Darong führt ein Tunnel durch das Korallenriff hinaus ins offene Meer. Welche Funktion dieser Tunnel hatte, ist unklar. Heute durchschwimmen ihn Fische und gelangen so in den Teich, aber das scheint wohl kaum sein ursprünglicher Zweck gewesen zu sein. Childress schreibt: »Angeblich soll in dem Teich ein heiliger Aal mit magischen Kräften gehalten worden sein.« Könnten diese »magischen Kräfte« sich auf einen elektrischen Aal beziehen?

Pohnpei ist geologisch instabil, was in Anbetracht der seismischen Aktivität im gesamten Pazifikraum nicht überrascht. Gelegentlich erschüttern leichte Erdstöße die einsamen Mauern von Nan Madol. Die Einheimischen fürchten sich vor gespenstischen Leuchterscheinungen, die dort angeblich immer wieder zu sehen sind. »Die Leute glaubten«, schreibt Childress, »dass jeder, der sich nachts in der leeren Stadt aufhält, sterben müsse, vermutlich getötet von den Ahnengeistern (oder von der eigenen Furcht!).« Vielleicht aber gibt es dafür eine andere Ursache.

Das, was er »die seltsamen Lichtphänomene« in der Stadt nennt, ist eine sehr reale, wissenschaftlich anerkannte Erscheinung, die man als das *Andenglühen* oder *Andenlicht* bezeichnet. Am häufigsten wird es an den hohen Berggipfeln Südamerikas beobachtet, aber es tritt auch in vielen anderen Weltgegenden auf, wenn sich unter einer kristallinen Felsmasse, etwa Granit, tektonischer Druck aufbaut. Der seismische Druck wirkt auf den Kristall ein, der diese geologische Spannung in elektrische Energie umwandelt, so wie der Kristalldetektor eines alten Funkempfängers »einen Funken überspringen« ließ, wenn man ihn in einem Schraubstock zusammenpresste. Das Ergebnis ist als Piezoelektrizität bekannt. Dabei handelt es sich um die Fähigkeit bestimmter Kristalle, elektrische Spannung zu erzeugen, wenn Druck auf sie ausgeübt wird. Die freigesetzte Spannung manifestiert sich physikalisch in Form einer »Korona-Entladung« aktivierter Ionen, was sich für gewöhnlich als bewegte, leuchtende Wolke oder blauer Lichtschein bemerkbar macht, der über einem Berggipfel tanzt. Das geschieht kurz vor einem Erdbeben oder zeigt zumindest das Einsetzen seismischer Aktivitäten an.

Normalerweise ist dieses Andenlicht harmlos, nimmt mitunter aber die Form von Kugelblitzen an, von denen bekannt ist, dass sie bei Tieren oder Menschen, die sich in der Nähe aufhalten, Verbrennungen auslösen und gelegentlich Todesfälle verursachen. In der *New York Times* wurde berichtet, dass unmittelbar vor dem großen Erdbeben von Tangshan in China am 5. Juni 1976, bei dem 650.000 Menschen ums Leben kamen, »noch in über dreihundert Kilometern Entfernung bunte Leuchterscheinungen zu sehen waren, überwiegend von roter und weißer Farbe. Auf vielen Bäumen verkohlten die Blätter, und Gemüse, das von dem Leuchten erfasst wurde, war hinterher versengt.« Die leuchtende, nebelhafte Wolke dieser Korona-Entladungen wirkt zwar unheimlich, ist aber meistens harmlos. Doch als Reaktion auf tektonische Spannungen kann daraus eine hellere, weniger nebelhafte Licht-Konzentration werden.

Wenn man die geologische Instabilität ihrer Insel berücksichtigt, über der wie eine Kappe Nan Madols 250 Millionen Tonnen magnetisierter Basalt liegen, dann kann es sich bei den »Geist-Lichtern«, die seit Generationen und bis in die heutige Zeit immer wieder von den Pohnpeianern gesichtet werden, durchaus um ein reales Phänomen handeln: *Andenlicht.* Man kann diese Sichtungen nicht einfach als abergläubische Halluzinationen abtun, denn sie wurden auch von Fremden bestätigt. Ein Veteran des amerikanischen Friedenskorps erzählte Childress, er habe in den 1970er Jahren von seiner Veranda auf der benachbarten Insel Temwen nach Nan Madol hinübergeschaut und dabei ein seltsames leuchtendes Objekt ungefähr von der Größe eines Basketballs gesehen, das sich zwischen den Ruinen bewegte. Am nächsten Tag sagte er zu seinen Schülern in der Grundschule: »Ihr werdet nicht glauben, was ich gestern Abend in Nan Madol gesehen habe.« Darauf riefen sie: »Das war das Licht – Sie haben es gesehen!«

Sechzig Jahre zuvor ignorierte der deutsche Gouverneur von Pohnpei die Warnungen der Insulaner und bestand darauf, allein eine Nacht in den Ruinen zu verbringen. Am nächsten Morgen wurde sein lebloser Körper gefunden. Die Todesursache blieb ungeklärt. Die Körper von Menschen, die durch statische Entladungen getötet wurden, weisen manchmal keine Verbrennungen oder andere äußere Anzeichen auf. Ein Beleg hierfür ist ein ungewöhnliches Todesopfer des großen Feuers von Chicago im Jahr 1871. Ein Mann war zwischen zwei Feuersbrünsten eingeschlossen, die, als sie einander näherten, so viel Energie entwickelten, dass er durch einen Stromschlag getötet wurde, bevor die Flammen ihn berührten. Durch die Wucht dieser Entladung wurden die Flammen sogar auseinander getrieben. Zwar war die Taschenuhr in seiner Weste geschmolzen, aber sein Körper wies keinerlei Verbrennungen auf. Weitere Beispiele für dieses Phänomen fanden sich – zu Zehntausenden – bei den Feuerstürmen, die im Zweiten Weltkrieg durch die Bombenangriffe der Alliierten in Hamburg entfesselt wurden.

Wenn man alle diese verschiedenartig oder sogar unvereinbar erscheinenden Elemente zusammenführt, könnte sich dadurch Nan Madols wahre Identität offenbaren. Es beginnt mit einem Leitthema, das sich in Pohnpeis kahlen, schmucklosen Ruinen immer wieder zeigt: *Elektrizität.* In Nan Madol und Insaru wurden Millionen Tonnen von magnetisiertem Basalt zu mächtigen Mauern, Türmen, Kammern und Kanälen aufgeschichtet. In den künstlichen Teichen der beiden Städte wurden, wie es scheint, elektrische Aale gehalten. Eine dieser Aalarten, *Electrophorus electricus,* kann bis zu 650 Volt erzeugen. Vielleicht bestand der Zweck von Nan Madols künstlichen Teichen, Seen und mutmaßlichen Kanälen darin, in ihnen Tausende dieser Tiere zu halten. Dann hätte man es mit einer potenten, wenn auch ungeregelten Stromquelle zu tun gehabt, die vielleicht in Verbindung zu der Geo-Piezoelektrizität Pohnpeis stand, wobei die wasserdichten »Särge«, die von den japanischen Archäologen im Haus der Toten gefunden wurden, möglicherweise als Hilfsmittel dienten. Platin, aus dem diese Behälter gefertigt waren, besitzt einen hohen Schmelzpunkt und einen extremen elektrischen Widerstand, was es zum idealen Material für Elektroden macht, die intensiver Hitze ausgesetzt sind. Platin wird für elektrische Kontakte und Zündkerzen verwendet, weil es hohe Temperaturen und zugleich die chemische Attacke durch elektrische Lichtbögen verkraftet. Mit anderen Worten, wenn in einem starken elektrischen Feld Platin installiert wird, hemmt das die Ansammlung von Energie. So wird ein Energieüberschuss vermieden, der zum Schmelzen oder Explodieren des elektrischen Leiters oder Instruments führen würde.

Dass in Nan Madol überhaupt Platin gefunden wurde – ganz zu schweigen von prähistorischen Artefakten, die aus diesem seltenen Metall hergestellt wurden, das kostbarer als Gold ist –, ist umso bemerkenswerter, als es noch gar nicht bekannt war, bevor der spanische Mathematiker Antonio de Ulloa und ein englischer Metallurg namens Charles Wood im Jahr 1741 die ersten Proben aus Südamerika identifizierten. Doch auf einer entlegenen Insel im Westpazifik verarbeitete jemand schon vor Jahrtausenden dieses Metall in ausreichenden Mengen, um daraus eine Reihe sarggroßer Behältnisse zu fertigen. Zudem kommt Platin weder auf Pohnpei noch irgendwo sonst auf den Karolinen vor. Das nächste Platinvorkommen findet sich erst in 3.500 Kilometern Entfernung, auf Borneo. Dorthin mussten die Saudeleurs demnach segeln, um das kostbare Metall zu beschaffen, das für sie offenbar von so großem Wert war.

Dann wäre da noch Nan Madols Geisterlicht, anscheinend eine Variante des *Andenlichts,* das entsteht, wenn auf die großen Mengen leitenden, magnetisierten Basalts seismischer Druck einwirkt. Wie der Geologe, den Childress traf, mit seinem Taschenkompass feststellte, sind die Basaltsäulen »auf sonderbare Art magnetisiert«. Aber ihr Magnetfeld hätte vertikal zur Geländeebene stehen müssen. Stattdessen rotierte die Kompassnadel und zeigte damit an, dass das Magnetfeld der Steine in ein korkenzieherartiges

Muster umgeformt worden war. Was oder wer hatte diese drastische Veränderung bewirkt, und warum? Auf jeden Fall musste die Transformation des natürlichen vertikalen Magnetfelds des Basalts in eine Spirale jede piezoelektrische Entladung verstärken, weil sie so in eine sich verengende Kreisbahn geleitet wurde, bis der Strahl der konzentrierten Korona sich in Richtung Himmel entlud.

Was wird hier also beschrieben? Die bloße Andeutung einer prähistorischen Technologie, die unserer heutigen überlegen war, ist eine Herausforderung für das moderne Denken. Aber Nan Madol stellt offenbar genau das dar. Führen wir uns noch einmal seinen einzigartigen Standort an der Geburtsstätte der pazifischen Taifune vor Augen, zusammen mit seiner praktisch identischen Schwesterstadt Insaru auf der Insel Kosrae. In der 550-Kilometer-Zone zwischen diesen beiden prähistorischen Städten werden die Wirbelstürme geboren. Inzwischen haben die Meteorologen erkannt, dass bei Tropenstürmen elektromagnetische Kräfte eine wesentliche Rolle spielen. Sie glauben, dass sich solche Stürme abschwächen oder sogar verhindern lassen, wenn man in den ersten Stadien ihres Entstehens irgendwie den elektromagnetischen Kern des Hurrikans zerstreut, ehe er an Stärke zunimmt.

Joseph Newman, mit seinem überzeugenden Beweis, dass Elektromagnetismus das wichtigste Element bei Tropenstürmen ist, wurde bereits zitiert. Diese Beobachtung wird durch eine wachsende Zahl von Wissenschaftlern unterstützt. Ein früher Verfechter dieses Konzepts war der berühmte Erfinder Nikola Tesla. Bereits Ende des 19. Jahrhunderts entdeckte Tesla, dass unser Planet mit einer elektrischen Spannung im Niederfrequenzbereich (ELF) pulsiert. Er stellte die Theorie auf, dass ELF-Strahlen von 10 Hz, die man auf die höchste Schicht der Erdatmosphäre, die Ionosphäre, richtet, von dieser abprallen und in etwa

110 Kilometer Höhe eine elektrische Resonanz erzeugen würden. Damit könne man über Sturmwolken einen dielektrischen Zusammenbruch auslösen, wodurch der elektromagnetische Kern der Wolken kurzgeschlossen und ihre Energie zerstreut werde. Er regte an, gewaltige Verstärkungstransmitter zu bauen, die als globale Generatoren die gleichen elektromagnetischen Ströme erzeugen sollten, wie sie auch in schweren Unwettern vorkommen.

Tesla glaubte fest daran, dass mit dieser Methode Hurrikane kurz nach ihrer Bildung gestoppt werden könnten, und er bat seine Förderer um Geldmittel für den Bau einer elektrischen Sendestation. Nachdem er 1900 das erste funkferngesteuerte Modellboot erfolgreich vorgeführt hatte, kehrte er nach New York zurück und begann mit dem Bau seines ambitioniertesten Projekts. Sein Finanzier J. P. Morgan hatte ihm einen Vorschuss von 150.000 Dollar gezahlt, und Tesla machte sich an die Errichtung eines riesigen Turmes, mit dem 10-Hz-ELF-Strahlen gegen die Ionosphäre geschossen werden sollten, um sie so von oben auf sich zusammenbrauende Sturmwolken zu lenken. Doch während Tesla an seinem Projekt zur Wetterkontrolle arbeitete, wurde die amerikanische Wirtschaft von einer Finanzkrise getroffen. Morgan zog sich plötzlich aus dem Projekt zurück, so dass der große Turm unvollendet blieb und schließlich aus Geldmangel abgerissen werden musste. Von diesem schweren Schlag erholte sich Tesla nie mehr. Am 7. Januar 1943 starb er in New York allein und mittellos in einem schäbigen Hotelzimmer.

Doch der Traum von einer Beeinflussung des Wetters überdauerte ihn. 1969 schrieb in der April-Ausgabe der Zeitschrift *Spectrum,* herausgegeben vom angesehenen Institute of Electrical and Electronics Engineers, der Luftfahrtingenieur Seymour Tilson: »Forscher auf dem Gebiet der atmosphärischen Elektrizität und der Wolkenphysik haben genügend Beweise dafür gesammelt, dass elektrische Felder, Kräfte und Veränderungen in der unteren Erdatmosphäre eine kritische Rolle – vielleicht die entscheidende Rolle – bei der Entstehung und dem Verhalten jener Wolken spielen, die atmosphärische Niederschläge produzieren. Hieraus lässt sich ableiten, dass die Manipulation der elektrischen Eigenschaften in Wolken eines Tages den seit Langem gesuchten Schlüssel zur Wetterbeeinflussung durch den Menschen liefern könnte.«

Achtzehn Jahre später ließ sich der bei der Atlantic Richfield Oil Company (ARCO) beschäftigte Physiker Dr. Bernard J. Eastlund ein Verfahren zur Wetterkontrolle patentieren. Laut einer Sendung im National Public Radio am 6. September 1987 wird hierbei »eine am Erdboden stationierte Stromquelle benutzt, um elektromagnetische Radiowellen zu erzeugen und diese nach oben in die Atmosphäre zu leiten«. Im folgenden Jahr konnte man in der März-Ausgabe von *Omni* nachlesen, dass Dr. Eastlund »errechnet hatte, wie die Radiowellen in der Ionosphäre intensiv mit den dort gefangenen geladenen Teilchen reagieren würden. Ergebnis dieser Reaktion sei ein als ›Spiegelkraft‹ bekanntes magnetisches Phänomen. Im Wesentlichen würde durch diese elektromagnetische Kraft ein großer Teil der aufgeladenen Atmosphäre hinauf ins All abgestoßen. Diese Entladung sei groß genug, um einen Hurrikan aufzulösen«.

Dr. Eastlunds Verfahren wurde Bestandteil eines enormen Regierungsprojekts, dem High Frequency Active Aural Research Program, besser bekannt als HAARP. Diese Anlage in Alaska besteht aus einem zwölf Hektar großen Feld von Antennentürmen, die starke Radiosignale hinauf in die Ionosphäre schicken, angeblich zur Wetterforschung. Manche Beobachter vermuten allerdings weit weniger harmlose Absichten – namentlich eine Manipulation des Wetters für militärische Zwecke und/oder massenpsychologische Kriegsführung. Noch besorgter sind sie wegen eines anderen in den 1980er Jahren errichteten Regierungsprojekts, dem Ground Wave Emergency Network, kurz GWEN. Dessen offizielle Aufgabe ist es, im Fall eines Atomangriffs auf Nordamerika die Kommunikation aufrechtzuerhalten. Wie für HAARP benutzt man auch für GWEN ein Feld von Sendemasten, um ELF-Wellen in die obere Atmosphäre unseres Planeten zu strahlen.

Bei diesen Versuchen, das Wetter im Allgemeinen und speziell Hurrikane zu kontrollieren – von Teslas nur halb fertiggestelltem Projekt bis zu HAARP und GWEN –, werden stets Sendetürme verwendet, die mit elektromagnetischer Energie gespeist werden. Sie erscheinen wie moderne Versionen von Nan Madols alten Türmen aus spiralförmig magnetisiertem Basalt, die an künstliche Teiche voller elektrischer Aale angeschlossen sind und durch die tektonischen Spannungen unterhalb Pohnpeis energetisiert werden. Wenn, ähnlich diesen modernen Anlagen, der gesamte prähistorische Gebäudekomplex in Wahrheit ein gewaltiger Leiter war, der gefährlich starke Energien aus der Erde und dem Himmel anzog, benötigte er etwas, mit dem sich sowohl die geologischen wie auch die meteorologischen Kräfte dämpfen ließen, um eine Zerstörung der Anlage in einem elektrischen Energieausbruch zu verhindern. Daher die anormal erscheinende Anwesenheit von Platin-»Särgen« im Zentrum der Anlage.

Nan Madol war nie eine Stadt, jedenfalls nicht im üblichen Sinn des Wortes, sondern eine Kraftstation, die zweifellos von den Vorfahren der heutigen Pohnpeianer errichtet wurde, unter Aufsicht der übers Meer auf die Insel gekommenen Saudeleurs. Tatsächlich ähnelt Nan Madol keiner der nachweislich bewohnten antiken Metropolen. Vielmehr deuten seine nüchterne Architektur und das völlige Fehlen sozialer Einrichtungen darauf hin, dass es sich um eine Energieanlage handelte, deren Zweck etwas völlig anderes gewesen sein muss als die rituellen Aktivitäten in einem spirituellen Zeremonialzentrum.

Und folgendermaßen könnte diese Anlage funktioniert haben: Wenn sich in der 550-Kilometer-Zone zwischen Pohnpei und Kosrae ein Tropensturm bildete, erzeugte dessen elektromagnetisches Potenzial eine immer stärker werdende Resonanz mit den vielen Millionen Tonnen magnetisiertem Basalt auf den Inseln darunter. Erreichte der heranwachsende Taifun eine gewisse Größe, wurden seine aufgeblähten elektromagnetischen Energien von Nan Madol und Insaru angezogen und verkoppelten sich damit. Die Empfangsstationen von Nan Madol und Insaru bildeten eine Polarität, nicht unähnlich den positiven und negativen Polen einer Batterie. Wenn die Energiekonzentration innerhalb der Grenzen dieser beiden Pole ihr Maximum erreichte, kam es zu einem gegenseitigen Austausch elektromagnetischer Entladungen. Der Sturm wurde gewissermaßen »kurzgeschlossen«, so dass in seinem elektromagnetischen Kern Teslas dielektrischer Zusammenbruch erfolgte. Die Wolken regneten ab, und dann lösten sie sich auf.

Kurz gesagt, bei Nan Madol und seinem Zwilling Isaru handelte es sich um ein Projekt zur Wetterbeeinflussung, dessen Zweck darin bestand zu verhindern, dass aus einem tropischen Sturm ein Taifun wurde. Es gibt keine andere mögliche Erklärung für seine Lage an der Geburtsstätte der Zyklone, die Millionen Tonnen verbautem magnetisierten Basalt, die Platin-»Särge« als elektrische Dämpfer und die durch seismische Aktivität ausgelösten Geisterlichter.

Aber warum sollte jemand vor so langer Zeit ein Interesse daran gehabt haben, das Wetter zu manipulieren? Die Antwort liegt 2.800 Kilometer östlich von Pohnpei, in Luzon auf den Philippinen. Zweihundertfünfzig Kilometer nördlich von Manila, 1.200 Meter über dem Meeresspiegel, befindet sich etwas, das viele Besucher als Achtes Weltwunder beschreiben. Es ist in seiner enormen Größe bis heute die gewaltigste Ingenieursleistung, die je von Menschen vollbracht wurde, und doch nach außen nur wenig bekannt und bewundert. Eine grüne, lebendige Treppe steigt vom Talgrund der Provinz Ifugao tausend Meter in die Höhe. Es handelt sich um eine einzigartige Terrassenanlage. Der vertikale Abstand zwischen der untersten und höchsten Ebene übertrifft sämtliche bislang gebauten Wolkenkratzer. Die Reisterrassen von Banaue erstrecken sich entlang der philippinischen Kordilleren auf einer Fläche von 20.000 Hektar. Würde man die einzelnen Reisfelder aneinanderreihen, entspräche ihre Länge dem halben Erdumfang. Doch von der ursprünglichen landwirtschaftlichen Anlage existieren nur noch etwa fünfzig Prozent.

In ihrer Glanzzeit, als die Reisterrassen noch intakt und vollständig waren, lieferten sie phänomenale Erträge, nicht nur wegen ihrer enormen Größe, sondern auch wegen des genial effizienten Bewässerungssystems. Leider haben die zunehmende Vernachlässigung, eine oft nicht sachgerechte Reparatur des Bewässerungssystems, Umweltverschmutzung und die Entstehung von Barackensiedlungen auf immer mehr Reisterrassen dazu geführt, dass die UNESCO Banaue auf die Rote Liste der gefährdeten Welterbe-Kulturdenkmäler setzte. Falls der gegenwärtige Verfall und Missbrauch der Reisterrassen fortschreitet, geht man bei der UNESCO davon aus, dass das Achte Weltwunder auf den Philippinen das 21. Jahrhundert nicht überleben wird.

Von wem die Terrassen gebaut wurden, stellt die Archäologen vor ein Rätsel. Landwirtschaft von so gewaltiger, organisierter Größe ist in der Geschichte früher Kulturen ohne Beispiel. Zwar geht man, ohne dass es dafür Beweise gibt, davon aus, die Vorfahren der heutigen Bewohner Luzons hätten die Terrassen mühsam mit primitiven Werkzeugen dem schwierigen Berggelände abgerungen, doch die heutigen Einwohner Ifugaos zeigen ein schwindendes Geschick bei der Bewirtschaftung der Terrassen, ja interessieren sich immer weniger für sie. Darüber hinaus berichtet die lokale mündliche Überlieferung, dass ihre Vorfahren das herausragendste Landwirtschaftsprojekt der Welt nicht selbst erdacht oder initiiert haben. Vielmehr hätten sie es auf Geheiß »mächtiger Zauberer« gebaut, die in ferner Vergangenheit übers Meer zu ihnen kamen. Diese Geschichte erinnert stark an jene fremden Magier, die der dortigen Legende nach für den Bau Nan Madols verantwortlich sein sollen. Aber diese beiden archäologischen Wunder haben mehr als nur die Mythologie gemeinsam. Mit Hilfe der C14-Datierung lassen sich beide bis in die Zeit um 200 v. Chr. zurückverfolgen, wobei aber diese Periode wahrscheinlich nur eine kulturelle Blütephase auf den Philippinen und den Karolinen darstellt, während davon auszugehen ist, dass die Gründerzeit der Zivilisation auf Luzon und Pohnpei deutlich weiter zurückliegt.

Ein deutliches Bindeglied zwischen den beiden Baudenkmälern – so sehr sie sich auch dadurch unterscheiden, dass das eine industrieller, das andere landwirtschaftlicher Natur ist – besteht im kolossalen Ausmaß ihrer Architektur. Nan Madols 250 Millionen Tonnen magnetisiertes Basaltgestein und Banaues ursprünglich über 40.000 Hektar umfassende Reisproduktion scheinen Ausdruck der gleichen Zaubererkultur zu sein, die offensichtlich bevorzugt in solchen gewaltigen Dimensionen baute. Wenn beide Baudenkmäler der gleichen Kultur zuzuordnen sind, wird ihre gegenseitige Beziehung klarer. Vor fünftausend oder mehr Jahren kann der Nahrungsmittelbedarf unmittelbar vor Ort nur einen Bruchteil der Ernte betragen haben, die auf den philippinischen Reisterrassen erzielt wurde. Diese Reiserträge müssen als Nahrungsgrundlage für eine weitaus größere Bevölkerung gedient haben. Obwohl Luzons Berghänge einen idealen Ort für ein so wichtiges Landwirtschaftsprojekt darstellen, bestand und besteht dort eine große Gefahr durch verheerende Taifune. Um also den nationalen Brotkorb einer großen Zivilisation zu schützen, bauten die genialen Ingenieure, unter deren Anleitung die Reisterrassen von Banaue errichtet wurden, außerdem auf den Karolineninseln eine Station zur Wetterbeeinflussung.

Es ist offensichtlich, dass diese Station nicht mehr funktioniert, denn heute wird der westliche Pazifik, einschließlich der Philippinen, immer wieder von Taifunen mit verheerender Zerstörungsgewalt heimgesucht. Erst im November 2004 wütete ein Taifun über Luzon und tötete 4.000 Menschen, wobei viele von ihnen katastrophalen Erdrutschen zum Opfer fielen. Heute deuten nur noch die gelegentlich über den Basaltsäulen tanzenden Geisterlichter darauf hin, dass die seit Langem ungenutzten tektonischen Energien von Pohnpei immer noch aktiv sind. Schließlich ist Nan Madol inzwischen eine Ruine. Seine einst zwölf bis fünfzehn Meter hohen Türme sind auf etwa die Hälfte ihrer ursprünglichen Höhe reduziert, und von Insaru wurde ein großer Teil vor hundert Jahren als Steinbruch missbraucht. Obwohl der Verwendungszweck dieser beiden Anlagen offensichtlich erscheint, wissen wir bislang nicht genau, wie diese Wetterbeeinflussung funktionierte. Da die Erbauer nicht über unsere heutigen Energiequellen verfügten, haben sie vielleicht Tausende von Aalen benutzt, um »den Funken überspringen« zu lassen und so einen größeren elektromagnetischen Prozess in Gang zu setzen. Alte Überreste von verbrannten Aalen, die man gelegentlich von den Mauern Nan Madols gekratzt hat, waren vielleicht nicht, wie es Archäologen vermuten, Bestandteil eines Festmahls aus dem Backofen des Saudeleurs, sondern versengte Stücke von Aalen, die bei gewaltigen Stromstößen oder Energieüberladungen zerplatzten, wie sie zweifellos dann und wann vorkamen, vor allem wenn besonders heftige Tropenstürme im Spiel waren. Es ist also kein Wunder, dass Nan Madol unter den Insulanern von Pohnpei immer noch als ein Haus des Todes gilt!

»Die erste und offensichtlichste Frage zu Nan Madol ist: Warum zweiundneunzig künstliche Inseln?«, wundert sich William Corliss, der Enzyklopädist archäologischer Rätsel. »Den Pohnpeianern stand fester Grund und Boden zur Verfügung. Wir können diese Frage nicht beantworten, so dass man hier von einer geringfügigen Anomalie sprechen muss.« Aber möglicherweise ist diese Anomalie gar nicht so geringfügig, wenn die von Menschenhand geschaffenen Inseln Teile einer prähistorischen elektromagnetischen Anlage waren, die weltweit ohne Beispiel ist. Eine uralte Technologie, fortschrittlicher als unsere eigene, auf einer entlegenen Insel im westlichen Pazifik, weit entfernt von allen traditionellen Zentren der Zivilisation, ist vermutlich selbst für unkonventionelle Forscher nur schwer zu akzeptieren. Sie könnten einwenden, dass jede Gesellschaft viele Jahrhunderte benötigen würde, um einen so hohen technischen Wissensstand zu erreichen, es für diese lange Entwicklung aber keinerlei materielle Beweise gibt. Und doch befinden sich Nan Madol und Insaru in einer klaren Beziehung zu Banaue, was ihre strategische Position an der Bildungszone tropischer Stürme betrifft. In Wahrheit stellen diese drei gewaltigen Kulturdenkmäler einen nicht zu leugnenden physischen Beweis für die Existenz einer verlorenen Zivilisation dar, deren Führungselite ein tiefes Verständnis für die Gesetze der Natur besaß. Die praktische Anwendung dieser Erkenntnisse ermöglichte es ihnen, ein Millionen Menschen großes Volk zu ernähren und seine Nahrungsmittelversorgung vor Wetterkatastrophen zu schützen. W. S. Cerve, Autor des Klassikers *Lemuria: The Lost Continent of the Pacific*, nahm vielleicht

Bezug auf Luzons großartige Reisterrassen, als er schrieb: »In der Botanik besaßen sie [die Lemurer] solche Kenntnisse, dass ihre Landwirtschaft wie die Expertenarbeit in heutigen botanischen Gärten anmutete.«

Diese Dinge sind unter sämtlichen anderen antiken Kulturen ohne Parallele, weisen aber auf all das hin, was man über das pazifische Mutterland weiß oder vermutet. Wenn die Ursprünge dieses legendären Ortes tatsächlich bis in die präglaziale Epoche zurückreichen, hätten seine Bewohner jene Jahrtausende zur Verfügung gehabt, die für langfristige zivilisatorische Entwicklungen aller Art nötig sind. James Churchward, der bedeutendste Forscher auf diesem Gebiet zu Anfang des 20. Jahrhunderts, schrieb: »Zum Zeitpunkt, als Mu, das Mutterland, zerstört wurde, was ungefähr um das Jahr 10.000 v. Chr. geschah, stand seinen Bewohnern das Wissen aus über hunderttausend Jahren wissenschaftlicher Forschung zur Verfügung.« Hunderttausend Jahre sind als Lebensdauer für eine Zivilisation vielleicht zu hoch gegriffen, selbst für die der Lemurer, die als einzige fähig erscheinen, damals solche gewaltigen öffentlichen Bauprojekte verwirklicht zu haben. Dennoch waren die Menschen der Vergangenheit nicht intelligenter oder dümmer als heutzutage. Zweifellos brachte jede Generation, damals wie heute, ihre Anzahl an Genies hervor. Warum hätten sie also, wenn ihnen ein entsprechender Anreiz und mehr Zeit als unserer Zivilisation zur Verfügung stand, nicht einen höheren technologischen Stand erreichen können als wir selbst?

Wie Cerve glaubhaft über die Lemurer vermutet,

> waren sie über den primitiven Glauben ihrer Vorfahren hinausgewachsen, dass Stürme und andere zerstörerische Naturkräfte von bösen Göttern geschickt wurden oder von einem liebenden Gott als Ausdruck seines

> Zorns. Sie betrachteten alle Vorgänge in der Natur als konstruktiv, selbst wenn sie vorübergehende Zerstörungen mit sich brachten, und sahen darin die Gesetze einer Evolution am Werk, die zu Anbeginn der Zeiten von einem liebenden Gott erschaffen worden war. Ich habe bereits erläutert, dass die Religion der Lemurer auf wissenschaftlichen Erkenntnissen beruhte. Sie betrachteten es als fundamentales Prinzip, dass Gott, oder der Schöpfer aller Dinge, dem Menschen alles Wissen offenbart in einem Entwicklungsprozess, dessen Ziel es ist, dass der Mensch den gleichen Erkenntnisstand erreicht wie Gott selbst. Daher war der Erwerb von Wissen für sie gleichbedeutend mit Vertiefung ihrer Spiritualität, und sie betrachteten die Erweiterung des Wissens als Ausdruck von Ehrfurcht und nicht als kommerzielle Angelegenheit.

So erklärt sich, dass die Lemurer für ihr Projekt zur Wetterbeeinflussung die Naturgesetze beobachteten und praktisch anwendeten.

Der »fliegende Drache«, der von Olisihpa und Olsohpa herbeigerufen wurde, wie in der Legende der Insulaner dargestellt, ist die Erinnerung eines vorschriftlichen Volkes an die ihm ansonsten unverständliche Bautechnologie, mit der die Lemurer Nan Madol errichteten. Möglicherweise wurden die Vorfahren der Pohnpei-Insulaner sogar Zeugen einer prähistorischen Anwendung von Einsteins einheitlicher Feldtheorie: Wäre es nicht denkbar, dass die Lemurer die großen Basaltsteine durch die Luft schweben ließen, indem sie sie in Resonanz mit der Gravitationsfrequenz brachten, wie es Wissenschaftler des 21. Jahrhunderts zumindest theoretisch für möglich halten?

Nach ihrer Fertigstellung waren die beiden Energiestationen von Nan Madol und Insaru bereit für die sich hoch in der Luft abspielenden meteorologischen Dramen. Als sich zwischen Pohnpei und Kosrae in der Atmosphäre der erste Tropensturm bildete, gab es einen Kraftschluss zwischen seinem elektromagnetischen Feld und vermutlich einer halben Milliarde Tonnen prismatischem Basalt, der auf den beiden Inseln von den Lemurern verbaut worden war. Große, blendend helle Lichtbögen sprangen von der Erde zum Himmel über und verursachten einen Kurzschluss im elektromagnetischen Kern des Sturmes. Dadurch fiel dieser natürliche Generator aus, die Wolken regneten in starken Güssen ab und lösten sich dann harmlos im Westen auf. Im fernen Banaue konnten die Reisbauern ohne Bedrohung durch Taifune ungestört ihre Terrassen bewirtschaften. So sicherte die Wissenschaft die Agrarproduktion.

Diese Interpretation der archäologischen Baudenkmäler auf den Karolinen als frühe Hochtechnologie findet durchaus Unterstützung in den Überlieferungen der Insulaner. Dreitausendfünfhundert Kilometer von Pohnpei entfernt liegt in südöstlicher Richtung die kleine, zu den Neuen Hebriden gehörende Insel Vao. Dort gibt es Steine, die in ferner Vergangenheit von einem Volk aufgestellt wurden, das, wie es in der Überlieferung der Insulaner heißt, über viel *Mana* oder spirituelle Macht verfügte. Diese prähistorischen Monolithen wurden aus Andesit gehauen, einer Granitart, die Quarz enthält und die gleichen piezoelektrischen Effekte hervorruft wie Nan Madols magnetisierter Basalt. Childress zitiert Archäologen des American Museum of National History in New York, denen zufolge die Menhire von Vao »von den Ureinwohnern für Rituale und Wetterzauber benutzt wurden und Symbole für jene Geister sein sollen, die das Wetter beherrschen«. Die heutigen Insulaner haben in ihren mündlichen Überlieferungen offenkundig etwas von den Erinnerungen an den ursprünglichen meteorologischen Verwendungszweck dieser Andesit-Säulen bewahrt.

Ebenso umstritten wie die bautechnische Realisierung der Energieanlagen von Pohnpei und Kosrae ist die Herkunft der Steine. Childress schreibt dazu: »Die Lelu-Ruinen von Insaru enthalten Millionen Tonnen Basalt.« Und vor der teilweisen Zerstörung des Komplexes um 1900 enthielten sie noch viel mehr als heute. Örtliche Touristenführer behaupten, der Basalt stamme aus Utwe am Südende Kosraes. »Doch in Utwe finden sich keine Hinweise auf einen groß angelegten Basaltabbau«, fährt Childress fort. »Und die verwendete Basaltmenge ist so gewaltig, dass man die gesamten Felsen dort hätte abbauen müssen.«

Das gleiche Problem besteht auch in Nan Madol. Angeblich soll der Basalt vom Sokehs Rock in der Nähe von Kolonia stammen und aus dem Westen der Insel. Doch an beiden Orten finden sich keine Hinweise auf intensiven Basaltabbau. Für die 250 Millionen Tonnen Steine von Nan Madol hätte ein ganzer Basaltberg komplett abgetragen werden müssen. Hinzu kommt, dass Pohnpeis steile Bergtäler und dichte Dschungelwälder einen Transport der Steine auf dem Landweg vom einen Ende der Insel zum anderen unmöglich machten. Und wie bereits erwähnt, wäre es ebenso unmöglich gewesen, fünfundzwanzig Tonnen schwere Basalt-Monolithen mit Flößen an der Inselküste entlang zur Baustelle zu transportieren. Hierfür hätten die Saudeleurs ein Super-Frachtschiff betreiben müssen, was angesichts ihrer offenkundig hoch entwickelten Technologie zumindest vorstellbar wäre.

Childress zitiert Gene Ashby, einen Sprecher des Community College von Mikronesien, mit den Worten, niemand wisse, woher die vielen Steine stammten, die für den Bau Nan Madols benötigt wurden. Tatsächlich hat man die Steinbrüche niemals gefunden, weder auf Kosrae noch auf Pohnpei, noch irgendwo sonst im weiten Pazifik. Der Ursprungsort, wo diese vielen Millionen Tonnen Basalt abgebaut wurden, ist verschwunden, höchstwahrscheinlich während einer der vielen geologischen Katastrophen, durch die das verlorene Mutterland oder eine seiner Nachbarinseln im Meer versank. Da es keine andere ersichtliche Alternative gibt, können wir also mit gutem Grund annehmen, dass die großen Bausteine von Pohnpei und Kosrae aus Mu stammten, wo sie von den gleichen Zauberern abgebaut und bearbeitet wurden, die dann aus ihnen auf den Karolineninseln die beiden Anlagen zur Wetterbeeinflussung errichteten.

Wie schon beschrieben, wird das Geisterlicht, das mit diesen Steinen assoziiert wird, auch an vielen anderen Orten auf der Welt beobachtet, und zwar dort, wo massive Mengen kristallinen Gesteins auf tektonische Kräfte reagieren. Es sollte uns also nicht überraschen, dass dieser Leuchteffekt auch entlang des seismisch aktiven pazifischen Feuerrings auftritt. Aber in der chinesischen Überlieferung wird ein versunkenes Königreich erwähnt, P'eng-lai, der Drachenpalast, das unterhalb einer fernen Insel im Östlichen Meer liegen soll. Drachen waren mythologische Verkörperungen der tellurischen Kräfte, jener Energien, die unter der Erdoberfläche wirken. Daher betrachteten die Chinesen Berge als die Rückenstacheln des Erd-Drachens. Der Drachenpalast war demnach ein Ort mit besonders starken Erdenergien. Unmittelbar über P'eng-lai soll manchmal ein helles rotes Licht gebrannt haben, das weithin sichtbar Meer und Himmel erleuchtete.

Es scheint, dass die chinesische Überlieferung P'eng-lai mit Pohnpei identifiziert, das sich über einer im Meer versunkenen Stadt erhebt, die außerhalb Chinas als Mu oder Lemurien bekannt ist. Diese Charakterisierung lässt an die unter dem Meeresspiegel liegenden Säulen und Steinreihen denken, die am Rand Nan Madols entdeckt wurden und die Churchward ebenso mit der untergegangenen Zivilisation in Verbindung brachte. Aus dem *Ramayana,* dem großen indischen Epos aus dem vierten vorchristlichen Jahrhundert zitierend, schrieb er, dass die Karolineninseln, von Burma aus gesehen, »eine Mondreise in Richtung der aufgehenden Sonne liegen«. Dort soll, so zitiert Churchward Valmiki, den Verfasser des *Ramayana,* und die Naacal-Tafeln, »einst das Mutterland der Menschheit gelegen haben, und von dort kamen die ersten Siedler nach Burma und Indien.« Churchward behauptete, er habe die Geschichte von Mu aus den Aufzeichnungen eines Hindu-Klosters, den sogenannten Naacal-Tafeln, übersetzt, während er als britischer Offizier in den 1870er Jahren in Indien diente.

Hinweise auf das seismisch aktive Mu, mit einem daraus resultierenden Andenlicht, finden sich auch in der japanischen Legende von einem großen Königreich namens Horaisan im Östlichen Meer. Manchmal soll über diesem Reich eine leuchtende »rote Masse, die der aufgehenden Sonne ähnelt«, geschwebt sein. In einem Märchen heißt es, ein Priester, der neben einem »Drachenloch« wohnte, habe über dem Berg Mu-robu eine Feuergöttin sich in die Luft erheben sehen. Hier wird also das piezoelektrische Phänomen unmittelbar mit dem versunkenen Mutterland in Verbindung gebracht. Selbstverständlich kann es sich bei dem chinesischen P'eng-lai, dem japanischen Horaisan oder dem Katau Pedi oder Kanamwayso der Karolineninseln, der versunkenen Heimat der Saudeleurs, von wo sie die Zivilisation nach Pohnpei brachten, nur um Mu handeln. Ihre erste Reise nach Pohnpei wird in der Überlieferung der Insulaner als eine *Uaii Ala* beschrieben, wovon sich das moderne Wort *Wawaila* ableitet. Es bedeutet, heimlich oder im Verborgenen zu reisen. Dem über Nan Madol forschenden Historiker David Hanlon zufolge weist das auf »eine Flucht vor bedrückenden Umständen« hin, mit denen die Naturkatastrophe gemeint sein könnte, die ihre lemurische Heimat getroffen hatte. Wahrscheinlicher ist aber, dass es sich bei den bedrückenden Umständen um die Gefahr ständig wiederkehrender Taifune handelte, die durch den Bau Nan Madols beseitigt werden sollte. Dass der Bau dieser Monumente vor dem Untergang Lemuriens erfolgt sein muss, ist eine naheliegende Schlussfolgerung. Zwar gibt es außer Kosrae keine unmittelbare Parallele zur Anlage von Nan Madol, aber es finden sich auf Pohnpei weitere rechteckige Steinbauten, die dem gleichen monumentalen Baustil aus Mu entsprechen. Die Zeremonialplattformen von Alauso, Diadi und Kiti Rock sowie Nan Dawas sind Beispiele für die öffentliche Architektur der Lemurer.

Zahlreiche Ortsnamen sind Überbleibsel einer untergegangenen Zivilisation, die ihren verblassten und doch unauslöschlichen Abdruck sowohl auf Pohnpei wie auch auf Luzon hinterließ. Vor den Reisterrassen von Banaue erhebt sich der Berg A-*mu*-yao. Sein vielsagender Name gewinnt noch mehr Bedeutung, wenn man weiß, dass die Einheimischen von Ifugao den Berg A-mu-yao als den Ort verehren, wo ihre Vorfahren in einem Kanu landeten, nachdem sie der Großen Flut entkommen waren. Wigan und seine Schwester Bugan waren die einzigen Überlebenden einer außergewöhnlichen Periode extremer Trockenheit, die der Katastrophe unmittelbar vorausging. Die Katastrophe selbst wurde von einer jäh einsetzenden Dunkelheit begleitet (hervorgerufen durch Vulkanausbrüche). Die Verknüpfung dieses Gründungsmythos mit einem Berg, dessen Name das verlorene Mutterland enthält, ist eine bemerkenswerte Bestätigung für ursprüngliche lemurische Einflüsse in der Frühzeit der Philippinen.

Nur gut sechzig Kilometer nordöstlich des Mount A-mu-yao liegt die Stadt Gamu, und noch einmal achtzig Kilometer weiter nördlich gibt es einen Ort namens A-mu-lung. Sie alle befinden sich in der Nähe des landwirtschaftlichen

Großprojekts, zu dessen Schutz die Anlagen von Nan Madol und Insaru offenkundig dienten. Interessanterweise findet sich nirgendwo sonst auf den Philippinen die Silbe *Mu* als Bestandteil von Orts- oder Bergnamen. Tatsächlich wird die einstige Beziehung zwischen Banaue und Nan Madol durch Ortsnamen dokumentiert, die sie in alter Zeit gemeinsam hatten. Zum Beispiel trägt ein heiliger Hügel in der Nähe der Südostküste von Pohnpei den Namen Patapat. Auf ihm sollen zur Zeit der Saudeleurs Rituale durchgeführt worden sein. Nicht nur taucht der Name Patapat auf den Philippinen wieder auf, es ist sogar ebenfalls die Bezeichnung für einen heiligen Hügel nicht weit entfernt vom Fluss Tolnagan im Norden Luzons, in der Nähe der gewaltigen Reisterrassen.

An Pohnpeis Südostküste und ziemlich genau gegenüber von Patapat liegt eine Stadt, die nach einem der Saudeleurs benannt wurde. Sie heißt Kalongavar, was eine offensichtliche Variante von Kalongalong ist, einer Stadt auf der Philippineninsel Mindanao. Diese Ortsnamen weisen auf eine nicht zu leugnende Beziehung zwischen den Philippinen und dem fernen Nan Madol hin, doch es gibt sogar noch deutlichere Hinweise auf Einflüsse von den Karolineninseln. Tanataman ist sowohl ein weiterer heiliger Hügel auf Pohnpei wie auch der Name für einen Wald in Malaysia, der von dem ungarischen Gelehrten Dr. Vamos-Toth Bator als der älteste Dschungel der Welt beschrieben wurde.

Mehrere Bauwerke von Nan Madol werden traditionell mit klar erkennbar lemurisch hergeleiteten Namen bezeichnet, etwa Mupt, eine rechteckige Ruine an der Südwestseite der Anlage. Und zum in westlicher Richtung nächsten Gebäude gibt es auf der Seeseite einen Eingang, der Mupteniulli genannt wird. Auf der Ostseite gibt es eine Deichmauer namens Muptalap und zur Landseite eine Einfriedung, die Pon-musanap heißt. Eine gepflasterte Straße im Nordosten umgrenzt einen Bereich mit dem Namen Pon mu-itak. Eine archäologische Stätte auf Nanlong, einer kleinen Insel vor der Südküste Pohnpeis, trägt den Namen Nanparad Mu-tok. Hierbei handelt es sich gewiss um Hybrid-Namensgebungen, pohnpeianische Ableitungen ursprünglich lemurischer Bezeichnungen. Durch die örtlichen Einflüsse wandelte sich das einstige *Mu* zu einem *Mw*-Laut um – wie in Madolenihmw, Nan Madols Hafenbucht, und Kitamw, einem anderen wichtigen Anlegeplatz für Boote. Auf diese Weise wurden die Namen entsprechend der Sprachgewohnheiten der einheimischen Inselbevölkerung umgeformt. Die äußerste Mauer, die Nan Madol vor der Meeresbrandung schützt, heißt Nan Mwoluhsei, »wo die Reise endet«, was sich auf den einzigen Zugang vom Meer her bezieht. Dass diese Namen auf lemurische Einflüsse zurückgehen, zeigt sich an den Erzählungen der Einheimischen, wonach Nan Mwoluhsei ebenso ein Tor ist, das zu der versunkenen Stadt Kahnimweiso führt.

Der wohl offensichtlichste linguistische Hinweis auf Lemurien in Nan Madol wurde auf der künstlichen Insel Pahn Kadira gefunden. Den einheimischen Legenden zufolge war dieser Ort das spirituelle Zentrum des ganzen Komplexes. Dort trafen die Saudeleurs ihre wichtigsten Entscheidungen. Noch heute sprechen die Pohnpeianer von Pahn Kadira als »der Stadt der Verkündigung« oder »der verbotenen Stadt«. Dort steht ein Tempel namens Nan Kieil Mwahu, wo die Erdmutter in Gestalt von Nan Sapwe, »geliebtes Land«, angebetet wurde. In der Sprache der weit entfernten Osterinsel bedeutet *Ahu* Altar oder Altarplattform und scheint hier auf das gleiche Konzept hinzuweisen – einen Altar für Mu.

Eine identische Dialektverschiebung zeigt sich bei einer Dynastie, die von dem fremden König begründet wurde, der laut pohnpeianischer Überlieferung die Insel eroberte

Szene aus dem *Ramayana,* dem Hindu-Epos, in dem die Flucht von Überlebenden aus ihrer Heimat im Pazifik geschildert wird. Diese Wandmalerei befindet sich im Tempelkomplex Wat Phra Keo in Bangkok, Thailand.

und den letzten Saudeleur entmachtete. Als Isokelekel das alte Regime absetzte und seine eigene Dynastie, die Nahnmwarkis, an dessen Stelle setzte, erwies er der überlege-nen Kultur der besiegten Saudeleurs seinen Respekt, indem er seine eigene Familie mit ihnen verheiratete. Das zeigt sich an den mit Saudeleur-Namen kombinierten Namen vieler Nahnmwarkis, etwa Luhk en Mwei Maur, Luhk en Mwer und Luhk en Mwei – das alles sind offenkundig Variationen des Wortes *Mu*.

In den einheimischen Legenden von *Keilahn Aio,* »der anderen Seite des Gestern«, gibt es eine Frau namens Limwetu, was ganz klar von Lemurien abgeleitet ist. Diese Frau verlässt ihre ferne Heimat und siedelt sich mit ihren Kindern nur widerstrebend auf Pohnpei an. Tatsächlich wird die gesamte Epoche, in der Nan Madol errichtet wurde, in der einheimischen mündlichen Überlieferung als Mwehin Kawa oder »Bauzeit« bezeichnet und in sehr ferner Vergangenheit angesiedelt. Der deutlichste Hinweis ist aber, dass die Insel, auf der sich Nan Madol befindet, ursprünglich Te-Mue-en hieß, und das Zentrum des gesamten Gebäudekomplexes wird Usenamw genannt.

Linguistische Parallelen finden sich auch 700 Kilometer nordwestlich von Pohnpei auf einem anderen Teil der Karolinen, den Hall Islands. Dort gibt es einen winzigen Flecken auf der Landkarte, der den sinnträchtigen Namen Mu-riio trägt. Auch in Nan Madols Gegenstück auf Kosrae finden sich lemurische Namen. In der Mitte der Provinz Lelu erhebt sich der sechshundert Meter hohe Berg Mutunte. Etwas nördlich von den archäologischen Stätten Insarus liegt an der Küste Mu-tuneneah, ein von Mangroven überwucherter künstlicher Kanal. Insaru gegenüber, an der Nordwestseite von Kosrae, befindet sich die kleine Insel Mu-taniel. Wie die Ruinen, die diese Namen tragen, erzählen uns auch die Namen selbst, ehrfürchtig raunend, von jenem genialen Volk, das einst vor langer Zeit die elementaren Kräfte der Natur studierte und mit ihnen arbeitete. Auf diesem Weg erschufen die Lemurer eine Welt gesellschaftlichen Wohlstandes und wissenschaftlicher Größe im gesamten riesigen Pazifikraum.

Zwar haben physische Beweise für die technologische Überlegenheit der Lemurer auf Pohnpei nur in Gestalt der spektakulären öffentlichen Bauprojekte von Nan Madol überdauert, doch die mündlichen Überlieferungen der Insulaner sprechen noch von anderen Leistungen, die unsere eigene industrialisierte Zivilisation erst in jüngster Zeit erreicht hat oder sich zu erreichen anschickt. Die Levitation über zwanzig Tonnen schwerer Basaltsteine bis auf eine Höhe von zehn und mehr Metern mit Hilfe eines »fliegenden Drachens« wurde bereits erwähnt. In einer anderen Geschichte aus der Bauzeit flog ein Mann namens Kideumanien aus der Provinz Sokehs, auf der anderen Seite Pohnpeis, nach Nan Madol, indem er einen magischen Stein pilotierte. Als er über der Baustelle eintraf, ließ er den kolossalen Megalithstein mitten in der Luft schweben. Dann senkte er ihn vorsichtig in die richtige Position herab, so dass der Stein das Außenfundament an einer Stelle bildete, wo die Anlage gegen die zerstörerische Kraft der Brandung geschützt werden musste. Um diese aeronautische Ingenieursleistung zu vollbringen, wendete Kideumanien einen Zauberspruch an, der als *Kindakan Nan Mwoluhsei* überliefert ist. Wieder taucht also das Wurzelwort Mu auf, wenn von erstaunlichen prähistorischen Leistungen in Nan Madol berichtet wird.

In anderen Legenden der Insulaner wird von einem Peirot genannten magischen Teich erzählt, der sich auf der künstlichen Insel Peikapw befindet. Dort soll eine prähistorische Kombination aus Sicherheitskameras und Satellitenfernsehen es den Saudeleurs ermöglicht haben, alles zu beobachten, was sich auf Pohnpei oder irgendwo sonst auf der Welt ereignete.

Was sind die Ursprünge solcher Mythen? Sie unterscheiden sich völlig von allen anderen Mythologien überall im Pazifikraum. Könnten sie tatsächlich auf eine verlorene Hochtechnologie zurückzuführen sein, die in mancher Hinsicht fortschrittlicher war als unsere eigene? Wenn das der Fall ist, können wir von den Lemurern immer noch etwas Nützliches lernen, besonders wenn die Interpretation Nan Madols als Anlage zur Wetterbeeinflussung zutrifft. Hurrikane und Taifune richten in vielen Ländern alljährlich verheerende Schäden an, fordern Menschenleben und vernichten Wohlstand und Infrastruktur. Vielleicht kann uns eine genaue Erforschung der seltsamen Ruinen auf Pohnpei und Kosrae die uralten Geheimnisse einer verlorenen Technologie enthüllen, die Schutz vor diesen regelmäßig wiederkehrenden Wetterkatastrophen bieten würde.

ZWEI

Der Nabel der Welt

Auf der Osterinsel ist die Vergangenheit gegenwärtig. Man kann ihr nicht entkommen. Die heutigen Inselbewohner erscheinen weniger wirklich als jene Menschen, die vor langer Zeit dort lebten. Die Schatten der verschwundenen Erbauer halten das Land noch immer fest im Griff.

KATHERINE ROUTLEDGE, DIE ZU BEGINN DES 20. JAHRHUNDERTS DIE OSTERINSEL ERFORSCHTE

Auf der anderen Seite des Pazifischen Ozeans, etwa viertausend Kilometer südöstlich von Nan Madol, befinden sich die Überreste einer noch rätselhafteren, aber ganz andersartigen Zivilisation. Die finsteren Statuen der Osterinsel sind seit über zweihundert Jahren weltberühmt. Diese als *Moai* bekannten Riesenfiguren sind stumme Zeugen einer Frühgeschichte größeren Ausmaßes, als es den meisten Nichtfachleuten bewusst ist. Anders als Pohnpei steht die Insel schon lange im Zentrum des Interesses internationaler Wissenschaftler, die sich bemühen, ihre Vergangenheit zu rekonstruieren, und zwar in erster Linie, weil die Osterinsel in Polynesien eine Anomalie darstellt, nicht nur wegen ihrer Steinmonumente, sondern auch wegen ihrer einzigartigen Schriftsprache. Doch trotz jahrzehntelanger Forschungen sind die Archäologen immer noch weit davon entfernt, die grundlegenden Rätsel dieser Insel zu entschlüsseln. Zum Beispiel können sie nicht überzeugend erklären, wie sich auf einer so winzigen Insel, die isolierter liegt als jeder andere Ort auf der Erde, eine materielle Kultur entwickeln konnte, die im gesamten Pazifik ihresgleichen sucht. Das nächste bewohnte Eiland ist Pitcairn und befindet sich zweitausend Kilometer entfernt im Westen. Nach Osten liegen zwischen der Osterinsel und der südamerikanischen Küste nichts als viertausend Kilometer offene See.

Überraschenderweise versteht man heute die geologischen Ursprünge der Osterinsel besser als ihre Besiedlungsgeschichte. Sie entstand vor etwa 100.000 Jahren, als drei Vulkane ausbrachen, deren Lavamassen zu einem 11 Kilometer breiten und 25 Kilometer langen Territorium erstarrten. Der Vulkanismus kam bald darauf zum Erliegen, aber der Lavaboden war fruchtbar und aufnahmebereit für vom Wind herangetragene Samen. Bald bedeckte ein dichter Wald aus Toromiro-Bäumen und Palmen den größten Teil der Insel. Die kulturelle Transformation des Landes erfolgte viel später, als riesige, *Ahu* genannte, kunstvoll errichtete Plattformen entlang der Meeresufer standen, überragt von steinernen Riesenfiguren, die dem Meer ihren Rücken zukehrten. Hergestellt wurden die Steinkolosse, indem man sie aus den Hängen des erloschenen Vulkans Rano Raraku herausmeißelte. Auf der Insel lagen und standen so viele von ihnen herum, dass Besucher den Eindruck gewinnen konnten, sie seien in einem Zentrum zur Massenproduktion von Monumentalstatuen gelandet. Auf Rano Kao, einem anderen Vulkan, lag Orongo, ein Zeremonialzentrum, bestehend aus Steingebäuden mit Kraggewölben, die völlig anders sind als die fragilen Strohhütten, die sonst in Polynesien üblich sind. Nicht unähnlich sind sie aber den falschen Gewölben, die man in Uxmal und anderen zeremoniellen Stätten der Maya im weit entfernten Yucatán antrifft.

An anderen Stellen der Osterinsel stößt man auf gut sechs Meter hohe runde Türme. Sie ragen zwischen zyklopenhaften Mauern auf, deren ungeheure Steinblöcke mörtellos so perfekt verfugt sind, dass man keine Messerklinge dazwischenschieben kann. Es gab eine reiche Felsbildkunst mit Petroglyphen, die Fische, Spiralen, eine Vielzahl geometrischer Formen und den allgegenwärtigen Vogelmann zeigen, eine kultische Figur, die im riesigen Pazifikraum einzigartig ist. In einer blühenden Gartenkultur wurden Bananen, Ananas, Kokosnüsse, Maulbeerbäume, Zuckerrohr, Taro und Yam angebaut, Kulturpflanzen, die teilweise aus dem fernen Südwestasien stammen. Zur Nahrung der Insulaner gehörte außerdem ein domestiziertes Huhn unbekannter Herkunft, das – vor seiner Auslöschung durch Kreuzung mit modernen europäischen Hühnerrassen – bemerkenswert war, weil es eigenartige blaue Eier legte.

Angeblich handelte es sich bei den ersten Menschen, die auf der Insel siedelten, um dreihundert langohrige *Hanau-eepe,* ein hellhäutiges Volk, das sich die Ohrläppchen vergrößerte, um sich von anderen Völkern zu unterscheiden. Sie bezeichneten ihr neues Zuhause als Rapa Nui, großes Rapa oder »großes Land des Sonnengottes«, und als Te-Pito-Te-Henua oder »Nabel der Welt«. Aber dreihundert Siedler waren viel zu wenig, um ihren grandiosen Plan für den Wiederaufbau einer Zivilisation zu verwirklichen. Also holten sie Polynesier von anderen Inseln im Westen auf die Osterinsel. Das waren die kurzohrigen *Hanau-momokeo,* die gemäß den Anweisungen ihrer langohrigen Herren die schwere körperliche Arbeit zu tun hatten. Zweihundert Jahre lang, in einer Phase sozialer Harmonie, an die man sich später unter dem Namen *Karau-Karu* erinnerte, stellten die *Hanau-momokeo* treu die erforderliche Muskelkraft zur Verfügung, um Rapa Nuis monumentale Statuen und imposante Mauern zu errichten.

Gegen Ende dieses goldenen Zeitalters sorgten die Klassenunterschiede, auf denen die aristokratischen Langohren beharrten, für immer größere soziale Spannungen. Diese eskalierten durch eine sich verschärfende Krise der Nahrungsmittelversorgung, denn für die Herstellung der *Moais* war ein großer Teil des Waldes abgeholzt worden, weil man Baumstämme als Rollen zum Transportieren der Statuen und Baumranken für Zugseile benötigte. Es folgte eine als *Huri-moai* bekannte Zeit der Gewalt. Die Steinkolosse wurden umgestürzt, und auf der ganzen Insel herrschten kriegerische Zustände. Als letzte Bastion hoben die Langohren verzweifelt einen großen Wallgraben aus, den Poike-Graben, eine Art von Maginot-Linie gegen die herandrängenden Aufständischen. Aber dieser Versuch war genauso zum Scheitern verurteilt wie besagtes Vorhaben im 20. Jahrhundert. Die unzufriedenen Kurzohren überrannten den Poike-Graben und erschlugen alle *Hanau-eepe* in einem Ausbruch von genozidem Kannibalismus.

Diese furchtbaren Ereignisse müssen sich irgendwann zwischen 1770, als eine spanische Volkszählung auf Rapa Nui dreitausend Einwohner ermittelte, und dem Besuch James Cooks vier Jahre später abgespielt haben. Entdeckt worden war die Insel von dem niederländischen Admiral Jacob Rogeveen, der davon berichtete, dass die Eingeborenen am Ostersonntag 1722 vor ihren Moai Feuer entzündeten, was offenbar Teil einer Sonnenanbetungs-Zeremonie war. Wie es schien, hatte man damals aber die Herstellung der kolossalen Statuen schon seit vielen Jahren aufgegeben. Als James Cook, der berühmte englische Seefahrer, auf der Osterinsel eintraf, hatte man alle Statuen mutwillig umgestürzt und die Langohren ermordet. Auf der Insel herrschte soziales Chaos. Cook zählte nur noch 600 bis 700 Männer und weniger als dreißig Frauen, die ärmlich zwischen den Ruinen hausten. Elend und Hunger grassierten.

Ab dem frühen 19. Jahrhundert reduzierte sich die Bevölkerung durch Überfälle von Sklavenhändlern und die Einschleppung der Pocken auf nur noch 111 Überlebende. Diese bedauernswerten Seelen ließen sich im Jahr 1868 widerstandslos zum Christentum bekehren. Kurz darauf wurde die Insel von Chile annektiert, das den einstigen Nabel der Welt an Schafzüchter aus Tahiti verpachtete. In den 1950er Jahren unternahm Thor Heyerdahl mit einem Floß aus Balsaholz seine legendäre Reise von Südamerika über den Ostpazifik. Die anschließende Veröffentlichung seines Weltbestsellers *AKU-AKU* sorgte für ein neu erwachtes Interesse an der Osterinsel. Seitdem trägt der Tourismus zur Verbesserung des Lebensstandards der Inselbewohner bei.

Heyerdahl wollte beweisen, dass die langohrigen Zivilisationsbringer der Insel aus den Hochkulturen des vorspanischen Perus kamen. Tatsächlich trugen auch die Aristokraten dort verlängerte Ohrläppchen, die gleiche Praxis also, die von der *Hanau-eepe*-Elite auf der Osterinsel benutzt wurde. Heyerdahl wies darauf hin, dass die zyklopischen Mauern auf der Osterinsel fast identisch mit den massiven Befestigungsanlagen von Cuzco sind, der Hauptstadt der Inka, bis hin zu den geheimnisvollen Ausstülpungen und Ornamenten von eindeutig wiedererkennbarem Stil. Sogar die Namen – Te-Pito-te-Henua und Cuzco – bedeuten beide »Nabel der Welt«. Die Statuen der Osterinsel stellen erkennbar einen Rückgriff auf noch ältere bolivanische Vorbilder in der Stadt Tiahuanaco dar, die aus der Prä-Inka-Zeit stammt. Zwar ist die Gleichartigkeit nicht ganz so ausgeprägt wie bei den Steinmauern von Cuzco, aber die Ähnlichkeit zwischen den Moai und den Kolossalstatuen in den Anden ist doch offensichtlich. Die für die Osterinsel untypische Statue eines hockenden Mannes besitzt ihr Gegenstück in Tiahuanacos Poqothia Pampa. Und in der Provinz Neuirland in Papua Neuguinea gibt es eine Malanggan-Figur, die auf einer großen Panflöte spielt, dem wichtigsten Musikinstrument der Inka.

Uru ist ein polynesischer Ortsname, der mit einem früheren Heimatland assoziiert wird. Es ist auch der Name eines Stammes aus der Vor-Inka-Zeit, der an den Ufern des Titicacasees lebte. Von dort wurde das Totora-Schilf auf die Osterinsel gebracht. Bei den Uru-keu, den Vorfahren der Polynesier, soll es sich der Legende nach um goldblonde Halbgötter gehandelt haben. Auf der Osterinsel verehrte man den Gott Ure, der »von weit her frische Luft brachte«. Die Süßkartoffel stammt ebenfalls aus Südamerika, wo sie in der Inka-Sprache Quechua *Cumar* genannt wurde. Im fernen Neuseeland nennen die Ureinwohner sie *Kumara*, und auf Tahiti heißt sie *Umara*. Auf der Osterinsel wurde sie vor langer Zeit von einem Volk eingeführt, das den Archäologen bislang unbekannt ist.

Die Polynesier benutzten ein Schriftsystem aus geknoteten Schnüren, das sie *Tahoponapona* nannten. Es ist der Inka-Variante namens *Quipu* nicht unähnlich. Die Insulaner erweiterten aber den Gebrauch dieser Knotenschrift, indem sie die Schnüre dem *Pipiwharauroa* umbanden, einem Vogel, den sie ähnlich wie eine Brieftaube einsetzten. Die Vögel trugen die Botschaften von einer Insel zur anderen. In beiden Schriftsystemen steht jeder Knoten, die Art, wie er geknotet ist, und seine Kennfarbe für bestimmte Zahlenwerte und/oder andere Informationen. Die Botschaften, die mit der Knotenschrift übermittelt wurden, warnten vor bevorstehenden Angriffen, gaben Geburten, Verlobungen, Todesfälle oder Bündnisse bekannt. Es wurde mit ihnen um Warenlieferungen oder militärische Unterstützung ersucht, und man kündigte wichtige religiöse Feste an.

In Nukihiva und Oipona me'ae hat man mindestens vier Petroglyphen mit Darstellungen von Lamas gefunden. Eine Steinzeichnung eines Fisches auf der Osterinsel weist den gleichen konzentrischen, fortlaufenden Zeichenstil auf wie die Wal-Darstellungen in der Nazca-Ebene. Mit anderen Worten, die Zeichnungen bestehen aus einer einzigen, ununterbrochenen Linie, ein Stil, der in der frühgeschichtlichen Welt außerhalb des östlichen Pazifiks und Teilen Südamerikas praktisch nirgendwo anzutreffen ist. Der Vogelmann von Rapa Nui wurde in Steinbildnissen und der *Rongo-Rongo*-Schrift als Fregattvogel dargestellt, und dieses Motiv findet sich auch bei den gewaltigen Zeichnungen in der Nazca-Wüste von Peru. Mehrere andere *Rongo-Rongo*-Figuren sind mit aufwärts zeigendem rechten und abwärts zeigendem linken Arm dargestellt, was bei der sogenannten Eulenfrau, die in der peruanischen Pampa porträtiert wurde, genauso ist. Die gleiche Erde-Himmel-Geste findet sich auf einer hawaiianischen Petroglyphe (D22-19) in Kaupulehu. Diese pazifische Entsprechung wird noch bemerkenswerter, wenn man bedenkt, dass in einer hawaiianischen Legende vom »Hara a ta Ra« die Rede ist, dem Haus der Sonne. So heißt auch ein heiliger Bezirk in Cuzco, die Coricancha. Die Sonne heißt auf Rapa Nui wie auf Hawaii »Ra«, und das große Fest, mit dem die Inka die Sonne verehrten, hieß Inti-Raimi.

Diese und andere Parallelen haben manche Forscher zu dem Schluss veranlasst, dass Kulturbringer aus Peru westwärts über den Pazifik segelten und sich auf der Osterinsel ansiedelten. So attraktiv diese Theorie auf den ersten Blick erscheint, offenbart sie bei näherer Betrachtung doch einige schwerwiegende Mängel. Lange bevor Heyerdahl Rapa Nui mit Steinmonumenten aus den Anden verglich, beobachtete Lewis Spence:

> Gewiss besteht eine Nähe in Machart und allgemeinem Stil zwischen der Architektur und den Skulpturen von Tiahuanaco und der Osterinsel. Die Themen der Steinbildhauer sind ähnlich und ebenso die Art der Steinbearbeitung. Natürlich sind die Arbeiten in Peru technisch höher entwickelt, ganz wie es von einer späteren Phase der gleichen künstlerischen Schule zu erwarten wäre. Aber der generelle zyklopische Charakter ist der gleiche, wie er uns auch in der Steinmetzkunst der Osterinsel begegnet – und dass es sich dabei nicht um den peruanischen Inka-Stil handelt ist offensichtlich, denn diese Steinmonumente sind Jahrhunderte, vielleicht Jahrtausende älter als die Steinmetzarbeiten der Inka-Zeit.

Rongo-Rongo war die auf der Osterinsel gebräuchliche Schrift, aber die frühgeschichtlichen Bewohner der Anden, die angeblich die Zivilisation dorthin brachten, besaßen keine Schriftsprache. Außerdem sind die Zyklopenmauern der Osterinsel viel älter als ihre Gegenstücke in Cuzco. Mark Williams, Autor von *In Search of Lemuria,* einem der besseren Bücher zum Thema, schreibt: »Die Vinapu-Mauer wurde zuerst gebaut, was bedeutet, dass der kulturelle Einfluss vom Pazifik nach Amerika ausging, und nicht umgekehrt.« Vor ihm gelangte bereits Katherine Routledge zu diesem Schluss, deren Expedition im Jahr 1918 zu den fruchtbarsten archäologischen Untersuchungen zählt, die je im östlichen Pazifik unternommen wurden. »Die Annahme, dass die Osterinsel von Südamerika aus besiedelt wurde, kann man daher aus rein praktischen Erwägungen ausschließen«, schrieb sie. »Wenn es eine Verbindung zwischen beiden gibt, ist es wahrscheinlicher, dass der Einfluss von der Insel zum Kontinent verlief.«

Noch wahrscheinlicher ist, dass die Zivilisationen auf Rapa Nui und in den Anden von einer gemeinsamen äußeren Quelle beeinflusst wurden. Ein von außen kommender Einfluss, der diese beiden weit entfernten Orte miteinander verband, könnte ihre ansonsten unverständliche kulturelle Ähnlichkeit erklären. Die Uru vom Titicacasee, ein Volk der Vor-Inka-Zeit, das polynesische Urvolk Uru-keu und die Ure der Osterinsel belegen nicht, dass eines dieser Völker die anderen beeinflusste, sondern dass sie alle von einer externen Macht beeinflusst wurden, die von manchen Polynesiern Uru genannt wird, was ein weiterer Name für das pazifische Mutterland ist. Selbstverständlich deuten die Darstellungen von Lamas auf Felsbildern der Osterinsel und das dortige Vorhandensein von Totora-Schilf und Süßkartoffel darauf hin, dass es bedeutende Kontakte nach Südamerika gegeben haben muss. Doch selbst diese scheinbar eindeutigen Geschenke der Andenbewohner an Ozeanien könnten durch lemurische Reisende dorthin gebracht worden sein, worauf auch der Name einer hawaiianischen Göttin hinweist. Auf der Flucht vor ihrem sterblichen Geliebten verlor Lono-Mu-ku ein Bein, das zu der ersten Kartoffelpflanze wurde. Schließlich waren die Polynesier und ihre Vorfahren ausgezeichnete Seeleute, die zu vielen fernen Küsten segelten und den gesamten Pazifik bereisten, bis zur Antarktis, und das Jahrhunderte oder gar Jahrtausende vor den modernen Europäern.

Was Rapa Nui und das südliche Peru der vorspanischen Ära miteinander verband, war der überlieferte Glaube, dass diese Völker ihre organisierte Gesellschaft einem Kulturbringer verdankten, der in ferner Vergangenheit aus einem fernen Land zu ihnen gekommen war, wo eine hoch entwickelte Zivilisation existiert hatte, die durch eine Naturkatastrophe untergegangen war. Auf der Osterinsel nannte man ihn Hotu Matua, und bei den Inka hieß er Kon-Tiki-Viracocha. Die von beiden Völkern benutzten Panflöten, die Langohren-Mode, die Knotenschrift, die Steinstatuen, Türme und Wälle und alles andere stammten, den Überlieferungen zufolge, aus dem verlorenen Heimatland ihrer Gründerväter. Mit anderen Worten: Die ursprüngliche Heimat dieser Menschen lag anderswo. Aus Notwendigkeit oder zur Verfolgung bestimmter Ziele waren sie auf die Osterinsel und in die Anden gekommen, wo dann lokale Faktoren auf die importierte Kultur einwirkten, so dass einzigartige und doch ähnliche Gesellschaften entstanden.

Der Gründungsmythos der Osterinsel deutet darauf hin, woher dieser äußere kulturelle Einfluss kam. Er hatte seinen Ursprung in einem großen Königreich, das vor langer Zeit im Pazifik florierte. Der örtlichen Legende nach gab es »ein großes Land namens Hiva, ein Land mit Tempeln«, gut ausgebauten Straßen, hohen Steintoren, gewaltigen Gebäuden, riesigen Zeremonialplätzen und einer dichten Bevölkerung. Dieses »Land der Fülle« verfügte über eine reiche Landwirtschaft, aber »im Sommer war es so heiß, dass die Sonne die Vegetation verdorren ließ«.

Die führende Provinz, Marae Renga, wurde von Haumaka regiert. Eines Morgens schreckte er aus einem lebhaften Albtraum hoch. Makemake, der vogelköpfige Gott, war dem Herrscher im Schlaf erschienen. Haumaka handelte gemäß seines Traumes und schickte eine Expedition von sechs Männern los. Ira, Kuukuu, Mu-mona, Parenga, Ringaringa und Ure begaben sich mit ihrem Schiff *Oraorangaru,* »Aus den Wogen errettet«, auf eine Entdeckungsreise. Viele Wochen später gelangten sie zu einer kleinen Insel, Motunui, die vor der Südwestküste einer größeren Landmasse lag. Als sie um den Nordstrand der Insel herumsegelten, entdeckten sie die Bucht, die Haumaka in seinem Traum beschrieben worden war. Ihr Auftrag bestand nun darin, die neu entdeckte Insel, der sie den Namen Matakite-Ra-ni gaben, für die Ankunft von Siedlern aus Hiva vorzubereiten.

Die Siedler wurden von Hotu Matua angeführt, dem »fruchtbaren Vater«, einem Nachfahren des Rongo, des »Töners«, der nach dem Muschelhorn benannt ist – ein hellhäutiger, rothaariger Gott, der in ganz Polynesien als Urahne königlicher Familien verehrt wird. Von Haumakas Vision gibt es eine Osterinsel-Version, die von Arturo Teao nacherzählt wurde. Darin versammelt Hotu Matua seine Familie und dreihundert Gefolgsleute an der Marae-toe-hau, der »Friedhofsbucht«, von wo aus sie mit zwei gewaltigen Kanus in See stechen, die eineinhalb Kilometer lang gewesen sein sollen. Diese starke Übertreibung dient in der Legende dazu, eine Vorstellung davon zu vermitteln, dass die Schiffe der Kolonisten außergewöhnlich groß gewesen sein müssen. Immerhin musste jedes von ihnen 150 Passagiere, Vorräte, Trinkwasser und Fracht befördern.

Nach 120 Tagen auf See gingen die Neuankömmlinge an dem Ort, den Haumaka in seiner Vision gesehen hatte, an Land. Hotu Matua taufte die Bucht Anakena, nach dem Monat August, in dem sie dort eingetroffen waren. Seine Gefolgsleute trugen alles an Land, was sie zur Errichtung einer permanenten Siedlung benötigten. Dazu gehörten zahlreiche Bäume, Knollen und andere Pflanzen sowie eine Bibliothek aus siebenundsechzig mit Stoff verkleideten Rindentafeln, die mit Ahnenstammbäumen, geschichtlichen, religiösen, landwirtschaftskundlichen, botanischen, medizinischen und astronomischen Texten beschrieben waren. Doch der kostbarste Schatz in Hotu Matuas Besitz war der Te-pito-te-Kura oder »Nabel des Lichts«, ein heiliger Stein aus Hiva. Bei dem Stein handelt es sich um eine abgeplattete Kugel aus dichtem kristallinen Vulkangestein. Er ist von einem ins Schwärzliche tendierenden Grau und scheint von einem Bildhauer etwas geglättet und geformt worden zu sein. Ansonsten ist an seinem Erscheinungsbild nichts Außergewöhnliches. Der Stein misst 75 Zentimeter im Durchmesser und ist 45 Zentimeter dick. Sein Umfang beträgt 2,53 Meter. Man kann ihn noch immer bei dem großen Ahu in La Perouse Bay besichtigen. Er genoss so große Verehrung, dass Hotu Matua Matakite-Ra-ni in Te-pito-te-henua umbenannte, was »Nabel der Welt« bedeutet.

Als er das getan hatte, wurde ihm bewusst, dass ein anderes Objekt von hohem Ansehen vergessen worden war. Dabei handelte es sich um die Statue von Tauto, seinem Kollegen, einem großen *Ariki* oder Häuptling. Zwei Untergebene wurden zurück ins Heimatland Hiva geschickt, um den wertvollen Moai zu holen. Unverzüglich brachen sie zu einer langen, aber seltsam ereignislosen Seefahrt auf: »Es gab keine Wellen, weder große noch kleine. Es gab keinen Wind.« Die unheimliche Stille, durch die sie fuhren, war die Ruhe vor der Katastrophe.

Schließlich gelangten sie an den Strand von Marea Renga, wo die vergessene Statue von Tauto noch an dem Platz stand, den Hotu Matua ihnen beschrieben hatte. Gerade als sie den Moai zu ihrem Boot schaffen wollten, schlug der Gott der Erdbeben zu und stürzte einen großen Teil der Küstenregion ins Meer. In der mündlichen Überlieferung der Osterinsel heißt es: *He ktu a mai e Uvoke hai akau te ua, i iti ai te kaiga* – »Uvoke hob das Land mit seinem Stemmeisen in die Höhe. Die Wellen brandeten empor, und das Land wurde klein.« Erde, Meer und Himmel wurden von den Naturgewalten durchgeschüttelt. Arturo Teao erzählte: »Die Wellen brausten, der Wind toste, Regen prasselte hernieder, Donner grollte, Meteoriten fielen auf die Insel.« Als die beiden Männer verzweifelt versuchten, mit ihrer Fracht zu entkommen, stürzte ihnen der Moai zu Boden und zerbrach in Stücke. Sie hoben den Kopf auf und flohen damit in ihrem Kanu von dem untergehenden Land Hiva. Haumaka musste mit ansehen, wie sich sein prophetischer Albtraum erfüllte. »Der König sah, wie das Land im Meer unterging. Das Meer stieg, und das Land versank. Ganze Familien starben – Männer, Frauen, Kinder und alte Männer.« *Ku emu a*: »Die Erde ist ertrunken.«

Viele Wochen später kehrten die beiden Unglücklichen nach Rapa Nui zurück, wo sie sofort zu ihrem Herrscher gebracht wurden. Zunächst war Hotu Matua hocherfreut, sie zu sehen. »Willkommen, ihr Rückkehrer aus Hiva«, rief er aus, »dem Land des Nahrungsüberflusses und der befleckten Münder!« Diese Formulierung zeigt, in welch jovialer Stimmung er sich befand, denn damit waren vom lustvollen Schmausen beschmierte Gesichter gemeint. Aber die Stimmung des Königs sank, als die beiden Männer ihm Bericht erstatteten und ihm die verstümmelten Überreste der Statue zeigten. »Wehe, der Hals des Moai Tauto«, klagte er, »der Ariki wurde zerschmettert! Der Körper, die Beine, die Arme sind in Hiva geblieben, seiner Heimat.« Da kamen Ira, Kuukuu, Mu-mona, Parenga, Ringaringa und Ure, die Kundschafter, die Rapa Nui entdeckt hatten, und baten Hotu Matua um Erlaubnis, nach Hause zurückkehren zu dürfen. Aber der niedergeschlagene König sagte zu ihnen: »Das Meer hat sich erhoben und alle Menschen von Marae Renga ertränkt.«

Während der folgenden Jahre verwandelte Hotu Matua die Osterinsel in einen einsamen Außenposten der Zivilisation, die letzte Manifestation des untergegangenen Hiva. Die Landwirtschaft gedieh, die alte Sonnenreligion lebte fort, überall blühte die Felsmalerei. Eindrucksvolle Steinmauern, Türme und Plattformen, auf denen man riesige Statuen aufstellte, waren die kulturelle Zierde Rapa Nuis. Um ihr literarisches Erbe zu bewahren, veranstalteten die

Insulaner ein jährliches Fest, bei dem Schüler des Rongo-Rongo in Gegenwart des Königs und seines Hofes lange Passagen aus den Schrifttafeln auswendig rezitieren mussten. Perfekte Leistungen wurden dabei mit heiligen Statuen und üppigem Essen reich belohnt. Aber der kleinste Fehler hatte harte Strafen zur Folge, die jedoch nicht den Schülern verabreicht wurden, die ihre Ausbildung wiederholen mussten, sondern ihren Lehrern. Offensichtlich hielt man die alte Schriftsprache Hivas für außerordentlich wichtig, möglicherweise sogar für heilig.

Eine andere wichtige Zeremonie fand an jedem Frühlingsäquinoktium statt. Dann versammelten sich Freiwillige am Südwestufer der Insel, um an einem ganz besonderen Wettbewerb teilzunehmen. Sie schwammen rund eineinhalb Kilometer durch unruhiges, haiverseuchtes Meer zur kleinen Nachbarinsel Motunui. Dort suchten sie nach dem Ei eines Seevogels, legten es in ein spezielles Transportgefäß, das auf der Stirn des Schwimmers befestigt war, und kehrten mit dem unbeschädigten Ei zurück. Der Mann, der diese schwierige Aufgabe als Erster bewältigte, wurde ein Jahr lang zur angesehensten Person. Er galt als so heilig, dass er sich für vier Monate in eine Höhle zurückziehen musste, ohne zu baden und ohne Kontakt zur Außenwelt, noch nicht einmal zu seiner Frau. Bis zum folgenden Frühling sorgte sein dankbares Volk für alle seine Bedürfnisse. Selbst nachdem seine Zeit der Privilegien vorüber war, stand er für den Rest seines Lebens in hohem Ansehen, und es wurde ihm ein besonders ehrenvolles Begräbnis zuteil. Durch seinen Sieg bei dem Wettbewerb wurde das Mysterium von Makemake gefeiert, der Vogelmann-Kult aus der alten Heimat Hiva.

Auch hier deuten die Hinweise auf Lemurien. Bei Hiva handelt es sich erkennbar um die polynesische Version von Mu – von der besonders hoch entwickelten Kultur über den Sonnenkult bis zu der Art seines Untergangs, einschließlich vom Himmel fallender Meteoriten. Einer der sechs Kundschafter, die Rapa Nui entdeckten, trug den Namen Mu-mona, und ein Nachfahre jener Langohr-Aristokraten, die das Massaker am Poike-Graben überlebten, hieß Atamu. Diese linguistischen Spuren weisen auf die lemurischen Ursprünge der Osterinsel-Zivilisation hin, ebenso wie der heiligste Ort dieser Kultur. Zwar wird die Insel, auf der das Ei des Vogelmann-Kultes geholt wurde, in den Standard-Referenzen Motonui genannt, aber auf einer Karte der chilenischen Regierung aus dem Jahr 1918 (Nummer 68) und auf der Karte der Britischen Admiralität Nummer 1386, veröffentlicht vom Hydrographischen Büro der Vereinigten Staaten, wird der Name Mutu Nui buchstabiert, also Insel des Mutu, so wie die Ureinwohner Neuseelands diese Insel genannt hätten. Die dortigen Maori verehrten den legendären Mutu, dem ein Finger fehlte, genau wie dem Gründervater der Inka, Kon-Tiki-Viracocha, was »Seeschaum« heißt. Beide, Mutu und Kon-Tiki-Viracocha, waren Überlebende einer schrecklichen Flut, eine weitere Gemeinsamkeit, welche die lemurische Identität Mutunuis auf der Osterinsel unterstreicht.

Nach vielen Jahren erfolgreichen Regierens steigt der alt gewordene Hotu Matua allein auf den Gipfel des Berges Rano Kao, eines Vulkans in der südwestlichsten Region von Te-pito-te-henua. Der Oxford-Gelehrte und Gründungsprofessor der neuseeländischen Universität Canterbury in Christchurch, John Macmillan Brown, schreibt über Hotu Matuas Tod: »Er schaute nach Westen und rief die Geister an, die über seiner alten, im Meer versunkenen Heimat schwebten, und beim ersten Hahnenschrei hauchte er sein Leben aus. In dieser Überlieferung kommt ganz eindeutig das Bewusstsein zum Ausdruck, dass ein Archipel westlich der Osterinsel untergegangen ist und dass diese Katastrophe der Grund war, warum über das Meer kommende Einwanderer sich auf dieser unwirtlichen Insel niederließen.«

Die Geschichte des Hotu Matua als einen der offenkundigsten Hinweise auf Lemurien zu betrachten, erscheint angemessen. Er war ein hochrangiges Mitglied jenes Miru-Klans, den man auf Hawaii und Tahiti als Milu kannte. Dort hieß es von dem namengebenden Gründungsvater, er habe »unter dem Meer gewohnt und über Gebiete geherrscht, wo die Geister der Toten hausten«. Weiter schreibt Johannes C. Andersen, der Mythograf Polynesiens: »Und dieses Reich des Milu lag im Westen.« In ganz Polynesien erinnerte man sich an dieses Reich als Hiva, und Geschichten über rothaarige, hellhäutige Überlebende, die von einem im Meer versunkenen Land fliehen mussten, waren weit verbreitet. Das Klima in Milu, Hiva und Mu soll sehr heiß gewesen sein, was darauf hindeutet, dass das pazifische Mutterland sich in Äquatornähe befunden haben muss.

Es gibt auf der Osterinsel auch einige Überlieferungen, denen zufolge Hotu Matua aus dem Osten gekommen sein soll, von der Insel Sala-y-Gomez, und sei es nur deshalb, weil diese Insel einst als Motu Motiro Hiva bekannt war, was »Insel in der Nähe Hivas« heißt. Aber für die lediglich 480 Kilometer von Sala-y-Gomez nach Rapa Nui hätten der Fruchtbare Vater und seine Siedler keine vier Monate gebraucht. Und in Hotu Matuas Legende heißt es explizit, dass er an seinem letzten Lebenstag in Richtung seines versunkenen Mutterlandes nach Westen schaute. Er hatte ihren Landeplatz am Ufer Rapa Nuis Anakena getauft, nach dem Monat August. Die beste Segelsaison für eine Fahrt vom westlichen Polynesien zur Osterinsel ist im Juli und August. Damit soll nicht ausgeschlossen werden, dass es auch östlich von Rapa Nui Inseln gab, die zum lemurischen Machtbereich gehörten. Sala-y-Gomez könnte sich tatsächlich »in der Nähe von Hiva« befunden haben oder jedenfalls innerhalb seiner östlichen Einflusssphäre. Aber Mu erstreckte sich ursprünglich über weite Teile des Pazifischen Ozeans, von Südamerika bis nach Japan, wie unzusammenhängend die einzelnen Teile auch gewesen sein mögen. Hotu Matuas Wurzeln lagen in den weit im Westen gelegenen Provinzen einer Zivilisation von einstmals gewaltiger Ausdehnung.

Hotu Matuas Heimatort in Hiva hieß Marae Renga oder »der heilige Ort von Rengai«. Dem Mythenforscher Jan Knappert zufolge war Renga, oder Reinga, in der polynesischen Tradition das unterseeische Reich der Toten, über das der Wächtergott Limu herrschte, der in einem versunkenen Palast wohnte. Marae Renga erhielt seinen Namen also von Renga, dem »Jenseits«, so wie das römische Lemurien seinen Namen den Lemuren, also den Geistern der Verstorbenen, verdankte. Diese vergleichbaren Mythen weisen eindeutig darauf hin, dass Hotu Matua lemurischer Herkunft war.

Dass es ihm erfolgreich gelang, Marae Rengas Sonnenkult auf die Osterinsel zu bringen, zeigt sich an einigen der wichtigsten Ortsnamen Rapa Nuis, zum Beispiel an den drei Vulkanen der Insel: Rana Roraku, Rano Aroi und Rana Kao. Zu den ältesten Ortsnamen auf der Osterinsel gehört Matakite-Ra-ni, was »Wohnort des Sonnengottes« bedeutet. Der Name Rapa Nui selbst bedeutet »großes Land des Sonnengottes«. Auf der Osterinsel heißt Raa sowohl »Sonne« wie »Klan«, worin sich die gleiche Beziehung zwischen Sonne und Politik zeigt wie bei den Königsdynastien im Niltal. Ra gehörte zum königlichen Vornamen vieler Pharaonen, eine Praxis, der auch die meisten Könige der Osterinsel folgten, etwa Ta-Ra-tahi, Ra-ni, I-Ra, Matakite-Ra-ni und Ra-pa-Re-na. Diese offensichtliche Namensübereinstimmung mit Ra, dem Sonnengott vom Nil, ist bemerkenswert, bis hin zu mit Bindestrich verknüpften Namen kombinierter Sonnengottheiten wie der ägyptische Atum-Ra oder Ra-Horahkty und auf der Osterinsel Ra-no-aroi, Hauha-Ra oder Ra-Ra-iahopa. Die ägyptischen Göttinnen Re-nenet und Re-npet lassen sich mit Ava-Re-iupa und U-Re-ti'oti'o auf der Osterinsel vergleichen. Eine weitere dort verehrte Sonnengottheit hieß Rangitea, genau wie 6.400 Kilometer entfernt auf der anderen Seite des Pazifiks.

Die frühesten Ahu weisen eine Sonnenausrichtung von höchster Präzision auf, was belegt, dass es sich bei ihren Erbauern um Astronomen handelte, die sich mit den Architekten des alten Ägyptens messen konnten, wo viele heilige Gebäude, wie etwa in Karnak, nach als wichtig erachteten Positionen der Sonne ausgerichtet wurden. Der Ahu von Vinapu zum Beispiel ist nach den Azimuten der aufgehenden und untergehenden Sonne bei Sonnenwenden und Äquinoktien ausgerichtet. Und den Namen Ra trug die Sonne tatsächlich im ganzen Pazifikraum. In der Mythologie der Chatham-Insulaner gibt es wie bei den alten Ägyptern ein Sonnenboot, das man im Pazifik *Waka-Ra* nennt. Auf den Marshall-Inseln wurden der Sonnenaufgang und der Sonnenuntergang Ra lik respektive Ra tok genannt, während die legendären Gründerväter von Fidschi ihr erstes Dorf an der Ra-Küste errichteten, nachdem sie aus Richtung der aufgehenden Sonne dorthin gekommen waren. Bei den neuseeländischen Maori hieß eine rote Sonne Ra-ura, Manu ite Ra war ihr Sonnenvogel, und der Große Sohn der Sonne hieß Tama nui te Ra. Auf den Cook-Inseln nannte man den Sonnengott Ra-Ra, und auf Tahiti heißt so die Sonne selbst. In *Maui fängt die Sonne,* einem populären polynesischen Mythos, ruft der Held seinen Brüdern zu: »Lasst uns Ra fesseln!«

Wie die Vergleiche mit den Andenkulturen manche Forscher südamerikanische Einflüsse im östlichen Pazifik vermuten ließen, scheinen Parallelen zum dynastischen Ägypten auf einen pharaonischen Einfluss in Rapa Nui hinzudeuten. Aber wie in ersterem Fall verweisen diese Ähnlichkeiten wohl eher auf gemeinsame kulturelle Einflüsse aus einer äußeren Quelle. Diese Schlussfolgerung drängt sich auch bei einem weiteren Vergleich auf – dem mit dem alten Indien. Die früheste Hochkultur dort, in Harappa und Mohenjo-Daro, erblühte vor etwa 5.000 Jahren im fruchtbaren Industal, ungefähr zeitgleich mit den Anfängen der Zivilisation in Mesopotamien und am Nil.

Die alten Inder waren überaus kundige Ingenieure, die ein standardisiertes Gewichts- und Maßsystem zum Bau von bevölkerungsreichen Siedlungen mit großen öffentlichen Bädern, modernen Leitungssystemen und komplexer Stadtplanung benutzten. Von ihrer Hafenmetropole Lothal aus unterhielten sie mit ihren Frachtschiffen ein Handelsnetz, das den ganzen Indischen Ozean umspannte und sogar darüber hinausreichte. Die Sumerer kannten diese ferne Zivilisation als Meluhha, eine Bezeichnung, die vielleicht an den Namen angelehnt ist, den die Bewohner des Subkontinents dem Industal gaben. Archäologen haben bislang vierzehn urbane Zentren dieser Induskultur identifiziert. Es handelte sich dabei nicht um nur lose verbundene Stadtstaaten, sondern um Teile einer großen, politisch vereinigten Kultur.

Um 1700 v. Chr. ereilte die Indus-Zivilisation ein gewaltsames Ende unter den Hufen der Kriegspferde arischer Eroberer, die aus dem Norden in ihr Gebiet eindrangen. Lange zuvor hatte Mohenjo-Daro eine Schriftsprache hervorgebracht, die sich seit ihrer Entdeckung im späten 19. Jahrhundert bis heute allen Übersetzungsversuchen entzieht. Im Jahr 1932 hielt jedoch ein ungarischer Sprachforscher namens Guillaume de Hevesy vor der Academie des Inscriptions et Belles-Lettres in Paris einen Vortrag, in dem er erklärte: »Es existiert eine Verbindung zwischen den Schriften des Industals und der Osterinsel.« Unter einer Gesamtheit von 745 Glyphen hatte er 174 identische oder nahezu identische Glyphen entdeckt, »beruhend auf zweihundertzweiundsechzig Zeichen und Zeichenvarianten des Industals und fünfhundertneunzehn Zeichen von der Osterinsel – aus letzterer Schrift wurden mehr Zeichen benutzt, um so viele Varianten wie möglich zu präsentieren«. Seine vergleichende Studie zeigte, dass »in beiden Schriften das gleiche System zusätzlicher Elemente benutzt wird. Und das ergibt offensichtlich einen starken visuellen Beweis für eine Verbindung zwischen beiden Schriften.«

Das Rongo-Rongo von Rapa Nui ist wie die Schrift des Industals eine Silbenschrift, also nicht-alphabetisch, die aus Ideogrammen besteht. Sie sind *bustrophedon,* also »furchenwendig« geschrieben, das heißt abwechselnd nach rechts und nach links. Der berühmte österreichische Anthropologe Robert von Heine-Geldern bemerkte dazu: »Zwei aufeinanderfolgende Zeilen, wobei die Schriftzeichen der einen Zeile aufrecht und die der anderen auf dem Kopf stehen – eine Anordnung, die ich bislang nur bei den Schriften der Osterinsel und der Harappa-Kultur gefunden habe. Die Ähnlichkeit zwischen den beiden Schriften ist im Hinblick auf die Zeilenanordnung sogar noch größer, als Hevesy vermutet hatte.« Die meisten Kollegen de Hevesys stimmten N. M. Billimoria zu, dem Sprecher der Polynesian Society, der gegenüber der Sind Historical Society erklärte, so viele Ähnlichkeiten »können kein Zufall sein«. Der berühmte Assyrologe Stephen H. Langdon bestätigte de Hevesys Vergleiche und bezeichnete sie als »wirklich bemerkenswert«. Vierzig Jahre später gelangte Bill Ballinger, der in den 1970er Jahren so eloquent über Nan Madol geschrieben hatte, immer noch zu dem Schluss, dass »die Anzahl der identischen Zeichen so groß ist, dass dies kein Zu-

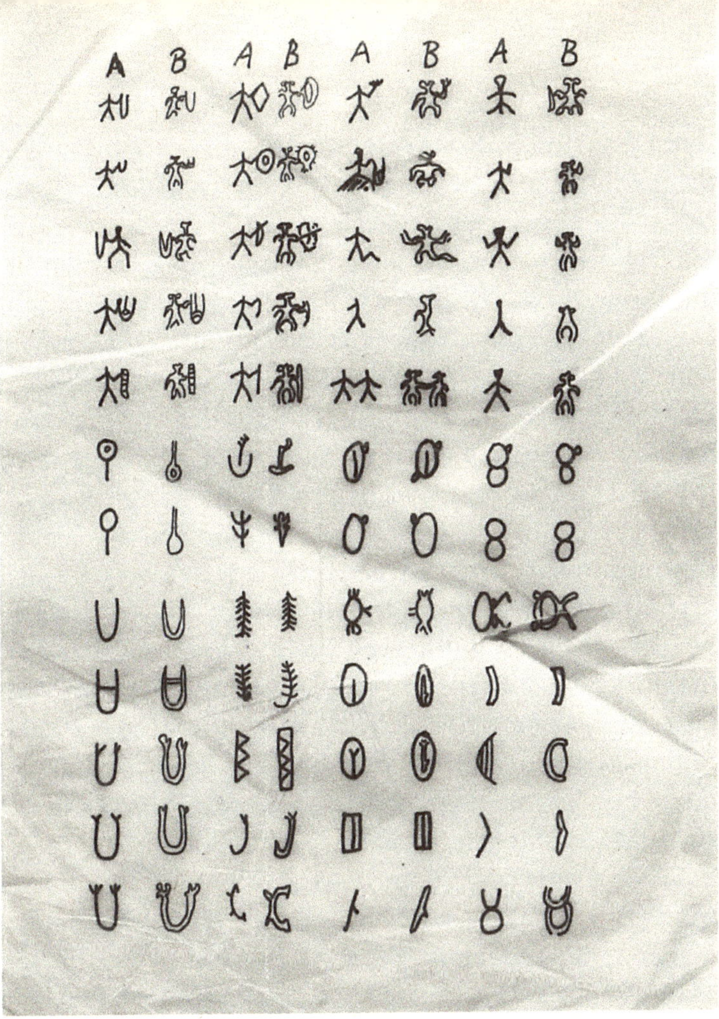

Vergleich zwischen alten indischen Glyphen aus Mohenjo-Daro (A-Spalten) mit dem Rongo-Rongo der Osterinsel (B-Spalten). Die Ähnlichkeit lässt sich nicht leugnen. Beide Kulturen empfingen unabhängig voneinander die ursprünglich lemurische Schrift aus ihrem pazifischen Mutterland, wo die erste Schrift überhaupt entwickelt wurde.

fall sein kann. Sehen Sie sich die Gegenüberstellung der Zeichen dieser beiden Schriftsysteme an. Wenn das bloßer Zufall sein soll, wäre das einfach unglaublich!«

Aber solche Parallelen erwiesen sich als ausgesprochen problematisch. Die erste Hochkultur im Industal erlebte ihre Blüte vom frühen dritten vorchristlichen Jahrtausend bis ins siebzehnte Jahrhundert v. Chr. Archäologen glauben, dass Hotu Matua in der ersten Hälfte des fünften Jahrhunderts n. Chr. auf Rapa Nui landete. Da war die Induskultur schon seit über zweitausend Jahren vernichtet. Daher scheidet die Möglichkeit aus, Kulturträger könnten vom indischen Subkontinent über den riesigen Pazifischen Ozean zu einem winzigen Flecken auf der anderen Seite der Welt gesegelt sein. Und genauso wenig können Bewohner der Osterinsel um 450 n. Chr. Rongo-Rongo nach Indien gebracht haben, denn die Schrift dort war damals bereits seit mehr als zwanzig Jahrhunderten tot. Zu den 2.100 Jahren, die das Ende Mohenjo-Daros von den Anfängen der Osterinsel-Kultur trennen, kommt noch, dass die beiden Orte Luftlinie zwanzigtausend Kilometer voneinander entfernt liegen. Doch trotz dieser gewaltigen räumlichen und zeitlichen Entfernungen lassen sich die organischen Verbindungen zwischen Rongo-Rongo und der Industal-Schrift nicht leugnen.

Einige Akademiker, die überzeugt waren, dass die frühen Menschen niemals derart weite Reisen unternommen haben konnten, hielten transozeanische Kontakte zwischen zwei scheinbar so unähnlichen Kulturen für unvorstellbar, zumal diese, trotz der Ähnlichkeit ihrer Schriftsysteme, auch zeitlich so weit voneinander getrennt existiert hatten. In den 1930er Jahren, als de Hevesy seine Forschungsergebnisse veröffentlichte, waren viele, wenn nicht alle seine Forscherkollegen zumindest bereit, Seeverbindungen zwischen weit entfernten Völkern für möglich zu halten. Heutzutage herrscht in der amerikanischen Archäologie genau die gegenteilige Meinung vor – und zwar so sehr, dass Abweichler mit akademischer Ausgrenzung bestraft werden, keine Forschungsgelder erhalten und sogar ihre Anstellung verlieren. (Zum Beweis sollten Sie Michael Cremos Buch

Verbotene Archäologie oder *American Discovery: The Real Story* von Dr. Gunnar Thompson lesen.) Professionelle Leugner vermeiden es typischerweise, über die Fakten zu diskutieren. Stattdessen ziehen sie es vor, Vertreter der Richtung des kulturellen Diffusionismus so lange persönlich zu diffamieren und offenkundige Beweise zu leugnen, bis der Ketzer von den Akademikern und der Öffentlichkeit nicht mehr ernst genommen wird.

Der Initiator dieser Art von Verunglimpfung gegen de Hevesy war der international bestens etablierte Ethnologe Dr. Alfred Métraux, dessen Arbeit über die Osterinsel und Polynesien von konventionellen Wissenschaftlern immer noch als maßgeblich zitiert wird. 1938 beschuldigte Métraux de Hevesy, er habe beide Schriften verändert und gefälscht, es handele sich also um einen gezielten Betrug. In Wahrheit gäbe es überhaupt keine Ähnlichkeiten zwischen ihnen, behauptete Métraux. Alle scheinbaren Gemeinsamkeiten seien rein zufälliger Natur und könnten ganz ähnlich auch zwischen vielen anderen Schriftsprachen auftreten.

Métraux zufolge gibt es keine Verbindung zwischen Rongo-Rongo und der Industal-Schrift, außer »dem, was zwischen Bilderschriften ganz automatisch auftreten kann, ganz gleich, wann und wo sie entwickelt wurden. Ich habe die von Mr. de Hevesy [sic!] ausgewählten Beispiele mit den von Dr. G. R. Hunter angefertigten Originalfotografien der Siegel von Mohenjo-Daro verglichen. Zu meiner Überraschung ließ es Mr. de Hevesy an der Genauigkeit fehlen, die für eine solche Arbeit wünschenswert gewesen wäre. Er hat sich bei der Wiedergabe der Zeichen bedauerliche Freiheiten herausgenommen. Gibt man den vermeintlich identischen Zeichen aus seiner Liste wieder ihre ursprüngliche Proportion und Form, verschwindet jede angebliche Ähnlichkeit. Wenn wir diese Ungenauigkeiten verwerfen, reduzieren sich die Ähnlichkeiten zwischen der Mohenjo-Daro-

Schrift und der ›Schrift‹ der Osterinsel auf extrem wenige geometrische Zeichen.«

De Hevesys Behauptungen seien dermaßen lächerlich, schloss Métraux, dass kein wirklich professioneller Wissenschaftler sie ernstnehmen könne. Jede weitere Diskussion solch unmöglicher Vergleiche müsse als unsinnige Herumpfuscherei unqualifizierter Amateure abgetan werden.

Im 21. Jahrhundert hätten solche kaum verhohlenen Drohungen genügt, um jeden in der akademischen Welt davon abzuschrecken, diesen ketzerischen Forschungsergebnissen in irgendeiner Weise beizupflichten. Aber in den 1930er Jahren ließ sich noch nicht jeder Forscher von der offiziellen Verdammung wissenschaftlicher Erneuerer einschüchtern, und einige sehr prominente Namen in der Anthropologie eilten de Hevesy zu Hilfe. Als Erster sprang ihm Dr. G. R. Hunter bei, den Métraux für seine Beweisführung herangezogen hatte. In einem öffentlichen Brief an de Hevesy schrieb er:

> Mit beträchtlicher Überraschung, um nicht zu sagen mit Empörung, habe ich Mons. Métrauxs Kritik an Ihnen in der Februar-April-Ausgabe von *Anthropos* gelesen. Darin beschuldigt er Sie, unter anderem, Sie hätten bestimmte Industal-Schriftzeichen »angepasst«, um Ihre Theorie zu unterstützen. Da die meisten »angepassten« Zeichen aus meiner Arbeit über die Industal-Schrift stammen sollen, habe ich mir die Mühe gemacht, die Liste der von Ihnen reproduzierten Schriftzeichen sorgfältig durchzugehen. Ich bin zu dem Ergebnis gekommen, dass Sie ausnahmslos jedes aus meiner Arbeit übernommene Zeichen mit gewissenhafter, ja in der Tat bemerkenswerter Exaktheit reproduziert haben. Ich fürchte, Mons. Métraux hat es noch nicht einmal für nötig befunden, meine Arbeit zu lesen, aus der Sie die Zeichen kopiert haben, nämlich

meinen Artikel im *Journal of the Royal Asiatic Society*, April 1932, Seiten 494-503 – und das, obwohl er in seinem fraglichen Artikel in Fußnote 4, Seite 222, selbst darauf Bezug nimmt!

Heine-Geldern zufolge beruht Métrauxs »unbewiesene Behauptung, de Hevesy habe Zeichen gefälscht, ausschließlich auf seiner eigenen Unfähigkeit, mit wünschenswerter Genauigkeit die Quellen zu prüfen. Ich fühle mich geneigt zu sagen, dass dies die rücksichtsloseste Verleumdung eines Gelehrten ist, die ich je erlebt habe. Jedoch hege ich nicht den leisesten Zweifel, dass Dr. Métraux, nach einer gründlichen Überprüfung der Quellen, selbst als Erster zugeben wird, dass seine Beschuldigungen ungerechtfertigt waren. Und gewiss wird er sich dann bei Mr. de Hevesy in aller Form öffentlich entschuldigen, worauf dieser zweifellos jeden Anspruch hat.«

Heine-Gelderns Vertrauen in die grundlegende Ehrlichkeit seines skeptischen Kollegen erwies sich als ungerechtfertigt. Métraux kam es nie in den Sinn, seine wilden Behauptungen zurückzunehmen, denn sie hatten einzig dazu gedient, de Hevesy zu diskreditieren und Forschungen über transozeanische Kontakte in ferner Vergangenheit als für die offizielle Wissenschaft inakzeptabel zu brandmarken. Darin erwies sich Dr. Métraux als überaus erfolgreich. Heute erinnert man sich in offiziellen archäologischen Zirkeln an de Hevesy flüchtig als einen radikalen Spinner, dessen unverantwortliche Vergleiche der Schriften von der Osterinsel und Mohenjo-Daro bereits vor dem Zweiten Weltkrieg als Fälschung und Unsinn entlarvt worden seien.

Obwohl Dr. Métraux keinerlei Gegenbeweise erbracht hatte, sondern vielmehr selbst von Dr. Hunter als schlampig arbeitender Forscher entlarvt wurde, dessen Kritik es an Wissenschaftlichkeit mangelte, wurden seine plumpen Anschuldigungen bereitwillig von Akademikern aufgegriffen, die im Elfenbeinturm ihrer Schulbuch-Archäologie saßen und diese ängstlich gegen fremde diffusionistische Erklärungsmodelle verteidigten. Immer wieder verbreiteten sie Métrauxs auf falschen Annahmen beruhende Skepsis gegen de Hevesy, so dass sie mit der Zeit zu einem wissenschaftlichen Dogma wurde. Dieser Vorgang ist nur ein Beispiel dafür, wie wertvolle Informationen, die uns helfen könnten, ein wichtiges wissenschaftliches Rätsel zu lösen, sabotiert und verleugnet werden. Da sie in eine als politisch inkorrekt betrachtete Richtung wies, wurde eine neue Tür zum Verständnis der Vergangenheit zugeschlagen und für universitär ausgebildete Forscher zur Sperrzone erklärt.

Was die nicht zu leugnende Verwandtschaft zwischen Rongo-Rongo mit der Industal-Kultur noch herausfordernder macht, ist der Vergleich mit einer anderen uralten Schriftsprache, und zwar in Mittelamerika, über fünftausend Kilometer entfernt. Zwei Jahre bevor de Hevesy Parallelen zwischen den Schriften Mohenjo-Daros und der Osterinsel entdeckte, wies ein anderer Linguist, Erich von Hornbostel, auf überzeugende Verbindungen zwischen der Bilderschrift der Kuna-Indianer in Panama und Rongo-Rongo hin. Obwohl die Kuna-Schrift eine geringere Anzahl identischer Zeichen aufweist, als dies im Vergleich zur Industal-Schrift der Fall ist, drängt sich eine Verwandtschaft zur Schriftsprache der Osterinsel zwingend auf. Wie die beiden anderen wird auch die Kuna-Schrift bustrophedon geschrieben, auch sie ist eine Silbenschrift auf Holztafeln, wie sie auf Rapa Nui als *Kohau*-Bretter bekannt sind.

Van Hornbostel schrieb:

> Wie für die Osterinsel-Schrift gilt auch für die Schrift der Kuna, dass man den Text kennen muss, um ihn »lesen« zu können, was bedeutet, ihn zu rezitieren. So

wie bei den Kuna wurden auch auf der Osterinsel schriftlich niedergelegte Texte bei Bestattungszeremonien rezitiert. Bei den Kuna wird in diesen Texten der Weg beschrieben, den der Geist des Verstorbenen nach dem Tod beschreiten muss. Ein Priester rezitiert den Text anhand der Bilderschrift, während der Leichnam in einem Boot zur Grabstätte gebracht wird.

Bei dieser Gelegenheit möchte ich auf eine bemerkenswerte und wohl nicht gerade unbedeutende Übereinstimmung in den Bestattungsriten beider Kulturen hinweisen, und zwar den Gebrauch von Federstäben. »Während sechs Tagen nach seinem [Ngaaras] Tod«, schreibt Mrs. Routledge in der erwähnten Textstelle, »waren alle damit beschäftigt, Stäbe anzufertigen, deren Spitzen mit Vogelfedern besetzt waren [Heu-Heu], und man platzierte diese Stäbe überall.«

Bei den Kuna wurden mit vier Vogelfedern besetzte Stäbe mit dem Leichnam bestattet. Es handelte sich bei ihnen um Symbole für die vier Schutzgeister, von denen die Seele auf dem Pfad des Todes geführt wird.

Auf der Osterinsel wurde der Platz, auf dem die Rongo-Rongo-Männer alljährlich ihre Rezitationen der Kohau-Tafeln aufführten, mit Federstäben markiert.

Heine-Geldern, der de Hevesy öffentlich gegen seine Verleumder verteidigt hatte, unterstützte auch Hornbostels Entdeckung, fügte aber hinzu, dass »die äußere Form der Osterinsel-Schrift einen erheblich höheren Entwicklungsstand aufweist als die Kuna-Schrift, oder – was vermutlich die korrekte Antwort ist – die Kuna-Schrift wurde in einem größeren Maße barbarisiert und sank auf ein niedrigeres Niveau als jenes der Osterinsulaner herab, obwohl sich bei ihr vielleicht die ursprüngliche Form vieler Schriftzeichen besser erhalten hat.« Heine-Gelderns Schlussfolgerung wurde durch Nele gestützt, einen Kuna-Informanten. Er erzählte Archäologen im Jahr 1928, der Letzte, der noch gewusst habe, wie die Schriftzeichen richtig ausgeführt wurden, sei Memekina gewesen, ein legendärer Schreiber, der schon vor langer Zeit gestorben sei.

Die Verbindungen der Kuna zu einer verlorenen Kultur im Pazifik gehen weit über Schrift-Parallelen mit der Osterinsel hinaus und weisen auf jenes Mutterland hin, von dem Rongo-Rongo und die Bilderschrift von Panama ursprünglich stammen müssen. Die Ortsnamen der Kuna und die Namen ihrer wichtigsten Götter deuten in reichem Maße auf lemurische Ursprünge hin. Am bedeutsamsten und wichtigsten ist das Wort Mu selbst. So wie Churchward die untergegangene Zivilisation mit einem weiblichen Namen versah, war die Mu in der Kuna-Kosmologie die panamesische Muttergöttin. Dass Mu Olokukurtlisop die (männliche) Sonne erschafft und sich mit ihr vermählt, um die Sterne und Planeten zu gebären, stellt eine Erinnerung an den Sonnenkult Lemuriens dar. Andere Inkarnationen der Kuna-Muttergöttin heißen Mu Alesop, Mu Olokundil, Mu Olotagisop, Mu Olotakiki und Mu Sobia. *Mu-olok-wit-uppu* ist das Kuna-Wort für »Insel«, und *mu-olo-tup-kana* werden Inseln im Meer genannt, während Mu-lat-uppu und Tupsol-Mu-Illu Inseln sind, die nahe der Pazifikküste liegen. Von besonderer Bedeutung ist aber die Große Flut, von der ein riesiges Land verschlungen wurde, das im Westen lag, jenseits des Meeres. Von dort kamen vor sehr langer Zeit Zauberer, die die Katastrophe überlebt hatten, nach Panama. Diese Kuna-Flut trägt passenderweise den Namen »Mu-osis«.

Besonders offensichtlich ist Ca-Mu, wörtlich übersetzt »Der von Mu«, der aus den Fluten kommende Held der Arawak-Indianer. Sie beschreiben ihn als großen, hellhäutigen, blonden und bärtigen Zauberer, der an der Küste Panamas landete, nachdem er durch eine schreckliche Katastrophe aus seinem Königreich vertrieben worden war, das weit jenseits des Meeres lag. Ca-Mu gilt als der Kulturbringer, von dem alle Arawak abstammen. Aspekte, die klar auf das versunkene Mutterland und einen grundlegenden lemurischen Einfluss auf das prähistorische Panama hinweisen, finden sich in vielerlei Hinsicht. Und dazu zählt auch der Import einer Schrift, die in der Isolation mit der Zeit zur Bilderschrift degenerierte.

Südlich der Meerenge von Panama fand sich der Einfluss des Rongo-Rongo nahe an der kolumbianischen Grenze bei einem Indianerstamm der Sierra de Perija. Sie malten die Glyphen auf Holzstäbe, die sie als *Tiot-Tio* bezeichneten. J. M. Cruxent, der Direktor des Museums von Caracas, entdeckte, dass die von den Motilones-Indianern verwendete Schrift noch bis in die Mitte des 20. Jahrhunderts benutzt wurde. Auf dem 29. Internationalen Amerikanisten-Kongress berichtete er seinen Kollegen: »Es erscheint merkwürdig, dass die Art und Weise, den *Tiot-Tio* zu lesen, und einige der darauf abgebildeten Zeichen uns an die Rapa-Nui-Tafeln der Osterinseln erinnert.« Diesen Vergleich fand Heine-Geldern nicht weniger faszinierend: »Dr. Cruxent berichtete von einem Bilderschrift-System bei den Motilones-Indianern in Venezuela, das im allgemeinen Charakter, aber auch in Details stark der Bilderschrift der Kuna-Indianer im östlichen Panama und der Schrift der Osterinsel ähnelt. Die Existenz irgendeiner Art von Verbindung lässt sich kaum bezweifeln.«

Kaum weniger überraschend als die Parallelen des Rongo-Rongo zur Schrift der Induskultur ist dessen Übereinstimmung mit Funden in der Vor-Inka-Stadt Tiahuanaco hoch oben in den bolivianischen Anden, nicht weit entfernt vom Südufer des Titicacasees. Die Ruinen dieser Stadt bestehen aus einer archäologischen Zone mit ausgedehnten Plattformen, mächtigen Treppen und kolossalen Statuen. Obgleich konventionelle Wissenschaftler den überwiegenden Teil der Bauzeit zwischen 200 und 600 n. Chr. ansiedeln, wird diese zeitliche Einordnung durch unzählige Seemuscheln in Frage gestellt, die in Höhen von etwa viertausend Metern überall auf dem *Altiplano,* der dortigen Hochebene, verstreut liegen. Am Ende eines großen, erhöht angelegten Platzes steht Tiahuanacos beeindruckendstes Bauwerk, das berühmte Sonnentor – eine moderne Bezeichnung, die diesem zeremonialen Torbogen wegen seiner Sonnenausrichtung gegeben wurde. Der gut vier Meter lange Monolith ist aus einem einzigen grauen Andesitblock herausgehauen und wiegt ungefähr elf Tonnen. Die Stützpfeiler sind schmucklos. Jeder weist in der Mitte eine rechteckige Nische auf, in der eine Tafel angebracht war, wahrscheinlich aus Gold, mit der das Sonnenlicht reflektiert wurde. Die Toröffnung ist 1,37 Meter hoch und 83 Zentimeter breit. Darüber befinden sich vier Reihen von im Profil dargestellten Vogelmann-Skulpturen, die links und rechts von einer zentralen Figur angeordnet sind. Diese Figur hält ein Paar Stäbe, trägt einen Gürtel mit abgetrennten Köpfen am Gürtel und über ihre Wangen fließen Tränen.

Ähnliche Bilder von Vogelmännern finden sich immer wieder in der Osterinsel-Schrift, und in Orongo, dem Zeremonialzentrum von Rapa Nui, sind sie auf jede verfügbare Felsoberfläche gemeißelt. Darüberhinaus trägt jeder der Vogelmänner, die das Sonnentor von Tiahuanaco schmücken, einen vertikalen Stab in der dreifingrigen Hand. Und auch den stabtragenden Rongo-Rongo-Vogelmännern fehlt ein Finger. Unter den Riesenbildern, die in die Nazca-Ebene in der peruanischen Wüste eingraviert sind, gibt es einen ringelschwänzigen Affen, dem an der rechten Hand ebenfalls ein Finger fehlt. Die Inka glaubten, Kon-Tiki-Viracocha, übersetzt »Seeschaum« (nach dem Schiff, das ihn aus der Flut rettete), habe die Zivilisation in die Anden gebracht. Er hatte an seiner linken Hand nur drei Finger. Auf

Osterinsel-Petroglyphen, auf denen deutlich erkennbar der Vogelmann Makemake dargestellt ist.

der anderen Seite des Pazifiks dekorierten die Polynesier ihre mit kunstvollen Schnitzereien versehenen Versammlungshäuser mit einem dreifingrigen Motiv. Sie behaupteten, dieses Motiv sei ihnen von einem Ahnen gebracht worden. Es stamme aus dem im Meer versunkenen Palast ihres höchsten Gottes, Tangaroa. Der erkennbar lemurische Name dieses Maori-Ahnen, dem zwei Finger fehlten, lautete Mutu. Er war in ganz Polynesien als Stammvater der Insulaner bekannt und kam aus dem unterseeischen Reich Limu. Der Name der Osterinsel-Schriftsprache, Rongo-Rongo, ist abgeleitet von Rongo, dem Namen des Kulturhelden der Insulaner, benannt nach seinem Wahrzeichen, einer großen Tritonmuschel, die »der Töner« genannt wurde. Bei ihm handelte es sich um die Rapa-Nui-Version des Lono, des blonden, hellhäutigen Zivilisationsbringers aus

Hiva, dessen unterseeisches Heimatland von den Hawaiianern gefeiert wurde, die glaubten, in Gestalt von James Cook sei ein Nachfahre Lonos zu ihnen gesegelt.

Ein doppelköpfiges Motiv findet sich sowohl auf dem bolivianischen Monolithen wie auch in der Osterinsel-Schrift. Die Darstellung des Gesichts mit den weinenden Augen beim sogenannten Torgott auf dem Sonnentor wird auch mit anderen Andenkulturen assoziiert. Es findet sich außerdem in Orongo auf der Osterinsel, aber nirgendwo sonst im Pazifik.

Die zentrale Figur des Sonnentors trägt einen halbmondförmigen Fischschwanz auf der Brust, was an den halbmondförmigen Brustschmuck erinnert, den Hotu Matua und alle nachfolgenden Könige der Osterinsel trugen. Ihn gibt es auch als Rongo-Rongo-Glyphe. In ganz Ozeanien waren Raubkatzen unbekannt, nur in Orongo auf der Osterinsel finden sich Puma-Petroglyphen. Der Gott, der das Relief auf dem Sonnentor dominiert, trägt einen kunstvollen Kopfschmuck mit neunzehn strahlenartigen Auswüchsen, von denen sechs in Pumaköpfen enden. Seine Arme sind mit Bildern von Großkatzen tätowiert, und daraus besteht auch sein Gürtel. An diesem Gürtel hängen stilisierte ohrenlose Menschenköpfe mit runden Augen. Ihre Nasen sind am oberen Ende gespalten und verzweigen sich zu gewölbten Augenbrauen. Die gleichen ikonographischen Merkmale finden sich bei den Darstellungen Makemakes, des Sonnengottes der Osterinsel.

Heyerdahl zog daraus den Schluss: »Es scheint daher, dass alle Ideogramme oder symbolischen Merkmale, die auf einem einzigen Monument in Tiahuanaco anzutreffen sind, mit den Ideogrammen oder Symbolen an der Zeremonialstätte von Orongo übereinstimmen, wo die Osterinsulaner alljährlich ihren Vogelmann bestimmten und wo die mit Federschmuck ausstaffierten Tangata Rongo-Rongo, angeführt durch den König, ihre Schrifttafeln rezitierten.« Die Parallelen in der Symbolik, die den Monolithen in den Anden mit Rapa Nui verbinden, werden gestützt durch materielle Überlegungen. Die Statuen der Osterinsel und in Tiahuanaco ähneln einander, und auf beiden trägt die Göttergestalt einen stilisierten Gürtel. Die Sonnenanbetung der Insulaner auf Rapa Nui findet ihre perfekte Entsprechung in dem bolivianischen Sonnentor. Und der Name *Tiahuanaco* ist eine spanische Verfälschung des Wortes Typi-Kala aus dem Quechua, der Sprache der dortigen Andenbewohner. Typi-Kala bedeutet »Stein-in-der-Mitte«. Das erinnert an den Te-pito-te-Kura, den Nabel des Lichts, jenen heiligen Stein, den Hotu Matua aus dem im Meer versunkenen Hiva auf die Osterinsel brachte.

Die Vorstellung, die nicht des Lesens und Schreibens kundigen Andenbewohner könnten eine Schriftsprache in den östlichen Pazifik exportiert haben, scheint genau so unglaublich zu sein wie die Idee, die Osterinsulaner hätten den Bewohnern Panamas Rongo-Rongo beigebracht oder jemand wäre einst um die halbe Welt von Mohenjo-Daro nach Rapa Nui gesegelt. Für die Verbindung zwischen räumlich so weit entfernten und doch unwiderlegbar verwandten Systemen wie der Industal-Schrift und dem Rongo-Rongo, zusammen mit der Bilderschrift der Kuna-Indianer Panamas oder der Motilones in Venezuela, sowie die Parallelen zum Symbolismus des Sonnentors in Bolivien, gibt es nur eine einzige glaubwürdige Erklärung: Es muss eine sechste Kultur gegeben haben, von der einst alle diese Kulturen eine gemeinsame Schriftsprache übernahmen – als das Erbe einer Vorläuferzivilisation, bei der es sich um eben jene im Meer versunkene Heimat handelte, von der aus Hotu Matua seine Bibliothek auf die Osterinsel mitnahm. Diese Schlussfolgerung stützt sich auf Überlieferungen in Rapa Nui und Tiahuanaco, denen zufolge Überlebende einer großen Katastrophe über das Meer kamen und die Zivilisation brachten. Der spanische Chronist Cieza de Leon zeichnete eine örtliche indianische Legende auf, wonach »Tiahuanaco nach der Großen Flut in einer einzigen Nacht von unbekannten Riesen erbaut wurde«.

Die Gemeinsamkeiten zwischen den Schriften Mohenjo-Daros und der Osterinsel gehen über die Ähnlichkeiten der Schriftzeichen hinaus. Wie beim Rongo-Rongo zeigt »die gesamte Kollektion der Indus-Inschriften, von Siegeln über Töpferwaren bis zu Kupferamuletten, keinerlei Entwicklung«, schreibt Ballinger. »Die Zeichen sind von Anfang an fertig ausgeformt und verändern sich nicht.« Mit anderen Worten: Sowohl der indische Subkontinent wie der östliche Pazifik empfingen unabhängig voneinander eine gemeinsame Schriftsprache aus einer äußeren Quelle. Die ursprünglichen Aufzeichnungen, die Hotu Matua aus dieser anderen Zivilisation auf die Osterinsel mitnahm, sollen auf ein Material von geringer Haltbarkeit geschrieben gewesen sein, vielleicht Baumrinde. Um den Verlust des wertvollen Wissens durch Verrottung des Materials zu verhindern, wurden die Texte von den Kopisten der nachfolgenden Generationen immer wieder neu auf Holztafeln übertragen.

Dazu schreibt Ballinger: »Um die Zerstörung der kostbaren Schriftzeichen durch Abrieb zu vermeiden, wurden die Holztafeln zunächst leicht ausgekehlt. Die Buchstaben wurden dann in diese Auskehlungen eingeritzt, wodurch sie besser vor Beschädigungen geschützt waren.« Zusätzlich weist er darauf hin, dass »die Tafeln aus dem Holz des *Podocarpus* hergestellt wurden, einer Baumart, die nicht auf der Osterinsel wächst«, weil sie ein tropisches Klima benötigt, das auf Rapa Nui niemals geherrscht hat. Man findet den Podocarpus aber in Panama, was vielleicht erklärt, warum das Rongo-Rongo bei den Kuna-Indianern auftaucht. Der Baum kommt außerdem auf den Molukken, auf Sulawesi und in Neuseeland vor. Wenn die Osterinsulaner ihre Schrifttafeln tatsächlich aus so fernen Quellen bezogen, würde ein derartiger Handel dafür sprechen, dass sie ausgezeichnete Seefahrer waren. Das erscheint typischer für die Polynesier oder die Lemurer als für jene recht tölpelhaften Eingeborenen, die von modernen europäischen Besuchern auf der Osterinsel vorgefunden wurden.

Einst müssen viele hundert, vielleicht sogar tausende »sprechende Tafeln« existiert haben, auf denen die gesamte Geschichte, Literatur, spirituelle Tradition und Wissenschaft von Rapa Nui und dem untergegangenen Mutterland Hiva aufgezeichnet gewesen waren. Tragischerweise warfen frühe christliche Missionare fast alle dieser Holztafeln ins Feuer religiöser Intoleranz. Nur einundzwanzig Exemplare entgingen der Zerstörung, und aus diesen ärmlichen Fragmenten haben Linguisten mühsam und weitgehend erfolglos versucht, die Bedeutung der Schriftzeichen zu entschlüsseln. Nach den Überfällen peruanischer Sklavenhändler in den Jahren 1859 bis 1861, durch welche die Bevölkerung der Osterinsel auf einige Dutzend leprakranke Überlebende dezimiert wurde, gab es niemanden mehr, der Rongo-Rongo lesen konnte.

Noch rätselhafter als die Kohau-Glyphen sind jene, die auf die andere Seite des Pazifiks gebracht wurden. In ferner Vergangenheit hob der Maori-Held Tamatea auf der Südinsel Neuseelands Te Ana-whakairo aus, die »Höhle der Steinbilder«, einen Tempel, den er mit Felsbildern dekorierte. An dieser geweihten Stätte sollte das *Tuhituhi* bewahrt werden, eine heilige Schrift aus einem fernen Land namens Irihia. Dabei handelt es sich um einen der zahlreichen Namen für Hiva, das versunkene Heimatland der Polynesier. »Die Bedeutung dieser Schrift ist heute vergessen«, schreibt S. Percy Smith, der in seinem Buch *Hawaiki: The Original Home of the Maori* Passagen aus »Die Reisen des Tamatea« zitiert. »Aber die Männer in den alten Tagen bewahrten sie als kostbaren Schatz in ihrer Erinnerung.« In der Maori-Überlieferung heißt es, man habe mit besonderer Sorgfalt eine Schrift bewahrt, die aus der gleichen Quelle stammte, aus der Hotu Matua, wie er sagte, seine Kohau-Aufzeichnungen für Rapa Nui empfangen hatte. Beide Versionen, obwohl viele tausend Kilometer entfernt, weisen nichtsdestoweniger auf eine gemeinsame Erfahrung hin: den Transport einer Schriftsprache aus dem untergegangenen Lemurien.

Auf der abgelegenen Insel Oleai, fast 13.000 Kilometer nordwestlich der Osterinsel und gut 1.300 Kilometer nordwestlich von Pohnpei, im Yap-Distrikt der Karolineninseln, haben die Eingeborenen ebenfalls eine Schriftsprache bewahrt. Und wie ihre fernen pazifischen Nachbarn auf Rapa Nui hatten sie deren Bedeutung schon vergessen, lange bevor im frühen 19. Jahrhundert die ersten europäischen Seefahrer die Insel besuchten. Obwohl man nicht mehr in der Lage war, sie zu entziffern, wurden die Glyphen als Erbe der »Götter von einst« verehrt. An der Wende zum 20. Jahrhundert waren die Oleai-Glyphen praktisch eine tote Schriftsprache.

Der große schottische Atlantologe Lewis Spence reiste 1914 auf die Insel, und als er achtzehn Jahre später sein klassisches Buch über Lemurien veröffentlichte, schrieb er, dass »nur noch ein halbes Dutzend Männer auf der Insel die Schrift kennt, außerdem noch einige wenige auf Faraulep, einer 160 Kilometer entfernt liegenden Insel. Diese Schriftsprache muss aber einst in einem großen Gebiet gebräuchlich gewesen sein. Sie ist gewiss nicht modernen Ursprungs, sondern stammt aus ferner Vergangenheit«. Auf solch kleinen Inseln hätte eine Schrift tatsächlich überhaupt keinen Nutzen gehabt, sie muss also ein Relikt einer hoch entwickelten Kultur sein, die schon lange nicht mehr existiert. Gleiches gilt auch für die Schriftsprache der Osterinsel, denn was hätten die ursprünglich etwa 6.000 Bewohner, deren Lebensraum lediglich 166 Quadratkilometer groß war, mit einer Schriftsprache anfangen sollen? Spence schrieb: »Auf einer isolierten Insel, die man innerhalb weniger Stunden zu Fuß durchqueren kann, braucht man eine solche Schrift nicht. Rongo-Rongo diente offensichtlich in erster Linie dazu, in großen Gebieten, wo die Siedlungen weit voneinander entfernt waren, die administrative Kommunikation aufrechtzuerhalten, so wie es auch auf die Knotenschrift der peruanischen Inka zutrifft.«

Vor Spence wies bereits Brown darauf hin, dass das Rongo-Rongo höchstwahrscheinlich aus Lemurien stammte:

> Auf der Osterinsel braucht man von einer Küste zur anderen zu Fuß nur einen Tag. Der König hätte seine Nachricht selbst überbringen können, und hätte er einen Boten geschickt, hätte dieser während der wenigen Stunden, die er unterwegs war, gewiss auch eine längere Nachricht im Kopf behalten und mündlich übermitteln können. Jedem, der die Insel besucht hat, müsste klar sein, dass die Erfindung und der fortgesetzte Gebrauch einer solchen Schrift dort nicht notwendig gewesen wäre. Der vorrangige Zweck jeder Aufzeichnungsmethode besteht nicht darin, die Erinnerung an die Vergangenheit zu bewahren, sondern Informationen, Anweisungen oder Empfehlungen an Bereiche eines politischen Herrschaftsgebietes zu kommunizieren, die für häufige persönliche Besuche zu weit vom Regierungszentrum entfernt liegen. In der Regel bildet sich eine Schrift heraus, nachdem die Völker eines großen Territoriums oder Archipels durch Eroberung oder Föderation vereinigt wurden. So lange die Menschen in kleinen, isolierten Gruppen lebten, ohne Handelsverbindungen und Kriege, entwickelten sich keine Schriftsprachen. In einem Inselreich von beträchtlicher Aus-

dehnung benötigte man Kommunikationsmittel, die es der Zentralmacht ermöglichten, mit ihren Befehlsempfängern vor Ort in Kontakt zu treten.

Ein solches »Kommunikationsmittel« über große Distanzen, das den Bewohnern Rapa Nuis mit dem Rongo-Rongo zur Verfügung stand, hatte auf dieser nur 24 Kilometer langen Insel keinen praktischen Nutzen. Sie bewahrten es lediglich als Erinnerung an die untergegangene Zivilisation, in der es einst in Gebrauch gewesen war.

Als im Jahr 1908 Mitglieder der Thilenius-Südseeexpedition in ihre Erforschung der Oleai-Schrift auch die Insel Faraulep einbezogen, stellten sie überrascht fest, dass die ansonsten rückständigen Insulaner dort zusätzlich ein Zahlensystem bewahrt hatten. Zur Verblüffung der Expeditionsmitglieder reichten die Zahlen von 100.000 bis zu 60 Millionen! Die Insulaner selbst interessierten sich wenig für diese unvorstellbaren Summen und beschränkten sich auf Rechenaufgaben, die sie an ihren Fingern und Zehen abzählen konnten. Für sie waren die Riesenzahlen des alten Systems wenig mehr als ein lustiges Kinderspiel oder eine Kuriosität aus der fernen Frühgeschichte. Nur einige wenige alte Männer verstanden das System noch, und wenn einer von ihnen starb, hatten die Jüngeren kein Interesse mehr daran, es zu bewahren.

Ballinger bemerkte dazu: »Diese extrem großen Zahlen besitzen keinen praktischen Nutzen für den Alltag eines Volkes, das auf einem sehr kleinen, sandigen Atoll lebt. Was hätten sie damit anfangen sollen? Selbst für einen gebildeten, hoch qualifizierten Menschen sind sechzig Millionen eine unvorstellbar große Menge.« Nachdem die Mitglieder der Expedition die Weltöffentlichkeit auf die Existenz dieses erstaunlichen Zahlensystems aufmerksam gemacht hatten, wurde es vom U.S. Trust Territory Department of Education dokumentiert, bevor diese anomal große Zählmethode dann wegen der Gleichgültigkeit der nachfolgenden Insulaner-Generationen in Vergessenheit geriet.

Die Faraulep-Zahlensymbole sind weltweit einzigartig. Doch sie wurden nicht in einem kulturellen Vakuum erdacht. Vielmehr stellen sie das offensichtliche Überbleibsel eines vor langer Zeit verlorenen mathematischen Systems dar, das sich nur innerhalb einer bedeutenden Zivilisation entwickeln konnte, die in größeren Maßstäben dachte als die wenigen hundert Bewohner einer materiell ärmlich ausgestatteten, entlegenen kleinen Insel. Faraulep war zweifellos einst Teil dieser größeren Zivilisation, die, als sie unterging, ihr astronomisch hohes Zahlensystem hinterließ. Obwohl diese Zahlen mit nichts auf dem kleinen Atoll im Westpazifik korrespondieren, sind sie völlig angemessen zur Erfassung der Viertelmilliarde Tonnen magnetisiertem Basalt des gewaltigen Bauprojekts auf einer anderen Karolineninsel, Nan Madol, oder der 100.000 Tonnen Gestein für die Megalith-Plattformen und Kolossalstatuen der Osterinsel. Dass ein solches Zahlensystem überlebt hat, zeugt von der einstigen Existenz und Größe jenes im Meer versunkenen Mutterlandes, an das sich Millionen Menschen überall im Pazifik als Hiva, Marae Renga, Haiviki, Mu oder Lemurien erinnern.

Die Oleai-Glyphen sind ebenfalls weltweit ohne Parallele, auch gegenüber dem Rongo-Rongo. Allerdings gibt es zwei Oleai-Figuren, welche die Sonne symbolisieren und *Rah-a* und *Re* ausgesprochen werden, was mit dem *Raa* der Osterinsel vergleichbar ist. Die einzige deutliche Parallele zwischen den beiden Systemen ist das Rapa-Nui-Symbol für Te-pito-te-henua, »Nabel der Welt«, Hotu Matuas Name für die Insel, und die Oleai-Glyphe *Moh-o* für »Heimat«, offenbar ein Echo von Mu, dem versunkenen Mutterland. Die Zeichen für Te-pito-te-henua und Moh-o gleichen einander: Ersteres ist ein Kreis im Zentrum eines größeren Kreises, der nach oben und unten offen ist. Oberhalb und unterhalb des größeren Kreises befinden sich einige vertikale Linien. Letzteres ist ein innerer Kreis, der an der Ober- und an der Unterseite durch zwei vertikale Linien mit einem größeren, ihn umgebenden Kreis verbunden ist. Die lemurische Identität der Glyphen erscheint klar. Das Vorhandensein der beiden Schriftsysteme deutet außerdem darauf hin, dass in Mu mehr als eine Schriftsprache bekannt gewesen sein muss, vielleicht weil die pazifische Zivilisation ursprünglich aus sehr großen, inzwischen vom Meer überfluteten Gebieten bestand, in denen unterschiedliche Bevölkerungsgruppen lebten.

Tatsächlich gab es auf der Osterinsel noch eine andere, heute verlorene Schrift. Während das Rongo-Rongo der Überlieferung von Mythen, Spruchweisheiten und Stammbäumen diente, wurden mit ihr säkulare Angelegenheiten wie etwa historische Ereignisse und Annalen aufgezeichnet. Der aufschlussreiche Name dieser Schrift lautete *Tau*. James Churchward zufolge ist das Tau-Kreuz – eine vertikale Linie mit einer horizontalen Linie am oberen Ende – »ein Symbol für Mu. Es symbolisiert zugleich Auferstehung und Versenkung: Auferstehung als ein Sprung ins Leben und Versenkung, was auf das Versinken eines Landes im Wasser anspielt.« Churchward wusste nichts von der Existenz der verlorenen Tau-Schrift. Noch wusste er, dass diese Definition für *Tau* Rapa Nui in einer Weise mit der untergegangenen Zivilisation in Verbindung bringen würde, die er niemals erahnte.

DREI

Die Riesen sprechen

Jeder Gast muss, willentlich oder unwillentlich, mit diesen alten Steinmetzen kommunizieren, denn die ganze Luft vibriert von einer gewaltigen Absicht und Energie, die einst war, aber nicht mehr ist. Wer sich dort aufhält, lauscht ständig auf etwas Unbekanntes, und man spürt unbewusst, dass man sich im Vorzimmer von etwas noch Gewaltigerem befindet, das unseren Horizont übersteigt.

KATHERINE ROUTLEDGE

Nicht nur aus archäologischen Gründen ist die Osterinsel im Pazifik eine Anomalie. Im späten 20. Jahrhundert fanden Geologen heraus, dass sie sich am Schnittpunkt zweier größerer Störungszonen entlang eines Grabens im südostpazifischen Plateau befindet. Diese beiden Störungslinien laufen senkrecht aufeinander zu und treffen sich. Die Osterinsel liegt exakt dort, wo die vertikale Störungslinie auf die horizontale Linie trifft, so dass eine *Tau*-Konfiguration entsteht. Obwohl konventionelle Wissenschaftler diese geologische Formation im Hinblick auf Churchwards Symbol für Mu wahrscheinlich als bloßen Zufall abtun, gelangt man durch einige zusätzliche Überlegungen zu ganz anderen Schlüssen.

Dass beispielsweise Hotu Matua ausgerechnet die Osterinsel als Te-pito-te-henua, »Nabel der Welt«, auswählte, ist schon ein bemerkenswerter Zufall, wenn man bedenkt, dass sie am Treffpunkt zweier geologischer Störlinien liegt. Es erscheint undenkbar, dass er oder irgendjemand sonst vor so langer Zeit über die geologische Beschaffenheit des Inseluntergrundes Bescheid wusste – es sei denn, es gab damals eine Technologie, die weitaus fortschrittlicher war, als wir es für möglich halten. Und der Beweis für eine solche in Vergessenheit geratene Wissenschaft findet sich überall auf der Osterinsel in den Hunderten von Farben, für die dieser Ort berühmt ist.

Konventionelle Forscher geben sich damit zufrieden, dass Herstellung und Bedeutung der Osterinsel-Statuen angeblich im Rahmen der polynesischen Kultur erklärt werden können. Doch die Theorien der Mainstream-Wissenschaftler und selbst jener eigenwilligen Archäologen wie Thor Heyerdahl, die letztlich alle darauf abzielten, die Moai zu entmystifizieren, halten der Last der gesammelten Daten nicht stand. Man hat schon fast 1.000 Statuen identifiziert, und es werden immer neue gefunden, weil viele einst vergraben wurden. Archäologen nehmen an, dass in frühgeschichtlicher Zeit auf der Osterinsel etwa 6.000 Menschen lebten, was bedeutet, dass auf sechs Insulaner mindestens ein Moai kam, falls alle diese Kolosse innerhalb einer Generation aufgestellt wurden. Die Gleichförmigkeit der Gestaltung deutet jedenfalls stark darauf hin, dass sie nicht im Laufe vieler Jahrhunderte entstanden sein können. Doch wie man es auch sieht, im Verhältnis zur Zahl der Inselbewohner gab es immer viel zu viele Moai.

Moai-Kopf von der Osterinsel. (Bishop Museum, Oahu)

Ein Moai wiegt im Durchschnitt vierzehn Tonnen. Ihre Höhe weicht erheblich voneinander ab und reicht von knapp einen Meter hohen Zwergen bis zu einem elf Meter hohen Riesen, der achtundneunzig Tonnen wiegt. Ein fast einundzwanzig Meter hoher Koloss liegt noch unvollendet in seinem Steinbruch im Krater des Vulkans Rano Raraku. Nach Fertigstellung hätte er geschätzte 200 Tonnen gewogen. Manche, wenn nicht alle Statuen wiesen ursprünglich Augen aus Korallen auf, von denen einige in der heutigen Zeit restauriert wurden. Auf ihren Köpfen trugen die Moai einen seltsamen, *Pukao* genannten Kopfschmuck. Er wurde aus vulkanischem Tuff hergestellt, der nur am äußeren Hang des Vulkans Punapau gewonnen werden konnte. Nur hier fand sich der tiefrote Stein, den man überallhin auf der Osterinsel transportierte, um für die Moai »Hüte« zu produzieren, die im Durchmesser 1,15 Meter bis 1,67 Meter und in der Höhe 1,80 Meter bis 2,40 Meter messen. Oben auf den Hüten befindet sich ein fünfzehn bis sechzig Zentimeter hoher Aufsatz. Dieser ehemals rote Kopfschmuck bildete einen schönen Kontrast zu den dunkelgrauen Körpern aus granitähnlichem Andesit, vulkanischer Schlacke oder Basalt.

Einzig die Moai, die einen Pukao trugen, standen auf Plattformen, doch alle Statuen enden an den Hüften unterhalb eines betonten Bauchnabels, dessen Auffälligkeit zusätzlich dadurch unterstrichen wird, dass die Hände der Figuren ihn seitlich einrahmen, als wollten sie deutlich machen: »Dies ist Te-pito-te-henua, der Nabel der Welt.« Manche Moai sind mit abstrakten Ornamenten verziert – Kreise, konzentrische Figuren und Halbmonde (vermutlich astronomische oder solare Zeichen) –, während andere gegenständlicherer Natur sind, etwa ein dreimastiges Schiff abbilden, was auf einstiges und heute verlorenes seefahrerisches Können hinweist.

Andere Statuen tragen den *Hami,* einen zeremoniellen Lendenschurz, sowie anthropomorphe Vogeldarstellungen auf Rücken und Schultern. Das weist auf die Schwimmer hin, die in jedem Frühling Makemake, den heiligen Vogelmann, durch den Wettkampf ehrten, wer als Erster das Ei der Rußseeschwalbe von der Insel Motunui zurückbrachte. Der Sieger schor sich den Kopf kahl und malte ihn rot an – eine auffällige Verbindung zu den roten Kopfbedeckungen der Moai. Routledge hat eine von Osterinsulanern gefertigte Zeichnung reproduziert, auf der ein *Poki-Manu* abgebildet ist, ein »Vogelkind«, also ein Teilnehmer des Makemake-Kultes. Er trägt einen Gürtel aus kreisförmigen Elementen, und sein Rücken ist mit herzförmigen Gebilden geschmückt. Ähnliche Darstellungen von Vogelmännern finden sich auch auf den Statuen. Routledge schrieb dazu: »Es besteht guter Grund zu der Annahme, dass die Bilder auf den am Raraku hergestellten Statuen Erinnerungen an Vogelmänner darstellen.«

Die Kopfbemalung des Siegers beim rituellen Wettschwimmen stellt ihrerseits eine symbolische Erinnerung an die langohrigen *Hanau-eepe* dar, also an Hotu Matua und seine hellhäutigen, rothaarigen Siedler, die nach dem Untergang ihrer Heimat nach Rapa Nui kamen. Während der ersten professionellen archäologischen Expedition nach Rapa Nui, im Jahre 1916 durchgeführt von Katherine Routledge, erzählte ein Insulaner von den Langohren früherer Zeiten. Routledge zitiert ihn: »›Das waren die Menschen, die mit ihren Schiffen von weit her kamen. Sie hatten rosa Wangen, und sie sagten, sie wären Götter. Der letzte *Ariki* [Häuptling] soll ziemlich weiß gewesen sein.‹ ›Weiß wie ich?‹, fragte ich. ›Du!‹, sagte er. ›Du bist rot. Die Farbe europäischer Wangen.‹« Brown stimmt ihr zu, dass Rot »die Bezeichnung ist, mit der die Osterinsulaner Europäer beschreiben. Und *urukeku* wird oft mit ›rothaarig‹ übersetzt.« Die Physiognomie der riesigen Moai erschien ihm nicht-polynesisch: »Wenn die fein gezeichneten ovalen Gesichter, die großen Augen, die kurze Oberlippe und die dünne, bogenförmige Unterlippe überhaupt auf eine Rasse hindeuten, dann auf den kaukasischen Typ.«

Die ethnische Identität des Hotu Matua, seiner Familien und seiner Gefolgsleute gilt als verwirrendes Rätsel, seit am Ostersonntag 1772 Kapitän Rogeveen einen Insulaner an Bord seines Schiffes begrüßte, der »eindeutig ein weißer Mann war«. Bis heute sind die Archäologen unfähig, die nicht zu leugnende frühgeschichtliche Präsenz eines kaukasischen Volkes im Pazifikraum zu erklären – trotz genetischer Untersuchungen, die in den 1990er Jahren durchgeführt wurden. Allerdings führten diese zu unerwarteten Resultaten: In der gemischten Bevölkerung von Rapa Nui fanden sich *baskische* Gene. Die Basken sind keine Indoeuropäer, sondern werden von vielen Anthropologen als direkte Nachfahren eines steinzeitlichen Volkes betrachtet, das während eines Zeitraumes, der vor etwa 40.000 Jahren begann und vor etwa 3.000 Jahren endete, auf dem europäischen Kontinent und den britischen Inseln siedelte. Zu diesem Volk gehörten die großartigen Höhlenmaler von Lascaux und später die produktiven Megalith-Baumeister von Carnac. Sie scheinen mit ähnlichen Populationen in Nordchina verwandt zu sein, wo die auf natürliche Weise mumifizierten sterblichen Überreste nicht-mongolischer Bewohner ausgegraben wurden. Eine Verwandtschaft besteht offenbar außerdem zu den kaukasischen Ainu in Japan. Seltsamerweise findet man bei den Ainu die stärkste physische Ähnlichkeit zu den Moai, und nicht irgendwo in Polynesien. Obwohl die Osterinsel über 13.000 Kilometer entfernt liegt, gleichen die Bewohner der Nordwestküste von Hokkaido mit ihren hohen Stirnen und leicht geschürzten Lippen am stärksten dem in den Kolossalstatuen porträtierten Menschentyp. Diese atypischen Japaner sind direkte Nachfahren der ursprünglichen Ainu, jedoch mit nicht mehr rekonstruierbaren ethnischen Beimischungen. Ihre Abstammungslinie könnte bis zu jenem Volk zurückführen, das einst Rapa Nui und Hokkaido besiedelte. Wenn das zutrifft, sind sie vielleicht die letzten übriggebliebenen Lemurer.

Es gibt eine Theorie, wonach zumindest eine Funktion der finsteren Monolithen darin bestand, die Erinnerung an dieses verschwundene Ahnenvolk zu bewahren. Brown argumentiert, dass es für den Namen der Statuen keine befriedigende etymologische Herleitung gibt, schlägt aber vor, dass vielleicht das ost-polynesische Wort *moa*, »heilig«, und die verbreitete polynesische Wurzel *i* für »Herkunft« und »die Ahnen«, Basis des Wortes *Ivi*, den Zweck dieser gewaltigen Statuen erklären könnten: »heilig, den Ahnen geweiht«. Wenn das zutrifft, ist *Moai* ein Wort, mit dem die Statuen von Polynesiern bezeichnet wurden, die auf der Insel eintrafen, als die kaukasischen Langohren bereits begonnen hatten, ihre dortige Zivilisation aufzubauen. Obwohl unter den Plattformen, auf denen man die Statuen aufstellte, die Gebeine vieler Ariki ausgegraben wurden, bedeuten diese Funde nicht notwendigerweise, dass die Ahu ausschließlich als Begräbnisstätten für die adlige Elite dienten. Vielmehr scheinen sie, wie auch die Moai, im Laufe der Zeit und unter sich ändernden kulturellen Gegebenheiten verschiedenen Zwecken gedient zu haben – von der ursprünglichen Funktion, die von Hotu Matua festgelegt wurde, bis zum Niedergang der *Hanau-eepe* und der Machtübernahme durch die Polynesier.

Die meisten Moai stecken tief, teilweise bis über den Hals, im Boden, aber manche wurden auf Ahu aufgestellt, deren oft perfekt eingepassten Steine vom Land zum Meer führen. Etwa 260 dieser Plattformen bilden einen Ring entlang der Küste der Osterinsel. Mit ihrer präzisen Ausrichtung an verschiedenen Sonnenständen stellten sie eine Verkörperung des frühzeitlichen Sonnenkultes dar. Der Ahu Akivi mit seinen sieben Moai, die Hotu Matua und seine sechs ursprünglichen Kundschafter repräsentieren, ist nach dem Sonnenuntergang am Frühlingsäquinoktium ausgerichtet. Dies sind die einzigen Moai, die dem Meer zugewandt sind. Sie blicken in Richtung des versunkenen Mutterlandes. Alle anderen kehren dem Ozean, über den ihre Schöpfer kamen, den Rücken zu. Somit stellt der Ahu Akivi einen offenkundigen Hinweis auf Lemurien dar, was durch die mündliche Überlieferung der Hawaiianer unterstrichen wird. Darin heißt es, dass Ku-Mu-honua einen Sohn namens Ahu hatte. Dass, der Überlieferung zufolge, Ahu durch seinen älteren Bruder ermordet wurde, stellt einen Hinweis auf die Funktion der Osterinsel-Plattformen als Grabmäler dar. Und Ku-Mu-honuas Charakterisierung als »der erste Mensch« weist auf Mu als Wiege der Menschheit hin. Das Wort *Ahu* sollte also vermutlich die Erinnerung an einen frühen Lemurer aufrechterhalten, dessen Andenken durch die hawaiianische Überlieferung bis heute bewahrt wird.

Viele Plattformen auf Rapa Nui sind über sechzig Meter lang. Sie wurden aus massiven Steinblöcken errichtet, die so perfekt behauen und eingepasst wurden, dass man keine Messerklinge dazwischenschieben kann. Es finden sich auch nicht die kleinsten Bearbeitungsfehler, was belegt, dass die Blöcke mit großer Sorgfalt vermessen und nach einem präzisen Plan bearbeitet und zusammengebaut wurden. Die exakte Sonnenstandsausrichtung weist darauf hin, dass die prähistorischen Architekten über eine hoch entwickelte Astronomie verfügten.

Die Ahu enden in zwei oder drei Stufen, auf denen die Moai aufgestellt wurden. Wie die Insulaner das bewerkstelligten, ist für die Archäologen bis heute ein Rätsel. Manche Forscher glauben, mit ihren Theorien den Transport der 14 bis 200 Tonnen schweren Statuen von ihrem Steinbruch über Distanzen von bis zu 24 Kilometern hinreichend erklären zu können. Aber kein Forscher konnte bislang praktisch demonstrieren, wie die massigen Monolithen auf ihren erhöhten Standort gewuchtet wurden. Ebenso wenig konnte man bislang praktisch demonstrieren, wie der tuffrote Kopfschmuck »mit einem genialen Hebegerät in sechs bis neun Metern Höhe montiert wurde«, schreibt T. A. Joyce in der Zeitschrift *Ancient American*. Brown wundert sich:

> Wie waren sie in der Lage, diese aus brüchigem Gestein gefertigten Statuen aus dem Steinbruch oben am Hang des Vulkans herunterzuschaffen und 19 bis 24 Kilometer weit über einen äußerst unebenen Untergrund zu transportieren, wo überall kantige Steine herumliegen, die nicht weicher sind als das Material, aus dem die Statuen gehauen wurden? Dutzende von ihnen wurden über die steinigste, unebenste Insel der Welt transportiert, ohne auch nur einen Kratzer davonzutragen.

Über achtzig Jahre, nachdem Brown diese Fragen stellte, sind die Archäologen noch immer nicht in der Lage, sie befriedigend zu beantworten, weil sie die Osterinsel nach wie vor ausschließlich im begrenzten Rahmen der materiellen polynesischen Kultur betrachten. Sie weigern sich, die höchst offensichtliche, jedoch unerwünschte Wahrheit in Betracht zu ziehen, dass die frühgeschichtlichen Bewohner Rapa Nuis über eine Technologie verfügten, die großartiger als alles den Polynesiern Bekannte war. Und möglicherweise war sie sogar unserer eigenen überlegen, wenigstens in mancher Hinsicht. Kleine Hinweise auf diese vergessene Baukunst findet sich in den örtlichen Legenden. So wird erzählt, mit Hilfe von *Mana*, einer übernatürlichen oder medialen, von den Priestern der *Hanau-eepe* beschworenen Kraft, seien die Statuen dazu veranlasst worden, selbsttätig zu der für sie vorgesehenen Position zu gehen. In einer anderen Erzählung wird von zwei Zauberern berichtet, die in ferner Vergangenheit aus ihrem weit entlegenen Heimatland durch die Luft zur Osterinsel flogen, um eine alte Frau in die Geheimnisse des Färbens einzuweihen. Diese Geschichten erinnern an die Erzählungen, mit denen auf der anderen Seite des Pazifiks, in Pohnpei, Nan Madols gewaltige steinerne Architektur erklärt wird. Dort ist ja, wie bereits erwähnt, von zwei Zauberern die Rede, die die Riesensteine durch die Luft aus ihrem Heimatland herbeifliegen ließen. Wenn man diese räumlich weit entfernten Mythen vergleicht, deuten beide auf eine von außen kommende hoch entwickelte Technologie hin, mit der die ehrgeizigen öffentlichen Bauprojekte auf beiden Inseln verwirklicht wurden.

Zwar sind die Bau- und Besiedlungsdaten für Nan Madol unklar, doch die meisten Archäologen glauben, dass man für die Osterinsel eine frühgeschichtliche Chronologie ermittelt hat. Demnach ergibt sich durch die Radiokohlenstoffdatierung ein Beginn der menschlichen Besiedlung um das Jahr 450 n. Chr. Von da an wurden die Kolossalstatuen auf ihren Ahu-Plattformen aufgestellt, und zwar in drei großen Phasen – und im Laufe der nächsten 1.300 Jahre wurde Rongo-Rongo auf Holztafeln aufgezeichnet, was kurz nach der Ankunft der ersten modernen Europäer im Jahr 1772 endete. Diese zeitlichen Parameter erscheinen glaubhaft, widersprechen aber Rapa Nuis eigener Gründungsgeschichte, der zufolge Hotu Matua, der Gründervater, seine Familie und Gefolgschaft ihr Heimatland verlassen mussten, weil es durch Meteoriteneinschläge und eine schreckliche Flut vernichtet wurde. Doch geologisch finden sich keine Hinweise darauf, dass im Pazifik oder irgendwo sonst auf der Welt im fünften Jahrhundert eine Naturkatastrophe stattgefunden hätte, und schon gar nicht ein Bombardement mit Meteoren. Unsere Forschungen zum Thema Mu deuten dagegen auf einen Ursprung dieser Zivilisation in der voreiszeitlichen Periode vor über 10.000 Jahren hin.

Um einen Versuch zu unternehmen, die Chronologie der Archäologen mit den Mythen der Osterinsel und der Geschichte von Lemurien in Einklang zu bringen: Ist es denkbar, dass ein Überbleibsel der ansonsten verschwundenen Zivilisation noch bis ins Jahr 450 n. Chr. auf einem Rest des einstigen Archipels überlebte, an das man sich als Marae Renga erinnerte? Entweder das, oder es stimmt etwas Grundlegendes nicht mit der C14-Methode; zumindest könnte sie ein unvollständiges Bild ergeben. Sich ausschließlich auf diese nicht unumstrittene Methode zu verlassen, die sich in vielen Fällen als ungenau erwiesen hat, ist vielleicht ein grundlegender Fehler, der Mainstream-Wissenschaftler dazu verleitet hat, das Unwahrscheinliche anzunehmen – dass nämlich Rapa Nui eine kulturelle Anomalie war, völlig abgeschnitten von der Außenwelt. David Hatcher Childress, der sich vor Ort mit dem Rätsel der Osterinsel auseinandersetzte, gehört zu den vielen unabhängigen Forschern, die überzeugt sind, dass die konventionellen Datierungsmethoden dort und anderswo mit Mängeln behaftet sind. Er wunderte sich über »große Flechten auf allen Statuen. Diese Flechten ernähren sich von lebendigem Stein und wachsen sehr langsam – in Jahrhunderten nur Bruchteile von Zentimetern. Das Alter von Felsen wird manchmal anhand des Durchmessers der auf ihnen wachsenden Flechten geschätzt. Große Flechten deuten demnach darauf hin, dass die Statuen Jahrtausende alt sein müssen. Um das zu überprüfen, maß ich die Größe der Flechten auf unbehauenem Fels. Sie waren nur geringfügig größer als jene auf den Statuen«.

Man hat auf der Osterinsel wissenschaftliche Flechtenmessungen vorgenommen, aber diese wurden vor über vierzig Jahren zum ersten und einzigen Mal durchgeführt und leider auf sehr unvollkommene Weise, weil die Methode, die sogenannte Lichenometrie, sich damals noch in der Entwicklung befand. Die Resultate, wie immer sie ausgesehen haben mögen, wurden seitdem nicht auf den neuesten Stand gebracht und sind offenbar inzwischen sogar verloren gegangen. Und im späten 20. Jahrhundert wurde der Möglichkeit, das wahre Alter der Zivilisation auf Rapa Nui anhand von Flechten zu bestimmen, dann ein ernster Schlag versetzt. Im Rahmen eines Forschungsprojekts deutscher Archäologen des Frankfurter Senckenbergmuseums wurden Silikonabgüsse von zwei Moai und der Mauer eines Ahu angefertigt. Hierzu *entfernte* man sämtliche Flechten von den Steinen. Das ist besonders bedauerlich, weil die entfernten Flechten zu den ältesten und am besten erhaltenen auf der Insel zählten. In der Zeitschrift *Antiquity* beklagte Jo Ann Van Tilburg: »Dass für diese Abgüsse Flechten zerstört wurden, verändert die Datenlage für die Artefakte erheblich, denn lichenometrische Studien bieten eine Möglichkeit, das Alter der Statuen zu bestimmen.«

Dennoch ist die Lichenometrie keinesfalls die einzige Lösung, um die Zeit-Parameter der frühgeschichtlichen Kultur auf Rapa Nui zu ermitteln. Dazu erklärt Shawn McLaughlin von der Easter Island Foundation:

> Wir wissen, dass die Wachstumsrate der Flechten von Art zu Art unterschiedlich ist. Außerdem müssen die Umweltbedingungen im Mikro- wie im Makrobereich berücksichtigt werden (dazu zählt die Luftverschmutzung; und die Flechten dürfen nicht durch unmittelbare physikalische Einwirkung beeinträchtigt sein, weder vom Menschen noch durch andere Einflüsse, sonst sind die Ergebnisse unbrauchbar). Daher ist es riskant, von einer festen Wachstumsrate dieser Organismen auszugehen, vor allem wenn man sie zur zeitlichen Datierung nutzen will. Und unter den Wissenschaftlern debattiert man über die sogenannte »große Periode«, in der eine Flechte ein anfängliches schnel-

> les Wachstum durchläuft. Diese Phase kann wenige Jahrzehnte, einem Kritiker der Lichenometrie zufolge aber auch bis zu vier Jahrhunderte dauern. In einer Studie zeigte sich beispielsweise eine Wachstumskurve von 14 Millimetern (pro Jahrhundert) während der »großen Periode«. Danach folgte ein gleichmäßiges lineares Wachstum von 3,3 Millimetern pro Jahrhundert. In einer anderen Studie variierte die Wachstumskurve von 3,8 bis 4,5 Millimetern pro Jahrhundert. Man kann also davon ausgehen, dass die Bestimmung eines durchschnittlichen Wachstums in der Lichenometrie höchst unzuverlässig ist.

Bei anderen Versuchen, einen glaubwürdigen Zeitrahmen für die Osterinsel zu ermitteln, griff man auf die Obsidian-Hydrations-Datierung zurück. Dabei wird die Wasserabsorptionsrate in der Oberfläche von Artefakten untersucht, die aus Obsidian, einem vulkanischen Glas, hergestellt wurden. Aber es ist problematisch, aus natürlichen Prozessen Rückschlüsse auf die menschlichen kulturellen Einflüsse auf der Insel zu ziehen. Ein noch wichtigerer Aspekt ist der Umstand, dass die Radiokohlenstoffdatierung, wonach die Moai ab dem fünften Jahrhundert n. Chr. entstanden sein sollen, im Widerspruch zu einer nicht zu leugnenden Tatsache steht: Die Statuen stehen recht tief im Boden, und zwar nicht durch menschliche Grabarbeiten, sondern durch natürliche Bodenablagerung. Viele Moai stehen bis zum Hals in der Erde, manche sind völlig von Erde bedeckt. Damit sich um sie herum sechs oder mehr Meter tiefe Erdschichten ablagern konnten, müssen Jahrtausende, nicht bloß wenige Jahrhunderte vergangen sein, was sich mit Childress' Vergleichen zwischen dem Flechtenwachstum auf den Statuen und dem auf unbehauenen Felsen deckt. Außerdem könnte eine genauere archäologische Untersuchung des Meeresbodens vor der Küste der Osterinsel zur Entdeckung kultureller Artefakte führen, die aufgrund des Anstiegs des Meeresspiegels am Ende der letzten Eiszeit überflutet wurden. Dann müsste man die menschliche Besiedlung bis in die Periode der letzten Eiszeit zurückdatieren.

Ob nun in ferner Vorzeit oder in jüngerer Vergangenheit, was hat die Osterinsulaner veranlasst, mit riesigem Planungs- und Arbeitsaufwand so viele Monumental-Statuen zu fertigen und zu transportieren? Den konventionellen wissenschaftlichen Erklärungsmodellen zufolge handelt es sich einfach um Ahnengedenkstätten, Grenzmarkierungen, Grabsteine oder Kultdenkmäler für die Sieger beim Wettschwimmen. Doch all das steht in keinem Verhältnis zu dem enormen Aufwand an physischer und intellektueller Energie, und es widerspricht der Tatsache, dass durchschnittlich ein Moai auf sechs Einwohner kam! Dass ein gebildetes, des Lesens mächtiges Volk sich eine solche Arbeitsleistung aufbürdete, muss einen universelleren, dringlicheren Grund gehabt haben, als die Markierung von Grenzen oder der Ahnenkult einer adligen Elite. In einem Artikel in der Zeitschrift *Nature* aus dem Jahr 1892 heißt es: »Die Überlieferungen zu den Steinbildnissen sind zahlreich, handeln aber in erster Linie von unmöglichen Begebenheiten. So sollen die Statuen beispielsweise in der Nacht herumwandern, bestimmten Klans auf subtile Weise in Wettkämpfen helfen und die Zukunft vorhersagen können.« Vielleicht erachtete man diese »Begebenheiten« mit der Mentalität des späten 19. Jahrhunderts als »unmöglich«. Diese Mentalität hat sich bis heute erhalten und bewirkt, dass man vor Kräften, die nicht in den Rahmen der konventionellen Archäologie passen wollen, geflissentlich die Augen verschließt. Doch lassen wir vorübergehend alle Theorien bezüglich ihrer Existenz außer Acht und betrachten wir die Moai einmal ausschließlich anhand ihrer materiellen Beschaffenheit und natürlichen Umgebung.

Vielleicht beantworten sie uns dann die Frage, die am Anfang dieses Absatzes steht.

Einige der ältesten Statuen bestehen aus Andesit. Dieses feinkörnige Gestein ähnelt äußerlich Granit, besteht aber aus Plagioklas-Feldspat und dunklen ferromagnetischen Substanzen, zum Beispiel Pyroxenen. Es handelt sich also um nichts anderes als Kristalle verschiedenster Art. Andere Moai wurden aus dem vulkanischen Basalt vor Ort hergestellt, im Gegensatz zu den Mauern von Nan Madol, deren Basalt aus einer unbekannten Quelle stammt. Die vorgeschichtlichen Baumeister auf Rapa Nui und Pohnpei haben also etwas gemeinsam: Sie verwendeten kristallines Gestein. Und wie schon erwähnt, treffen an der Osterinsel zwei große geologische Störlinien aufeinander. Die bereits für Pohnpei beschriebenen piezoelektrischen Bedingungen existieren folglich auch auf Rapa Nui. Möglicherweise nutzten die Langohren die Fähigkeit bestimmter Kristalle, elektrische Spannungen zu erzeugen, wenn sie geologischem Druck ausgesetzt werden.

Dank ihres kristallinen Materials transformierten die stehenden Kolosse der Osterinsel die mechanische Energie von Erdbeben so, dass sie sich elektrisch entladen konnte, wodurch die schlimmsten Folgen seismischer Ereignisse gelindert wurden. Die Moai hätten demnach wie umgedrehte Antennen funktioniert oder wie das geologische Äquivalent von Blitzableitern. Gefährliche Erdkräfte wurden umgewandelt und in die Atmosphäre abgeleitet. Alle Moai zusammen bildeten damit eine Anti-Erdbeben-Apparatur. Wenn dem so war, dann ist Rapa Nui dafür ein ausgezeichneter Standort, denn die Insel sitzt strategisch am Angelpunkt des seismisch aktiven südostpazifischen Plateaus. Wenn ein Volk im östlichen Pazifik eine Zivilisation aufbauen wollte, *musste* es einen Weg finden, zumindest die schlimmsten Folgen geologischer Gewalten abzuschwächen. Die Osterinsel ist der perfekte Ort für die Installation einer solchen Anlage, die dazu gedient haben könnte, Erdbebenkräfte zu zerstreuen oder zu dämpfen, damit eine Zivilisation gedeihen kann. Schon zu Beginn des 20. Jahrhunderts wurde in der Zeitschrift *American Anthropologist* der angesehene US-Archäologe Alexander Moerenhout mit der Auffassung zitiert, die Moai »hatten eine gemeinsame Bedeutung und wurden als Repräsentanten von Wesen betrachtet, die man *Titi* nannte. Die Funktion dieser Wesen bestand darin, die Grenze zwischen Meer und Land zu markieren, die Harmonie zwischen diesen beiden Elementen zu bewahren und zu verhindern, dass das eine Element ins Territorium des anderen vordrang«. Die Eingeborenen selbst erklären bis heute, dass die Monolithen geschaffen und aufgestellt wurden, um ihre Insel vor Schaden zu bewahren.

Die von Moerenhaut erwähnten Titi sind ein Verweis auf ihr Oberhaupt, Maui-Tikitiki oder »Maui der Haarknoten«. Er allein ist Vorbild für sämtliche Statuen der Osterinsel, was erklärt, warum sie alle gleich aussehen. Der Kopfschmuck aus rotem Tuffstein, den sie tragen, ist kein Hut, sondern ein stilisierter Haarknoten, der zum Porträt Maui-Tikitikis gehört. Er war der polynesische Herkules, zu dessen Taten es unter anderem zählte, dass er ein versunkenes Königreich vom Meeresboden zurück an die Oberfläche holte. Sein Titel Tikitiki, »Haarknoten«, bedeutet, dass er Mitglied einer privilegierten spirituellen Elite war, so wie in Japan die Samurai ihren Haarknoten als das heiligste Symbol ihrer Ehre betrachteten. Für einen Samurai war es die schlimmste Form der Entehrung, wenn ihm von einem siegreichen Feind der Haarknoten abgeschnitten wurde. Dann blieb ihm nur *Seppuku,* der rituelle Selbstmord. Buddha wird in der Tempelkunst üblicherweise mit einem Haarknoten dargestellt, den er sich freiwillig abschneidet und hinauf in die höchsten Ebenen des Himmels wirft. Der Haarknoten symbolisiert sein Kronenchakra, ein energetisches Zentrum, das seine Seele mit der Mitfühlenden Intelligenz verbindet, die das Universum in Zusammenarbeit mit erleuchteten Wesen erschafft. Das sollten die Pukao auf Rapa Nui symbolisieren – die spirituellen Energien von Mensch und Gott, vereint im Haarknoten der Kronenchakra-Erleuchtung. Zwar bestand der Hauptzweck der Moai darin, als Umwandler von geologischer Energie zu dienen, aber die Ingenieure gaben sich nicht damit zufrieden, sie einfach als schmucklose Steine aufzustellen wie jene im megalithischen Europa. Sie machten daraus heilige Statuen. *In diesen Kolossen wurden Wissenschaft und Spiritualität vereint, um sich gegenseitig zu ergänzen.*

Der Reiseschriftsteller Mark Williams machte folgende Beobachtung: »Die Vulkane der Insel erzeugen magnetische Anomalien, und eine große Kugel aus glattem Stein in der Bucht von La Perouse strahlt Hitze aus und lässt Kompassnadeln verrückt spielen. Wenn Rapa Nui der Nabel der Welt ist, dann ist dieser merkwürdige Stein der Bauchnabel der Insel selbst. Vielleicht nutzten frühgeschichtliche Schamanen wie die Kahunas auf Hawaii oder die Priester von Nan Madol das Magnetfeld, um irgendwie die Schwerkraft aufzuheben und die Statuen gewichtslos zu machen.«

Hotu Matuas »merkwürdiger Stein« war das kostbarste Erbstück, das er aus seiner untergegangenen Heimat auf die Osterinsel mitbrachte, die nach diesem heiligen Stein benannt wurde. Wenn dieses glattgeschliffene Basaltobjekt, wie es scheint, Teil der kollektiven Funktion der Statuen als Anti-Erdbeben-Apparatur war, ist anzunehmen, dass es manchmal Wärme und elektromagnetische Energien erzeugt, ganz wie Williams es beschreibt. Und mitunter wären an ihm leuchtende Korona-Entladungen zu beobachten, jenes Andenleuchten, das heute immer noch in den

Ruinen von Nan Madol gesehen wird. Die traditionelle Bezeichnung dieser Steinkugel als Te-pito-te-Kura, »Nabel der Welt«, ist dann angemessen und erklärlich.

Ein Nebeneffekt des Andenleuchtens könnte auch erklären, warum diesem Objekt besondere Verehrung entgegengebracht wurde: Eine erstaunliche Begleiterscheinung ist nämlich die tiefgreifende Auswirkung auf das menschliche Verhalten. Diese Energien erzeugen elektromagnetische Felder, die sehr intensiv die elektromagnetischen Schaltkreise im Gehirn beeinflussen können, wodurch veränderte Bewusstseinszustände hervorgerufen werden. Diese Art, die Energie unseres Planeten einzufangen und nutzbar zu machen, diente nicht nur dazu, tektonische Spannungen zu reduzieren oder aufzulösen, sondern wurde auch für spirituelle Zwecke eingesetzt, die wir gerade erst entdecken. Zum Beispiel weiß man heute, dass große Granitvorkommen eine starke Strahlung abgeben, die das menschliche Bewusstsein verändert, indem sie Benommenheit und psychospirituelle Erfahrungen hervorruft, wie etwa den Eindruck, durch die Zeit zu reisen und astrale Projektionen zu erleben.

Inzwischen versteht man besser, welche Auswirkungen negative Ionen auf das menschliche Bewusstsein haben. Beim Menschen gibt es in den Knochen, die die Nasennebenhöhlen umschließen, also in großer Nähe zum Gehirn, eine Schicht mit hoher Ionenkonzentration. Diese Schicht reagiert auf hohe Dosierungen negativer Ionen, indem eine Verbindung zum Schläfenlappen hergestellt wird, der seinerseits sehr empfindlich auf elektromagnetische Einflüsse reagiert. Der Schläfenlappen enthält den Hippocampus, zu dessen Funktionen das Träumen und das Gedächtnis gehören, Bewusstsein und Unterbewusstsein. Wenn ein Mensch also Zeit mit dem Te-pito-te-Kura verbringt, vor allem wenn der Stein mit einem durch tektonische Aktivität erzeugten negativen Ionenfluss aufgeladen wurde, könnte es zu bewusstseinsverändernden Phänomenen kommen, die einer machtvollen spirituellen Erfahrung gleichen. Der »Nabel des Lichts« könnte ein elektrodynamischer Resonator mit einer besonders niedrigen Frequenz sein, die der sogenannten Alpha-Frequenz des menschlichen Gehirns entspricht.

Wenn wir auf passive Weise aufnahmebereit sind – wach, aber völlig entspannt und mit einer Neigung einzuschlafen –, nennt man das Alphazustand. Mediziner erkennen gegenwärtig, dass das Gehirn ein eigenes elektrisches Feld erzeugt, das in Beziehung zum Magnetfeld der Erde steht. Der Forscher Francis Ivanhoe hat sogar nachgewiesen, dass das Ammonshorn des Gehirns die fluktuierende Feldstärke des Erdmagnetfeldes »liest«. Wenn der Hippocampus durch Entladung negativer Ionen stimuliert wird, vertieft sich der Alphazustand und erzeugt im Körper euphorische Gefühle, während das Bewusstsein Raum-Zeit-Veränderungen, Erscheinungen oder andere psychospirituelle Phänomene erlebt. Diese Auswirkungen auf das menschliche Bewusstsein waren wahrscheinlich Begleiterscheinungen der eigentlichen Nutzung der Moais als geologische Energieumwandler. Man hat diese zusätzliche Wirkung wohl erst entdeckt, nachdem die Stauen aufgestellt waren und ihre Funktion aufnahmen. Wenn sie tektonische Spannungen ableiteten, gaben sie gewaltige Entladungen negativer Ionen ab, und man bemerkte, wie das bei den Menschen zu veränderten Bewusstseinszuständen führte. Als sekundäre Funktion zum ursprünglich rein weltlichen Verwendungszweck wurden die Moai dann auch als Hilfsmittel für die spirituelle Transformation genutzt.

Um die Wasserversorgung einer Dorfgemeinschaft sicherzustellen, wird ein Brunnen gebaut. Aber das Wasser hat vielleicht einen hohen Mineralgehalt, der eine heilende, kräftigende Wirkung entfaltet. Und so wird aus dem reinen Trinkwasserbrunnen obendrein noch eine Heilquelle. Diese einfache Analogie lässt sich möglicherweise auch auf die Moai anwenden. Welchen Zwecken sie später auch gedient haben mögen, ursprünglich und in erster Linie dienten sie jedenfalls dazu, die schlimmsten Auswirkungen seismischer Katastrophen abzumildern. Wie heute werden auch in der fernen Vergangenheit große Bauprojekte mehreren Zwecken gleichzeitig gedient haben. Aber das verwendete Material und die Positionierung der Moai passt zu ihrer Funktion als Teile eines tektonischen Energieumwandlungssystems weit besser als zu jedem anderen Verwendungszweck, den man ihnen zuschreibt. Sie sind ein eindrucksvoller Beweis für die frühe Hochtechnologie eines durch eine Flutkatastrophe zerstörten großen Königreiches, das uns auch die Ruinen von Nan Madol hinterließ. Auf der Osterinsel und auf Pohnpei versuchte eine Superwissenschaft, die ökologisch ausgewogener und fortschrittlicher war als die unsere, Naturgefahren zu beherrschen, die aus den Tiefen der Erde oder vom Himmel drohten. Die Überreste dieser vergessenen Technologie auf beiden Inseln weisen eindeutig auf die Ursprünge im versunkenen pazifischen Mutterland hin. Schon 1931 beschrieb W. S. Cerve diesen Austausch von psychischer Erfahrung und angewandter Wissenschaft: »Die Lemurer gelangten zu einem großartigen wissenschaftlichen Verständnis der Naturgesetze, und gleichzeitig entwickelten sie bestimmte menschliche Fähigkeiten in einem viel größeren und höheren Maße, als es heute bei uns der Fall ist, trotz all unserer angeblichen zivilisatorischen Fortschritte, auf die wir uns so viel einbilden.«

In zahlreichen Überlieferungen aus verschiedenen Teilen der Welt wird Mu als eine globale Kultur beschrieben, und darauf deutet auch die Bezeichnung »Nabel der Welt« hin. Childress verweist darauf, dass das Industal mit seiner dem Rongo-Rongo ähnlichen Schrift und Rapa Nui »präzise auf einander gegenüberliegenden Seiten der Erde liegen: Mohenjo-Daro liegt auf 27 Grad, 23 Minuten Nord und ungefähr 69 Grad Ost, die Osterinsel liegt auf 27 Grad, 8 Minuten Süd und 109 Grad, 23 Minuten West.«

Exakt zwischen Mohenjo-Daro und der Osterinsel liegen die Salomonen. Hier allein finden sich Beispiele des Rongo-Rongo oder der Industal-Schrift. In ihrem Buch *Mystery of Easter Island* zeigt Routledge fünf Darstellungen von den Salomonen, auf denen eindeutig Makemake, der Vogelmann, zu sehen ist, außerdem ein Vogel, der mit dem rechten Flügel einen Fisch festhält, ein Wappenadler mit erhobenen Armen und ein Fregattvogel im Flug. Offenkundig gibt es einen gemeinsamen lemurischen Ursprung für diese Glyphen, und auf diesen Ursprung weist der Name einer kleinen Insel der Trobriand-Gruppe in der Salomonensee hin: Sie heißt Mu-nawata.

Von der Osterinsel kann man eine gerade Linie nach Mohenjo-Daro ziehen, auf der etwa auf halbem Weg die Salomonen liegen. Verlängert man diese gerade Linie vom Industal bis in den Atlantischen Ozean, gelangt man zu einem Bereich des Atlantiks östlich der Azoren. Hier, außerhalb der Straße von Gibraltar, die von Platon als die Säulen des Herakles bezeichnet wurde, soll sich dem Philosophen zufolge das Gegenstück Lemuriens befunden haben, bevor es ebenfalls durch eine Naturkatastrophe vernichtet wurde. Könnte einst eine vorgeschichtliche Hochzivilisation den ganzen Globus umspannt haben? Zumindest sind Rapa Nui, die Salomonen und das Industal durch eine gemeinsame Schrift miteinander verbunden. Wenn man die Abstände, auf denen diese drei Orte liegen, in gerader Linie bis in den Atlantik fortführt, gelangt man dorthin, wo sich vor dem Untergang von Atlantis dessen Hauptstadt befunden haben soll.

Lewis Spence, der führende Atlantologe des frühen 20. Jahrhunderts, schrieb: »Das eröffnet uns eine außergewöhnlich interessante Sicht. Alle Beweise, so absurd sie scheinen mögen, weisen auf eine Kommunikation der Atlantis-Kultur mit dem ozeanischen Lemurien hin, die über Amerika lief. Dies drängt sich regelrecht auf, ob es uns gefällt oder nicht.«

Einige der von Spence gefundenen Beweise sind in den mündlichen Überlieferungen des Pazifikraumes zu finden. Zum Beispiel verehren die Maori den heiligen Berg Atua, den »Altar Gottes«. Er soll die ursprüngliche Heimat ihrer Ahnen gewesen sein. Viele von ihnen starben, als sie im Meer versank. Atua heißt auch ein Distrikt in Westsamoa, dessen Bewohner die älteste Sprache Polynesiens sprechen. *At* wird überall im Pazifik mit vulkanischen Inseln assoziiert, so gibt es beispielsweise im südwestlichen Pazifik einen erloschenen Vulkan namens Atiu, der ein Atoll bildet und zu den südlichen Cook-Inseln gehört. Atauro heißt eine kleine Insel nahe Osttimor, was nach örtlicher Überlieferung an eine größere Landmasse erinnern soll, die vor langer Zeit vom Ozean verschlungen wurde.

Laut Johannes C. Andersen, dem Erforscher der polynesischen Mythen, erzählen die Fidschi-Insulaner von einer weltweiten Flut, die sowohl die Atlanter wie auch die Lemurer ausgelöscht habe: »Durch diese Flut, so heißt es, wurden zwei Stämme der menschlichen Familie ausgelöscht.«

Das Volk der Ata lebt in der bergigen Zentralregion von Mindanao auf den Philippinen. Sie erzählen, dass »eine große Flut die ganze Erde überschwemmte, so dass alle Ata ertranken, bis auf zwei Männer und eine Frau, die vom Wasser in weite Ferne getragen wurden«. Ein Adler bot an, sie zu retten, doch einer der Männer lehnte das ab. Also nahm der Vogel nur den einen Mann und die Frau mit sich und trug sie zur Insel Mapula. Dort wurden die Ata wiedergeboren, und als sie sich genügend vermehrt hatten, eroberten sie die ganzen Philippinen. Die Ata sagen bis heute, dass sie von diesen hellhäutigen Eroberern abstammen, die sich im Lauf der Zeit mit den Negritos und den philippinischen Ureinwohnern vermischten.

Ein zum Tonga-Archipel gehörender erloschener Vulkan im südwestlichen Pazifik heißt Ata. Die Tonganesen verehren ihn als natürliche Gedenkstätte an rothaarige, hellhäutige Götter, die vor langer Zeit kamen und die Eingeborenen auf irgendeine Weise »segneten«.

Die Bewohner der Marquesas betrachteten Atea als ihren Urahnen. Im 19. Jahrhundert schrieb der Anthropologe Abraham Fornander: »In den Legenden der Menschen auf den Marquesas heißt es, dass sie von Atea und Tani abstammen, den beiden ältesten Söhnen des Toho. Ihre Nachfahren sollen nach langen Phasen der Wanderschaft und eines Aufenthalts im fernen Westen schließlich auf den Marquesas-Inseln angekommen sein.« Wie Atlas war auch Atea der Erstgeborene seines Vaters und ein Zwilling. Mit seiner Geschichte beginnt die lange Wanderschaft einiger Atlanter, der Nachkommen Ateas, durch den pazifischen Raum. Fornander sah Atea als »Entsprechung des Gottes Kane der Hawaiianer«. Weiter führt er aus: »Die Ideen des Sonnenkultes, verkörpert im polynesischen Kane als die Sonne, der Sonnengott, der Leuchtende manifestieren sich auf den Marquesas in Atea, dem Strahlenden, dem Licht.«

Auf den Marquesas wird die Geschichte von Atlantis in dem mündlich überlieferten Epos *Te Vanana na Tanaoa* erzählt:

> Atanua war schön und gut, es gab dort Reichtum im Überfluss. Atanua war sehr reich und angenehm. Atanua brachte eine Fülle an lebendigen Dingen hervor. Atea [und seine Brüder] lebten als Könige in den schönsten Palästen. Sie herrschten über den ganzen, gewaltigen Himmelsraum und alle dortigen Kräfte

> [Astrologie]. Die ersten Gebieter wohnten in luftiger Höhe. O Thron inmitten des höchsten Himmels! Der große Herr Atea liebte die schöne Atanua. Sie ist eine Frau von großem Reichtum. Aus Ateas Innerem kam Ono hervor [ein schrecklicher Lärm, die Explosion des Berges Atlas]. Atea erzeugt das sehr heiße Feuer.

Fornander erkannte, dass Atea, wie Atlas, mit einem Vulkan assoziiert wurde: »In diesem Sinne erscheint es angemessen, dass hier von dem unheimlichen Licht die Rede ist, welches mit einem Vulkanausbruch einhergeht.«

Wenn Atlantis und Lemurien miteinander in Kontakt standen, sollte irgendein Beleg für diese Beziehung den Untergang der beiden Kulturen überlebt haben. Und wahrhaftig heißt eines der wichtigsten Megalith-Denkmäler Neuseelands At-ia-Mu-ri. Brown betrachtet es als Beweis, dass dort Baumeister einer untergegangenen Zivilisation am Werk waren. Der Maori-Name dieses Denkmals lässt an eine Kombination von At[lantis] und Mu denken, und das an einem Ort, der sich ziemlich genau auf halbem Weg zwischen den beiden versunkenen Königreichen befindet. Eine weitere solche Verschmelzung finden wir im Namen Atamu, der, wie bereits an anderer Stelle erwähnt, einer der beiden Langohr-Aristokraten gewesen sein soll, die auf Rapa Nui das Massaker vom Poike-Graben überlebten. Diese Korrespondenzen in der Mythologie Ozeaniens und entsprechende archäologische Funde stützen die Theorie, eine Zivilisation könnte einst die lemurische Einflusssphäre von Rapa Nui über die Salomonen bis nach Indien und das Reich von Atlantis im mittleren Atlantik umspannt haben. Schon im späten 19. Jahrhundert gelangte der englische Astronom John Wilson zu dem Schluss: »Man wird herausfinden, dass die wandernden Steinmetze, die uns ihre Monumente in den vier Vierteln der Welt hinterließen, den riesigen Pazifischen Ozean durchquerten, den ganzen Globus umrundeten und seinen Umfang maßen.«

Aber was fangen wir mit den oft bizarren Beweisen der Osterinsel an und den noch fantastischeren Rückschlüssen, die sie uns nahelegen? Der Gründungsmythos der Insel ist eine offenkundige Erinnerung an Kulturbringer (die langohrigen *Hanau-eepe*) aus Mu (Hotu Matuas Marae Renga auf Hiva). Sie verehrten Sonnengötter, ganz so wie die Lemurer von Churchward und anderen Forschern als Anhänger einer Sonnenreligion geschildert wurden. Die Schriftsprache von Rapa Nui ist eindeutig kein kulturelles Zufallprodukt, sondern ein offensichtliches Erbe der gebildeten, schriftkundigen Lemurer. Die ansonsten unerklärliche Anwesenheit einer kaukasischen Ethnie im östlichen Pazifik lässt sich ebenfalls nur auf die frühere Existenz eines verlorenen Mutterlandes zurückführen, das, wie die Überlieferungen berichten, von einer hellhäutigen Elite regiert worden sein soll. Die Herstellung und der Transport Tausender Statuen, von denen manche über neunzig Tonnen wiegen, ist in ganz Polynesien ohne Beispiel, solche Leistungen werden in den alten Überlieferungen aber der Hochtechnologie von Mu zugeschrieben.

Diese Technologie wurde installiert, um entlang einer instabilen geologischen Störzone seismische Ereignisse zu vermeiden oder abzumildern, die zahlreiche von den Lemurern bewohnte Inselketten gefährdeten. Die Lemurer wussten um die strategische Position der Osterinsel im Epizentrum eines T's, eines Kreuzes mit am oberen Ende befindlichem Querbalken, das durch zwei sich treffende Störlinien am Meeresboden gebildet wird. Diese Konfiguration verwendeten sie als das Tau-Emblem ihrer Zivilisation. Dass Rapa Nui genau am Treffpunkt dieser seismischen Störlinien liegt, liefert die Erklärung für die Bezeichnung »Nabel der Welt«. In geologischer Hinsicht hing das Schicksal ihrer Welt von diesem Ort ab. Aber entweder waren die aus Basalt und Andesit hergestellten Moai nicht leistungsfähig genug, so dass sie die hereinbrechende Katastrophe nicht verhindern konnten, oder man hatte sie zu spät errichtet, um das Unheil noch aufzuhalten. Mu wurde vernichtet.

Als die ersten modernen Europäer die Osterinsel besuchten, sahen sie, wie die Insulaner das Gedenken an das Mutterland ihrer Ahnen feierten. Das taten sie vor sieben Statuen, die in Richtung der untergegangenen Zivilisation aufs Meer hinaus blickten. Und, ebenfalls zu diesem Gedenken, hielten sie einen alljährlichen rituellen Wettkampf ab, bei dem die Teilnehmer zu einer Insel mit dem vielsagenden Namen Mutunui schwammen. Obwohl die Nachfahren Hotu Matuas nach der Katastrophe vierunddreißig Jahrhunderte auf Rapa Nui überlebt hatten, waren sie zuletzt internen sozialen Unruhen, importierter religiöser Intoleranz, Sklaverei und der Lepra hilflos ausgeliefert. Innerhalb nur einer Generation, seit Kapitän Rogeveen an jenem schicksalhaften Ostersonntag des Jahres 1772 vor Rapa Nui vor Anker gegangen war, fielen Wissenschaft, Kunst und Geschichte der Insel buchstäblich dem Vergessen anheim. Der Nabel der Welt erlitt ein zweites Unheil, schrecklicher als die frühgeschichtliche Naturkatastrophe, die seine Moai nicht hatten verhindern können.

So unwahrscheinlich es erscheinen mag, aber die beiden erstaunlichsten archäologischen Stätten im Pazifik liegen genau im Zentrum meteorologischer oder geologischer Aktivität, wo spektakuläre künstliche Anhäufungen von magnetisiertem Basalt die schlimmsten Folgen von Taifunen und Erdbeben abmildern sollten. Angesichts dieser einzigartigen Merkmale und Umweltbedingungen lassen sich die technologischen Gemeinsamkeiten zwischen Pohnpei und der Osterinsel nicht als bloße Zufälle abtun. Auf jeder dieser räumlich weit entfernten Inseln erblicken wir die Reste einer uralten Technologie, die gewaltige Naturkräfte kontrollieren sollte, jedoch letztlich versagte. Dieser vergessenen Kunst angewandter ökologischer Wissenschaft wohnte nichts Böses oder Schwaches inne. Ihr Versagen ist vielmehr in den menschlichen Unzulänglichkeiten der Erbauer zu suchen, die zwar die Kräfte der Erde und des Himmels meisterten, der Fehler ihrer Mitmenschen allerdings nicht Herr wurden.

Die monumentalen Ruinen von Nan Madol und Rapa Nui sind Zeugnisse einstiger Zivilisationen, die nicht in der Lage waren, eine kulturelle Harmonie zu erlangen, sozialen Selbstmord begingen und für immer im Abgrund der Vorgeschichte verschwanden. Aber es ist genügend von ihren Leistungen erhalten geblieben, um wenigstens eine allgemeine Rekonstruktion zu ermöglichen. Und so halten diese kleinen Inseln Pohnpei und Rapa Nui unserer modernen Zivilisation sehr deutlich den Spiegel vor.

VIER

Uralte ozeanische Technologie

Wir sind alle der Meinung, dass Ihre Theorie verrückt ist. Uneinig sind wir nur in einem Punkt: Ist sie vielleicht verrückt genug, um richtig zu sein?

NIELS BOHR, DÄNISCHER PHYSIKER

In den vorherigen Kapiteln haben wir archäologische Ruinen auf den Inseln Pohnpei und Rapa Nui als die Überreste von Energiestationen beschrieben, die vor Jahrtausenden von den Lemurern errichtet wurden, um seismische und meteorologische Veränderungen zu bewirken. Wären diese beiden historischen Stätten die einzigen Belege für diese Behauptung, könnte man sie leicht als einsame Außenposten einer fremden Zivilisation abtun, die sich in Isolation entwickelte, völlig abgeschnitten vom Rest der Welt. Doch es wurden in der Tat weitere Beweise für diese vergessene Wissenschaft gefunden, wobei ein besonders dramatischer gleichfalls im Pazifik existiert, und zwar wiederum auf einem abgelegenen Inselflecken.

Auf der zu Neukaledonien gehörenden Insel Kunié, bis 1978 unter den Namen Île des Pins oder »Pinieninsel« bekannt, leben knapp 2.000 Melanesier. Die 13 mal 16 Kilometer große Insel hat seit ihrer Entdeckung im Jahr 1774 die Wissenschaftler vor Rätsel gestellt, weil sie der einzige Ort in ganz Ozeanien ist, auf dem eine alte Pinienart namens *Araucaria cookii* vorkommt, benannt nach dem berühmten englischen Entdecker James Cook. Wie sie dorthin gelangt ist und warum sie auf Kunié noch immer gedeiht, aber nirgendwo sonst im ganzen Pazifik, ist ein wissenschaftlich bislang ungelöstes Rätsel. Sie muss in der Frühgeschichte zu diesem melanesischen Außenposten gebracht und dort gepflanzt worden sein. Aber von wem und zu welchem Zweck? Die Bäume sind riesig, 27 bis 41 Meter hoch, doch ihre Äste sind nur etwa zwei Meter lang.

Im Jahr 1961 vervielfachten sich plötzlich die Geheimnisse der Insel, als ein Archäologe Ausgrabungen an einem der Hügel durchführte, mit denen die Île des Pins übersät ist. Nie zuvor hatte man diese Hügel professionell untersucht, weil man glaubte, sie wären natürlichen Ursprungs. Doch nun wollten die Direktoren des Museums von Neukaledonien wissen, ob die Hügel vielleicht von den Vorfahren der Insulaner als Grabstätten benutzt worden waren. So erteilte man dem Archäologen Luc Chevalier den Auftrag, in den Hügeln nach Artefakten zu graben.

Bereits im ersten Hügel förderte die Grabung zu Chevaliers Überraschung einen Zementzylinder zutage, sechzig Zentimeter breit und gut zwei Meter lang. Der Zylinder bestand aus einem extrem harten, homogenen Kalkmörtel, der zahllose Muschelschalen enthielt. Sein Äußeres war mit Quarz- und Eisenkies-Fragmenten gesprenkelt, die offenbar die Aushärtung des Mörtels unterstützten. Chevalier tendierte dazu, den offensichtlich menschengemachten Zylinder als ein modernes Artefakt jüngeren Datums einzustufen, und setzte die Ausgrabungen an einem anderen Hügel fort. Darin fand er eine Zementtrommel, die mit der ersten praktisch identisch war. Einigermaßen erstaunt ließ er den Blick über die weite Landschaft der Insel schweifen, wo sich 400 dieser Hügel wellten, so dass es aussah wie eine Kolonie aus riesigen Ameisenhaufen. War es möglich, dass jeder Hügel einen dieser rätselhaften Zylinder enthielt?

Unverzüglich eilte Chevalier mit seinen Fundstücken übers Meer zurück ins 64 Kilometer entfernte Nouméa auf Grande Terre, der Hauptinsel von Neukaledonien, wo sie im Museumslabor analysiert wurden. Die Wissenschaftler dort stellten fest, dass die von beiden Zylindern entnommenen Proben künstlichen Ursprungs waren, doch das Ergebnis der Radiokohlenstoffdatierung sorgte für große Verblüffung. Wiederholte Tests bestätigten, dass der Zement fast 13.000 Jahre alt war! Chevalier wurde als Leiter eines archäologischen Teams auf die Île des Pins zurückgeschickt, um umfassendere Grabungen durchzuführen. Wie er vermutet hatte, enthielt tatsächlich jeder Hügel einen Zementzylinder, die alle auf die gleiche Weise hergestellt waren und sich nur in den Abmessungen unterschieden. Der Durchmesser reichte von sechzig Zentimetern bis über einen Meter, mit einer Länge von neunzig Zentimetern bis drei Metern. Auf der Hauptinsel Grande Terre, in einem Gebiet namens Paiita, gibt es siebzehn ähnliche Hügel. Chevalier grub auch dort, obwohl er sich kaum vorstellen konnte, dass diese Hügel ebenfalls die seltsamen Objekte enthielten. Doch er wurde nicht enttäuscht: Auch in jedem dieser Hügel war eine Zementsäule vergraben.

Die Zementsäulen unterschieden sich nur dadurch, dass auf der Île des Pins Kieselsand mit hohem Eisenoxid-Anteil benutzt worden war, im Paiita-Gebiet auf Grande Terre jedoch Siliziumsand. An beiden Orten sind die Hügel 2,40 bis 2,70 Meter hoch und haben einen Durchmesser von 91

Metern. Sie sind kahl, weil auf ihrem sandigen Boden keine Vegetation gedeiht. Sie enthalten keinen einzigen Knochen, keine Artefakte oder verbrannte Holzkohle, die darauf hindeuten würden, dass sie, wie zunächst vermutet, als Grabhügel, Wohnstätten oder zu zeremoniellen Zwecken gedient hätten. Chevalier gelangte zu dem Schluss, dass die Erbauer oben in die Hügel vertikale Schächte eingelassen hatten. Die Schächte wurden mit flüssigem Zement gefüllt, der darin aushärtete.

Ungläubige Akademiker weigerten sich, den künstlichen Ursprung von Chevaliers Entdeckung zu akzeptieren, einfach weil sie fest überzeugt waren, dass eine menschliche Besiedlung des südwestlichen Pazifikraumes vor 13.000 Jahren eine unmögliche, »geradezu lächerliche« Sache sei. Die Skeptiker bemühten sich, die Zementzylinder weg zu erklären, indem sie behaupteten, es habe sich in Wahrheit um die Nester ausgestorbener Riesenvögel gehandelt. Mit diesem aberwitzigen Versuch sollte das längst überholte Dogma gerettet werden, es hätte keine frühgeschichtliche Besiedlung Ozeaniens gegeben. Die Skeptiker beharrten darauf, dass Zement zum ersten Mal vor knapp 2.000 Jahren von den Bauingenieuren im alten Rom benutzt wurde. Doch hier, im südwestlichen Pazifik, begingen einige Außenseiter-Archäologen wissenschaftliche Ketzerei, indem sie behaupteten, auf der winzigen Insel Kunié hätte am Ende der letzten Eiszeit eine Massenproduktion von Zementzylindern stattgefunden.

Die Wissenschaftler des Museums von Neukaledonien beharrten allerdings darauf, ihre Untersuchungen der Zementsäulen hätten zweifelsfrei ergeben, dass sie zwischen 5.120 und 10.950 v. Chr. künstlich von Menschen hergestellt wurden. Diese Daten wurden inzwischen von Labortechnikern der Yale University bestätigt, die an dem Material weitere Radiokohlenstofftests durchführten. Chevalier bezeichnete die Hügel auf Kunié und Grande Terre als einzigartig und forderte seine konservativen Kritiker auf, einen Nachweis zu erbringen, wie solche oder ähnliche Zementsäulen auf natürlichem Weg entstanden sein könnten. Das ist bis heute nicht geschehen.

Weder Chevalier noch seine Kritiker waren in der Lage, den Verwendungszweck der Zementsäulen zu erklären. Childress, der die Îles des Pins in den 1980er Jahren besuchte, schätzte die Zahl der Säulen auf 10.000. Diese Anzahl könnte etwas übertrieben sein, aber ein Zehntel davon erscheint realistisch. Chevalier entdeckte, dass »drei Hügel jeweils einen Zylinder enthielten. Der vierte enthielt zwei Säulen, nebeneinander angeordnet. In allen Fällen befanden sich die Säulen im Zentrum des Hügels in vertikaler Position.« Doch es bleibt die Frage, warum sich jemand die Mühe machte, auf dieser winzigen Insel Hunderte von Zementsäulen herzustellen. Welchem Zweck dienten sie? Die Säulen sind völlig schmucklos, in den Hügeln fanden sich keine Ritualgegenstände, menschlichen oder tierischen Überreste. Das zeigt, dass die Säulen keine zeremoniellen Funktionen hatten. Einen Hinweis könnte Kuniés andere Anomalie geben. Wurden die großen, tief wurzelnden Pinien von den Herstellern der Zylinder entlang der Küstenlinie gepflanzt, um die künstlichen Hügel gegen Taifune zu schützen? Sollte das nicht der Fall gewesen sein, wäre es ein sehr merkwürdiges Zusammentreffen, dass zwei ansonsten nirgendwo im Pazifik anzutreffende Anomalien hier auf dieser abgelegenen Insel gemeinsam existieren.

Die offenkundige besondere Bedeutung der künstlichen Hügel würde zweifellos die Anpflanzung eines schützenden Baumbestandes entlang der Küste rechtfertigen. Auf diese ursprüngliche Bedeutung weist der hohe Eisenanteil bei allen Zementzylindern hin – ein Anzeichen, dass sie in Zusammenhang mit der ökologischen Technologie stehen, die auf Pohnpei und der Osterinsel hinterlassen wurde. Auch wenn die ursprüngliche Funktion der Zylinder bislang ungeklärt ist, können wir davon ausgehen, dass sie von Naturkräften, sei es seismischen oder meteorologischen, mit Energie versorgt wurden, um auf irgendeine Weise die Umwelt zu beeinflussen, nicht unähnlich den monumentalen Bauwerken von Nan Madol und Rapa Nui. Zwar ist die Wissenschaft von Kunié im Dunkel der Vergangenheit verschwunden, aber die vierhundert Hügel mit ihren Zementsäulen legen bis heute Zeugnis ab für den einstigen technologischen Entwicklungsstand der Zivilisation von Mu, die bereits in frühgeschichtlicher Zeit die Energien der Natur zum Wohle des Menschen nutzte.

Auf der Île des Pins gibt es keine entsprechenden Legenden, aber auf Grande Terre, wo aus siebzehn Hügeln Zementzylinder geborgen wurden, existiert eine lemurische Überlieferung, der zufolge »die Seelen der Toten mit den Flüssen ins Meer schwimmen, wo sie auf dem Meeresboden weiterleben«. So hat es der Mythenforscher Jan Knappert aufgezeichnet. Er schreibt dazu, dass die Einheimischen glauben, die Seele, *Ko,* verwandle sich in ein kleines Tier, etwa eine Ratte oder Eidechse. Das Tier wird von einem wachsamen Priester aufgespürt und gefangen, der mit ihm in den nächsten Fluss springt. Dort überträgt der Ko etwas von seiner Macht auf einen glatten runden Stein, der *Bao,* Geisterstein, genannt wird. Während nun die Seele durch den Fluss ins Meer reist, legt der Priester den Stein in einen besonderen Schrein, den *Mwrao,* zusammen mit den Steinen der anderen Ahnen. Diese melanesischen Bezeichnungen stellen eine bemerkenswerte Parallele zur altägyptischen Unterteilung der Menschenseele in zwei Hälften dar: *Ka* und *Ba*. Der Ahnenschrein hingegen, der *Mwrao,* scheint sprachlich von Mu abgeleitet zu sein, das uns die Zementsäulen Neukaledoniens hinterließ. Auch in einem traditionellen Tanz, der heute noch in ganz Neukaledonien getanzt wird, dem *Tamure,* sind ägyptisch-lemurische Einflüsse erkennbar.

Auf Tongatapu, der Hauptinsel des Königreichs Tonga, 2.250 Kilometer östlich von Kunié, gibt es einen weiteren außergewöhnlichen Beweis für die untergegangene Pazifik-Zivilisation. Tongatapu ist nur 29 Kilometer lang und scheint nie bedeutend genug gewesen zu sein, um besondere Beachtung zu erlangen, weder jetzt noch in ferner Vergangenheit. Und doch befahl jemand in grauer Vorzeit auf dieser Insel den Bau eines 109 Tonnen schweren Tores, 4,60 Meter hoch und 5,50 Meter breit. Dieser Trilith, wie man solche Durchgänge nennt, besteht aus zwei grob behauenen Säulen und einem neun Tonnen schweren Deckstein, der oben in Aussparungen der Säulen eingelegt ist. Wie ein vorindustrielles Volk mit kaum vorhandener materieller Kultur eine solche Ingenieursleistung vollbracht haben soll, ist schwer zu verstehen. Ebenso rätselhaft ist der Ursprung des verwendeten Korallengesteins, das nicht von der Insel stammt. Ein Bauwerk wie dieses Ha'amonga a Maui – übersetzt: »Bürde des Maui« – findet sich nirgendwo sonst in Ozeanien. Auch für die Insulaner selbst ist der Ursprung des Torbogens ein Rätsel. Ihre einzige Erklärung lautet, dass er in ferner Vergangenheit vom polynesischen Halbgott Maui erbaut wurde, mit Steinen, die dieser in einem riesigen Kanu von Uvea, einer der beiden Wallis-Inseln, mitbrachte.

Erst im Jahre 1967 fiel dem König von Tonga auf, dass eine in den Deckstein eingeritzte Linie auf den Sonnenuntergang am Tag der Sommersonnenwende ausgerichtet ist. Eine daraufhin veranlasste Untersuchung des Triliths ergab, dass zumindest eine seiner Funktionen die eines Sonnenkalenders war. Das erinnert an das mächtige Sonnentor von Tiahuanaco mit seinen thematischen Parallelen zu Rapa Nui.

Könnten beide Tor-Monumente von den Lemurern erbaut worden sein, deren kultureller Einfluss einst von Tonga bis in die Anden reichte? Das Ha'amonga a Maui deutet darauf hin, und sei es nur, weil die Bewohner von Mu einen Sonnenkult praktizierten. Außerdem steht der Trilith in Heketa, in der Nähe der Ostküste von Tongatapu. Das lässt auf ozeanische Ursprünge schließen, nicht unähnlich den Moai an der Küste der Osterinsel, die dort zur Erinnerung an Hotu Matuas versunkene Heimat stehen.

Auch der Name des Tores lässt auf einen lemurischen Ursprung schließen. Der Recke Maui war ein Abkömmling von Muri-Ranga-Whenua. Dabei handelt es sich um eine Variante des Namens für das pazifische Mutterland. Bestand die »Bürde« oder »Last«, die Maui nach Tonga trug, aus den großen Steinen von Mu, bevor es im Meer versank? In *The Lore of the Wharewananga,* einer Sammlung polynesischer Mythen, die von Spence zitiert wird, schreitet Maui ein, als die Götter der Erdbeben und der Stürme versuchen, ein großes Land zu zerstückeln und in den Fluten zu versenken. Zwar kann Maui die vollständige Zerstörung dieses Landes verhindern, doch es bleibt davon nur noch eine Inselkette übrig. Diese Überlieferung ist eine volkstümliche Erinnerung an eine einstige Landmasse, die durch seismische Gewalt in Stücke brach und teilweise im Meer versank, eine Legende, die die heutigen pazifischen Inselketten als Überreste von Papa identifiziert, was ein weiterer Name für die untergegangene Zivilisation ist.

Die lemurischen Ursprünge von Tongas einzigartigem Steintor treten in der prähistorischen Hauptstadt der Insel wieder in Erscheinung, knapp zehn Kilometer von Heketa entfernt. Sie liegt an der Ostküste, an der Fanga'uta-Lagune, was für eine echte Seefahrerkultur sehr angemessen erscheint. Die alte Stadt heißt Mu'a, der Hafen Mu'nu, Namen, die offensichtlich vom Mutterland abgeleitet sind.

Das Zentrum der Stadt Mu'a war von einem gewaltig dimensionierten Kanal umgeben. Selbst heute noch, nach jahrtausendelanger Verschlickung, ist dieser Kanal neun bis elf Meter tief. In der Nähe befinden sich einige Pyramiden – der örtliche Name dafür lautet *Langi* –, die es durchaus mit ihren ägyptischen Gegenstücken aufnehmen können. Beeindruckend ist die Steinplattform Tauhala. Ein einzelner Steinblock ist 6,40 Meter lang und geschätzte vierzig Tonnen schwer. Diese kolossalen Blöcke wurden mit unglaublichem technischen Geschick in eine über zweihundert Meter lange Mauer eingefügt. Wie auf der Osterinsel und in Peru ist jeder Stein so exakt bearbeitet, dass er wie ein Puzzlestück an den entsprechend bearbeiteten Nachbarstein passt. Diese mörtelfreie Bauweise wurde gewählt, um die Pyramide besser gegen Erdbeben zu schützen. Denn so können die Steine nachgeben, ohne dass das Bauwerk in Stücke bricht.

Die Existenz des Tauhala auf derselben Insel wie das zweite Bauwunder, die »Last des Maui«, ist ein dramatischer Beweis dafür, dass es auf Tonga in ferner Vergangenheit eine sehr fortgeschrittene Bautechnik gab. Welche Ausmaße diese Baukunst hatte, kann man gleich in Mu'a erkennen, das sich seit seiner Erbauung fast einen Meter aus dem Meer erhoben hat, so dass der Hafen heute nutzlos ist. Ozeanografen glauben, dass der Hafen Mu'nu schon seit 2.000 Jahren nicht mehr schiffbar ist. Wie alt Stadt und Hafen zu jenem Zeitpunkt bereits waren, ist unbekannt.

In Lapaha gibt es einen weiteren *Langi,* der kaum weniger beeindruckend ist. Sein Baustil ähnelt deutlich der »Zitadelle«, die vor der japanischen Insel Yonaguni, in der Nähe von Iseki Point, in 24 Metern Tiefe auf dem Meeresgrund gefunden wurde. An jeder rechteckigen Struktur gibt es kleine Stufen, die offenbar zeremoniellen Zwecken dienten. Außerdem gibt es große, stufenförmige Terrassen.

Die Sonnenausrichtung ist eine weitere Gemeinsamkeit. Wenn man die Strukturen auf Tonga und in Japan vergleicht, spricht das sehr für einen gemeinsamen kulturellen Ursprung beider pyramidenförmigen Stufenplattformen. Die Häuptlinge, die den Bau dieser Anlage und der anderen kolossalen Projekte auf Tonga veranlasst haben sollen, hießen ebenfalls Mu'a, wörtlich übersetzt: »Männer von Mu«. Deutlicher kann der Hinweis auf das versunkene Mutterland nicht sein.

Das Inselreich von Tonga hat überzeugende Beweise vorzuweisen, dass im Pazifikraum eine prähistorische Technologie existierte, aber es steht damit keineswegs allein. Knapp 6.000 Kilometer entfernt, auf den Marianen, finden sich ebenso beeindruckende und mysteriöse, wenn auch völlig andersartige Steinmonumente. Seit die Marianen im frühen 16. Jahrhundert während Ferdinand Magellans Weltumsegelung entdeckt wurden, staunen die Besucher ehrfürchtig über die pilzähnlichen Monumente auf den Inseln Guam, Tinian, Saipan und Rota. Man nennt sie Lat'te-Steine nach dem einheimischen Wort *latde*, was »Häuser der alten Leute« bedeutete. Der Name bezieht sich aber nicht auf lebende Senioren, sondern auf die Taotaomona, die »Geister der Vorzeit-Leute«. Damit meinen die indigenen Chamorro fremde Besucher, die vor langer Zeit übers Meer kamen und die Steinmonumente errichteten.

Archäologen bestätigen, dass die Besiedlung der Marianen um 3000 v. Chr. begann. Genau in dieser Zeit setzte jene Serie von Kometeneinschlägen ein, durch welche die Lemurer aus ihrer Heimat vertrieben wurden, so dass sie auf andere Gebiete im Pazifik ausweichen mussten. Es ist der Wissenschaft jedoch bislang nicht gelungen, das Alter der pilzähnlichen Monolithen zu bestimmen. Die wenigen anderen mythischen Überlieferungen, in denen sie eine Rolle spielen, liefern keine wirklich erhellenden Erkenntnisse. Die Monumente sind auf meisterliche Weise aus rauem Korallenkalk gemeißelt und bestehen aus zwei Teilen: dem *Haligi,* einem sich kegelförmig nach oben verjüngenden Fuß, auf dem der *Tasa* ruht, ein an einen Pilzhut erinnernder Deckstein, der etwa 1,50 Meter hoch ist und dessen Durchmesser etwa 1,80 Meter beträgt. Die Monumente sind durchschnittlich etwas über vier Meter hoch und wiegen ungefähr dreißig Tonnen. Allerdings hat man im Steinbruch von As Nieves auf der Insel Rota auch Exemplare von über 5,50 Meter Höhe und mehr als fünfzig Tonnen Gewicht gefunden.

Die Lat'te sind in der Regel in Zweierreihen aufgestellt, wobei manchmal mehr als ein Dutzend zusammen stehen, für gewöhnlich an der Küste oder an Flussufern, worin sich, wie bei der »Last des Maui« auf Tongatapu eine Verbundenheit mit dem Wasser und dem Meer ausdrückt. Die parallelen Reihen ragen im Abstand von gut zwei Metern auf und bilden Formationen von 3,35 Meter Breite und 16,80 Meter Länge. Auf Grundlage der noch stehenden und der umgestürzten Steine schätzt man, dass auf den Marianen ursprünglich hundert oder mehr Lat'te gestanden haben müssen. Es gibt sie nirgendwo sonst auf der Welt, und ihr Zweck ist vollkommen unbekannt. Sie ähneln aber entfernt den Kolossen auf der Osterinsel, obwohl die Entfernung dorthin fast 12.500 Kilometer beträgt. Wie die Moai bestehen auch die Steinfiguren auf den Marianen aus einem Torso, dem eine Art Kappe oder Mütze aus Stein aufgesetzt ist. Und Moai und Lat'te finden sich oft am Meeresufer. Wenn alle diese Figuren, was wahrscheinlich ist, von lemurischen Baumeistern aufgestellt wurden, dienten sie vermutlich einem ähnlichen Zweck – vielleicht sollten sie, wie die Moai, die schlimmsten Auswirkungen seismischer Energien ableiten, obwohl schwer zu verstehen ist, warum man für diesen Zweck Korallenkalk benutzte.

Hinweise auf eine solche Funktion der Steine lieferten die Chamorro selbst. Don Felipe de la Corte de Caldéron, der spanische Gouverneur in den Jahren 1855 bis 1866, berichtete, laut frühen Beschreibungen der Insel seien die Steine Säulen von Häusern gewesen, in denen die Eingeborenen ihre Toten begruben: »Noch heute haben die Insulaner eine abergläubische Furcht davor, zwischen diesen Steinreihen zu graben oder den Boden zu bearbeiten.« Fürchteten sich die Chamorro wirklich davor, die Toten zu stören, oder mieden sie die Nähe der seltsamen Monolithen, weil die Steine plötzlich tödliche Entladungen elektromagnetischer Energie abgeben konnten? Ihre Furcht vor den megalithischen Steinreihen erinnert an die Ängste der Pohnpei-Insulaner, die glauben, ein tödliches »Geisterlicht« würde in den Ruinen von Nan Madol sein Unwesen treiben. Wie dem auch sei, das Aufstellen der Lat'te-Steine auf Guam, Tinian, Saipan und Rota erforderte technische Hilfsmittel, die die begrenzten Möglichkeiten der Bevölkerung solcher kleinen, abgelegenen Inseln bei Weitem übersteigen. Folgerichtig künden sie von dem in ferner Vergangenheit stattgefundenen Einfluss einer fortschrittlichen Zivilisation. In der Überlieferung der Insulaner taucht dieser Einfluss in Gestalt der »Geister der Vorzeit-Leute« als schemenhafte Erinnerung wieder auf.

Überall im Pazifischen Ozean finden sich materielle Beweise für die Existenz einer solchen prähistorischen Kultur – an zahlreichen, bei uns oft nahezu unbekannten Orten. Ein solcher Fall ist Babelthuab. Sie ist die größte der 343 Inseln, die zum Inselstaat Palau in Mikronesien gehören. Vor Jahrtausenden wurden fünf Prozent der Landfläche der 396 Quadratkilometer großen Insel Babelthuab zu Terrassenfeldern umgestaltet. Diese landwirtschaftliche Anlage war so ausgedehnt, dass die Erträge Nahrung für Hunderttausende von Menschen geliefert haben müssen – weit mehr, als jemals im Inselstaat Palau lebten. Die Terrassen wurden nicht unabhängig voneinander über einen längeren Zeitraum angelegt. Vielmehr muss eine ganze Armee von Landschaftsgestaltern die Hügel von Babelthuab in relativ kurzer Zeit nach einem einheitlichen Plan umgeformt haben. Alle Terrassen sind 4,60 Meter hoch, und ihre Breite reicht von neun bis achtzehn Meter. Sie sind in perfekter Weise nach innen abschüssig, um ohne Überflutung Regenwasser sammeln zu können. Manche Hügel wurden vollständig zu regelrechten Agrarfabriken umgestaltet, so dass sie an Stufenpyramiden erinnern.

Radiokohlenstoffdatierungen ergaben, dass die Terrassen vor fast 2.000 Jahren noch in Gebrauch waren und schließlich um das Jahr 1200 n. Chr. aufgegeben wurden. Wann sie angelegt wurden, konnte man bislang nicht feststellen. Klar ist aber, dass sie zu derselben Hochkultur gehören müssen, die in weiter Entfernung auch die Reisterrassen von Banaue auf den Philippinen errichtete. Die philippinischen Terrassenanlagen unterscheiden sich von jenen auf Babelthuab nur durch ihre noch gewaltigere Größe. Mit dieser Großlandwirtschaft auf Luzon und in Mikronesien zusammengenommen ließen sich Millionen Menschen ernähren, woran man erkennen kann, das die Bevölkerungszahl in Lemurien während seiner Blütezeit sehr hoch gewesen sein muss. Churchward zufolge wurde Mu zum Zeitpunkt seiner endgültigen Zerstörung von etwa sechzig Millionen Menschen bewohnt.

Auf Babelthuab gibt es außerdem viele steinerne Statuen. Childress schreibt, manche würden den Moai von Rapa Nui ähneln. Sie sind aber mit weniger als neun Metern nicht so groß. Bislang wurden auf Babelthuab und der Nachbarinsel Koror achtunddreißig Statuen entdeckt. Nach lokalem Glauben handelt es sich um Männer und Frauen, die vor langer Zeit zu Stein verwandelt wurden, was an die antike Sage von Deukalion erinnert, dem Griechen, der mit seiner Frau Pyrrha eine große Flut überlebte. Die beiden waren die einzigen Überlebenden dieser schrecklichen Katastrophe. Sie hoben Steine auf und warfen sie über die Schulter. Sobald die Steine den Boden berührten, verwandelten sie sich in Männer und Frauen. Die indigenen Bewohner der Tingwon-Insel, zweiunddreißig Kilometer entfernt von der zu Papua-Neuguinea gehörenden Insel Lavongai, erzählten J. K. McCarthy, dem australischen Direktor für Eingeborenen-Angelegenheiten, dass ihre Vorfahren vor langer Zeit von Riesen besucht worden seien, die wieder davonsegelten und im Ozean umkamen, nur um dann als stehende Steine wiedergeboren zu werden. »Oft heißt es bei den Bewohnern des Pazifikraumes, dass megalithische Baudenkmäler die Gräber von Riesen seien«, schreibt Childress, »was hauptsächlich daran liegt, dass die Einheimischen denken, solche gewaltigen Monumente könnten nur von Riesen errichtet worden sein«.

Die Bewohner Babelthuabs besitzen ihren eigenen Wiedererschaffungsmythos. Sie erzählen, dass nach dem Anbeginn der Zeiten auf der Palau-Insel Angaur ein außerordentlich gefräßiges Kind namens Uab geboren wurde. Dieser Junge aß alles, was ihm in Sichtweite kam, wodurch die Insulaner bald vom Hungertod bedroht waren. Schließlich wuchs er zu so gewaltigen Dimensionen heran, dass sie ihn an den Boden fesselten und die Hütte anzündeten, die ihm als Kopfbedeckung diente. Uab wand sich so heftig, dass davon die ganze Insel erzitterte. Sein Körper zersprang in Hunderte Stücke, aus denen die Inselgruppe von Palau entstand. Diese Volksüberlieferung ist eine Erinnerung an die seismische Zerstörung von Mu (Angaur), begleitet von einem Feuer am Himmel (Uabs Hütte), so wie die Tingwon-Version die alten Megalith-Steine mit ihren Erbauern aus Lemurien in Verbindung bringt. Wenigstens eine der Palau-

Inseln, Emungs, trägt die Erinnerung an das versunkene Mutterland sogar in ihrem Namen.

In ihrem Buch *Palau: Portrait of Paradise* zitiert Mandy Etpison Wissenschaftler mit der Auffassung, die Statuen auf Babelthuab »könnten von einem anderen Volk als den Palauanern hergestellt worden sein«. Sie berichtet, die Figuren seien aus Andesit gefertigt, einem harten Lavagranit, der weder auf der Insel noch irgendwo sonst in Palau vorkommt. Wie beim magnetisierten Basalt von Nan Madol und dem Korallenkalk, aus dem Tongas großes Steintor erbaut wurde, ist auch hier die Herkunft der Steine unbekannt. Vielleicht stammen sie aus dem untergegangenen Lemurien. Jedenfalls enthält Andesit Quarzkristalle, wodurch Piezoelektrizität erzeugt werden kann. Wenn man berücksichtigt, dass Babelthuab, wie seine Terrassenfelder beweisen, ein landwirtschaftliches Zentrum gewesen sein muss, dann haben die Andesit-Stauen möglicherweise den gleichen seismischen oder meteorologischen Zwecken gedient wie die Kolosse der Osterinsel und die 250 Millionen Tonnen magnetisiertem Basalt von Nan Madol. Interessanterweise besteht auch das Sonnentor von Tiahuanaco in Bolivien aus Andesit.

Es gibt auf Babelthuab außerdem mehrere Reihen von Steinsäulen. So stehen am Nordende der Insel, in Bairulchau, zweiundfünfzig dieser Säulen auf einer Hügelkuppe am Meer. In der Nähe des Dorfes Ollei liegen weitere Ruinen unter dem Meeresspiegel. Diese versunkenen Bauwerke sind keine bloße Legende, denn Taucher haben dort Keramik und bearbeitete Steine vom Meeresgrund heraufgeholt. Die Einheimischen wissen über die Säulenreihen von Bairulchau oder die versunkenen Ruinen nichts zu erzählen. Offenbar sind diese Artefakte so alt, dass alle mit ihnen in Zusammenhang stehenden Überlieferungen längst vergessen sind. Nichtsdestoweniger haben wir es mit steinernen Relikten einer technisch hoch entwickelten Kultur zu tun, für die Babelthuab einst von großer Bedeutung gewesen sein muss, sonst hätte man hier wohl kaum dieses gewaltige Landwirtschaftsprojekt und die megalithischen Stätten errichtet.

Es gibt weitere Beispiel – etwa einen 2,40 Meter hohen Obelisken in Neuguinea, der nach dem Sonnenaufgang ausgerichtet und von einem Kreis aus kleineren aufrechten Steinen umgeben ist. Ähnliche Steinsetzungen aus aufgerichteten Monolithen, die bis ins Detail den entsprechenden Steinkreisen in Westeuropa gleichen, finden sich auf selten besuchten Inseln, die zur Schouten-Inselgruppe gehören. Eine Stonehenge gleichende Formation, verziert mit konzentrischen Sonnendarstellungen, steht auf Neuirland auf dem Mount Kambu. Wie es gelang, die über 3,30 Meter langen Steinblöcke auf den Gipfel des 762 Meter hohen Berges zu schaffen, ist rätselhaft. »Sie sind so alt«, schreibt der Australier Keith Willey in *Assignment: New Guinea,* »dass die Einheimischen noch nicht einmal Legenden über sie kennen.« Die Anwesenheit solcher hoch entwickelten astronomischen Rechenmaschinen in einem Randgebiet des fernen Neuguinea ist nur durch lemurische Einflüsse in ferner Vergangenheit erklärbar. Diese Annahme wird durch die Tatsache gestützt, dass die Sonnenausrichtung dieser Artefakte im Einklang mit der Sonnenreligion von Mu steht.

Tatsächlich bringt das dort heimische Volk der Kai diese Megalith-Bauten mit einer Rasse von Riesen in Verbindung, die vor der Großen Flut die Welt beherrschten. Durch diese Flut wurden ihre Körper in mächtige Steinblöcke verwandelt. Es handelt sich also um eine ähnliche Transformation wie jene, mit der auf Babelthuab die uralten Monolithen von Bairulchau erklärt werden. Die Kai jedoch nennen diese legendären Riesen Ne-Mu. Über sechzig ihrer auf natürliche Weise mumifizierten Leichen wurden Mitte der 1930er

Jahre, Kinn an Kinn sitzend, in einer Kalksteinhöhle in Morabe auf Neuguinea gefunden. Laut einem Artikel im *Science Newsletter* war »das bemerkenswerteste Merkmal dieser Mumien ihre helle Haut«.

Nachfahren der Ne-Mu überlebten wenigstens bis ins frühe 20. Jahrhundert. 1937 berichtete die Zeitschrift *Science* über die relativ hellhäutigen Tarifyroro, die in Neuguineas fast unzugänglichem Hinterland lebten. Der australische Neuguinea-Erkunder Jack Hides schrieb: »Es gab eine Zeit, da bewohnte dieses hellhäutige Volk die gesamte Hochebene. Doch dann wurden sie von den ihnen körperlich überlegenen Papua nach Westen zurückgedrängt.« Er beschrieb die landwirtschaftlichen Methoden der Tarifyroro als »die besten, die ich je gesehen habe. Ihre terrassenförmig und sehr sauber rechtwinklig angelegten Gärten, eingefriedet mit hübschen Hecken aus Kroton und Hibiskus, waren den chinesischen Marktgärten nicht unähnlich, wie wir sie hier in Australien sehen. Sie bauen Zuckerrohr, Ingwer, Bananen, Süßkartoffeln, Spinat, Mimika und eine dort heimische Spargelart an«.

Die Ähnlichkeit zu den terrassierten Feldern der Lemurer auf den Philippinen und in Mikronesien ist offensichtlich. Im Kuk-Sumpf am Mount Hagen im westlichen Hochland von Neuguinea finden sich sogar Beweise für eine massive Bodenerosion, die durch intensive landwirtschaftliche Nutzung der Berghänge hervorgerufen wurde – und zwar vor etwa zwölftausend Jahren!

Hinweise auf eine große, intensive Landwirtschaft betreibende Bevölkerung in der Zeit um 4000 v. Chr. geben auch die erhalten gebliebenen 460 Meter langen, 1,80 Meter tiefen und 4,30 Meter breiten Entwässerungsgräben. Sie sind so gerade und eben angelegt, als wären sie das Produkt moderner Landvermessung. Die heutigen Insulaner haben in der Zeit nach dem Bau dieses beeindruckenden

Bewässerungssystems nichts auch nur ansatzweise Vergleichbares geschaffen. Um 3000 v. Chr. waren große Teile der Wälder auf Neuguinea abgeholzt. Die Bevölkerungszahl musste demnach inzwischen stark angestiegen sein, was zeitlich mit der zweiten in einer Serie von Naturkatastrophen übereinstimmt, die die Lemurer dazu zwang, in großer Zahl ihr schwer betroffenes Heimatland zu verlassen. Hinweise darauf liefern alte Ortsnamen in Neuguinea: Eine Siedlung im Hochland heißt Mumori, und im Madang-Distrikt liegt der Ort Budamu.

Dreitausendachthundert Kilometer von Neuguinea entfernt liegt Mulifanua, die älteste menschliche Siedlung auf Samoa – die Besiedlung reicht über 3.000 Jahre zurück. Dort gibt es ein einzigartiges, überaus merkwürdiges Bauwerk, einen zehnzackigen, sternförmigen künstlichen Hügel, der entsprechend »Sternhügel« genannt wird. Auf Samoa befindet sich außerdem die Pulemelei-Pyramide, die größte Stufenpyramide im ganzen Südpazifik. Sie liegt bei Palauli im Südosten der Insel Savai'i und ist fast vollständig vom Dschungel überwuchert, was ihr wahres Alter verbirgt. Der lokalen Überlieferung zufolge wurde sie von den Hiti erbaut, Riesen aus der Zeit vor der Großen Flut, die über die Welt herrschten, bevor »der Himmel herabstürzte« und die Insel der Riesen in Brand setzte. Als sie im Meer versank, tauchte neues Land aus den Tiefen auf und wurde zu den Inseln von Samoa. Jene, die der Katastrophe entkommen konnten, suchten an der Westspitze von Savai'i Zuflucht, die seitdem Mulinu'u heißt. Diese Legende ist offensichtlich eine volkstümliche Erinnerung an die lemurische Katastrophe, die durch ein verheerendes Himmelsereignis ausgelöst wurde, und an die Ankunft der Überlebenden auf Samoa. So erklärt sich auch der Name einer anderen pazifischen Insel: Tahiti – »von den Riesen vor der Flut«.

Im Westen Tahitis gibt es ebenfalls eine steinerne Plattform-Pyramide, die nicht so groß wie jene auf Savai'i ist, aber doch zu den größten in ganz Polynesien zählt. Sie war ursprünglich 81 Meter lang, mit einer 26 Meter breiten Basis, von der breite Stufen aus behauenem Korallenkalk und Basalt zu einer 15 Meter hohen oberen Plattform führen. Der Atahura-Tempel wurde in der Mitte des 19. Jahrhunderts auf Anweisung christlicher Missionare niedergerissen, weil die Insulaner angeblich die biblische Autorität untergruben, indem sie behaupteten, der *Marae* wäre vor der Flut gebaut worden. Auf der Insel gibt es noch andere ähnliche, jedoch weniger große Bauwerke. »Alle wurden aus großen Steinen errichtet, ohne Zement«, schrieb W. H. R. Rivers 1915 im *American Anthropologist*. »Sie sind so sorgfältig geformt, dass sie fast nahtlos zusammenpassen und die Zeiten überdauern.«

Das tahitische Wort für Insel heißt Mu-tu, was offenbar von dem versunkenen Mutterland abgeleitet wurde. Der Ortsname Moorea, nahe der nordwestlichen Küste, stellt eine Erinnerung daran dar. Interessanterweise bedeutet die Umkehrung des Wortes, *Tu-mu,* Baum. Auch das kann ein Bezug auf Mu sein, das als »Baum des Lebens« galt. Die Schutzgöttin von Moorea hieß Tu-metua. Von ihr glaubte man, sie lebe im versunkenen Land Avaiki, was wiederum ein anderer Name ist, unter dem das Mutterland in Französisch-Polynesien bekannt war. Tahitis Hohepriester hieß U-Mu, wörtlich übersetzt: »Der von Mu«. In dem wohl ältesten tahitischen Gesang »Kampf und Aussöhnung zwischen Himmel und Erde« bricht zwischen Feuer und Wasser, den Kindern eines urzeitlichen Kraken, ein weltweiter Kampf aus, wodurch die Welt in einer »grenzenlosen See« versinkt. Der Name dieses Kraken, Symbol für ein einflussreiches Machtzentrum, lautete »Fundament des irdischen Himmels«, Tumu-ra'i-feuna, eine klare Anspielung auf Lemurien. Als die Fluten zurückwichen und kahles Land zum Vorschein kam, kopulierte Ta'aroa, der Himmelsgott, mit Mutter Erde und pflanzte seinen Samen in sie, an einem Ort namens Tumu-nui, »Insel des großen Mu«, und aus diesem Samen wurden die ersten Menschen geboren. Dass das Mutterland nach seiner Zerstörung zum Geburtsort der Menschheit wird, ist eigentlich kein Widerspruch, sondern eine Beschreibung der ursprünglichen riesigen Ausdehnung Lemuriens (*Tumu-ra'i-feuna*), das dann durch den Krieg zwischen Feuer und Wasser (den Kometeneinschlag im vierten Jahrtausend v. Chr.) in Stücke brach. Dadurch wurde Mu zwar nicht zerstört, aber es schrumpfte beträchtlich, so dass nur noch ein Bruchteil seiner einstigen Fläche übrigblieb (*Tumu-nui*). Die direkten Bezüge zu der untergegangenen Zivilisation könnten kaum klarer sein.

Vor wenigen Jahren machte man in Neuseeland, unmittelbar südlich des Lake Taupo, eine mit der tahitischen Steinplattform vergleichbare Entdeckung. Die Mauer von Kaimanawa ist wahrscheinlich eher eine Stufenpyramide, ein terrassenförmiges Marae von gewaltigen Ausmaßen. Childress, der das Bauwerk 1996 in Augenschein nahm, schrieb: »Die Steinblöcke sind offenbar durchweg 1,80 Meter lang und 1,50 Meter hoch. Die Mauer verläuft 25 Meter lang in gerader Linie von Osten nach Westen und ist nach Norden gewandt. Sie besteht aus etwa zehn regelmäßig geformten Steinblöcken, die offenbar ohne Mörtel perfekt aneinandergefügt sind.«

Die Mauer wurde von den Wai-ta-hanui gebaut, Neuseelands ältestem bekannten Eingeborenenvolk. Sie bewohnten Neuseeland bereits vor der Ankunft der Maori und waren einst so zahlreich, dass es von ihnen 200 Stämme gab. Im Jahr 1988 existierten nur noch 140 Nachfahren. Ihre Ahnen waren auch als Moriori oder Urukehu bekannt – »Volk des Westens«. Es handelte sich um rothaarige Menschen mit heller Haut und braunen Augen. Sie kamen übers Meer aus einem prächtigen Königreich, das vom Ozean verschlungen worden war. In der Überlieferung der Wai-ta-hanui, der Maori und anderer Völker West-Polynesiens heißt dieses Königreich Mu-ri-wai-o-ata, ein offenkundiger Verweis auf die untergegangene pazifische Zivilisation. Der Name ist auch in der Bezeichnung Pounamu enthalten. Das ist der »grüne Stein« der Wai-ta-hanui, ein heiliges Artefakt wie Tanes »Schaum-des-Meeres-und-weißer-Seenebel«, der Nabel des Lichts der Osterinsel und das »Licht des Kane« auf Hawaii. Alle diese heiligen Steine wurden aus dem versunkenen Mutterland gerettet.

Auch ohne die Mauer von Kaimanawa sind lemurische Einflüsse in Neuseeland eindeutig vorhanden. Die Maori glauben, dass Te-Tumu die »Quelle« war, die im Land Mataaho die Menschheit hervorbrachte. Im Tai-Toko, dem Flut-Gesang der Marquesas, heißt dieses Land Matahou. Mataaho wurde von einer tödlichen Flutwelle heimgesucht. Einige Überlebende konnten in einem großen Kanu entkommen, dem Takitumu. Dieser Name wurde dem Kanu gegeben »in Erinnerung an die ursprüngliche Heimat, aus der sie kamen«. So heißt es in *Die Reisen des Tamatea,* einem neuseeländischen Eingeborenengesang, der im späten 19. Jahrhundert aufgezeichnet wurde. Darin wird ein Ort namens Muri-wai-hou erwähnt, ein unterseeisches Reich, das von Limu regiert wird. Limu ist der Gott und Wächter der Toten und residiert in einem gewaltigen Palast in den Tiefen des Meeres. In dem Gesang wird das verlorene Land von Irihia beschrieben: »Das war eine wundervolle Heimat für das Volk der Maori. Dort befand sich der *Whare-kura* [Tempel des Lernens] von Rongo-marae-roa. Von diesem Land kamen die Menschen und Stämme, und sie besiedelten die Inseln des großen Meeres.« Rongo-marae-roa ist eine Version des Lono, jenes hellhäu-

Zeichnung einer Moriori-Frau, kurz vor der Auslöschung dieses Volkes im frühen 19. Jahrhundert.

tigen Kulturbringers aus dem im Meer versunkenen Hiva (Mu), das die Maori als Irihia kennen.

Bis zum Ende des 19. Jahrhunderts glaubte man, die Irihia seien die ersten Bewohner Neuseelands gewesen, die dort ab etwa 1150 n. Chr. siedelten. Doch im Jahr 1996 erzählten die Knochen von *Rattus exulans*, die von Anthropologen einer Radiokohlenstoffdatierung unterzogen wurden, eine völlig andere Geschichte. In der Zeitschrift *Nature* schrieb R. N. Holdaway: »Die Daten deuten darauf hin, dass die pazifische Ratte auf den beiden Hauptinseln Neuseelands bereits vor fast 2.000 Jahren eingeschleppt wurde. Dass die Ratte sich dort ohne menschliche Hilfe verbreiten konnte, etwa als ›Passagier‹ auf natürlichem Treibgut, ist unwahrscheinlich.« Er erfuhr Unterstützung durch den Archäologen David Sutton: »Es gibt in Neuseeland Beweise für Brandrodung und unerklärliche Erosion, die auf ein bislang nicht identifiziertes Volk aus der Vor-Maori-Zeit zurückzuführen sein müssen.« Ein anderer Archäologe, George Cook, schrieb die fast 2.000 Megalithen im Waipoua Forest in der neuseeländischen Region Northland unbekannten Erbauern zu, die vor den Maori dort siedelten. Auch in Überlieferungen der Maori ist von einem hellhäutigen Volk die Rede, den Moriori, die als erste Neuseeland besiedelt hätten. Die Existenz der Moriori steht zweifelsfrei fest, denn sie wurden im frühen 19. Jahrhundert von europäischen Entdeckern in ihrer letzten Hochburg auf den Chatham-Inseln besucht, die sich 800 Kilometer östlich von Neuseeland befinden. Im Jahr 1835 überfielen die Maori Chatham und begingen einen Völkermord, bei dem sogar ritueller Kannibalismus stattfand. »Niemand entkam«, wird ein Maori zitiert. »Aber warum deshalb viel Aufhebens machen? Es geschah im Einklang mit unserem Bräuchen.«

Die Mauer von Kaimanawa und die fast 2.000 Megalithen im Waipoua Forest sind nicht die einzigen Beispiele für lemurische Technologie in Neuseeland. Als man im Waverly District 1925 einen Graben aushob, stieß man auf ein bescheideneres, aber ebenso rätselhaftes Objekt. Im *Polynesian Society Journal* werden seine Abmessungen mit 6 mal 5 Zentimetern angegeben. Es wurde aus einem feinkörnigen schwarzen Stein gefertigt, möglicherweise Grauwacke, einem nicht-porösen Sandstein, der Fragmente anderer Gesteine enthält. Das Artefakt ähnelt einer Billardkugel. Auf einer Seite weist es eine lediglich einen Millimeter tiefe rautenförmige Rille auf, die sich zu einem 2,6 Zentimeter tiefen Schlitz öffnet. Die Herstellung dieses Objektes erforderte hohe technische Fertigkeiten. Andererseits wurde es zweieinhalb Meter tief unter der Erde gefunden. Das ermöglicht zwar keine präzise Datierung, bestätigt aber seine prähistorische Herkunft. »Die Herstellung dieses Objekts muss sehr aufwendig gewesen sein«, schreibt William R. Corliss in *Archaeological Anomalies*, »aber niemand weiß, welchem Zweck es diente.«

Ebenso rätselhaft ist das Fehlen jeglicher Werkzeugspuren. Allerdings verwendeten die Ureinwohner Neuseelands ohnehin keine Werkzeuge, die stark genug waren, um Grauwacke zu bearbeiten, schon gar nicht mit der hier erforderlichen Präzision. Das Artefakt weist keinerlei Verzierungen oder Schriftzeichen auf, was vermuten lässt, dass es sich nicht um einen Ritualgegenstand handelt. Vielmehr ähnelt es dem Bauteil einer Maschine, so fantastisch ein solcher Gedanke auch erscheinen mag. Die Maori wissen nicht, was es mit dem Objekt auf sich hat. Manche von ihnen vermuten aber, es könnte den hellhäutigen Moriori, Waita-hanui oder Urukehu gehört haben, von denen bekannt war, dass ihnen besondere Steine wie der Pounamu oder »grüne Stein« gehörten, die sie aus dem alten Mutterland mitgebracht hatten. Was immer die ursprüngliche Funktion und Identität des Waverley-Artefakts gewesen sein mag, die herausragende Kunstfertigkeit, mit der es hergestellt wurde, beweist, dass im prähistorischen Neuseeland ein technologisch hoch entwickeltes Volk gelebt haben muss, das sich zumindest in mancher Hinsicht durchaus mit dem modernen Industriezeitalter messen konnte.

Auch anderswo im Südpazifik finden sich Hinterlassenschaften dieses wissenschaftlich kompetenten Volkes. Auf dem abgelegenen Inselchen Raivavai, etwa 640 Kilometer südlich der Gesellschaftsinseln, dokumentierte in den 1830er Jahren J. A. Moerenhout, ein französischer Kaufmann, erstmalig Monumentalstatuen und Steinmauern, für deren Errichtung technische Fertigkeiten und eine Menge an Arbeitskräften erforderlich waren, die die Möglichkeiten der heutigen Bevölkerung weit überstiegen. Er erfuhr von den Einheimischen, dass die Statuen dazu dienten, »die Erinnerung an die schrecklichste aller Katastrophen aufrechtzuerhalten, die Zerstörung des Festlandes«.

Massive Ruinen oder Kolossalstatuen sind nicht die einzigen Beweise für die verlorene Wissenschaft von Mu. Sein lebendiges Erbe ernährt auch heute noch Millionen Menschen auf der ganzen Erde. So wurde die *Banane* vor Jahrtausenden gentechnisch erzeugt und legt bis heute weltweit Zeugnis ab für eine technologisch fortschrittliche globale Zivilisation in ferner Vergangenheit. Wie andere samenlose Früchte, zu denen auch die Navelorangen und bestimmte Traubensorten zählen, die bis heute angebaut werden, wurde die Banane von der gleichen Agrargesellschaft hervorgebracht, die für die gigantischen Reisterrassen von Banaue und Babelthuab verantwortlich ist. Dass die Banane lemurischen Ursprungs ist, wird auf Pohnpei in der Legende von Mwas en Leng erzählt, dem Ahnengott der Insulaner. Darin heißt es, die erste Banane sei aus dem Kadaver eines göttlichen Aales gewachsen. Dass sich diese mündliche Überlieferung gerade bei Nan Madol bis heute erhalten hat, zeigt, wie bedeutsam sie ist.

Das wohl verblüffendste und triftigste Beispiel für eine solche verlorene Wissenschaft ist brandaktuell, denn es scheint, dass die Lemurer schon vor langer Zeit das beherrschten, was man heute als Stammzellenforschung bezeichnet. Der Beweis für diese erstaunliche Annahme könnte unter den Steintürmen der Osterinsel zu finden sein. Diese *Pipi Hereko* genannten Türme waren etwa sechs Meter hoch. Hinter ihren Mauern wurden die Nabelschnüre aller auf der Insel geborenen Kinder aufbewahrt. Sofort

Gemälde aus dem späten 19. Jahrhundert, das eine junge Hawaiianerin mit der Nachbildung ihrer Nabelschnur zeigt. Beruht diese Verehrung der Nabelschnur auf uraltem Wissen über ihr medizinisches Potenzial?

nach der Geburt wurde in einem kurzen, einfachen Ritual die Nabelschnur des Säuglings durchtrennt. Dieses Ritual hatte die gleiche Wichtigkeit wie die Bestattung dieses Menschen am Ende seines Lebens. Der Vater eilte mit der

Nabelschnur seines Kindes zu dem am nächsten gelegenen Turm, wo ein Wächter sie in einem aus einem Flaschenkürbis gefertigten Gefäß versiegelte, das mit dem Familiennamen beschriftet wurde. Die Nabelschnur wurde darin für eine spätere Verwendung gelagert.

Diese Praxis war älter als die Ankunft Hotu Matuas, des Gründervaters der Osterinsel, wurde aber aus seiner untergegangenen Heimat Marae Renga (also Lemurien) von sechs Pionieren eingeführt, die in der Anakena-Bucht den ersten Pipi Hereko bauten. Man glaubte, dass von den Türmen eine große Heilkraft ausging, aber wie die Heilbehandlungen mit den Nabelschnüren in der Praxis aussahen, weiß heute niemand mehr. Als die polynesischen Kurzohren die *Hanau-eepe,* die Langohren, auslöschten, ging dieses Wissen verloren. Jedenfalls ist der ursprüngliche Name der Osterinsel, Te pito te Henua, »Nabel der Welt«, wenigstens zum Teil auf die Bedeutung zurückzuführen, die man den therapeutischen Eigenschaften der menschlichen Nabelschnur zumaß. Welche Rolle die Nabelschnur in der Medizin der Insulaner genau spielte, geriet seit den Überfällen der Sklavenhändler im frühen 19. Jahrhundert in Vergessenheit, denen der größte Teil der damaligen Bewohner zum Opfer fiel. Nach der Zerstörung von Mu wanderten nicht alle Nabelschnur-Heiler zur Osterinsel aus. Andere ließen sich auf Hawaii nieder oder lebten bereits dort als Teil des lemurischen Gemeinwesens, welches sich über zahlreiche Pazifikinseln erstreckte. Das spiegelt sich in einem frühen Namen für Hawaii wider: Ka-houpo-o-Kane, »Nabel des Kane«. (Kane war der Lichtgott, der mit Gesundheit und Lebenskraft assoziiert wurde.) Eine solche Migration findet auch in der von den Hawaiianern verehrten Göttin Pele Ausdruck, die in ferner Vergangenheit auf Kahiki (ein weiterer Name für Mu) geboren wurde, in einer Provinz namens Honuamea, »der Nabel«. Als Pele sich auf Hawaii niedergelassen hatte, benannte sie es nach ihrer Heimat Ka Piko o ka Honua, was »Nabel der Welt« bedeutet. Philologisch besteht hier eine starke Verwandtschaft zum ursprünglichen Namen der Osterinsel: Te pito te Henua. Es gibt Varianten dieser Sage, in denen die Insel bereits vor der Ankunft Peles diesen Namen trug, was darauf hindeutet, dass Hawaii von Anfang an ein Teil Lemuriens war.

Noch heute gibt es in einigen ländlichen Gebieten Japans den Brauch, die Nabelschnur eines Säuglings zu ehren, weil das dem Kind in Zukunft eine gute Gesundheit bescheren soll. Im Dezember 1999 entdeckte Hiroaki Hayashi von der Japanischen Gesellschaft für Petrographie (JPS) eine Verbindung zu Lemurien – oder zumindest zur Osterinsel: Auf der vor der japanischen Küste gelegenen Insel Shodojima befindet sich der Berg Hoshigajo. Auf dem Gipfel des 750 Meter hohen Berges stieß Hayashi auf zwei Steintürme, der eine etwa 5,50 Meter hoch und am Boden 3,70 Meter breit, der andere neun Meter hoch und 4,60 Meter breit. Ihre physische Ähnlichkeit zu den Pipi Hereko auf der Osterinsel ist unwiderlegbar, und Zusammenhänge mit Mu sind offensichtlich. Zum Beispiel gibt es auf Shodojima eine Legende, wonach der Bau der Türme vom ersten japanischen Kaiser befohlen wurde, der den vielsagenden Namen Jimmu trug.

Der Vorsitzende der JPS, Professor Nobuhiro Yoshida, schreibt, dass die Türme »der Fruchtbarkeitsgöttin geweiht waren, der sogenannten ›Hüterin der roten Bohnen‹. Nicht nur in Japan, sondern auch in China, Burma, Thailand, Tibet und Korea sind rote Bohnen ein traditioneller Bestandteil heiliger Festmahle. Zusammen mit gekochtem Reis werden sie bei Totenfeiern verzehrt. *Mochi,* Kuchen, die als Opfergaben den Göttern dargebracht werden, enthalten rote Bohnen, gemischt mit Reis und Honig oder Zucker. Interessanterweise bedeutet der Name *Shodojima* ›Insel der roten Bohnen‹. Möglicherweise befand sich dort eines der wichtigsten religiösen Zentren Asiens, eine Annahme, die dadurch gestützt wird, dass die örtliche Überlieferung die Türme mit dem ersten japanischen Kaiser in Verbindung bringt«.

Bei der Lemurien-Zeremonie im alten Rom ging der männliche Haushaltsvorstand durch alle Räume und streute Bohnen als Opfergabe für die ruhelosen Geister, die Lemuren. Und die Fruchtbarkeit, die von der »Hüterin der roten Bohnen« auf Shodojima ausstrahlte, ist der Langlebigkeit nicht unähnlich, die Osterinsulaner und Hawaiianer ihren Kindern dadurch sichern wollten, dass sie deren Nabelschnüre sorgsam aufbewahrten. In jedem Fall muss man wohl von einer japanischen Übereinstimmung zu den Nabelschnur-Türmen auf Rapa Nui, und somit zu Lemurien, ausgehen.

Aber keine dieser Entdeckungen ergab für Forscher – Mainstream oder Außenseiter – viel Sinn, bis gegen Ende des 20. Jahrhunderts Wissenschaftler herausfanden, dass das Blut einer sofort nach der Geburt durchtrennten Nabelschnur Heilkräfte besitzt, die man zuvor nicht für möglich gehalten hätte. In einer Presseerklärung aus Detroit vom 15. April 2004 konnte man lesen: »Das Barbara Ann Karamanos Krebsforschungsinstitut bittet Mütter, die in der Hutzel-Frauenklinik entbinden, ihre Nabelschnüre zur Verfügung zu stellen. Die Nabelschnüre können möglicherweise das Leben anderer Kinder retten. Nabelschnüre sind reich an Blutstammzellen, den Bausteinen des menschlichen Blutkreislaufs und des Immunsystems. Diese Stammzellen können anstelle der erheblich risikoreicheren Knochenmarktransplantation eingesetzt werden. Bei Stammzellen aus der Nabelschnur ist die Gefahr einer Abstoßungsreaktion des Körpers wesentlich geringer. In der Behandlung zahlreicher Krebsformen kann die Knochenmarktransplantation durch sie ersetzt werden.«

Lediglich ein halbes Jahr später, am 14. Oktober 2004, berichtete der Biologieprofessor Mike Mathews auf einem Ärztekongress in der McBrien Hall der Henderson State University: »Nabelschnur-Stammzellen sind adulte Stammzellen, die aus dem Nabelschnurblut eines Neugeborenen gewonnen werden. Adulte Stammzellen sind sehr *selten*. Nur eine von fünfzehntausend Gewebezellen ist eine adulte Stammzelle.« Und schon vier Wochen zuvor hatte Jill Hows, Direktorin des Londoner Nabelschnurblut-Programms, im September 2004 erklärt: »Nabelschnurblut ist eine vielversprechende neue Quelle für transplantierbare Stammzellen, die man zur Behandlung von Leukämie-Patienten einsetzen kann.« Inzwischen macht man, hauptsächlich in Europa, Fortschritte darin, Krebs und andere Erkrankungen mit Nabelschnur-Stammzellen zu behandeln. Die englische Professorin und ihre Kollegen sind überzeugt, dass sich durch aus Nabelschnüren gewonnene Stammzellen neue therapeutische Dimensionen ergeben, von denen die meisten modernen Mediziner bislang nicht einmal zu träumen wagten.

Ist es Zufall, dass der Glaube der Osterinsulaner, Hawaianer und Japaner an die Heilkraft der menschlichen Nabelschnur durch die modernen Ergebnisse der Stammzellenforschung bestätigt wird? Oder war, wie die polynesische Überlieferung andeutet, die besondere Verehrung, die man der Nabelschnur entgegenbrachte, ein Relikt, eine Erinnerung an die uralte Wissenschaft Lemuriens? Wusste man damals etwas, das heute durch die Wissenschaft des 21. Jahrhunderts erst allmählich wiederentdeckt wird? Dr. Mathews gestand: »Wir sind noch weit davon entfernt, Stammzellen wirklich zu verstehen.«

FÜNF

Der Colonel von Mu

Les aventures arrivent aux aventuriers. Abenteuer kommen zu den Abenteurern.

MOTTO DER FAMILIE CHURCHWARD

Die Geschichte von Atlantis hatte in der antiken und der modernen Welt zwei herausragende Anhänger. Platon, der einflussreichste Denker in der Frühphase der westlichen Zivilisation, beschrieb es im vierten Jahrhundert v. Chr. zum ersten Mal. Dreiundzwanzig Jahrhunderte später verhalf Ignatius Donnelly, der amerikanische Universalgelehrte, Atlantis durch Mythen-Vergleiche und viktorianische Geologie zu neuer Popularität. Für die Geschichte von Mu gibt es zwar keinen ähnlich herausragenden antiken Erzähler, aber sie hat einen modernen Verfechter.

James M. Churchward wurde am 23. Februar 1851 im englischen Devonshire geboren, in einer alten, hoch angesehenen Familie. Er genoss eine Erziehung in Oxford und am Sandhurst Military College, wo er ein Ingenieurstudium aufnahm. Mit zwanzig Jahren heiratete er Mary Stephanson, und als der junge Churchward nach Delhi versetzt wurde, segelte das frisch vermählte Paar nach Indien. Er diente dort in einem königlichen Kavallerieregiment, und bei seinem Ausscheiden aus der Armee hatte er es bis zum Rang eines Colonels gebracht. Während seiner Dienstzeit spionierte er für den Geheimdienst der britischen Armee, um potenzielle Aufständische zu überführen, während er sich gleichzeitig in der Hungerhilfe für die indische Bevölkerung engagierte. Nach dem Erfolg dieser Hilfsmaßnahmen suchte ihn ein *Rishi* auf, der Hohepriester eines Hinduklosters, das in einem Tal beim Oberlauf des Flusses Brahmaputra lag.

»Als er eines Tages sah, dass ich versuchte, ein sonderbares Flachrelief zu entziffern«, erinnerte sich Churchward fünfzig Jahre später, »zeigte er mir, wie man das Rätsel dieser Inschriften löst, und bot mir an, mir Unterricht zu erteilen, was es mir ermöglichen würde, noch schwierigere Übersetzungsarbeiten durchzuführen.« Der Priester erzählte Churchward von einem Satz Schrifttafeln, auf denen angeblich die verlorene Frühgeschichte Indiens beschrieben sei. Die Klosterregeln ließen es normalerweise nicht zu, dass Außenstehende mit diesen Dokumenten arbeiten durften, aber der englische Offizier überzeugte den Priester, dass der bereits stark fortgeschrittene Verfall der Tafeln es dringend erforderlich mache, den Text zu kopieren, um ihn für die Nachwelt zu erhalten. Nach zweijährigem Studium gelang es Churchward, die tote Sprache zu meistern, in der die von der Verwitterung bedrohten Texte verfasst waren. Während der folgenden Monate fertigte er zusammen mit seinem Mentor, dem alten Hohepriester, schrittweise eine Übersetzung des fragilen Dokuments an. Im ersten Band von *Cosmic Forces of Mu* erinnert er sich: »Ich entdeckte in Indien viele Tontafeln, die aus dem Mutterland der Naacal [der heiligen Bruderschaft der Lemurer] dorthin gebracht wurden. Ursprünglich umfasste die nach Indien verbrachte Bibliothek über zehntausend Tafeln. Man sieht also, dass es sich bei den von mir gefundenen Texten nur um einen einzelnen Abschnitt einer langen Geschichte handelt. Mit einigen wenigen Ausnahmen befassen sich diese Naacal-Tafeln mit der Schöpfung und dem Wirken der Kosmischen Kräfte.«

Sie erzählten eine bis dahin unbekannte Geschichte. Auf den Tafeln heißt es, dass in ferner Vergangenheit im Pazifischen Ozean eine gewaltige Landmasse existiert habe. Dort hätten Menschen die erste organisierte Gesellschaft geschaffen – Mu, das Mutterland der Zivilisation. Über Jahrtausende regierte dort eine Theokratie der Priesterkönige eines Sonnenkults, und man erreichte ein hohes Niveau spiritueller und kultureller Leistungen. Missionare verbreiteten die erleuchteten Lehren ihrer Religion nach Osten und Westen, während ihre Landsleute Generation für Generation in Frieden und Wohlstand lebten. Doch vor 12.000 Jahren wurde die Erde von heftigen Konvulsionen geschüttelt, und das Königreich von Mu erlitt eine Naturkatastrophe. Die Landmasse von Mu brach durch eine Serie schwerer Erdbeben in Stücke und versank schließlich fast vollständig im Ozean. Einige Inseln im Südpazifik sind die kleinen, weit verstreuten Überreste dieses einst mächtigen Imperiums. Die Bevölkerung wurde aber nicht ausgelöscht. Einige Überlebende segelten sogar bis zur Bucht von Bengalen, von wo aus sie die Zivilisation nach Indien brachten. Mit der Zeit wurden diese Einwanderer assimiliert, aber ihre Geschichte überlebte, aufgezeichnet auf den vom Zerfall bedrohten Tontafeln, die von Churchward und dem alten Priester mit größter Vorsicht kopiert wurden.

»Sieben Jahre lang verwandte ich meine ganze verfügbare Zeit darauf«, erzählte Churchward bei einem Vortrag vor der American Society for Psychical Research in New York. »Ich studierte fleißig bei dem alten Rishi und erlernte die Sprache von Mu – die Symbole, das Alphabet, die Tex-

James Churchward zu der Zeit, als er sein erstes Buch über die Pazifik-Zivilisation von Mu schrieb.

te, mit dem Ziel, etwas über die Frühzeit der Menschheit zu erfahren. Damals ging es mir nicht darum, meine Ergebnisse zu veröffentlichen. Ich betrieb diese Forschungen ausschließlich zur Befriedigung meiner persönlichen Neugierde. Ich bin der Einzige, an den der alte Rishi jemals dieses Wissen weitergab.«

Die Artefakte, die ihm der alte Priester zugänglich machte, änderten Churchwards Leben. »Diese Tafeln waren für mich der erste Hinweis auf Mu«, erinnert er sich in seinem ersten Buch, »und veranlassten mich zu einer weltweiten Spurensuche. Sie waren von den Naacal selbst angefertigt worden, entweder in Burma oder in ihrem Mutterland. In den Texten wurde von der ursprünglichen Heimat der Naacal berichtet, dem Mutterland mitten im Pazifik.«

1880 schied Churchward aus dem Militärdienst aus, um außerhalb Indiens nach zusätzlichen Beweisen für Mu zu suchen. Aber seine Suche wurde dadurch erschwert, dass er mit seiner Teeplantage auf Ceylon bankrott ging. Dann folgte die Scheidung von seiner Frau, mit der er einen Sohn hatte, Carlton, der damals acht Jahre alt war. Nun bereiste er allein Südostasien und Polynesien, zu einer Zeit, als dies weitaus zeitraubender, anstrengender und gefährlicher war als heutzutage. Dank der Unterstützung seines Cousins William Churchward, der damals britischer Konsul auf Samoa war, konnte er zu der entlegenen, selten besuchten Karolineninsel Pohnpei mit ihrer uralten steinernen Stadt und nach Neuseeland segeln, wo er von Maori-Häuptlingen aus erster Hand die mündlichen Überlieferungen über das verlorene Mutterland hörte.

Im Jahr 1883 reiste der Colonel ins westliche Tibet und schloss sich dann einer Expedition in die Mongolei und nach Sibirien an. Überall fragte er die indigenen Bewohner, ob sie je etwas von einem Land namens Mu gehört hätten. Meistens erntete er damit nur verwunderte Blicke und Schulterzucken. Aber manchmal riefen seine Fragen feindselige Reaktionen hervor. In Burma erzählte er dem Abt eines Klosters in der Nähe von Rangoon von seiner Entdeckung der Naacal-Tafeln in Indien. Der Abt wurde

Augustus Le Plongeon (mit Bart, Bildmitte), archäologischer Pionier des späten 19. Jahrhunderts. Er entdeckte Spuren der Lemurer in Mexiko.

plötzlich wütend und erklärte, die Tafeln seien aus ihrem ursprünglichen Aufbewahrungsort in Burma gestohlen worden. Der Abt zeigte Churchward seine tiefe Verachtung und verwies ihn des Klosters. Jahre später, als er einen Südseeinsulaner nach den Ursprüngen seines Stammes befragte, reagierte der Mann überaus heftig. Mit Wutgeschrei und wilden Gesten protestierte er im Namen von La-Mu-Ra gegen den Tabubruch, den Churchward offensichtlich begangen hatte.

So irritierend solche Begegnungen gewesen sein mögen, bestätigten sie dennoch, dass die verwitterten Tontafeln des alten Rishis grundsätzlich echt sein mussten. »Diese Abfuhren entmutigten mich ein wenig«, erinnerte sich Churchward, »aber ich hatte durch die Übersetzung der Tafeln bereits so viele wertvolle Informationen erhalten, dass ich fest entschlossen war, die Texte aller alten Zivilisation zu studieren und sie mit den Legenden von Mu zu vergleichen.« Er lernte, fließend die Maori-Sprache, verschiedene polynesische Dialekte sowie Tamil zu sprechen. Das ermöglichte es ihm, vertraute Gespräche mit vielen Einheimischen zu führen. Anhand der uralten Geschichten über eine Große Flut, die sie ihm erzählten, gelang es ihm, die kulturellen Umrisse des versunkenen Reiches nachzuzeichnen, das in den Hindu-Aufzeichnungen beschrieben wurde.

1884 reiste Churchward in die Vereinigten Staaten. Von dort dehnte er seine Suche nach Lemurien auf Mexiko und Mittelamerika aus. Als seine Geldmittel durch diese Reisen erschöpft waren, nahm er bei einer New Yorker Firma eine Anstellung als Vertreter für Eisenbahn-Ausrüstung an. Seine Einkünfte aus dieser Tätigkeit schwankten aber sehr, so dass es ihm oft an Bargeld mangelte. Um sein spärliches Gehalt aufzubessern, entwickelte er innovative Bindebleche und Sicherheitsmuttern, die er sich patentieren ließ und an die Bangor & Aroostook-Eisenbahngesellschaft verkaufte. Auch wenn er nie das Interesse an Mu verlor, war er während dieser Zeit doch hauptsächlich mit dem nackten materiellen Überleben beschäftigt. Churchwards Enthusiasmus wurde jedoch neu entfacht, als er den umstrittenen Maya-Forscher Augustus Le Plongeon kennen lernte, mit dem und dessen amerikanischer Frau Alice er sich anfreundete.

Le Plongeon wurde als Sohn eines Kommodore der französischen Marine im Jahre 1826 auf der Insel Jersey geboren. Vierundzwanzig Jahre später, nachdem er beim Goldrausch von Kalifornien sein Glück gesucht hatte, trat er in

San Francisco eine Stelle als Landvermesser an und absolvierte ein Medizinstudium. Als er bereits im mittleren Alter war, heiratete er Alice Dixon, eine zweiundzwanzigjährige Engländerin, die in Brooklyn lebte. Sie führten eine hingebungsvolle Ehe und erwiesen sich als wahre Pioniere der Archäologie, die das Hinterland der Maya intensiver erforschten als jeder andere zuvor. Von 1873 bis 1885 erkundeten sie die Dschungelgebiete von Yucatán, teilten alle Entbehrungen, Abenteuer und Entdeckungen miteinander und sammelten in großer Zahl wertvolle Artefakte, die sie an die großen Museen Nordamerikas weitergaben. Und sie fertigten über fünfhundert Fotografien archäologischer Stätten an, die nie zuvor visuell dokumentiert worden waren, außerdem zwanzig Papierbögen mit sorgfältig ausgeführten Kopien von Wandmalereien.

Trotz all seiner Mühen und Leistungen galt Le Plongeon unter den renommierten Altertumsforschern, wie man diesen Berufsstand in der viktorianischen Zeit nannte, als wirrköpfiger Außenseiter, denn man hielt seine Versuche, die Maya-Hieroglyphen zu entschlüsseln, für pure Fantasie. Zwar blieben seine Bemühungen, die komplexen Schriftsymbole zu verstehen, zum großen Teil erfolglos, aber sie stellten dennoch einen legitimen frühen Übersetzungsversuch dar. Seine Kritiker, die noch viel weniger über die Maya-Schriftsprache wussten als er, hatten eigentlich kein Recht, seine Interpretationen zu verdammen. Immerhin widersetzten sich die Glyphen noch weitere hundert Jahre allen Übersetzungsversuchen.

In den 1890er Jahren waren Le Plongeons Theorien über die Bedeutung der Glyphen nicht schlechter als andere. Vermutlich waren sie sogar ein ganzes Stück wertvoller, denn immerhin hatte er über ein Jahrzehnt mit Feldforschung vor Ort in Mittelamerika zugebracht, während seine kleinlichen Kritiker aus der Behaglichkeit ihrer Hochschul-Arbeitszimmer heraus spekulierten und argumentierten. Sie spotteten, seine Deutungen der Maya-Hierglyphen seien bloße Hirngespinste. »Man hat mich beschuldigt, die von mir verbreiteten Theorien über das alte Amerika stünden im Widerspruch zur Meinung jener Männer, die man als Autoritäten auf dem Gebiet der amerikanischen Archäologie betrachtet«, schrieb er. »Und so ist es in der Tat. Der Fehler liegt aber nicht bei mir, obwohl es mir zum Unglück gereicht, denn ich habe mir dadurch die Feindschaft dieser Männer zugezogen und muss die Konsequenzen tragen.«

Doch Le Plongeon demonstrierte sein besseres Verständnis der rätselhaften Schriftsprache, als es ihm gelang, auf einer Inschrift an einem Zeremonialgebäude in Chichen Itza das Wort Chac-Mool zu entziffern, zusammen mit einer präzisen Ortsangabe, wo die so bezeichnete Statue vergraben worden war. Seine Ausgräber machten sich dort an die Arbeit und entdeckten eine sechs Meter tiefe Grube, in der sie auf eines der schönsten jemals gefundenen Exemplare mittelamerikanischer Kunst stießen. Diese monumentale Plastik war die meisterliche Darstellung eines liegenden Mannes, der eine Schale über seinem Nabel hält – Symbol für den »Nabel der Welt«-Kult, wie er vor der Großen Flut in Mu und Atlantis praktiziert worden war.

Dank Le Plongeons Ingenieurstalent gelang es seinen indianischen Helfern allein mit Lianen und Baumstämmen, den zwei Tonnen schweren Monolithen in mühevoller Arbeit aus der Grube zu heben. Seine Entdeckung bewies, dass Le Plongeon die Maya-Inschrift richtig gedeutet hatte. Diesen Triumph konnte ihm niemand nehmen, selbst als Chac-Mool von den örtlichen Behörden in Merida beschlagnahmt wurde. Kurz darauf erschien ein mexikanisches Kriegsschiff vor der Küste und drohte damit, die Stadt zu beschießen, wenn die Statue nicht unverzüglich dem Kapitän übergeben werde. Das Monument wurde an

Bord gebracht und schließlich in Mexico City ausgestellt, wo man es heute noch bewundern kann.

Tragischerweise lebte Le Plongeon nicht lange genug, um sich an der Bestätigung seines Werkes durch die Archäologie des späten 20. Jahrhunderts zu erfreuen. Zum Beispiel war er der erste Forscher, der erkannte, dass es sich bei der Ruine El Caracol in Chichen Itza um ein astronomisches Observatorium handelte. Und er berechnete, dass die alten Maya einen Kreis in 400 Einheiten unterteilten. Seine richtige Übersetzung des Maya-Wortes *Chan*, »Schlange«, war äußerst wichtig, denn es zeigte, dass die Maya einen vollständigen Kreis als *Chan-Bak* bezeichneten, was gleichzeitig »kreisförmige Schlange« und die Zahl 400 bedeutet. Diese Bildsprache findet sich auch im Ouroboros der Alten Welt, einer Schlange, die sich in den eigenen Schwanz beißt, was ewiges Leben symbolisiert.

Diese Erkenntnisse öffneten den Blick für die astro-spirituelle Bedeutung der Maya-Architektur. Le Plongeons Untersuchung der Pyramiden von Yucatán zeigte, dass viele von ihnen einundzwanzig Meter hoch waren und ihre vertikalen Ebenen die Hälfte des Pyramidenumfangs maßen, dessen Durchmesser der Grundlänge entsprach. Zu Le Plongeons Verblüffung ergab sich aus diesen immer wieder anzutreffenden Maßen, dass zumindest einige Maya-Pyramiden die physischen Abmessungen der Erde enthielten. »Diese Ergebnisse Le Plongeons erwiesen sich in prophetischer Weise als richtig«, bemerkte Peter Tompkins, der populäre Autor von *Secrets of the Mexican Pyramids*.

Ein anderes Wort, das Le Plongeon immer wieder aus den Maya-Texten herauszulesen behauptete, war *Mu*. Es schien in Verbindung mit einem mächtigen Inselkönigreich zu stehen, dass sich in der Mitte des Atlantischen Ozeans befunden hatte, ehe es durch eine Naturkatastrophe ausgelöscht wurde. Churchward war erstaunt über Le Plongeons

Entdeckung, aber bestürzt, dass Mu sich im Atlantik befunden haben sollte. Diese Legende erinnerte eher an Platons Atlantis als an das Pazifische Mutterland, von dem er in Indien erfahren hatte. Er war sicher, dass der Name richtig war, aber die Ortsbestimmung unzutreffend. Dennoch wurden Churchward und Le Plongeon schnell Freunde, und Le Plongeon war glücklich, jemanden gefunden zu haben, der seine Arbeit wertschätzte.

Churchward, der nun darauf brannte, endlich seine Suche nach Mu fortzusetzen, war wegen seines Geldmangels frustriert. Er beschloss, irgendwie genug Einkommen zu generieren, um seine Forschungen zu finanzieren. Er wusste, dass sein brillanter Bruder versucht hatte, Armierungsstahl zu entwickeln. James bot ihm eine Zusammenarbeit an in der Hoffnung, dort weitermachen zu können, wo sein Bruder kapituliert hatte, und dadurch für sie beide ein Vermögen zu verdienen. Es schien ein aussichtsloses Unterfangen, ein bloßes Luftschloss. Schließlich verfügte Churchward über keinerlei Kenntnisse in Metallurgie. Allerdings hatte er sich ja beruflich viel mit Eisenbahnen beschäftigt, war mit der Natur von Stahl vertraut und verfügte über einige Erfahrung als Ingenieur. Dennoch erscheint es fast unglaublich, dass es ihm im Jahr 1907 gelang, eine überlegene und doch preiswertere Nickel-Chrom-Vanadium-Legierung zu entwickeln.

Diese Legierung machte in der Stahlindustrie augenblicklich Furore, und zwar so sehr, dass schon lange im Geschäft befindliche Konkurrenten, die ihr Geld mit Marine-Aufträgen verdienten, Churchward das Patent stahlen, um die Preise hochzuhalten. Denn Churchwards Legierung gefährdete ihre überhöhten Profite. Er brachte die kapitalistischen Diebe vor Gericht, und 1910 wurde Carnegie Steel dazu verurteilt, ihm 275.000 Dollar zu zahlen. Fünf Jahre später verklagte er Bethlehem Steel auf eine

Million Dollar. Zwar gelang es den Firmenanwälten, den Betrag auf 135.000 Dollar zu drücken, aber bereits das war im frühen 20. Jahrhundert eine enorme Summe. Churchward kaufte einen vier Hektar großen Landsitz in Lakewood, Connecticut, wo er Forschungsmaterial und Reisenotizen aus mehreren Jahrzehnten zu einem Buch zusammenstellte. Das Ergebnis, *The Lost Continent of Mu,* erschien im Jahr 1926. Da war Churchward bereits dreiundsiebzig Jahre alt. Das Buch hatte auf Anhieb einen Riesenerfolg, und in kurzer Zeit wurden davon Hunderttausende Exemplare verkauft. Erste Rezensionen in so angesehenen Zeitungen wie der *New York Post* und dem *Seattle Post-Intelligencer* waren voll des Lobes.

Doch schon bald meldeten sich wissenschaftliche Kritiker zu Wort, die dem Buch seine entscheidende Schwäche ankreideten. Churchward hatte es versäumt, seine außerordentlichen Behauptungen durch Quellenangaben zu belegen. Dieser grundsätzliche Mangel wurde noch durch die herrische Attitüde des Autors verschärft. »Die effektivste Methode, eine Hypothese zu vernichten«, schrieb in seinem Lemurien-Buch der berühmte Mythenforscher Lewis Spence über den Colonel, »besteht darin, sie in dogmatischer Weise zu präsentieren, mit jener pompösen Selbstgewissheit und Intoleranz gegenüber den Meinungen anderer, die ein Mensch mit aufrichtiger Überzeugung eigentlich nicht nötig haben sollte.« Der angesehene Atlantisforscher Edgerton Sykes hatte die Informationen über Lemurien mit Interesse erwartet, äußerte sich aber enttäuscht über das Buch, das er schwer erträglich und unnötig aggressiv fand. Die konventionellen Archäologen und Geologen reagierten naturgemäß mit harter Kritik und beschimpften den wissenschaftlich unqualifizierten Churchward dafür, dass er es gewagt hatte, so lautstark ihre akademischen Kreise zu stören.

»Einer ihrer Hauptkritikpunkte gegen Churchward war«, schreibt der Atlantisforscher Kenneth Caroli aus Florida, »dass er keine Fotos der Naacal-Tafeln vorlegen konnte, geschweige denn die Tafeln selbst, und dass er sich weigerte, den Ort preiszugeben, wo sich der Tempel befand, in dem er die Tafeln gesehen hatte. Aber erstens gehörten ihm die Tafeln nicht, so dass er keine von ihnen hatte mitnehmen können. Zweitens hätten sie ihm eigentlich gar nicht gezeigt werden dürfen. Daher konnten die Tempelpriester ihm nicht beispringen, in dem sie öffentlich seine Geschichte bestätigten. Zu der Zeit, als Churchward sein Buch schrieb, also fünfzig Jahre später, war sein Rishi-Lehrer vermutlich längst tot. Drittens hatte man die Tafeln offenbar vor langer Zeit in Burma gestohlen. Ihren Aufbewahrungsort zu veröffentlichen, hätte sicherlich Probleme heraufbeschworen. Die Tafeln wurden vermutlich in einem Hindu-Tempel aufbewahrt, waren aber wahrscheinlich buddhistischen Ursprungs oder wurden zumindest für buddhistisch gehalten, und daher waren sie tabu.«

Völlig unbeirrt veröffentlichte Churchward weitere Bücher. Auf *The Children of Mu* im Jahr 1932 folgten zwei Jahre später *The Sacred Symbols of Mu* und 1934 *The Cosmic Forces of Mu*, Band 1; im folgenden Jahr erschien dann als sein letztes Buch der zweite Band dieses Werkes. Obwohl mit jedem Buch die Glaubwürdigkeit abnahm und Churchwards Behauptungen hanebüchener wurden, gelangte er zu einer gewissen Berühmtheit, gab Radiointerviews und hielt Vorträge über »seinen« verlorenen Kontinent. Auf einer solchen Vortragsreise, unterwegs nach Los Angeles, starb er mit vierundachtzig Jahren. Er wurde auf dem Friedhof Kensico in Valhalla, New York, beigesetzt. Unmittelbar vor seinem Tod hatte er an *Traces of Mu in America* gearbeitet. Dieses Buch blieb unvollendet. Der Text verschwand bald darauf. Ein anderes vernachlässigtes

Werk musste ein halbes Jahrhundert auf seine Veröffentlichung warten. Es handelte sich um ein *Books of the Golden Age* betiteltes Manuskript, das Churchward mit der Hand geschrieben hatte, in seiner schönen, fließenden Schrift, und das für seinen Neffen und »adoptierten Sohn« Howard William Keresey bestimmt gewesen war.

Hätte Churchward sich darauf beschränkt, seine Erlebnisse in dem Hindu-Tempelkloster und die sich daran anschließenden Forschungsreisen zu schildern, wäre seine Buchreihe weitaus lesbarer und glaubwürdiger gewesen. Stattdessen sind seine Bücher ein verworrenes, schwülstiges Durcheinander aus absurden geologischen Theorien, unbewiesenen Behauptungen und wenig überzeugend vorgebrachten Meinungen, die er in keiner Weise von den in seinen Werken ebenfalls enthaltenen durchaus glaubhaft erscheinenden Volksüberlieferungen, verlorenen, aber vermutlich authentischen Dokumenten und realen und wertvollen archäologischen Funden trennt. *The Lost Continent of Mu* und die Folgebände resultieren aus Churchwards Vertrautheit mit einem höchstwahrscheinlich echten Hindu-Dokument, dessen Inhalt er in den Begriffen der modernen Wissenschaft zu erklären versuchte. Seine Theorie, instabile »Gas-Zonen« unter dem Meeresboden seien für den Untergang des pazifischen Kontinents verantwortlich gewesen, deckt sich allerdings in keiner Weise mit der geologischen Wirklichkeit. Dank der immensen technischen Fortschritte, die seit Churchwards Zeiten in der Ozeanografie gemacht wurden, steht heute zweifelsfrei fest, dass im südlichen Zentralpazifik, wo sich nach seiner Ansicht Mu befunden haben soll, während der menschlichen Frühgeschichte keine kontinentale Landmasse existiert hat und deshalb auch nicht im Meer versinken konnte.

Damit soll nicht gesagt werden, es gäbe für die Existenz von Mu keine geologischen Anhaltspunkte. Es hat in der südchinesischen See tatsächlich eine relativ kleine kontinentale Insel existiert, die vor 7.000 Jahren überflutet wurde, als sie mit an Sicherheit grenzender Wahrscheinlichkeit bereits von Menschen besiedelt war. Überall im Pazifik sind immer wieder Inseln und ganze Inselketten aus dem Meer aufgetaucht oder darin versunken, selbst in moderner Zeit. So wurde Mitte des 18. Jahrhunderts nicht weit von der Osterinsel entfernt die Davies-Insel entdeckt und kartografiert. Im darauffolgenden Jahrhundert war diese Insel wieder verschwunden, ohne eine Spur zu hinterlassen. Zwar sind Churchwards Argumente für einen versunkenen Kontinent im Pazifik fragwürdig, aber zahlreiche vom Meer verschlungene Inseln und Archipele und sogar ein untergegangenes kontinentales Fragment sind mögliche Kandidaten für das verlorene Königreich Mu. Andererseits weist Churchwards wundersame Karte einer einstigen kontinentalen Landmasse eine geradezu unheimliche Ähnlichkeit mit dem auf, was inzwischen von Geologen als »Superswell« bezeichnet wird. Dabei handelt es sich um eine gewaltige Region geringer Meerestiefe, mit vielen Vulkanen, unterseeischen Bergen und starker seismischer Aktivität, die sich, beginnend am Ostpazifischen Rücken, nach Westen über einen großen Teil des zentralen Pazifik erstreckt. Vielleicht befand sich dort also doch der versunkene Kontinent Mu.

Der Colonel bot noch eine Menge weiteren Unsinn auf, schrieb über Felszeichnungen in Arizona, auf denen angeblich Dinosaurier zu sehen seien, Naacal-Tafeln in Mexiko und andere wenig hilfreiche Abschweifungen. Auch glaubte er, bei buddhistischen, hinduistischen oder aztekischen Kunstwerken, die alle offenkundig in den letzten Jahrhunderten angefertigt wurden, handele es sich um echte lemurische Artefakte, die angeblich Tausende von Jahren alt seien. Herausragendes Beispiel für diese leicht erkennbaren Irrtümer war das Foto einer sitzenden Bronzefigur, die Churchward als 18.000 Jahre alte Darstellung von Mu, »dem Weltenherrscher«, bezeichnete. In Wirklichkeit handelt es sich um eine der einundzwanzig *Taras* oder »Aspekte« Buddhas. Sie kann nicht vor dem 13. Jahrhundert n. Chr. entstanden sein und ist vermutlich sogar noch deutlich jünger. Die Gesten der Figur haben nichts damit zu tun, dass sie »durch den Schöpfer die Seele des Menschen empfängt«, wie Churchward schrieb. Vielmehr zeigt die linke Hand Abhaya, die Geste der Furchtlosigkeit, und die rechte Hand symbolisiert Bhumisparha, einen Eid, bei dem auf die Erdmutter geschworen wurde, die Wahrheit gelehrt zu haben.

Doch Churchwards zahlreichen Fehlinterpretationen, Übertreibungen und Fantastereien liegt ein echtes Interesse an einem Gegenstand zugrunde, für dessen einstige Existenz anspruchsvollere Forscher inzwischen bessere Beweise gefunden haben als er. Le Plongeons umfangreiche Materialsammlung, die Churchward nach dem Tod des älteren Mannes im Jahr 1908 erbte, ist offenbar die erste, wenn auch nicht immer korrekt benannte Quelle für seine Bücher über Mu. Sie sind trotz aller Schwächen von unschätzbarem Wert, weil, wie ich in diesem Buch dokumentiere, der Kern der in ihnen erzählten Geschichte durch zahlreiche Belege verifiziert werden kann. Churchwards Erzählung über Mu ist wie ein Skelett, das inzwischen durch zahlreiche physische Beweise mit Fleisch gefüllt wurde. Daher kann es dazu dienen, Tausende von Fakten zu einem Gesamtbild zu vereinen, das wir mit jedem neu hinzukommenden Beweis besser verstehen. Auch wenn vermutlich drei Viertel von Churchwards Aussagen unhaltbar sind, beweist das Viertel Wahrheit in seinen Büchern, dass er tatsächlich Zugang zu Aufzeichnungen hatte, in denen das verlorene Mutterland Mu beschrieben wurde.

Churchward fertigte von den hinduistischen Texttafeln, die er angeblich in Indien einsehen durfte, keine genaue Übersetzung an, sondern berichtete nur sinngemäß über deren Inhalt. Seinen Lesern bleibt nichts anderes übrig, als auf seine korrekte Wiedergabe der Inhalte zu vertrauen. Doch trotz all seiner Versäumnisse setzte Churchward eine seriöse Erforschung der vergessenen Pazifik-Zivilisation in Gang, eine Suche, die bis zum heutigen Tag andauert und durch die, lange nach seinem Tod, viele seiner Vermutungen bestätigt wurden.

SECHS

Der Garten Eden?

Über fünfzig Jahre lang habe ich nach diesen Puzzlestücken gesucht und sie zusammengesetzt, um eine intelligente Geschichte von der Schöpfung des Menschen zu beginnen. Es ist Sache jener, die nach mir kommen, diese Geschichte zu vollenden.

Colonel James Churchward

James Churchward glaubte, dass die uralten, brüchigen Texttafeln, die er 1870 in Indien gesehen und übersetzt hatte, von den »Heiligen Brüdern – den Naacal« angefertigt wurden, einer »Priesterschaft, die vom Mutterland in die Kolonien entsandt wurde, um die Menschen in den heiligen Texten, der Religion und den Wissenschaften zu unterweisen. Diese Naacal gründeten in jedem Land Schulen, wo Priester ausgebildet wurden, indem man ihnen Religion und Wissenschaft vermittelte. Die in diesen Schulen ausgebildete Priesterschaft unterwies dann das Volk«. Deshalb wurden in einem hinduistischen Tempelkloster lemurische Texttafeln aufbewahrt.

Die Texte waren mit verschiedenen Zeichnungen illustriert, die angeblich zentrale Symbole jener Hochkultur vor ihrer Zerstörung darstellten. Das vorherrschende Symbol bestand aus dem Buchstaben *Tau* oder dem großen *T*. Darüber befand sich ein blühender Lotos, links und rechts von Farnkraut flankiert. Links neben dem *T* stand ein Hirsch auf den Hinterläufen, als wolle er nach oben springen. Churchward zufolge bedeutete dieses zusammengesetzte Symbol »die Ankunft des Menschen im Land Mu«. Der Lotos steht für die Erleuchtung der Seele oder die Erkenntnis, wie dies heute noch im Buddhismus der Fall ist, während die beiden Farne spirituelle und materielle Fülle symbolisieren. Das *T* war Mu selbst, das aus der Mitte des Ozeans auftaucht. Geburt und Ursprung der Menschheit wurden durch den Hirsch verkörpert, der »ins Leben springt«.

Obwohl Churchward, wie es für ihn typisch ist, keinerlei Quellen für seine Deutung des *Tau*-Symbols angibt, taucht es doch in verschiedenen Kulturen auf, bei denen ein lemurischer Einfluss wahrscheinlich ist. Zum Beispiel findet es sich im Südpazifik, also dort, wo das verlorene Mutterland gelegen haben muss, in Französisch-Polynesien auf den Marquesas. Könige und Hohepriester tragen dort einen *T*-förmigen Stab, der Kreuz Gottes genannt wird. Dem hawaiianischen Historiker Leinani Melville zufolge wird dieser Stab »bei Tempelritualen im Rahmen von Staatsanlässen oder religiösen Prozessionen« benutzt. »Ein Tau wurde aus einem makellosen Stück Hartholz gehauen, das sorgfältig ausgewählt und von einem Hohepriester gesegnet wurde. Es war in der Regel sechzig bis hundertzwanzig Zentimeter lang und fünf bis acht Zentimeter breit. Die Dicke des Holzes betrug zwischen zweieinhalb und fünf Zentimeter.« Das Kreuz Gottes und das dafür sorgfältig ausgewählte Holz weisen Ähnlichkeit zum Baum des Lebens der Hawaiianer auf, dem Puka-tala.

Steinplatte im Mu-Museum in Japan mit einer Darstellung der Ankunft der frühen Menschen in Lemurien, symbolisiert durch einen Hirsch, der auf ein *T* oder *Tau* springt, das Zeichen für Mu.

Pohutukawa, eine Maori-Variante, war ein heiliger Baum, der im Zentrum von Limus versunkenem Palast wuchs, von wo, laut Knappert, »die Geister hinab in den Abgrund stürzten, der in das Geisterland unter dem Meer führte«. In Mythen der Hawaiianer wie der Maori wird das Land, in dem man diesen Baum verehrte, als der paradiesische Geburtsort der Menschheit beschrieben, von dem aus die Menschen die Welt besiedelten. Sie wurden nicht durch göttlichen Zorn aus diesem Paradies vertrieben, sondern mussten von dort fliehen, als Kahiki-homnua-kele, Kapakapaua-a-Kane oder Pali-ilu, um nur einige der sprechenden Namen zu nennen, unter denen das pazifische Eden bekannt war, im Meer versank und zum Reich der Toten wurde. In den meisten polynesischen Überlieferungen fehlt jegliche Deutung des Geschehens als himmlischer Sündenfall.

Diese moralisierende Version in der biblischen Schöpfungsgeschichte scheint eine besondere hebräische Variante zu sein, bei der die Priester Schuldgefühle weckten, um ihre Gemeinden besser beherrschen zu können.

Churchwards Auffassung, dass »das Wort *tau (ta-oo)* zu den wenigen Wörtern des Mutterlandes zählt, die überliefert wurden«, stützt sich offenbar auf Hora-nui-a-Tau, also »das große, ausgedehnte Land von Tau«, und Hau-papa-nui-a-Tau, das »hügelige Land von Tau«. In der Überlieferung der Maori handelt es sich dabei um die Heimatländer, aus denen in grauer Vorzeit die Tangata-Whenua kamen, die Ureinwohner Neuseelands. Churchward schreibt weiter, dass »die Südseeinsulaner das Sternbild Kreuz des Südens *Tau-ha* nennen«. Die Hawaiianer gaben diesem Sternbild den zum Nachdenken anregenden Namen Humu. Ihr bereits erwähntes *tau*-förmiges Kreuz Gottes nannten sie *ta-ha-oo*. In Mu'a, einer alten Hafenstadt auf der polynesischen Insel Tonga, fast 5.000 Kilometer von Hawaii entfernt, steht eine gewaltige Pyramiden-Plattform, das Tauhala.

Ein deutlich ausgearbeitetes *T* findet sich in der Rindenmalerei der australischen Ureinwohner. Es schließt sieben funkelnde Gestalten ein, die in Bezug zu den Plejaden stehen. In der Mythologie der Aborigines gehörte dieses Sternbild einer Gruppe von Geistern, den Muramura; hierbei wird der Name des versunkenen Mutterlandes mit dem des Sonnengottes Ra kombiniert. Die Muramura erschufen die Menschen, indem sie die Gliedmaßen noch nicht ausgeformter wilder Tiere glattzogen. Dann gaben sie den Menschen die ersten Initiationsriten in die heiligen Mysterien. Die Muramura reisten auf der ganzen Welt umher, bis sie an einer langen »Haar-Schnur« hinauf in den Nachthimmel gezogen wurden. Ihr Name, ihre Funktion als Schöpfer der menschlichen Kultur und ihr Status als Weltreisende sind klare Hinweise auf ihre lemurische Identität.

Eines der vielen symbolisch für Lemurien stehenden *T*-Zeichen der Maya in der Ruinenstadt Copán in Honduras.

In der mündlichen Überlieferung *Keilahn aio,* »Die andere Seite des Gestern«, war Mwas en Pahdol eine Ahnin, die aus ihrem fernen Heimatland eine besondere Palmenart nach Pohnpei brachte. In ihrer Geschichte vermischen sich mehrere wichtige Themen, und nicht zuletzt ist die Parallele zwischen ihrem lemurischem Namen und dem der gewaltigen Ruinenstadt Nan Madol bemerkenswert, die ich in Kapitel 1 beschrieben habe.

Das herausragende lemurische Symbol erscheint auch in den hawaiianischen Puako-Petroglyphen. Entlang des Keo Trail finden sich mehrere Beispiele des in Stein geritzten T's, das mit Lono in Verbindung gebracht wird, dem blonden, hellhäutigen, mit mächtigem Mana ausgestatteten Kulturbringer aus einem verlorenen Königreich. Lonos persönliches Emblem, genannt Lonomakua, »Vater Lono«, war ein großer Holzpfahl, an dessen Spitze ein Kreuzstück jenes Tau bildete, das, wie Churchward beharrlich betonte, Mu symbolisierte. Das Lonomakua wurde während des jährlichen Makahiki-Festes auf der ganzen Insel umhergetragen. Mit diesem Fest feierte man Lonos in ferner Vergangenheit liegende Ankunft aus einem versunkenen Königreich. Lonos Identifikation mit Mu wird durch seinen Titel unterstrichen: *Hu-Mu-hu-Mu-nuku-nuku-apua'a,* was besagt, dass Lono wie ein Fisch von Mu zu den Inseln schwimmen konnte, ein Hinweis auf seine Fähigkeiten als Seefahrer.

Leinani Melville zufolge ist Lonos Heimat unter dem Meer, die polynesische Version des verlorenen Mutterlandes – Haiviki –, von der Wurzel *ha* abgeleitet, die auf Hawaiianisch »Atem, also Leben« bedeute. Hier wird eine bemerkenswerte Verbindung zwischen dem pazifischen Reich Mu und Mittelamerika deutlich. Das *T* nimmt nämlich unter den Hieroglyphen der Maya eine herausragende Stellung ein. Es findet sich in Übergröße und deutlich abgesetzt an den wichtigsten Kultzentren, etwa in Palenque in Guatemala und Copán in Honduras. Es wird »ik« genannt und steht für Atem, den Atem des Lebens. Damit gibt es eine bemerkenswerte Übereinstimmung zwischen der T-Glyphe der Maya und Churchwards Deutung des Symbols, das nach seiner Auffassung in Mu für den Anfang des Lebens gestanden haben soll. Dass solche weitverbreiteten Elemente auf den Marquesas, in Hawaii, Mittelamerika und Lemurien einander so perfekt entsprechen, legt Zeugnis ab für eine Verbindung zwischen diesen Kulturen.

Es wurde bereits in Kapitel 3 dargelegt, dass die geheimnisvolle Ähnlichkeit zwischen den Schriften der Osterinsel und von Mohenjo-Daro darauf zurückzuführen ist, dass beide Schriften unabhängig voneinander aus demselben Mutterland übernommen wurden. Aber eine gemeinsame Schriftsprache war nicht die einzige Verbindung zu Mu. Rapa Nuis lemurische *T*-Glyphe ist Teil einer noch nicht entschlüsselten Botschaft auf der Dholavira-Tafel, die vor mindestens 4.000 Jahren über dem Nordtor der Stadt Harappa angebracht wurde. Harappa war nach Mohenjo-Daro die zweite Stadt im Industal. Im *Rig-Veda*, dem ältesten und wichtigsten heiligen Text der Hindus, wird sie als Hariyupiya erwähnt. Das Vorhandensein der *T*-Glyphe dort wird durch Zylindersiegel und Schrifttafeln offenbar religiösen Inhalts unterstrichen, auf denen ein heiliger Baum abgebildet ist, der laut Churchward durch das *Tau* symbolisiert wurde.

Eine andere Maya-Glyphe stellt eine Verbindung zu dem Hirsch in Churchwards Symbol für das pazifische Mutterland her. Aus einem Kreis in der Mitte eines Rechtecks führen unterbrochene Linien in jede seiner vier Ecken, durchkreuzt von vier Paaren gerader Linien. Die Glyphe symbolisiert offenbar einen zentral gelegenen Ort. Augustus Le Plongeon kam zu dem Schluss, die Glyphe stünde in Bezug zu Maya-Erzählungen über »die versunkenen Orte, verkörpert durch das Bild eines einem Hirsch ähnelnden Tieres«. Wie er schreibt, war diese Glyphe als U-luumilceh bekannt, das »Land des Hirschs«. Francisco Hernandez de Cordova, der als erster spanischer Conquistador seinen Fuß auf mexikanischen Boden setzte, erfuhr von diesem Namen, als er auf einer kleinen, der Küste vorgelagerten Insel namens Mu-geres landete. Dass dieser vielsagende Name im Zusammenhang mit dem »Land des Hirschs« auftaucht, deutet auf eine transpazifische Verbindung hin. Und tatsächlich klingt *luumilceh* wie eine Maya-Version des Namens Lemurien.

Hirschdarstellungen spielen auch in der spirituellen Symbolik der Navajo-Indianer des amerikanischen Südwestens eine ähnliche und gleichermaßen wesentliche Rolle. Das Tier muss getötet werden, ohne einen Tropfen seines Blutes zu vergießen, wenn seine Haut als Kostüm des

Gottes Yeibichai benutzt werden soll. Er ist als der »sprechende Gott« bekannt und wird als solcher von einem Darsteller verkörpert, der eine weißgesichtige Maske trägt und die Schöpfungsgeschichte rezitiert. Yeibichai wird als der Großvater aller Götter verehrt. Er überlebte die Große Flut, bei der im Westen ein Inselparadies im Meer versank, auf dem der erste Mann und die erste Frau geboren wurden. Die heiligen Sandmalereien der Navajo durften nur auf Hirschleder ausgeführt werden, und die bei religiösen Tänzen benutzten Rasseln wurden ausschließlich aus Hirschhufen gefertigt, während die Geweihe als Gefäße des Lebens verehrt wurden.

Auf der anderen Seite des weiten Pazifiks, in der alten japanischen Stadt Nara, findet alljährlich von Mitte Oktober bis Anfang November eine Hirschzeremonie statt, und zwar an einem Pfad, der zum Omotesando-Schrein führt. Die Tiere werden dort ganzjährig im Park Shika-no-Tsunokiri gehalten. Beim herbstlichen Tsunokiri-Ritual sägt man ihnen die Geweihe ab, um an das Ende eines früheren Zeitalters zu erinnern. Gleichzeitig symbolisiert dies die Wiedergeburt der Menschheit im darauffolgenden Zeitalter, so wie auch die Hirschgeweihe, Symbole der Erneuerung, immer wieder nachwachsen.

In der tibetischen Bön-Religion gibt es ein episches Gedicht mit dem Titel *Riten des Hirsches,* in dem die Ursprünge des tibetischen Volkes gefeiert werden. Darin heißt es: »Auf der Erde schreitet der Hirsch, der braune Hirsch der Mu. Die Seelen des Königs, seines Ministers und seines Vasallen verkleideten sich als kostbarer Kuckuck, als Hirsch und als Baum.« Die Mu gelten in der Bön-Überlieferung als eine der Ursprungsrassen des vor-buddhistischen Tibet.

Zwar findet sich der Hirsch in der religiösen Symbolik vieler Völker überall auf der Welt, doch seine Präsenz in den Kulturen der Maya, Navajo, Japaner und Tibeter ist besonders lemurisch, denn sie haben die Vorstellung der Wiedergeburt nach dem Untergang eines früheren Zeitalters gemeinsam, der in der Regel durch eine große Flut ausgelöst wurde. Damit besteht hier die größte Ähnlichkeit zur Bedeutung des Hirsches in Churchwards Symbol für Mu. Dass in der tibetischen Überlieferung im Zusammenhang mit dem heiligen Hirsch sogar ein Volk erwähnt wird, das diesen Namen trägt, könnte deutlicher nicht sein.

Wie im tibetischen Text *Riten des Hirsches* erwähnt wird, verkleidete sich die Seele des königlichen Vasallen als Baum. Bezugnehmend auf sein T, das er als Symbol für die versunkene Zivilisation deutete, schrieb Churchward: »Mu wurde durch einen Baum symbolisiert, den Baum des Lebens.« Seine Glyphe war das *T* oder *Tau*, und dieses Symbol entspricht, wie wir in Kapitel 3 erfahren haben, jener Konfiguration, die von zwei Bruchlinien gebildet wird, welche sich bei der Osterinsel auf dem Meeresboden kreuzen. Dabei handelt es sich um den gleichen Baum des Lebens, der auch in der Schöpfungsgeschichte der Hebräer in der Bibel erwähnt wird. Der Colonel war fest davon überzeugt, das erste irdische Paradies habe sich im Südpazifik befunden, was natürlich heftigen Widerspruch seitens der Traditionalisten in Wissenschaft und Religion hervorrief.

Seine Auffassung wird aber offenbar durch zahlreiche polynesische Schöpfungsberichte bestätigt, in denen Te tumu o te pohoe wörtlich als Baum des Lebens beschrieben wird, von dem die ersten Menschen in Haiviki sich ernährt hätten. Immerhin betrachtete der transpazifische Tane, bei den Hawaiianern als Kane bekannt, Holz als heilig. Er war der göttliche Patron aller, die mit Holz arbeiten, insbesondere der Kanubauer, denn sein hellhäutiges Volk aus dem versunkenen Heimatland Haiviki war wegen seiner Seefahrtkünste berühmt. Doch die tibetische Verbindung zwischen einem Baum des Lebens (Reinkarnation) und dem

Volk von Mu ist nicht das einzige Indiz, das für Churchwards Theorie von einem lemurischen Garten Eden spricht. Interessanterweise heißt Holz im Chinesischen *mu*. Dieses Wort bedeutet außerdem »untertauchen«, was als Hinweis auf die lemurische Flut gedeutet werden kann.

Die wichtigste Göttin im alten China war Hsi Wang Mu, die Göttin der Unsterblichkeit. Sie wurde mindestens seit der Shang-Dynastie verehrt, die gegen 1600 v. Chr. begann. Das ist ein bemerkenswertes Datum, denn ungefähr zur selben Zeit versank offenbar das letzte Überbleibsel Lemuriens im Meer. Dass Hsi Wang Mu aus ihrem sagenhaften Palast im Osten nach China kam, deutet auf die Ankunft von Kulturbringern hin, die einen wichtigen Mysterienkult auf dem asiatischen Festland einführten. Ursprünglich wohnte sie auf den Glücklichen Inseln, bis Shoulao, Fu Xing und Lu Xing von dort aufbrachen. Auf einer chinesischen Porzellanmalerei aus der Regierungszeit von Yong Zheng im frühen 18. Jahrhundert (derzeit im Victoria and Albert Museum in London ausgestellt) sieht man Hsi Wang Mu, die ihren einstigen Palast der Unsterblichkeit verlassen hat, um, inmitten wütender Wellen, diesen Göttern der Langlebigkeit, des Glücks und des Wohlstandes über das Meer zu folgen. Die Szene scheint symbolisch für die Evakuierung Lemuriens zu stehen, eine Deutung, die durch einen Bronzespiegel aus der Han-Dynastie unterstützt wird. Er ist mit einem Bildnis der Hsi Wang Mu verziert. Die Göttin befindet sich in Begleitung von Geisthütern, die auf Hirschen reiten, jenem Tier, das, wie schon gezeigt, in mehreren Kulturen entlang des Pazifiks mit Lemurien assoziiert wird. Die japanische Entsprechung zu Shoulao, dem Gott der Langlebigkeit, ist Jurojin, der auf einem Hirsch reitet.

Hsi Wang Mus oberste Aufgabe war es, einen Pfirsichbaum zu behüten, der in ihrem Garten wuchs. Seine Früchte schenkten jedem das ewige Leben, der davon aß. Der

Baum hieß *Jian mu* und galt als die Weltachse, um die alles Leben auf Erden kreiste. In anderen Versionen der Legende von Hsi Wang Mu wird *Fu Sang mu* erwähnt, ein Baum des Lebens, der ursprünglich jenseits des östlichen Meeres wuchs, im Zentrum des sagenhaften Inselkönigreichs Tai Shan, ein offensichtlicher Hinweis auf das pazifische Mutterland, dessen Bewohner, wie es in diesen chinesischen Legenden heißt, weiß waren und nicht asiatisch. Als Hsi Wang Mu das Reich Tai Shan verlassen hatte, pflanzte sie den *Fu Sang mu* in die Mitte ihres neuen Palastes am Berg Kunlun. Von da an war er als der Baum *Ruo mu* bekannt. Mit anderen Worten, nach dem »Untergang« Tai Shans wurde der lemurische Mysterienkult nach China verpflanzt. Dazu passt es, dass Hsi Wang Mu auch als Göttin der Katastrophen verehrt wurde. Analog der Maya-Hieroglyphe für Atem, *ik,* die mit Churchwards *T* identisch ist, das für Mu steht, galt Hsi Wang Mu als Synonym für *yuanqi,* den Ur-Atem, der die Menschheit ins Dasein atmete. Hier besteht eine deutliche Parallele zu der biblischen Version, der zufolge Jehovah Adam erschuf, indem er ihm Leben einhauchte.

In der Kosmologie des alten China gab es einen heiligen Baum, den *kien-mu,* wo im Zentrum des Universums Himmel, Erde und Hölle einander berühren. In der chinesischen Vorstellung vom *kien-mu* lässt sich das lemurische Konzept spiritueller Ausgewogenheit wiedererkennen.

Der Baum des Lebens erscheint als Motiv auf Höhlenmalereien, Bronzetrommeln und Wandgemälden in ganz Südostasien, und ebenso auf den *Tampan* genannten Ritualgewändern von Lampung im südlichen Sumatra. Die Dayak in Nord-Borneo kombinieren die Geschichte von der großen Flut mit dem Glauben, dass der erste Mann und die erste Frau auf einer paradiesischen Insel geboren wurden, in deren Mitte ein von einem Drachen bewachter heiliger Baum wuchs. Auf Bitten der Frau stahl der Mann eine der verbotenen Früchte des Baumes, was eine weltweite Sintflut auslöste. In seiner im späten 19. Jahrhundert erschienenen Monographie über die Dayak, aus der Stephen Oppenheimer in seinem Buch *Eden of the East* zitiert, wies H. Ling Roth nach, dass diese Schöpfungsgeschichte bereits existierte, bevor die Dayak Kontakt zu christlichen Missionaren hatten. Spezifische Hinweise auf das verlorene Mutterland finden sich darin zwar nicht, aber Kumu-Honua, der hawaiianische Adam, trägt eindeutig einen lemurischen Namen.

In ganz Zentralpolynesien war Mu als Bolotu bekannt, eine Insel, in deren Mitte der Pukatala-Baum des Lebens stand. Und es hieß, dass die ersten Menschen Unsterblichkeit erlangten, indem sie von den Früchten des Pukatala aßen. In ganz Polynesien ist die heilige Rotkiefer als *Rimu* bekannt. Sie soll von Mumu-hango stammen. Churchward schreibt dazu: »Das Symbol für Mu war ein Baum, der Baum des Lebens. Einer der Namen, die Mu gegeben wurden, lautete Baum des Lebens. Die heiligen Schriften sagen uns, dass Mu der Baum des Lebens war und der Mensch dessen Frucht ist.«

Oppenheimer wies nach, dass der Mythos vom Baum des Lebens auf den Molukken entstand und sich von dort enorm weit ausbreitete: bis in den Nahen Osten und zum Tal von Mexiko. Diese Ausbreitung verlief auf frappierende Weise parallel zu den genetischen Spuren wandernder Völkerschaften. Churchward, der glaubte, Mu, »der Garten Eden«, läge »tot und begraben unter dem Meer«, ahnte die Schlussfolgerungen voraus, zu denen Oppenheimer später gelangte. In seiner 1970 veröffentlichten Neubewertung von Churchwards Werk gelangte der populäre Wissenschaftsautor Hans Stefan Santesson zu dem Schluss: »Der Garten von Eden lag nicht im Tal des Euphrat, sondern es handelte sich um eben jenes Mu, das ›Mutterland des Menschen‹.« Seine Auffassung wird durch die polynesische Mythologie gestützt, etwa die Legende von Pali-uli, dem hawaiianischen Paradiesgarten, wo die ersten Menschen erschaffen wurden. In der hawaiianischen Mythologie lautet der Name der ersten Frau Iwi: Das heißt wörtlich »der Knochen«. In Samoa und auf Rotuma hieß sie Iwa. Solche lange vor der Ankunft der Missionare existierenden Überlieferungen machten es leicht, die Insulaner zum Christentum zu bekehren. So schloss sich durch die Tätigkeit der Missionare im 19. Jahrhundert der Kreis, und die Geschichte vom Garten Eden, die sich vom Südpazifik bis in den Nahen Osten verbreitet hatte, kehrte zu ihren prähistorischen Ursprüngen zurück.

Bei den Sumerern hieß der Garten Eden Dilmun, ein Wort, in dem noch ein Hinweis auf Mu steckt. Viel später machten die hebräischen Autoren des Alten Testaments daraus eine moralische Fabel, mit der sie den Ursprung der Sünde und den Sündenfall der Menschheit zu erklären versuchten. Das hebräische Eden ist offensichtlich aus dem sumerischen *edin* abgeleitet, was fruchtbare Ebene bedeutet. Doch selbst in der Genesis findet sich ein Hinweis auf den Kometen, der die Evakuierung Lemuriens erforderlich machte: Jehovah schickt einen Engel mit Flammenschwert, um Adam und Eva aus dem Paradies zu vertreiben. Le Plongeon schreibt: »In Ägypten war es üblich, dass ein junges Paar als Zeichen seiner Verlobung eine Quitte aß. (...) In diesem Brauch finden wir eine natürliche Erklärung der ersten sieben Verse im dritten Kapitel der Genesis.«

Während des ganzen 19. Jahrhunderts waren die Evolutionisten überzeugt, dass südwestlich von Indien ein untergegangener Kontinent existiert haben musste, da sich anders das Vorkommen der Lemuren auf Madagaskar und Ceylon nicht erklären ließ. Ein führender Theoretiker jener Zeit, Ernst Haeckel, vermutete als Erster, dass die Entwicklung des Menschen in Lemurien begann. »Die Ausbreitung der menschlichen Spezies von einer einzigen gemeinsamen Urheimat her«, schrieb er, »erscheint sehr wahrscheinlich. Bei der vermutlichen Urheimat, dem ›Paradies‹, dürfte es sich um Lemurien gehandelt haben, einen tropischen Kontinent, der heute unter dem Indischen Ozean liegt. Seine frühere Existenz im Tertiär ist sehr wahrscheinlich. Darauf deuten zahlreiche Fakten der tierischen und pflanzlichen Geografie hin.« Diese Vermutungen Haeckels wurden schließlich verworfen, aber in den letzten Jahrzehnten des 20. Jahrhunderts erlebten sie eine Renaissance, als nämlich die zuvor nicht erkannte enge Verwandtschaft zwischen Lemuren und frühen Hominiden deutlich wurde. Haeckels Theorie erhielt zusätzlichen Auftrieb durch einen neuen Trend in der Wissenschaft, die Anfänge der menschlichen Evolution nicht länger auf das südliche Afrika einzugrenzen. Das Konzept der parallelen Evolution, die einigermaßen gleichzeitig in verschiedenen, oftmals weit entfernten Teilen der Welt stattfand, gewann zunehmend Unterstützer, als Beweise dafür in Asien und auch in Amerika gefunden wurden.

Man glaubt heute, dass *Homo sapiens sapiens (neanderthalis)* sich vor ungefähr 120.000 Jahren entwickelte, und die Mainstream-Archäologen beharren darauf, dass die ersten Menschen nicht früher als vor 12.000 Jahren über eine einst existierende Landbrücke aus Asien nach Nordamerika einwanderten. Doch in einem Hochgebirgstal nahe der Kleinstadt Hueyatlaco in der Region Valsequillo in Mexiko hat man Knochen moderner Menschen neben Speerspitzen von hoher Fertigungsqualität gefunden, und diese Speerspitzen wurden auf ein Alter von rund 250.000 Jahren datiert. Die an der Ausgrabungsstätte gefundenen Überreste belegen, dass dort frühe Jäger bereits in der Zeit des Pleistozäns große Säugetiere erlegten und ausweideten, darunter das ausgestorbene amerikanische Kamel und auch

Glyptodon, Mastodon und Mammut. Diese Entdeckung sorgte für einen Schock, nicht nur bei den Evolutionisten, sondern – ganz besonders – bei den Anthropologen.

Zweiunddreißig Jahre später entdeckten zwei Männer, die sich in der Nähe von Kennewick im US-Bundestaat Washington ein Bootsrennen auf dem Columbia River anschauten, zufällig ein Skelett. Die Polizei vermutete, dass es sich dabei um einen erst kürzlich ermordeten Mann europäischer Abstammung handelte. Nachfolgende Untersuchungen ergaben zwar, dass die Ermittler Recht hatten, was die Herkunft des Toten anging, im Hinblick auf seinen Todeszeitpunkt lagen sie jedoch völlig daneben. Das Mordopfer war mehr als 9.000 Jahre alt. Hinzu kam, dass keine genetische Verwandtschaft zu den nordamerikanischen Indianern bestand, deren mongolide Vorfahren etwa dreitausend Jahre früher über dic Landbrücke in der Beringstraße nach Alaska vorgedrungen waren. Wenn der Kennewick-Mann oder seine Vorfahren also nicht mit einem der Siedlertrecks aus der Mongolei gekommen waren, woher stammte er dann?

Aber er war weder der einzige noch der älteste seiner Art. Dieser Status gebührt Penyon-Frau Nummer 3, einem Ausstellungsstück im Nationalmuseum für Anthropologie in Mexico City. Sie wurde beim Bau eines Brunnens auf dem Gelände des benachbarten internationalen Flughafens entdeckt. Dort grub man unabsichtlich den Schädel einer Eurasierin aus, die vor 12.700 bis 13.000 Jahren im Alter von siebenundzwanzig Jahren starb. Zu jener Zeit waren aber, nach Auffassung der Mainstream-Archäologen, über die Beringstraße aus Asien nach Alaska eingewanderte Mongolen die einzigen Bewohner Nordamerikas. Ihre Schädel sind kurz und breit wie jene der heutigen Indianer. In deutlichem Gegensatz dazu ist, der Geologin Silvia Gonzalez zufolge, der in Mexico City gefundene Schädel lang und schmal, also eindeutig kaukasischen Ursprungs. Gonzalez, die an der John Moores University in England lehrt und deren Forschungsprojekt von der britischen Regierung finanziert wurde, fragte sich, ob der im Jahr 1959 gefundene Schädel möglicherweise älter war als die vom Museum vorgenommene Datierung ins sechzehnte Jahrhundert. Sie schickte ihn an die Universität Oxford, um ihn mit der Karbonmethode datieren zu lassen. Dabei stellte sich heraus, dass die junge Frau einer hellhäutigen Population angehörte, die während der letzten Eiszeit Nord- und Südamerika bewohnte.

Und der Schädel der Penyon-Frau ist keineswegs einzigartig. Am 9. Oktober 1993 wurde in Browns Valley an der Grenze zwischen Minnesota und North Dakota ein eiszeitliches Grab gefunden. Obwohl der Browns-Valley-Mann etwa 1.000 Jahre jünger ist als der Fund in Mexiko, ist er der älteste Kaukasier, der bislang in den USA gefunden wurde. Die in seinem Grab entdeckten Artefakte stehen nicht in Verbindung mit der Yuma- oder der Folsom-Kultur, die beide gegen Ende der letzten Eiszeit in Blüte standen. Da man sich ihr Vorhandensein anders nicht erklären konnte, wurden diese Artefakte von konventionellen Wissenschaftlern als Übergangsformen zwischen Yuma- und Folsom-Kultur gedeutet. Doch wahrscheinlicher ist wohl, dass diese Grabbeigaben einen fremden, überseeischen Ursprung aufweisen. Diese Annahme wird durch den Umstand untermauert, dass der Browns-Valley-Mann nahe dem Ostufer des Minnesota River gefunden wurde.

Ein weiterer Fund ereignete sich 1965. Damals grub man in Colorado die sterblichen Überreste einer Kaukasierin aus. Die 9.700 Jahre alte Gordon-Creek-Frau hatte ein kleineres, schmaleres Gesicht als die zu jener Zeit lebende indigene Bevölkerung. Auch zeigt sich bei ihr der alveoläre Prognathismus, der bewirkt, dass die Zahnregion leicht vorsteht, ein Merkmal, das sich bei den amerikanischen Indianervölkern nicht findet, aber für moderne Europäer typisch ist. Interessant ist auch, dass die Knochen der Gordon-Creek-Frau und die bei ihr gefundenen Werkzeuge zum Zeitpunkt ihrer Bestattung mit rotem Ocker bestreut wurden. Dieses blutrote Pigment wurde in pulverisierter Form von den Roter-Ocker-Leuten (*Red Paint People*) hergestellt, die es bei Bestattungsriten verwendeten. Dieses kaum erforschte Seefahrervolk lebte vor 7.000 oder mehr Jahren an der Ostküste Nordamerikas.

Ein nicht weniger bemerkenswerter Fund stammt aus dem Jahr 1940. Damals entdeckte man in einer Höhle in Nevada den ausgezeichnet erhaltenen Körper eines 9.400 Jahre alten Kaukasiers. Sein Oberkörper war teilweise mumifiziert, und an seinem Schädel fanden sich noch rote Haare. Der Leichnam war auf Wüstenbeifuß gebettet, was darauf hinweist, dass sein Volk kultiviert genug war, um Begräbnisrituale zu praktizieren. Dieser Spirit-Cave-Man lag mit angezogenen Beinen auf der linken Seite, so dass seine Knie sich auf Höhe der Hüften befanden, eine Position, die der Fötushaltung gleicht, wie sie, als Symbolisierung der Wiedergeburt, im vordynastischen Ägypten üblich war. Lederschuhe von hoher handwerklicher Qualität, eine Decke aus Kaninchenfell und schön gewebte Matten waren noch in gutem Zustand. Leider verschwand der Spirit-Cave-Man für immer, nachdem er den Indianern Nevadas übergeben worden war.

In Minnesota wurde 1938 die 7.800 Jahre alte Pelican-Rapids-Frau gefunden und, obwohl sie kaukasische Merkmale aufwies, den örtlichen Indianern zur anonymen Wiederbestattung übergeben. Das gleiche Schicksal ereilte auch den Browns-Valley-Mann. Und bei der Gordon-Creek-Frau wurde, auch vierzig Jahre nach ihrer Entdeckung, noch immer keine DNA-Analyse durchgeführt.

Die sterblichen Überreste eines zehnjährigen Mädchens im Grimes Point Burial Shelter in Nevada wurden noch nie wissenschaftlich untersucht, und das, obwohl sie 9.740 Jahre alt sein sollen. Auch der Prospect-Mann in Oregon wurde noch nie untersucht, obwohl er über 6.800 Jahre alt ist. Eine Untersuchung der Arlington-Springs-Frau ist nun wenigstens im Gange. Immerhin gilt sie, nach dem 250.000 Jahre alten Fund von Hueyatlaco, als die älteste bekannte Bewohnerin Amerikas. Ihr Fund ist auch deshalb einzigartig, weil sie auf der Insel Santa Rosa vor der südkalifornischen Küste entdeckt wurde, was die Seefahrerkünste ihres eiszeitlichen Volkes beweist. Auch für den Wizard-Beach-Mann in Nevada (10.500 Jahre alt) ist eine DNA-Untersuchung geplant. Ebenso für die Wilson-Leonard-Funde in Texas (10.000 Jahre alt) und für die Anzick-Ausgrabung in Montana, wo die 10.800 Jahre alten Überreste eines Kindes gefunden wurden. Solche DNA-Tests sind wichtig, nicht nur um den ethnischen Hintergrund dieser Menschen zu bestimmen, sondern auch um die genetische Zusammensetzung der verschiedenen Bevölkerungsgruppen zu vergleichen, die als Erste Amerika besiedelten, und mehr über ihre Herkunft und die Zeit ihrer Ankunft herauszufinden.

Im Sommer 2002 berichtete Dr. Theodore Schurr der American Association for the Advancement of Science, dass man mit Hilfe von DNA-Analysen vier wesentliche Verwandtschaftslinien zwischen amerikanischen Indianern und Sibirien sowie dem nordöstlichen Asien nachgewiesen habe – besonders mit der Bevölkerung im Bereich des Baikalsees und der Altai-Sayan-Region. Diese Ergebnisse stützen die konservativen Theorien, dass mongolide Völker über die Landbrücke in der Beringstraße nach Nordamerika einwanderten, bevor diese Landverbindung durch den Anstieg des Meeresspiegels nach dem Ende der Eiszeit vor etwa 9.000 Jahren überflutet wurde. Jedoch konnten Dr. Schurr und seine Kollegen eine fünfte, zahlenmäßig unterlegene Abstammungslinie mit kaukasischen Wurzeln nachweisen. Bekannt als Haplogruppe X fand sie sich bei einigen Algonkin sprechenden Indianerstämmen wie den Ojibwa, lange bevor Kolumbus oder selbst die Wikinger in Amerika eintrafen. Die Haplogruppe X umfasst vier Prozent der modernen Europäer und tritt zudem mit einem geringeren Anteil auch im Nahen Osten auf.

Eine zweite, kleinere Gruppe von Indianern – die Schwarzfuß, Irokesen, Inuit und einige weniger bedeutende Stämme in Minnesota, Michigan, Massachusetts und Ontario – besitzt zwar zu einem gewissen Grad mongolide Abstammungsmerkmale, ist aber dennoch mit einem anderen kaukasischen Zweig verwandt, aus dem auch die Jomon hervorgingen, die vor etwa 10.000 Jahren die japanische Kultur begründeten. Silvia Gonzalez, der wir die Neudatierung der Penyon-Frau 3 verdanken, zieht daraus folgenden Schluss: »Wenn sich dies als richtig erweist, wird es kontroverse Diskussionen auslösen. Wir müssen dann den Indianern sagen: ›Möglicherweise haben schon vor euch Menschen in Amerika gelebt, die nicht mit euch verwandt sind.‹« Als der Herausgeber des *New Scientist,* Roger Highfield, im Jahr 2002 in Washington diese Erkenntnisse präsentierte, sagte er, es gäbe nun ausreichende DNA-Beweise dafür, dass Amerika vor 30.000 Jahren von Kaukasiern besiedelt wurde. Sie kamen nicht über lange versunkene Landbrücken aus Asien. Sie verfügten bereits über eine seefahrerische Technologie, mit der sie große Strecken auf dem weiten, gefährlichen offenen Meer zurücklegen konnten.

Im Juli 2001 fand ein internationales Forschungsteam unter Führung des anthropologischen Museums von Michigan Beweise dafür, dass bereits vor über 15.000 Jahren Kaukasier in Nordamerika lebten. Der Sprecher der Universität von Michigan, C. Loring Brace, gab bekannt, dass die Ureinwohner südlich der kanadischen Grenze direkt, wenn auch ethnisch vermischt, von einem frühen kaukasischen Volk abstammen. Brace und seine Kollegen von der Universität von Wyoming, der chinesischen Akademie der Wissenschaften in Peking, dem Chengdu-Institut für Traditionelle Chinesische Medizin (Provinz Sichuan) und der Mongolischen Akademie der Wissenschaften in Ulaanbaatar verglichen die Gesichtsschädelmaße von einundzwanzig prähistorischen und modernen menschlichen Schädeln. Ihre Analyse zeigt, dass die frühesten Amerikaner mit keiner asiatischen Population verwandt sind.

Die genetische Stammlinie der indigenen Bevölkerung des pazifischen Nordwestens stimme, so Brace, mit jenen Kaukasiern überein, die vor mindestens 15.000 Jahren Japan besiedelten. Priscilla Meyer, Wissenschaftsjournalistin des *Wall Street Journal* und Redakteurin des *Forbes Magazine*, schrieb dazu im *Ancient American*: »Es mehren sich die Beweise für jenes alte Szenario, wonach bereits vor 5.000 Jahren eine enorme Migration von Millionen Menschen aus dem Südpazifik nach Amerika stattgefunden haben muss. Im offiziellen Geschichtsbild ist bislang kein Raum für eine solche Besiedlungswelle, aber die genetischen Beweise sind klar und eindeutig.« Die Bevölkerung Mus zählte, glaubt man den Naacal-Tafeln, die zu lesen Churchward gestattet wurde, zur Zeit seines Untergangs fünfundsechzig Millionen Menschen.

Meyer weiter:

> Die große Pilgerfahrt ereignete sich viele tausend Jahre, nachdem die ersten Amerikaner, vermutlich über die Landbrücke zwischen Sibirien und Alaska, aus Nordasien eingewandert waren. Aber die spätere Einwandererwelle aus dem Südpazifik scheint den Löwen-

anteil der indianischen Bevölkerung Mittel- und Südamerikas ausgemacht zu haben, als im frühen 16. Jahrhundert die spanischen Konquistadors eintrafen. Noch reagiert die Mainstream-Archäologie auf die neuen genetischen Beweise mit Wegschauen. Aber früher oder später könnten die Forschungsergebnisse die Archäologen zwingen, die Frühgeschichte Amerikas umzuschreiben. Kürzlich erst haben Forscher ein mutiertes menschliches Gen im Südpazifikraum nachgewiesen, das von Südostasien bis zur Osterinsel und den Küsten Perus und Chiles verbreitet ist. Diese einzigartige Mutation hat es Archäologen sogar ermöglicht, große Wanderungsbewegungen in diesem Siedlungsraum zu datieren, wobei die erste zwischen 2500 bis 1700 v. Chr. stattgefunden haben muss. (...) Sie fanden vier genetische Merkmale, die nur mit den heutigen Bewohnern Südostasiens und der südpazifischen Inselketten übereinstimmen. (...) Zu den heutigen Indianerstämmen, bei denen diese eindeutigen genetischen Marker vorhanden sind, zählen die Maya in Guatemala, die Pima und Hopi des amerikanischen Südwestens und die Ticunas im brasilianischen Regenwald.

Meyers späteste Datierung für eine Massenauswanderung aus dem Pazifikraum nach Amerika stimmt mit astrophysikalischen Beweisen dafür überein, dass die endgültige Zerstörung Mus im Jahr 1628 v. Chr. stattgefunden haben muss. Die von ihr erwähnten genetischen Marker, mit denen sich südpazifische Einflüsse im amerikanischen Südwesten nachweisen lassen, bestätigen die mündliche Überlieferung der Hopi, in der es heißt, sie stammten teilweise aus einem Land jenseits des westlichen Meeres, von wo sie vor einer Flut geflohen seien, die ihr einstiges Reich verschlang. Die Erinnerung an diese Flut wird durch eine Zeremonialgruppe aufrechterhalten, die sich der Wasserklan nennt und den vielsagenden Namen Patkinya-Mu trägt.

Ihre Mitglieder praktizieren ihre der Erinnerung dienenden Riten in einer Kiva, einem kreisrunden unterirdischen Zeremonialraum. Frank Waters maßgeblicher Studie zufolge symbolisieren Zedernpfähle, die in der Kiva über Kreuz zwischen Steinblöcken aufgeschichtet werden, jene Flöße, mit denen die Urahnen der Hopi, von ihnen Patki, Wasserleute, genannt, vor der Überflutung ihres pazifischen Heimatlandes flohen.

In der mündlichen Überlieferung des Patkinya-Mu heißt es, dass die Flüchtlinge in Nordamerika auf Massau trafen, einen einheimischen Führer und Ratgeber, der sie in den Südwesten führte, wo er ihnen ein Leben in Frieden verhieß. Das einzige Objekt, das die Imigranten aus ihrer im Meer versunkenen Heimat retten konnten, war eine an einer Ecke zerbrochene Steintafel. Massau sagte ihnen voraus, dass eines Tages in ferner Zukunft die anderen Überlebenden sie finden würden und dass die beschädigte Tafel als Beweis ihrer Identität den Besuchern vorgezeigt werden müsse. Ein wiedergefundener weißer Bruder werde ihnen dann das fehlende Stück der Tafel aushändigen, was den Beginn eines neuen Zeitalters ankündigen werde. Im Laufe der Jahrtausende befand sich die Tafel in der schützenden Obhut des Feuerklans. Im 16. Jahrhundert, als ihr Stammesvertreter die Tafel einem Konquistador übergeben wollte, wusste der verblüffte Spanier nicht, wie er darauf reagieren sollte, und so warten die Hopi noch heute auf ihren weißen Bruder mit dem fehlenden Fragment der Steintafel.

Meyer verfolgt diesen transpazifischen Einfluss auch nach Mittelamerika und bestätigt Colonel Churchwards Vermutung, dass eine Priesterkaste der Lemurer, die Naacals, zur Führungselite der Maya wurde. Die Maya gibt es aber erst seit dem zweiten vorchristlichen Jahrhundert, also über 1.000 Jahre nach dem endgültigen Untergang Lemuriens. Churchward meinte eigentlich eine ihnen vorangegangene Kultur, die zu seiner Zeit aber noch nicht entdeckt worden war. Bei dieser Vorgängerkultur handelte es sich um die Olmeken, von denen die Maya die Grundlage für ihre eigene urbane Kultur erbten. Die Anfänge der olmekischen Zivilisation reichen ungefähr bis ins Jahr 3000 v. Chr. zurück. Später, im siebzehnten und dann im dreizehnten vorchristlichen Jahrhundert, folgten zwei Phasen starken Bevölkerungswachstums und kultureller Entwicklung. Diese fallen zeitlich genau mit den Katastrophen von Lemurien und Atlantis zusammen.

Martin A. Grundy, der für *Ancient American* schreibt, führt dazu aus:

> Vier grundlegende mtDNA-Vererbungslinien konnten identifiziert werden und werden normalerweise mit A bis D bezeichnet. Die Vererbungslinien A, C und D finden sich auch in Sibirien, was nicht überrascht, wenn die amerikanischen Indianer aus Asien stammen. Die Vererbungslinie B jedoch verwirrt die Forscher, denn sie fehlt in den sibirischen Populationen. So wie man den Grad der Veränderung einer Sprache nutzen kann, um ihr Alter zu schätzen, kann das Ausmaß der Variationen innerhalb eines Genotyps genutzt werden, um abzuschätzen, wann eine Bevölkerungsgruppe zum ersten Mal in einer bestimmten geografischen Region siedelte. Mit diesem Ansatz schätzt man, dass die mtDNA-Vererbungslinien A, C und D vor 41.000 bis 20.500 Jahren in Amerika eintrafen, während Linie B erst vor 12.000 bis 6.000 Jahren dort auftauchte. Die B-Linie findet sich überwiegend in Südamerika, Mittelamerika und dem südlichen Nordamerika. Bei den Angehörigen der Na-Dene und Eskimo-Aleut-Sprachgruppen im Norden fehlt sie hingegen ganz oder ist sehr selten.
>
> Die geografische Verteilung der mtDNA-Linie B stellt uns vor ein Problem: Wenn diese Linie eine spätere Einwanderungswelle über die Bering-Landbrücke re-

> präsentiert, warum ist sie dann vor allem im Süden verbreitet und warum existiert sie in Sibirien nicht? Die Antwort kann letztlich wohl nur lauten, dass genetisch deutlich verschiedene Gruppen den Süden Amerikas besiedelt haben müssen. Das geschätzte Alter der B-Linie liegt über 4.500 Jahren, daher sollte es nicht überraschen, dass die Sprache dieser Volksgruppe, wenn sie sich von den Amerikanern mit anderen mtDNA-Linien unterschied, heute nicht mehr identifizierbar ist. In manchen polynesischen Bevölkerungsgruppen gibt es die B-Linie, und es gibt die Theorie, dass diese Menschen in frühgeschichtlicher Zeit auf den amerikanischen Kontinent gekommen sein könnten. (...) Genanalysen haben diese rätselhafte mtDNA-Vererbungslinie B identifiziert, die zu dem Schluss führt, dass es im Süden Amerikas eine deutlich verschiedene ethnische Gruppe gegeben haben muss.

Die Ankunft dieser B-Linie aus dem Südpazifik vor 12.000 Jahren fällt ungefähr mit dem dramatischen Anstieg des Meeresspiegels am Ende der letzten Eiszeit zusammen, wodurch alle niedrigen Gebiete Lemuriens überschwemmt wurden und die Bevölkerung gezwungen war, massenhaft in höher gelegene Zonen auszuwandern. Der genetische Beweis wird durch neue linguistische Erkenntnisse unterstützt. Die Annahme, dass die Hohokan-Dialekte, die von den Indianern an der nordamerikanischen Pazifikküste und im Südwesten gesprochen werden, von den austronesischen Sprachen abstammen, die in ganz Ozeanien bekannt sind, findet zunehmend wissenschaftliche Unterstützung.

Ein deutlicher Hinweis darauf, dass damals wirklich sehr große Massenauswanderungen stattgefunden haben müssen, ist die Tatsache, dass die genetischen Einflüsse aus dem Südpazifik sich nicht auf Mittelamerika und den nordamerikanischen Südwesten beschränken. Die Haida-Indianer an der Pazifikküste Britisch-Kolumbiens ähneln stärker den modernen Japanern als die meisten anderen indigenen Amerikaner. Die Ainu, die Nachfahren der frühen Japaner, erinnern sich an eine Zeit, als das Meer plötzlich das Land überflutete, so dass ein großer Teil der Menschheit ertrank. Die Ainu sind die letzten Überlebenden der ursprünglichen kaukasischen Bewohner Japans, die bis vor gut 2.000 Jahren dort die dominierende ethnische Gruppe waren. Von 480 bis 221 v. Chr. kam es in China während der sogenannten »Zeit der kämpfenden Reiche« zu einem kulturellen Zerfallsprozess. Viele Intellektuelle und Aristokraten flohen vor dem Blutvergießen in das relativ sichere Korea. Als sich auch dort die Umstände verschlechterten, emigrierten die einstigen Träger der chinesischen Kultur erneut, diesmal nach Japan. Dort vermischten sie sich mit den Jomon, der ansässigen kaukasischen Bevölkerung, und so entstand die stark chinesisch beeinflusste Yayoi-Kultur.

Das Vorhandensein von den Ainu gleichenden Kaukasiern auf der anderen Seite des riesigen pazifischen Ozeans war für die amerikanischen Archäologen ein ziemlicher Schock. Die meisten dieser urzeitlichen Knochenfunde werden von professionellen Ausgräbern ebenso wie von Amateuren im westlichen Teil der USA entdeckt – häufig, wie beim Kennewick-Mann im Bundesstaat Washington und der Arlington-Springs-Frau auf der kalifornischen Insel Santa Rosa, in der Nähe oder an der Pazifikküste, wo ja die Ankunft lemurischer Flüchtlinge auch am wahrscheinlichsten ist. Diese Funde beschränken sich aber keineswegs auf Nordamerika. 1962 wurde im Küstengebirge von Peru, in der Nähe von Chancay, in einem Grab aus der Vor-Inka-Zeit die Mumie einer einen Meter achtzig großen blonden Frau gefunden. Im Herrera-Museum in Lima ist ein ganzer Raum den gut erhaltenen Mumien aus vorspanischer Zeit gewidmet, die in Glaskästen ausgestellt werden. Mehr als ein halbes Dutzend dieser Mumien hat helle, gewellte, feine Haare, deren Farbe von brünett und rot bis zu hellblond und rotblond reicht. Colonel Churchward schrieb, bei Mu habe es sich um einen multikulturellen Staat gehandelt, in dem aber die eingeborenen Kaukasier die Vorherrschaft ausgeübt hätten.

Kahiki war das hawaiianische Lemurien. Im Schöpfungsgesang *Kumulipo* wird es wie folgt beschrieben: »Ein Land mit einer seltsamen Sprache ist Kahiki. Kanakas [die Menschen unserer Rasse] gibt es nicht in Kahiki. Nur eine Art Mensch gibt es in Kahiki – den Haole [weißen Menschen]. Er ist wie ein Gott. Ich bin wie ein Mensch.« Die Bewohner Kahikis waren nicht von außerhalb des Pazifikraums eingewandert, sondern er war ihre ursprüngliche Heimat, daher die Geschichte ihrer autochthonen Erschaffung im Garten Eden. Nach dem Verlust dieses irdischen Paradieses zogen sie durch ganz Polynesien und Südostasien, über den Indischen Ozean, den Persischen Golf hinauf und in den Irak. Unterwegs ließen sie Spuren ihrer Mythen bei verschiedenen Völkern zurück. Schließlich ließen sie sich zwischen Tigris und Euphrat nieder, wo ihre mitgebrachte Überlieferung bewahrt, aber im Laufe der Jahrtausende durch lokale Einflüsse verzerrt wurde. Auf der Spur ihrer langen Wanderschaft folgte Oppenheimer spezifischen eurasischen genetischen Markern, sowohl nuklear wie mitochondrial, die sich von einem Seegebiet südlich von Thailand über Indien und Mesopotamien bis nach Mitteleuropa ausbreiteten.

Schon vor Oppenheimer schrieb 1933 Lewis Spence:

> Es ist möglich, dass die hellhäutige Rasse aus Lemurien, nach dem Untergang des größten Teils der Landmasse jenes Kontinents, auf der Flucht aus einem von Naturkatastrophen heimgesuchten Gebiet allmählich

> nach Norden und Westen vordrang, über Mikronesien nach Japan und dann aufs asiatische Festland. (...) Es erscheint wesentlich wahrscheinlicher, dass die hellhäutige Rasse den Norden Europas über Sibirien aus Lemurien kommend besiedelte, als dass sie von Norden her Ozeanien kolonialisierte. Diese aus Lemurien stammende hellhäutige Rasse könnte bereits in einem sehr frühen Stadium nach Japan und China eingewandert sein, während gleichzeitig die Mongolen ihr ursprüngliches Siedlungsgebiet im westlichen Asien ausweiteten. Dies oder andere Umstände könnten die einstigen Lemurer gezwungen haben, ins südliche Sibirien vorzudringen, von wo aus, was allgemein anerkannt ist, die hellhäutigen Menschen jene Länder Europas besiedelten, in denen sie heute noch leben.

Spences Theorie, dass hellhäutige Menschen aus Lemurien nach Asien einwanderten, scheint durch prähistorische Funde kaukasischer Männer und Frauen bestätigt zu werden, die in den letzten Jahrzehnten des 20. Jahrhunderts in China gemacht wurden. Von der Mitte der 1970er bis in die späten 1980er Jahre entdeckte man in der Taklamakan-Wüste im nordwestlichen China zunächst Dutzende, später Hunderte mumifizierte Körper. Das außerordentlich trockene Klima in dieser Region hatte die natürliche Mumifizierung bewirkt, wodurch die Körper verblüffend gut erhalten waren. Die Männer, Frauen und Kinder waren häufig mit Textilien von herausragender handwerklicher Qualität bekleidet, manchmal sogar mit Filzstoffen, die in Stil und Verarbeitung mit den feinsten schottischen Kilts vergleichbar sind. Noch bemerkenswerter war, dass diese Verstorbenen eindeutig kaukasisch waren, mit roten oder blonden Haaren und anderen nichtmongoliden Körpermerkmalen. Mit einer Datierung, die von 3800 bis 5000 v. Chr. reicht, sind sie außerdem fünf oder mehr Jahrhunderte älter als die Shang-Dynastie, Chinas erste historisch belegbare Zivilisation. Diese Bewohner Chinas aus der vordynastischen Zeit waren keine vereinzelten Vagabunden, sondern bildeten eine große Gesellschaft, was die inzwischen über fünfhundert in der Wüste gefundenen Toten belegen.

Die moderne Bevölkerung in dem Gebiet, wo die Mumien gefunden wurden, sind die Uiguren, eine turksprachige Minderheit im westlichen China, deren teilweise kaukasische Herkunft auf genetische Verbindungen zu den prähistorischen Bewohnern jener Gegend schließen lässt. Die Uiguren betrachten sich als ethnisch so eigenständig, dass sie nach Unabhängigkeit von der Volksrepublik China streben. Die forensischen Anthropologen können über die Ursprünge dieses ungewöhnlichen Volkes nur spekulieren, aber James Churchward behauptete schon 1926, dass laut den von ihm in Indien eingesehenen Schrifttafeln die Uiguren einst Teil des »führenden Kolonialreiches von Mu« waren. Sie breiteten sich, wie auf den Tafeln berichtet wurde, im nördlichen China und Südrussland aus und drangen von dort nach Europa vor, bis nach Irland und Spanien, und zwar zu einer Zeit, als »die Wüste Gobi ein außerordentlich fruchtbares Gebiet war. Die Geschichte der Uiguren ist die Geschichte der Arier«.

Mit anderen Worten: Die kaukasischen Mumien, die auf Uiguren-Territorium gefunden wurden, sind die sterblichen Überreste von Einwanderern, deren Vorfahren vor der Überflutung ihres Heimatlandes flüchteten. Diese Flucht führte sie durch China in die Gobi, als diese Region noch keine Wüste, sondern fruchtbar und bewohnbar war. Als das Klima sich verschlechterte und das Land austrocknete, zogen sie westwärts nach Indien und Europa. Das waren jene aufeinanderfolgenden Wellen indo-arischer Invasionen, die sich vom späten vierten Jahrtausend bis ins zwölfte

Jahrhundert v. Chr. ereigneten. Churchwards Behauptungen erschienen in der Zeit, als er sie publizierte, und noch fünfzig Jahre danach völlig bizarr. Aber mit der Entdeckung der uralten kaukasischen Population im westlichen China erscheint seine Darlegung, es habe bei den Uiguren einst machtvolle lemurische Einflüsse gegeben, wahrscheinlich und glaubhaft. Auch stand er keineswegs allein mit seiner Auffassung, in der Gobi-Region seien Zivilisationsbringer aus dem Pazifik am Werk gewesen.

Der Glaube an ein vor-polynesisches hellhäutiges Volk, das einem idyllischen Heimatland entstammt, ist im und entlang des Pazifiks weit verbreitet. Die Eingeborenen von Male Kua begrüßten im späten 18. Jahrhundert europäische Seefahrer als Ambat. Dieser Name wurde auf den Neuen Hebriden für ein mythisches hellhäutiges Volk von »Ureinwohnern« verwendet. Auf der Mota-Insel, die zur Banks-Inselgruppe gehört, erzählt man von einem sagenhaften weißen Helden namens Knat. Die *Agalo i mae* waren rothaarige, hellhäutige »Kriegsgeister«, die als »Einwanderer« nach Nord-Mala kamen, eine der Salomon-Inseln – diese Überlieferung gibt es auch auf Vanua Lava, einer anderen Banks-Insel. Auf den Tuamotu-Inseln und Tahiti gibt es Legenden über rothaarige Frauen mit blauen Augen, die vom Boden einer Lagune auftauchten. Hierbei handelt es sich um die mystische Darstellung eines historischen Ereignisses: dem Erscheinen der Überlebenden nach der lemurischen Flutkatastrophe.

Knappert zitiert Stammesangehörige der Papua. Sie praktizieren ein Mannbarkeitsritual, bei dem verdeutlicht wird, dass der Mensch aus Mu stammt. Heranwachsende Jungen werden in ein riesiges Korbgefäß gesperrt, das einem Fisch ähnelt. Aus diesem Gefäß kehren sie als Männer zurück. Dieser symbolische Korb wird Vai-Muru genannt. In der Mythologie der indigenen Bevölkerung von Neuguinea wird von einem ermordeten weiblichen Wallaby-Känguru erzählt, aus dessen Kadaver Läuse hervorkrochen, die zu den ersten Männern und Frauen eines hellhäutigen Volkes wurden. Sie konnten miteinander kommunizieren, ohne sich dafür einer Sprache bedienen zu müssen. Ihre Sprache entwickelten sie erst viel später. Eine zweite Gruppe Läuse, die aus dem verwesenden Wallaby krochen, waren schwarz. Mit der Zeit wurden auch sie zu Menschen – den dunkelhäutigen Ureinwohnern Neuguineas. Aufgrund seines höheren Alters war das weiße Volk kulturell weiter fortgeschritten. Es baute eine Flotte von Kanus. Damit fuhren sie in den Sonnenaufgang davon und wurden nie wieder gesehen.

Nach der Kumulipo, Hawaiis ältester und wichtigster mündlicher Überlieferung, stammten die Mu aus Helani, »dem instabilen Land im tiefen blauen Meer«, eine zutreffende Charakterisierung des geologisch instabilen Lemurien. In einer von der Hawaii-Insel Kauai stammenden Geschichte wird berichtet, dass der König von Mu entschieden gegen Mischehen zwischen seinem Volk und den Polynesiern war. Da es ihm aber nicht gelang, diese Ehen zu unterbinden, »rief er die Männer und ihre erstgeborenen Söhne zusammen und sagte ihnen, dass in der kommenden Nacht alle Menehune die Insel verlassen müssten, damit ihre Rassenreinheit bewahrt bleibe. Den Menehune-Männern wurde nicht erlaubt, ihre hawaiianischen Frauen oder ihre jüngeren Kinder mitzunehmen«.

Diese Erzählung erinnert an eine Ermahnung des polynesischen Meergottes Tangaroa, der sein Volk dazu aufforderte, »ihre Haut so weiß wie ihre Herzen zu halten«. Noch bis in die Mitte des 19. Jahrhunderts wurden auf Mangaia, der südlichsten Cook-Insel, dem Gott Tangaroa blonde Kinder geopfert. Die Menehune-Mu waren *keine* mythischen Wesen. In der Regierungszeit Kaumualis um 1820 tauchen sie sogar in einer Volkszählung auf. Damals wurden fünfundsechzig von zweitausend Bewohnern des Wainiha-Tales als Menehune bezeichnet. Sie lebten abseits von der restlichen Bevölkerung in ihrem eigenen Dorf, das Laau (»Wald«) hieß.

Der vielseitige polynesische Halbgott Tane wird in zahlreichen Legenden als rothaarig beschrieben. Sein Volk bezeichneten die Maori als *karakako,* »weiß«. Spence zitiert einen alten Maori, der sich an Überlieferungen der Iwi Atua erinnerte, der ursprünglichen Bewohner Neuseelands: »In ihrer äußeren Erscheinung glichen viele von ihnen den heutigen Maori. Andere ähnelten aber den *Paketa* [den Weißen]. Die Hautfarbe der meisten war *kiri puwhero* (rötlich), und ihre Haare waren rot oder golden, was wir *urukehu* nennen. Manche hatten schwarze Augen, manche blaue wie die hellhäutigen Europäer.«

Die Iwi Atua galten als Hüter und Wächter heiliger Orte, eine Aufgabe, die offenbar in Zusammenhang mit einigen neueren archäologischen Entdeckungen in Neuseeland steht. Auf der Nordinsel, unmittelbar südlich des Tauposees, steht eine Stufenpyramide oder terrassierte Zeremonialplattform, der Kaimanawa-Wall. Plattformen dieser Art finden sich an vielen Orten in Polynesien, wobei diese aber zu den besonders großen gehört.

Da man dort keinerlei datierbares Material gefunden hat, bleibt das Alter des Kaimanawa-Walls unklar. Die jahrhundertealten Bäume, die auf der Maueranlage wachsen, lassen auf ein frühgeschichtliches Alter schließen. Von den Maori, die vor 700 Jahren nach Neuseeland kamen, kann die Anlage nicht gebaut worden sein, denn sie haben niemals etwas Vergleichbares errichtet. Vielleicht wurde sie in ferner Vergangenheit von den Waitahanui angelegt, deren Älteste offenbar bis heute einiges Wissen über diese Maueranlagen bewahrt haben. Die lemurische Identität des Kaimanawa-Walls wird durch die Überlieferung der Maori gestützt, wonach vor ihnen ein anderes Volk in Neuseeland lebte. Diese hellhäutigen Moriori sollen angeblich Bewässerungsterrassen, Hügelfestungen und monumentale Steinmauern wie Kaimanawa erbaut haben. Tatsächlich kann man am Pelorus Sound uralte, mit Mauern eingefasste Terrassen besichtigen.

Die Stammesältesten der Ngatimaniapoto erzählen, ein blondes Volk, die Patupaiarche, habe sich über die ganze Welt ausgebreitet, nachdem es seine im Meer versunkene Heimat Hawaiki verlassen musste. Der neuseeländische Berg Rangitoto soll das heilige Zentrum der Patupaiarche gewesen sein. Auch bei den Bewohnern der Gilbert-Inseln in Mikronesien gibt es Legenden über ein blondhaariges Volk, die Matang. Sie befuhren den Ozean und siedelten an vielen Orten, nachdem ihre wunderschöne Heimat in ferner Vergangenheit durch eine schreckliche Katastrophe zerstört worden war. Genetische Spuren der Matang finden sich gelegentlich bei den Bewohnern der Salomonen, vor allem auf Malaita, wo man immer noch auf blonde Eingeborene trifft. Spence beeilt sich hinzuzufügen, dass die untypischen Merkmale dieser Individuen durch rezessive Vererbung zu erklären sind. »Es handelt sich um indigene Inselbewohner, die nicht durch Vermischung mit Europäern entstanden.«

Spences Auffassung wurde durch Percy Smith bestätigt, einen christlichen Missionar, der im 19. Jahrhundert bei verschiedenen Eingeborenenstämmen der Südsee lebte. »Immer wieder«, beobachtete er, »begegnen uns dort hellhäutige Menschen, die keine Albinos sind, sondern ziemlich helle Haare und helle Haut haben. Bei den Maori pflanzt sich dieses Merkmal in den Familien oft über viele Generationen fort. Auch kennen sie überlieferte Erzählungen von einem ›Göttervolk‹ namens Pakahakeha, von dem es heißt, es hätte immer schon im Meer gelebt und sei hellhäutig. Daher gaben sie dem weißen Mann den Namen Pakeha, als sie im 18. Jahrhundert zum ersten Mal mit uns in Kontakt kamen.« Das Wort Pakeha erinnert verblüffend an Pahana, den »verlorenen weißen Bruder« der Hopi-Indianer, der das fehlende Stück ihrer Steintafel besitzt, die von ihren Vorfahren beim Untergang ihrer Heimat gerettet werden konnte. Ebenso ähnelt es dem Namen Pakoyoc. So hieß die hellhäutige Herrscherelite der Inka, die ihre Abstammung auf Viracocha oder »Seeschaum« zurückführte, den weißen, rothaarigen Kulturbringer, der nach einer großen Flut in Peru eintraf. Bei den neuseeländischen Pakeha, den nordamerikanischen Pahana und den südamerikanischen Pakoyoc scheint es sich, trotz der großen räumlichen Entfernung, lediglich um lokale linguistische Beugungen des Namens jener Kaukasier zu handeln, die aus einem im Meer versunkenen Reich kamen.

Die Pakahakeha der Maori passen noch zwingender in unsere Beweisführung bezüglich der untergegangenen pazifischen Zivilisation. Churchward schrieb, in der lemurischen Sprache sei *Keh* die Bezeichnung für das Volk von Mu gewesen, symbolisiert durch das Bild eines Hirsches neben der T-Glyphe, die für das Mutterland stehe. In der Maorisprache bedeutet Pakahakeha »mondähnlich« oder »Haut wie Mondlicht«. James Cowan, ein weiterer Mythenforscher des frühen 20. Jahrhunderts, der sich auf die neuseeländische Frühgeschichte spezialisiert hatte, vertrat die Auffassung, dass das Auftreten hellhaariger Individuen bei den Eingeborenen »Erbe eines vor sehr langer Zeit dort lebenden hellhaarigen Volkes ist, das bei den meisten Maori-Stämmen das gelegentliche Auftreten von *uru-kehu,* also Blondheit, bewirkt«. Es heißt von den Pakahakeha, sie seien ausgezeichnete Baumeister gewesen, die monumentale Steinbauten wie den Kaimanawa-Wall errichteten. Auf den Inseln Kosrae und Chuuk wurden sie als Kona verehrt oder als Pinari, die

»ersten Menschen«. Doch welche Namen ihnen auch auf den Inseln des Pazifiks gegeben wurden, Haiviki war ihr im Meer versunkenes Heimatland, wie uns beispielsweise die Stammesältesten der Ngati Maniapoto berichten.

Die hellhäutige Niwareka, Ehefrau des Maori-Gottes Mataora, gehörte einem Volk mit goldgelben Haaren an, das den Maori das Weben und die Holzbearbeitung beibrachte. »Es kann als sicher gelten«, betont Spence, »dass dieser Mythos auf die Reste einer alten Zivilisation Bezug nimmt, die auf einer abgelegenen oder versunkenen Insel existierte.«

Im Pazifik und an den Küsten der ihn umgebenden Kontinente Australien, Asien und Amerika existieren Skelettfunde, lebende Nachfahren und indigene Überlieferungen einer untergegangenen kaukasischen Kultur. Zu diesen Belegen für die einstige Existenz dieser Zivilisation gehören das Vorhandensein der Ainu in Japan, die untypischen Indianer Britisch-Kolumbiens (die Haida), der Kennewick-Mann und zahlreiche andere nicht-mongolide prähistorische Menschenfunde im US-Bundesstaat Washington bis hinunter nach Peru. Hinzu kommen die Volksüberlieferungen der Polynesier, Mikronesier, Melanesier und australischen Aborigines, in denen von hellhäutigen Kulturbringern aus einem vor langer Zeit im Meer versunkenen Mutterland erzählt wird. Die genetischen und kulturellen Beweise für die Existenz eines solchen vorsintflutlichen Volkes sind also reichlich vorhanden. »Das führt uns zwangsläufig zurück zu der Hypothese«, folgert Spence, »dass die Lemurer ein hellhäutiges Volk waren, das im Gebiet Ozeaniens bereits extrem früh einen hohen Entwicklungsgrad erreicht hatte.«

Die Beweise deuten darauf hin, dass diese frühen Menschen in ihrer Heimat im Pazifik die erste Zivilisation der Welt schufen. Durch die dramatischen Naturveränderungen am Ende der letzten Eiszeit wurden sie in großer Zahl zur Auswanderung gezwungen. Einige dieser Auswanderungswellen bewegten sich nach Osten, wo die sterblichen Überreste dieser Menschen heutige Anthropologen verblüffen, die jetzt gezwungen sind, das Vorhandensein von Bewohnern nicht-mongolider Herkunft im alten Amerika zur Kenntnis zu nehmen. Doch die meisten wanderten nach Südostasien aus. Dort gibt es heute ein ungewöhnliche Merkmale aufweisendes indigenes Volk, die Hmong. In einem Schöpfungsmythos wird ihre Herkunft als kaukasisch beschrieben, was erst kürzlich durch DNA-Analysen bestätigt wurde. In der mündlichen Überlieferung der Hmong ist außerdem von einer großen Flut die Rede, nach der ihre Vorfahren, die Hmu, in Südostasien siedelten. Die Hmong nennen sich selbst bis heute Hmu. Oppenheimer stellte völlig richtig fest: »Die geografische Verteilung der modernen Sprachen – zumindest bis zu den großen Kolonialisierungen jüngerer Zeit – entstand am Ende der Eiszeit.«

Generationen nach der großen Flut im späten Pleistozän wanderten die Überlebenden und ihre Nachkommen durch das nordwestliche China, wo man ihre mumifizierten sterblichen Überreste heute in der Wüste Gobi findet. Schließlich siedelten sie in den Steppen Zentralrusslands. Jahrhunderte unter harten Lebensbedingungen ließen aus den traditionell friedfertigen Lemurern jene Vieh züchtenden Krieger werden, die als Arier bekannt sind. Sich verschlechternde Klimabedingungen in der Mitte des vierten vorchristlichen Jahrtausends machten die Steppengebiete zunehmend unbewohnbar. So kam es zu Massenauswanderungen auf den indischen Subkontinent, nach Kleinasien, in den Nahen Osten, den Mittelmeerraum und nach Europa. Infolge dieser großen Invasionen entstanden die frühen Zivilisationen im Industal, in Mesopotamien und im Nildelta. Die Neuankömmlinge vermischten sich mit der indigenen Bevölkerung, die ihrerseits für die lokale Eigenständigkeit der nun aufblühenden Hochkulturen sorgte. Diese Synthese erklärt die grundlegende Ähnlichkeit und die individuellen Unterschiede der ersten Stadtstaaten am Beginn der Antike.

Allen gemeinsam war die Vorstellung von einem verlorenen Garten Eden mit seinem Baum des Lebens. Dieser Baum mag später Symbol für das verlorene pazifische Mutterland gewesen sein, wurde aber vermutlich schon von den Lemurern als Lebenssymbol verehrt, und er existiert bis heute. In der Geschichte der Osterinsel wurde Hotu Matua ein heiliger Baum anvertraut, bevor er mit einer Gruppe von Siedlern von Maere Renga aufbrach. Ehe er in der Anakena-Bucht ankam, war das Königreich im Meer versunken. Er pflanzte den Toromiro ein, und die Nachkommen dieses Baumes gediehen auf der Osterinsel noch jahrhundertelang. 1956 aber war das letzte Exemplar dieser Baumart, die nirgendwo sonst auf der Erde vorkommt, fast abgestorben. Doch der wegen seiner Thesen umstrittene Archäologe Dr. Thor Heyerdahl sammelte Samen des Baumes. Sie wurden nach Schweden geschickt, um sie im botanischen Garten von Göteborg heranzuziehen. Als der Baum auf der Osterinsel starb, wuchsen unter der Fürsorge von Professor Carl Skottsberg, einem führenden Experten für polynesische Flora, drei neue Exemplare heran. Er schenkte die Schößlinge dänischen Botanikern, die sie im Rahmen eines chilenischen Aufforstungsprojekts auf der Osterinsel pflanzten.

In der heutigen Zeit gedeihen wieder Hunderte Toromiros in Hotu Matuas zweiter Heimat. Ihr Vorfahre war vor langer Zeit vielleicht einmal der Baum des Lebens im lemurischen Garten Eden.

SIEBEN

Hawaiianisches Mutterland

Die Schnitzereien bestätigen die Mythen der Polynesier über ein goldenes Volk, das irgendwie das Ende jenes verlorenen Kontinents überlebt hat, den wir Mu nennen und der im Meer versunken ist.

MAUI LOA, KURATOR,
HAWAIIAN ETHNIC ART MUSEUM, OAHU

Wenn eine Geschichte, die lange Zeit als bloße Legende betrachtet wurde, sich als wahr erweist, erfüllt das uns Studenten der fernen Vergangenheit mit besonderer Genugtuung. Ein solcher Moment kam im Oktober 2004 durch eine Entdeckung, die nicht nur die gegenwärtigen Vorstellungen über den Ursprung des modernen Menschen radikal veränderte, sondern auch einen Mythos lebendig werden ließ, den die eingeborenen Hawaiianer immer wieder erzählen.

Vierhundertzweiundsechzig Jahre zuvor erklärten die Hawaiianer dem spanischen Entdecker Enrique Gaetano, dem ersten modernen Europäer, der ihre Inseln besuchte, dass sie gar nicht die ursprünglichen Bewohner Hawaiis seien. Vor ihnen hätten die *Menehune* auf den Inseln gelebt, ein Volk dunkelhäutiger Zwerge, das den einen Meter achtzig und mehr großen polynesischen Neuankömmlingen nur bis zur Hüfte reichte. Diese nackten kleinen Leute waren, selbst für polynesische Maßstäbe, primitive Jäger und scheue Waldbewohner. Sie ernährten sich von kleinen Tieren, die sie mit Hilfe einfacher Keulen erlegten. Ohnehin von Natur aus scheu, zogen sie sich vor den rasch an Zahl zunehmenden polynesischen Einwanderern immer mehr in die Berge von Pu'ukapele zurück, »die Hügel der Pele«. Dort praktizierten die *Menehune* geheime magische Künste. Die Bezeichnung *Menehune* wurde vermutlich ähnlich wie der Begriff »Zauberer« verwendet, denn *Hune* bedeutet Magie. Auch erinnerte man sich an sie als die *Kama'aina* oder »Kinder des Landes«, womit daran erinnert wurde, dass sie die eigentlichen Ureinwohner Hawaiis gewesen waren, ehe die Polynesier die Inseln besiedelten. Bei den Bewohnern der Gesellschafts-, der Cook- und der Tuamotu-Inseln hieß dieses frühe Volk Manahune, wobei *Mana* darauf hindeutet, dass sie über beträchtliche magische und spirituelle Kräfte verfügten.

Konventionelle Wissenschaftler verwiesen die Menehune ganz ins Reich der Sagen, doch in *Bulletin 203* des Newsletters des Bernice P. Bishop Museums heißt es: »Während der Regentschaft von Kaumualii, dem letzten unabhängigen Herrscher von Kauai, wurde bei der Bevölkerung des Wainiha-Tales eine Volkszählung durchgeführt, die ergab, dass von den zweitausend Menschen, die dort wohnten, fünfundsechzig Menehune waren. Diese fünfundsechzig Menehune wohnten alle in einem tief im Wald gelegenen Dorf namens Laau.« Diese Zählung aus den 1820er Jahren dokumentiert, was auf den Hawaii-Inseln von den

Menehune übrigblieb, die dort einst das dominierende Volk gewesen waren. Von Ku-leo-nui, »Ku mit der lauten Stimme«, einem Anführer der Menehune auf Oahu, wird berichtet, er habe Beisetzungsfeierlichkeiten veranstaltet, bei denen zu Ehren eines verstorbenen Mitglieds der Herrscherfamilie Speer- und Diskuswerfen, Boxen, Ringkampf und Wettrennen stattfanden. Die Namen der Sieger wurden aufgezeichnet und werden bis heute von den indigenen Hawaiianern bewahrt und geehrt.

Dennoch pflegten Archäologen und Anthropologen unisono das kleine Volk Hawaiis als lokale Variante der Elfen, Zwerge oder Kobolde abzutun, ähnlich den sagenhaften Leprechauns in Irland. Doch 1964 entdeckten Wissenschaftler auf Flores, einer abgelegenen indonesischen Insel östlich von Java und nordwestlich von Australien, frühe menschliche Behausungen in Liang Bua, einer, wie es in der lokalen Maggarai-Sprache heißt, »kühlen Höhle«. Vierunddreißig Jahre später wurde an dieser Stelle ein extrem altes menschengemachtes Steinwerkzeug ausgegraben. Sorgfältig dieser Spur folgend, gelang es den Archäologen, ein nahezu vollständiges menschliches Skelett auszugraben, das anders war als alles, was sie je zuvor gesehen hatten. Von September 2003 an machten sie sich in einem Labor in Jakarta an die mühsame Aufgabe, alle Knochen zu identifizieren und Stück für Stück wieder zusammenzufügen. Dreizehn Monate später war das Skelett rekonstruiert. Die Forscher sahen sich, wie der Wissenschaftsautor Joseph B. Verrengia schrieb, mit »einem fundamental neuen Wesen« konfrontiert, »einer Entdeckung, wegen der die Geschichte der menschlichen Evolution höchstwahrscheinlich umgeschrieben werden muss. Wir hätten es dann mit der achten Spezies der Gattung *Homo* zu tun«.

Homo floresiensis, erklärte der Anthropologe Bernard Wood von der George Washington University, »ist zu meinen Lebzeiten unbestritten die bedeutendste Entdeckung bezüglich unserer eigenen Gattung«. Darin stimmte ihm Chris Singer vom Natural History Museum in London zu. Er beschrieb den Fund als »die extremste Gestalt, die wir zur erweiterten menschlichen Familie hinzuzählen müssen, und zweifellos ist es die kleinste«. Peter Brown von der University of New England, Autor der Studie über den Flores-Fund, schrieb: »Zum ersten Mal wurde bei einem nahen Verwandten des modernen Menschen Zwergwuchs als Evolutionsmerkmal festgestellt.«

Die normal proportionierte weibliche Erwachsene war lediglich neunzig Zentimeter groß und wog nicht mehr als fünfundzwanzig Kilo. Ihr Gehirn besaß nur ein Drittel der Größe des Gehirns eines heutigen Menschen, selbst im Vergleich zu dem eines Schimpansen war es klein. Doch obwohl sie viel kleiner als jedes andere Mitglied der Gattung *Homo* war, wies ihr Gehirn komplexe Windungen auf, was, obwohl es nur die Größe einer Grapefruit hatte, auf eine hohe Intelligenz schließen lässt. Dean Falk, ein Paläoneurologe von der Florida State University, erklärte, das Gehirn dieses Wesens weise »Merkmale auf, die ich noch nie bei Geschöpfen mit einem Gehirn dieser Größe gesehen habe«. Die Werkzeuge und Artefakte, die bei ihr und ihren sechs ebenso zwergwüchsigen Gefährten gefunden wurden, setzen die handwerklichen Fähigkeiten voll entwickelter Menschen voraus. Sie war keine »Missgeburt, wie sie manchmal zufällig vorkommen«, sagte Richard G. Roberts von der Australischen Universität in Wollongong, sondern ein Exemplar der ersten bekannt gewordenen menschlichen Zwergspezies. Das wird durch die sechs weiteren Vertreter dieser neu entdeckten Menschenart belegt, die mit ihr in der Liang-Bua-Höhle gefunden wurden. Das Alter der Skelette reicht von 12.000 bis 9.500 Jahren, wobei das einer Frau am besten erhalten ist, die vor 18.000 Jahren lebte.

Inspiriert von J. R. R. Tolkiens Trilogie *Der Herr der Ringe* gab man ihr den Spitznamen »Hobbit«. Sie bewohnte ein reales Mittelerde, bevölkert von riesigen Schildkröten, auf denen sie reiten konnte, Zwergelefanten, die nicht größer als Ponys waren, und Monster-Ratten von der Größe eines ausgewachsenen Labradorhundes.

Die Flores-Menschen waren nicht nur Werkzeugmacher, sondern beherrschten auch die Kunst des Feuermachens und jagten in Gruppen, was belegt, dass sie gemeinschaftlich lebten und wirkungsvoll miteinander kommunizieren konnten. Aber Verrengia beobachtete: »Die verblüffende Kombination von leichtem kleinen Körperbau und groben Gesichtszügen weist fast keine Ähnlichkeit zum modernen Menschen oder zu unseren großen, archaischen Vettern auf. Die Zähne im Unterkiefer sind groß und stumpf wie bei *Australopithecus*, einem über drei Millionen Jahre alten Vorfahren des Menschen in Afrika. Die Vorderzähne sind kleiner als die Zähne beim modernen Menschen. Die Augenhöhlen sind groß und rund.« Im Licht dieser neuen Entdeckung scheint die Theorie, der Mensch stamme aus Afrika, »keine befriedigende Antwort mehr auf alle Fragen bezüglich des Wie – und Wo – unserer Entstehung zu sein«.

Die Frage nach der Ursache des plötzlichen Verschwindens dieses real existierenden Hobbit-Menschen vor 12.000 Jahren kann hingegen von Geologen glaubwürdig beantwortet werden. Sie wissen inzwischen, dass auf die Eiszeit keine friedlich verlaufende allmähliche Erwärmung folgte, eine Theorie, die noch weit ins vorige Jahrhundert hinein allgemein akzeptiert wurde. Vielmehr endete die letzte eiszeitliche Epoche in einer Abfolge katastrophaler Vulkanausbrüche und seismisch ausgelöster Tsunamis, durch die solche Wesen wie die Monster-Ratten, die Zwergelefanten und der Flores-Mensch ausgelöscht wurden.

Aber vielleicht ist er gar nicht völlig verschwunden. DNA-Analysen der in der Höhle von Liang Bua gefundenen Knochen ergaben, dass *Homo floresiensis* keineswegs auf seiner indonesischen Insel blieb, sondern in östlicher Richtung über den Pazifik reiste. Verrengia schreibt, dass sogar schon die Vorfahren des *Homo erectus* »vor fast einer Million Jahren von Java aus Flores und andere Inseln besiedelten, vielleicht mit Bambus-Flößen«. Genetische Spuren und Überlieferungen auf verschiedenen weit voneinander entfernten Inseln in ganz Ozeanien deuten darauf hin, dass dieses kleine Volk bereits zehntausend Jahre oder mehr vor der späteren Besiedlung durch die Polynesier bis nach Hawaii gelangte. Mike Morwood, einer der Wissenschaftler, die in der Höhle Liang Bua forschen, wies darauf hin, dass *Homo floresiensis* zumindest über genügend seemännisches Können verfügt haben muss, um die vierundzwanzig Kilometer offenes Meer zwischen dem asiatischen Festland und Flores zu bewältigen. Nur Menschen mit genug Intelligenz und Geschick für den Bootsbau seien zu einer solchen Seefahrt imstande, argumentiert Morwood. Sind diese indonesischen Hobbits also möglicherweise noch viel weiter übers Meer gefahren und haben, von Insel zu Insel vordringend, schließlich Hawaii erreicht, wo die Polynesier sie später als Menehune kannten?

Wenn das der Fall ist, dann haben die Hawaiianer entweder die Erinnerung an ein solches Faktum über den erstaunlichen Zeitraum von 12.000 Jahren bewahrt, oder *Homo floresiensis* schaffte es, noch bis vor weniger als 200 Jahren auf den Inseln zu überleben, worauf die oben erwähnte Volkszählung hindeutet. Wie dem auch sei, die Existenz einer bis dato der Wissenschaft unbekannten Menschenspezies war in der mündlichen Überlieferung indigener Kulturen sehr wohl präsent. Insulaner erzählten von stark behaarten kleinwüchsigen Leuten mit flacher

Stirn, die vor langer Zeit in den entlegenen Gebieten von Flores lebten, eine Überlieferung, die im Pazifikraum von Indonesien bis Hawaii anzutreffen ist.

Die wissenschaftliche Bestätigung alter Legenden kann so aufregend sein, wie mediale Visionen sich als korrekt und zutreffend erweisen können. Die Schauspielerin Shirley MacLaine erfuhr in einem der »Träume aus früheren Leben«, die sie während einer Pilgerreise in Spanien hatte, dass die Hauptstadt Lemuriens Ramu genannt wurde und auf Hawaii lag. Mit dem Werk Colonel James Churchwards war sie nicht vertraut, aber ihre Vision kommt seiner Beschreibung des politischen Machtzentrums des Mutterlandes sehr nahe. Sein Biograf Hans Stefan Santesson schreibt: »Der gewählte König nahm den Titel Ra – die Sonne – an. Das war das Symbol des Königs. Diesem Titel, so berichtet uns Churchward, wurde der Name des Landes hinzugefügt, Mu, so dass der volle Titel des Königs Ra Mu lautete.« In der hawaiianischen Mythologie ist Mu Re der erstgeborene Sohn der Sonnengöttin Ra'i ra'i. Mu Re gilt als Vorfahre der frühesten Inselbewohner. Durch eine einfache Umstellung der Silben wird Mu Re zu Ra Mu, und die solare Identität beider Versionen weist auf eine glaubhafte Verbindung zwischen hawaiianischer Überlieferung und dem versunkenen Reich Mu hin. In einer melanesischen Geschichte heißt es, dass ein Mann zu den Niederungen des Flusses Ramu ging, wo eine Göttin in der Verkleidung einer alten Vettel ihm eine Kokosnuss schenkte, die sich in eine schöne Frau verwandelte. Nachdem er die Frau geheiratet hatte, erhielten auch alle anderen Junggesellen eine solche magische Kokosnuss, und so wurde Neuguinea bevölkert. Im Wort Ramu ist nicht nur der Name des pazifischen Mutterlandes enthalten, sondern auch jener des Sonnengottes, der dort verehrt wurde.

Wenn man Shirley MacLaines »Erinnerung aus früheren Leben« mit Churchwards Forschungen und den indigenen

Überlieferungen kombiniert, deutet alles darauf hin, dass die Hauptstadt Lemuriens so mit dem König identifiziert wurde, dass sie den gleichen Namen trug wie er. Von einem möglichen Zufall einmal abgesehen, bestätigen die Aussagen der Schauspielerin und des Autors einander, obwohl die eine Aussage vom Ende, die andere vom Anfang des 20. Jahrhunderts stammt. Aber die Bedeutung wird noch größer, wenn wir erfahren, dass Hawaii, wo Ra Mu einst geherrscht haben soll, überaus reich an Beweisen für die Existenz der untergegangenen Zivilisation ist. Leinani Melville, der hawaiianische Historiker, schrieb: »Natürlich gab es viele Kontroversen darüber, ob das sagenhafte Land Mu existiert hat oder nicht. Unter den gebildeten Hawaiianern galt seine Existenz als Tatsache. Die weißen Neuankömmlinge zogen es dagegen in der Regel vor, es als reinen Mythos zu betrachten. Aber viele Dinge, die von den Eingeborenen als Tatsachen akzeptieren werden, betrachten die modernen westlichen Menschen als bloße Fiktion.«

Gemäß der mündlichen hawaiianischen Überlieferung waren die Inseln schon lange bewohnt, als während des zweiten oder dritten Jahrhunderts n. Chr. die Polynesier dort eintrafen. Es gab zwei sehr unterschiedliche Gruppen von Bewohnern: die zwergwüchsigen Menehune und ein Volk, dessen Name an sich schon eine Bestätigung für die einstige Existenz des Mutterlandes ist, denn diese Gruppe trägt in der polynesischen Mythologie den Namen Mu. Die Verbindung zu der pazifischen Zivilisation könnte nicht klarer sein, und alle Merkmale dieses Volkes namens Mu weisen auf lemurische Ursprünge hin. Mit der Zeit, als beide Völker immer mehr dahinschwanden, wurden die Bezeichnungen Menehune und Mu immer mehr als Synonyme für die früheren Bewohner Hawaiis insgesamt gebraucht. Diese Begriffsverwirrung taucht in einigen mythologischen Erzählungen auf (*Ein Mädchen der Mu*), in denen die Mu unsicher als ein möglicher »Stamm« der Menehune bezeichnet werden.

Letztere tauchen in mehreren anderen hawaiianischen Berichten auf, etwa einem, der bezeichnenderweise den Titel *Ku-Mu-honua* trägt. Darin werden sie als hellhäutige blonde Baumeister beschrieben, die gewaltige *Heiau* (Tempel), Loko-ia (Fischteiche) und »Gräben« schufen. In *Ein Mädchen der Mu* wird das Haar der Heldin als »leuchtend wie die Federn des 'o'o'-Vogels« beschrieben. Laut Mary Kawena Puku'i war der 'o'o' (*Moho nobilis*) »bei den frühen Hawaiianern wegen seiner gelben Federn sehr geschätzt«. Doch der wahre Zweck der verschiedenen Megalithbauten, deren Bau der Legende nach den Menehune zugeschrieben wird, konnte, ganz ähnlich wie bei den Ruinen auf der Osterinsel oder Pohnpei, bis heute nicht befriedigend erklärt werden. Dazu schrieb der britische Atlantisforscher Edgerton Sykes: »Wir wissen bis heute nicht, welche genaue rituelle Funktion die Fischteiche hatten.«

In jedem Fall waren die Mu zu großen architektonischen Leistungen befähigt, was ihrer Meisterung mächtiger, Mana genannter spiritueller Kräfte zugeschrieben wurde, die sie von ihrem Gott Ha-Mu-ka empfangen hatten. Auch auf Hawaii gibt es also den Glauben, beim Bau der prähistorischen Monumente seien übernatürliche Kräfte im Spiel gewesen, wie bei den tonnenschweren Basaltblöcken von Nan Madol und den gewaltigen Moai auf Rapa Nui. Mark R. Williams, Autor von *In Search of Lemuria,* besuchte einen Steintempel auf einer Klippe über der Waimea Bay an der Nordküste von Kauai. »Der örtlichen Überlieferung zufolge wurde der *Pu'uo Mahuka Heiau* von den Menehune in nur einer Nacht erbaut. Um diese massive, von niedrigen Mauern umgebene Plattform, die größer als ein Football-Feld ist, zu errichten, müssen sie also über ziemlich viel Mana verfügt haben.« Ein anderes öffentliches Bauprojekt, das den Mu zugeschrieben wird, ist der fast dreihundert Meter lange Alekoko-Fischteich auf Kauai. Für den Reiseschriftsteller Jim Rodgers waren die Menehune »großartige Steinmetze, und die Anthropologen sind sich einig, dass die heutigen Hawaiianer unmöglich Mauerwerk von derartiger Größe und Präzision hätten bauen können«.

Später untersuchte Williams den sogenannten Menehune-Graben. Er wird zwar heute als Bewässerungskanal genutzt, »war aber einst über sechs Meter hoch, errichtet aus sorgfältig bearbeiteten und eingepassten Steinplatten, in der Qualität römischen Bauwerken vergleichbar. Heute liegt die Anlage eher unscheinbar neben einer Hängebrücke, die den Waimea River überspannt. Aber es ist noch genug von ihr erhalten, und man kann deutlich erkennen, dass die Bauausführung sich völlig von den grob bearbeiteten Lavasteinhaufen unterscheidet, die man sonst auf den Inseln findet. Diese Steine sind meisterhaft hergestellt und wie ein kompliziertes Puzzle gemauert, damit sie auch heftige Katastrophen überstehen.« Der Baustil, den Williams beschreibt, erinnert an das monumentale Mauerwerk auf der Osterinsel oder in Tiahuanaco. Die lemurische Identität der hawaiianischen Tempel zeigt sich auch in dem Namen, den die Hawaiianer ihrem Allerheiligsten geben. Das *Paehe-mu* ist ein abgeschlossener Bereich im Heiau. Hier werden heilige Bilder und Ahnenbilder aufbewahrt.

Wie nicht anders zu erwarten bei einer uralten, lange bestehenden Zivilisation, an die sich zahlreiche Eingeborenenvölker im ganzen Pazifikraum erinnern, gibt es für das überflutete Königreich, aus dem die Menehune kamen, zahlreiche Bezeichnungen. Dabei handelt es sich aber lediglich um regionale kulturelle Versionen einer gemeinsamen, allen Polynesiern, Mikronesiern und Melanesiern geläufigen ursprünglichen Überlieferung – sei es Hiva, Haiviki, Kahiki, Mutuhei und so weiter. Honomu ist einer von mehreren

Ortsnamen, die in Hawaii an die verlorene Zivilisation des Pazifiks erinnern. Er bedeutet »heiliges Mu«.

Leinani Melville schrieb: »Die Mu kannten ihr Mutterland unter mehreren Namen. Havai'i, heute Hawaii buchstabiert, war nur einer davon. In der mündlichen Überlieferung wurde das Wissen weitergereicht, dass einige wenige Mu die Katastrophe überlebten, die ihre uralte Zivilisation pulverisierte. Diese wenigen bewahrten die Traditionen ihrer Vorfahren und gaben sie an die kommenden Generationen weiter. Das behielt man über viele Jahrhunderte, sogar Jahrtausende bei, bis James Cook, der englische Entdecker, in den entlegenen Dschungeln Hawaiis auf die noch lebenden Nachfahren der Mu stieß.«

Die älteste und wichtigste Überlieferung auf den Inseln ist das Kumulipo. In ihrer bis heute maßgeblichen Übersetzung weist die angesehene hawaiianische Gelehrte Bernice Bishop auf das extreme Alter des Textes hin: »Die Sprache ist oft archaisch. Sie enthält viele Worte, die den modernen Hawaiianern völlig unbekannt sind.« Dieser »Schöpfungsgesang« war in zahlreiche Einzelgesänge unterteilt, von denen der erste eindeutig lemurische Ursprünge im Pazifik nennt und sie als Ku-Mu, die Quelle, bezeichnet. Die Mythenforscherinnen Martha Ann Imel und Dorothy Myers Imel weisen darauf hin, dass Ra'i ra'i, die Göttin des Sonnenscheins, »vom Himmel auf die Erde kam, um die Mutter der Mu zu werden, der ersten Menschen«. Die frühesten dieser Menschen, die Ku-Mu-honua, nutzten die Kraft des Mana, um aus mächtigen Steinen die ersten Tempel zu bauen. Im Kumulipo heißt es, dass es sich bei ihnen um ein hellhäutiges Volk mit blonden Haaren handelte.

Über die Verwandtschaft mit den Ku-Mu-honua ließ sich die Abstammung jedes großen Häuptlings und Hohepriesters bis zum höchsten Gott zurückverfolgen: Te Tu Mu Nui, dem »großen Baumeister« und »höchsten Lehrer«, der die

Welt erschuf. Über viele Generationen führten die Häuptlinge und Priester all jene Dinge ein, die seither von den Menschen genutzt werden, und einige spirituelle Künste, die inzwischen wieder in Vergessenheit geraten sind. Mumu-hango zeigte, wie man das Totora-Schilf nutzen kann, um Boote und Dächer zu bauen. In Kahiki begann ein goldenes Zeitalter der Produktivität und des Wohlstandes. Aber es war nicht von Dauer. Die berühmte Vulkangöttin löste »die Ära der Unruhe«, Po-au-huliha, aus: »Von Kahiki kam die Frau, Pele. Seht, ein Ausbruch in Kahiki! Blitzende Lichter, oh Pele! Speie Feuer, oh Pele! Der Phosphor brennt wie die Augen der Pele oder wie ein Meteor-Blitz am Himmel. Der Himmel zitterte, die Erde zitterte, sogar die heiligen Orte. Die Erde tanzt. Der Himmel umschließt alles. Geboren wurde das brüllende Auf- und Abschwellen der Wellen und das donnernde Beben der Erde. Die See tobt, erhebt sich über den Strand, steigt immer höher, überschwemmt die bewohnten Orte, überflutet allmählich das ganze Land.«

Po-au-huliha wurde immer heftiger und eskalierte zu Kai-a-ka-hina-li'i, der »Flut, die den Sturz der Häuptlinge auslöste«. Von der versinkenden Insel flohen sie »in Scharen auf den Schultern von Moanaliha« (dem Ozean). »So ist die seit dem ersten Häuptling vor langer Zeit ungebrochene Herrscherlinie ausgelöscht. Die vom Nabel der Welt über das Land hereinbrechenden Fluten bringen den Tod. Das war eine Krieger-Welle. Viele, die kamen, wurden ausgelöscht, noch in der Nacht vom Meer verschlungen. Der wirbelnde, anschwellende Ozean stieg bis zu den Bergen empor, verschlang alles Leben, während er höher und höher stieg und alle Häuser überschwemmte. Die rasch steigende, tosende See hat uns eingeschlossen. Oh, die alles vernichtenden Wogen in Kahiki! Vernichtet ist die Welt von Haiviki.«

Von nun an hieß der Westen, wo Kahiki vom Meer verschlungen wurde, *he ala nui o ka make,* »die große Straße

Hölzerne Tiki-Statuen bewachen die Küsten von Hawaii. Sie sollen eine Wiederholung der Großen Flut abwehren, die einst das polynesische Mutterland vernichtete.

des Todes oder der Sterbenden«. Das vernichtete Mutterland bekam wieder einen neuen Namen: Kahiki-ho-nuakele, »das göttliche Heimatland, das im tiefen blauen Meer versank«. Trotz seines Untergangs gab es viele Überlebende. Einer von ihnen war Nuu, der mit seiner Frau Lilinoe, drei Söhnen und deren Frauen in einem königlichen Gefährt, dem *He waa Alii o ka Moku,* entkam und sicher nach Hawaii gelangte. Der Schöpfungsgesang wurde von speziell geschulten Rednern vorgetragen, und der Kaiakahinalii, der Großen Flut, wurde außerdem in rituellen Darbietungen der Hula-Tänzer gedacht. Sie wurden von einem *Kumu* genannten Lehrer angeführt, ein weiteres Wort, das eine Erinnerung an das versunkene Mutterland beinhaltet.

Dass solche Berichte nicht erst im 19. Jahrhundert durch den Kontakt mit christlichen Missionaren entstanden, sieht man an den Erlebnissen von William Ellis, der persönlich an der Bekehrung der Hawaiianer zum Christentum beteiligt war. »Nach einem kurzen Bericht über die Sintflut«, erinnert er sich,

> (...) legte ich ihnen die Vorzüge des Glaubens dar und zeigte ihnen auf, welche Konsequenzen Bosheit und Unglaube zeitigen, wie es in der Rettung Noahs und der Vernichtung der übrigen Menschheit deutlich wird. Nach dem Ende des Gottesdienstes baten mich mehrere Teilnehmer, noch zu bleiben, da sie bezüglich der großen Flut, Noah etc. Nachforschungen angestellt hätten. Sie sagten, ihre Väter hätten ihnen mitgeteilt, dass einst das ganze Land vom Meer überschwemmt worden sei, außer dem kleinen Gipfel des Berges Mouna-Kea. Dort seien zwei Menschen von der Zerstörung verschont worden, die alle anderen ausgelöscht hätte. Doch von einem Schiff oder von Noah hätten sie noch nie gehört. Bei ihnen sei immer nur von *Kai a Kahinarii* (dem Meer von Kahinarii) die Rede gewesen.

Diese und andere verwandte Versionen der pazifischen Sintflut-Geschichte liefern eine überreiche Fülle an Beschreibungen des Mutterlandes und seiner späteren Auslöschung. Lewis Spence bemerkt dazu: »Es ist offensichtlich, dass diese Untergangsmythen aus der lemurischen Überlieferung stammen müssen, denn zur Zeit der polynesischen

Besiedlung Ozeaniens war diese Phase besonders heftiger seismischer Unruhe lange vergangen.« Interessanterweise ist im Kumulipo davon die Rede, dass die tödlichen Fluten »vom Nabel der Welt« kamen, was ja der ursprüngliche Name der Osterinsel war. In dem betreffenden Kapitel erfuhren wir, dass Te-pito-te-henua sich auf ein Epizentrum bezieht, an dem sich zwei Verwerfungslinien über einem geologisch instabilen Riss im Plateau des Südostpazifik kreuzen. Die Lemurer waren sich dieser potenziellen Gefahr bewusst und versuchten, das Schlimmste zu verhindern, indem sie die Basalt-Moai als Teile eines tellurischen Energieumwandlers aufstellten, der die extrem zerstörerischen seismischen Energien ableiten und zerstreuen sollte. Aber der Kumulipo erzählt von einem Tsunami, einer »Krieger-Welle«, die aus Richtung der Osterinsel kam und Kahiki vernichtete.

Eine weitere Verbindung zu Rapa Nui zeigt sich in einem frühen Namen, den die Mu Hawaii gaben: Ka-houpo-o-Kane oder »Nabel des Kane«. Kane war der Gott des Lichts, was an Te-pito-te-Kura erinnert, den Nabel des Lichts, den heiligsten Artefakt auf der Osterinsel, von Hotu Matua aus seiner versunkenen Heimat Marae Renga persönlich dorthin mitgebracht. Die Maori des westlichen Pazifiks erzählten über ihren Urvater Tane, er habe Schaum-im-Ozean und Weißen Seenebel aus dem Lande Hiva nach Neuseeland gebracht, ehe Hiva für immer ausgelöscht wurde.

Nachbildungen dieser heiligen Steine gab es in jeder *whare*, Singschule, und die Gesangsschüler stellten sich auf sie, um deren Mana in sich aufzunehmen, wenn sie am Prüfungstag die heiligen Gesänge rezitierten. Es scheint, dass mehrere solcher Reliquien den vor der Katastrophe fliehenden Kulturträgern des Mutterlandes mitgegeben wurden, die sie dann als Symbole benutzten, mit denen an fremden Gestaden der alte Mysterienkult wiederbelebt werden konnte. Die Pohaku-a-Kane in Puna am Cape Ku-Mukahi auf Hawaii sind zwei Steinsäulen, die angeblich aus Kahiki geborgen werden konnten, ehe es im Meer versank. Ähnliche kegelförmige Steine gleichen Namens dienten als Altäre im *Hale mu-a,* dem Esshaus der Männer. Der Name Ka-houpo-o-Kane kündet offenbar davon, dass Hawaii ebenso ein Zentrum (»Nabel«) der lemurischen Spiritualität war wie Rapa Nui.

Die Archäologen hingegen widersprechen den Überlieferungen der Insulaner, wonach es Jahrhunderte vor der Besiedlung durch die Polynesier eine große Flut gegeben habe, in deren Folge die Mu nach Hawaii kamen und dort eindrucksvolle architektonische Monumente wie den Menehune-Graben schufen. Sie argumentieren, es gäbe keinerlei materielle Beweise einer menschlichen Besiedlung Hawaiis, die älter als 1.800 Jahre sind. Jedoch deuten Zufallsfunde seit Anfang des 19. Jahrhunderts auf ein viel höheres Alter menschlicher Artefakte auf Hawaii hin, als die Radiokohlenstoffdatierung ergab. Als man 1822 auf Honolulu die ersten Brunnen grub, trieb man einen Bohrschaft zwei Meter fünfzig bis drei Meter tief durch Oberflächenlehm und vulkanischen Sand. Darunter stieß die Bohrmannschaft auf eine harte Schicht aus Korallenfelsen, in der man einen menschlichen Schädel und mehrere Knochen fand. Bei der Anlage des Hafens von Honolulu im Jahr 1858 fand man in ähnlicher Tiefe unter Schlamm und vulkanischem Sand eine Speerspitze und einen bearbeiteten Stein. Im folgenden Jahr wurde auf Molokai in einer Sockelschicht aus vulkanischem Schlamm ein menschlicher Schädel entdeckt. Die Umstände dieser Funde zwingen dazu, sie über ein Jahrtausend vor der Ankunft der Polynesier anzusiedeln, die im zweiten oder dritten Jahrhundert n. Chr. nach Hawaii kamen.

Belege für eine frühere menschliche Präsenz auf den Hawaii-Inseln sind bestimmte Navigationsmethoden, die die späteren polynesischen Siedler von den Mu erlernt haben wollen. Von den Mu heißt es, sie hätten riesige Katamarane gebaut, mit denen ihnen die ersten Ozeanüberquerungen gelangen. Dabei navigierten sie mit Hilfe genialer Sternkarten. 1891 wurde W. D. Alexander, einem fließend verschiedene hawaiianische Dialekte sprechenden Anthropologieprofessor, von einem Stammesältesten auf Kauai eine dieser uralten Seefahrttechniken erläutert. Der Mann gab ihm folgende ebenso nützliche wie uralte Segel-Anweisungen: »Wenn du an den Piko-o-wakea, den Äquator, kommst, hast du keine Sicht mehr auf den Hoku-paa [den Nordstern]. Dann wird Newe der südliche Peilstern, und das Sternbild Humu wird dich leiten.«

Das Sternbild Humu kannten Dr. Alexander und seine Kultur als das Kreuz des Südens. Es bildet im Nachthimmel ein T, was, nach James Churchward, das Nationalwappen von Mu war. »Das *Tau* ist eine Darstellung des Sternbildes Kreuz des Südens«, schrieb er. »Es wurde als Symbol der Auferstehung betrachtet, und zwar aus folgendem Grund: Wenn es in einem bestimmten Winkel im Himmel über Mu stand, brachte es den lange ersehnten Regen. Mit dem Regen erwachten die Samen im Erdreich, die Bäume schlugen frisch aus, erblühten und trugen Früchte. Das war eine Zeit der Fülle und Freude in Mu – das Leben war wiederauferstanden.«

Eines der provozierendsten Beweisstücke für die einstige Existenz des Mutterlandes spürte Mark Williams im Bernice P. Bishop Museum in Honolulu auf, einer berühmten Institution für hawaiianische Archäologie. Er bekam den Tipp, dass es in den Archiven im Keller des Museums eine »Weltkarte« gäbe, die auf Geheiß des letzten Monarchen Hawaiis im späten 19. Jahrhundert angefertigt wurde. Angeblich sollten sich darauf einige Hinweise auf Mu befinden. Nach längerer Suche zwischen verstaubten Dokumenten wurde die alte Karte tatsächlich gefunden und für Williams ausgebreitet. »Es ist eine große und farbenreiche Darstellung der Erdoberfläche«, berichtet er. »Landmassen darauf sind als ›ansteigend‹ oder ›untergehend‹ markiert, und zwischen den Fidschis und Madagaskar ist ein riesiger Kontinent mit Namen Lemurien eingezeichnet! Die Karte ist mit ›Rex Kalakaua‹ signiert und mit der Jahresangabe 1886 versehen.« Damit ist sie um vierzig und mehr Jahre älter als die populären Bücher über den »verlorenen« Kontinent von Brown, Churchland und Spence. Keiner dieser Autoren wusste offenbar von der Existenz dieser Karte, denn sie erwähnen sie in ihren Werken nicht.

In einem begleitenden Manuskript, Teil der *Marques Papers,* heißt es, die Karte sei von einem namentlich nicht genannten Kapitän gezeichnet worden, dessen handschriftliche Aufzeichnungen ebenfalls erhalten sind. Darin beschreibt er die Geologie des Pazifikraums, Steinruinen sowie Dutzende von Inseln und gibt Informationen über die Insulaner und deren Mythen. »Wir stehen an der Schwelle«, schreibt der anonyme Autor, »und Lemurien könnte in all seinem Glanz wieder auferstehen.« Williams war »verblüfft, dass ein obskures, unveröffentlichtes Manuskript präzise Details enthalten konnte, die in späteren Berichten über das versunkene pazifische Mutterland ebenfalls wiedergegeben wurden. Doch das Geheimnis um die Identität des Kapitäns nahm Mister Marques mit ins Grab, der um das Jahr 1900 französischer Konsul auf Hawaii war«.

Die Nachfahren der Mu auf den hawaiianischen Inseln empfingen im zweiten oder dritten Jahrhundert ihre polynesischen Gäste nicht gerade mit offenen Armen, führten zwar keinen Krieg gegen sie, hielten aber Distanz und verweigerten jede Form des sozialen Austauschs. Sie lebten zurückgezogen und waren offenbar fest entschlossen, sich von allen äußeren Einflüssen fernzuhalten. Laut der hawaiianischen Überlieferung, wie sie von Leinani Melville aufgezeichnet wurde, waren die Mu »ein scheues Volk, das sein Wissen im Geheimen bewahrte. Sie wurden darauf eingeschworen, Außenstehenden niemals etwas von ihren Riten zu offenbaren. Geheimhaltung war ihre Devise«. Die hawaiianische Lexikografin Mary Kawena Puku'i betont, dass dies schon in ihrem Namen zum Ausdruck kommt: *ho'omu* heißt »schweigend dasitzend, Antworten verweigernd, sprachlos«.

Doch die Bevölkerung der Neuankömmlinge wuchs immer mehr an, und die Mu wurden von einer Insel nach der anderen verdrängt, bis sie schließlich sogar ihr geliebtes Kauai aufgeben mussten. Eine kleine Minderheit, die Polynesierinnen geheiratet hatte, weigerte sich, die Insel zu verlassen, und wich in abgelegene Waldgebiete zurück.

Die letzten Rückzugsorte der Mu waren zwei kleine Inselflecken ganz im Westen, außer Sichtweite der hawaiianischen Hauptinseln. Diese heute unbewohnten Inseln stellen eines der größten Rätsel für die Archäologie des Pazifiks dar. Die Insel Nihoa – ihr Name ist vom hawaiianischen Wort für »gezackt« abgeleitet, was sich auf ihre Umrisse bezieht – liegt etwa 270 Kilometer von Kauai entfernt. Nihoas 63 Hektar Fläche bestehen fast nur aus kahlen Felsen, ein windumtostes Fleckchen Erde, lediglich gut anderthalb Kilometer lang und an der weitesten Stelle weniger als einen halben Kilometer breit, mit einem östlichen Ende, das bis auf knapp dreihundert Meter ansteigt. Necker Island ist noch kleiner und abgelegener: nur 16 Hektar groß und gut 500 Kilometer von Kauai entfernt. Auf beiden Inselchen gibt es keine Bäume und keinen fruchtbaren Boden, auf dem man Nahrungsmittel anbauen könnte. Es gibt keine Süßwasserquellen, und die jährliche Niederschlagsmenge beträgt lediglich fünfzig bis fünfundsiebzig Zentimeter. Beide Inseln sind ständig von hoher Brandung umtost, die Landemanöver an ihrer Felsenküste schwierig und gefährlich macht. Während im Gebiet von Nihoa seit prähistorischen Zeiten immer wieder Menschen Jagd auf Meeresschildkröten und Seevögel machten, war die Necker-Insel bis zu ihrer Entdeckung durch die Europäer im Jahr 1786 unbekannt.

Man könnte sich also kaum zwei unwirtlichere Orte vorstellen. Und doch gibt es auf diesen Inseln fast 100 Steingebäude und mindestens zwei Friedhöfe. Man hat Angelhaken, Angelschnüre, Kaurimuschel-Köder, Steinäxte, Mahlsteine und unzählige andere Werkzeuge gefunden – Beweise für eine große, fest dort ansässige Bevölkerung in einer Umgebung, die eigentlich völlig lebensfeindlich ist. Bei fünfundvierzig der sechzig Ruinen auf Nihoa handelt es sich um Wohnhäuser, Vorratsspeicher, Terrassengärten und andere Alltagseinrichtungen. Bei dreiunddreißig der vierunddreißig archäologischen Stätten auf Necker Island handelt es sich um Tempelplattformen. P. V. Kirch besuchte das Inselchen in den frühen 1980er Jahren. Er berichtet: »Die Marae (Zeremonialstätten) sind in Anlage und Baustil erstaunlich einheitlich. Im Wesentlichen bestehen sie aus einer niedrigen, schmalen rechteckigen Plattform, an die sich eine gepflasterte rechteckige Terrasse anschließt. Umsäumt ist jede Plattform von einer Reihe aufrechter Steinplatten. Weitere Steinplatten stehen auf den Terrassen.« Angeordnet wurden diese aufrecht stehenden Monolithen vermutlich nach dem Sonnenstand und anderen astronomischen Gesichtspunkten.

Die meisten dieser Steinstatuen, die größte gut vierzig Zentimeter groß, fand man auf Necker Island, was vermuten lässt, dass sich dort ein spirituelles Zentrum für die Menschen auf Nihoa befand, eine Art Pilgerstätte im offenen Meer. Das inspiriert zu der eindrucksvollen Vision einer Flotte von Katamaranen, die in Scharen devote

Gläubige über das gefährliche, wilde Meer hin zu ihrer heiligen Insel trugen. Alles deutet darauf hin, dass dieses zähe Volk nicht nur gerade eben überlebte, sondern auf Nihoa während eines längeren Zeitraums, dessen Dauer allerdings noch unklar ist, offensichtlich gut gedieh. Wie ihnen das allerdings unter diesen schwierigen Umständen gelang, wer sie waren und woher sie kamen, stellt die Wissenschaft seit über 200 Jahren vor ein bislang ungelöstes Rätsel. Die Hawaiianer glauben, bei den prähistorischen Bewohnern von Nihoa habe es sich um die *Kanaka maoli* gehandelt, »Menschen, die anders waren als wir selbst«, was wieder einmal auf die Mu verweist. Manche der kunstvolleren Steinmetzarbeiten auf Necker Island ähneln tatsächlich dem Menehune-Graben und dem Alekoko-Fischteich auf Kauai.

Die Terrassenfelder auf Nihoa (die erneut an lemurische Agrarmethoden erinnern) künden vom hohen landwirtschaftlichen Wissen und Können der verschwundenen Inselbewohner und ihrer Entschlossenheit, unter widrigen Umständen zu überleben. Ihre offenkundigen Fähigkeiten als Seeleute dürften es ihnen zusätzlich ermöglicht haben, die reichen Fischgründe in der Umgebung der Insel zu nutzen. Außerdem finden sich dort Wale, Schildkröten, Austern und Seegurken. Die kleine Insel ist Heimat für Mönchsrobben und zahlreiche Vogelarten, darunter Albatros, Tölpel, Finken, Fregattvogel, Sturmvogel und Sturmtaucher. Der Miller-Vogel kommt nur auf Nihoa vor. Das Genie dieser Menschen versetzte sie nicht nur in die Lage, auf der völlig abgelegenen Necker Island eine Tempelstadt zu errichten, sondern auch unter härtesten Lebensbedingungen auf Nihoa eine blühende Inselsiedlung zu erschaffen.

Nihoa und Necker waren *die letzten Zufluchtsorte* jener Überlebenden, deren Erbe einstige kulturelle Größe und die Erinnerung an eine überstandene schreckliche Katastrophe waren. Das machte sie zäh und widerstandsfähig und sorgte dafür, dass die Brillanz ihrer Zivilisation auch nach der Zerstörung ihres Mutterlandes noch Jahrhunderte überdauerte. Doch in dieser vergänglichen Welt konnten selbst die Respekt einflößenden Mu sich nicht unendlich lange gegen den Lauf der Zeit stemmen. Als stumme Zeugen für die Verschwiegenheit und Distanziertheit dieses geheimnisvollen Volkes stehen ihre steinernen Ruinen auf den beiden Inseln, während die Spur ihrer Erbauer sich schon vor vielen Jahrhunderten in der Weite des Pazifiks verlor.

ACHT

Lemurer in Amerika

Bei Hunderten von Eingeborenenvölkern von der Arktis bis nach Feuerland gab es schon lange, bevor christliche Missionare mit ihrer eigenen Geschichte von der Sintflut zu ihnen gelangten, die in ihren Grundzügen übereinstimmende Überlieferung, dass sich in grauer Vorzeit eine gewaltige Flutkatastrophe ereignete, die sich tief ins Gedächtnis ihrer jeweiligen Vorfahren eingrub.

William Alexander,
North American Mythology

Vor sechsunddreißig Jahrhunderten ereignete sich in Neuseeland ein Vulkanausbruch von apokalyptischen Ausmaßen. Dieser sogenannte Taupo-Valley-Center-Ausbruch fiel mit der endgültigen Zerstörung Lemuriens zusammen, und die Vorfahren der heutigen Maori wurden Zeugen dieser Katastrophe. Ihre Legende von Rongo-mai (dem »Klang-Krieger«) erinnert bis heute daran – dabei handelt es sich um einen Himmelsgott, der vor langer Zeit, als Komet getarnt, die Erde angriff. Nachdem er die Menschheit dezimiert hatte, verwandelte er sich in einen gigantischen Wal, der im Meer versank. Dieser Mythos beschreibt nicht nur die endgültige Zerstörung von Mu, sondern ähnelt auf bemerkenswerte Weise lemurischen Versionen dieser Geschichte, die sich auf beiden Seiten des Pazifiks finden. Im uralten chinesischen Text *Huainanzi* wird berichtet, ein riesenhafter Wal, Symbol für eine große Insel, sei am Anbeginn der Zeit im »Sonnenaufgangsmeer« untergegangen, nachdem ein »Schweifstern« (ein außergewöhnlich großer und heller Komet) am Himmel erschienen sei.

Die Koryak-, Kamchadal und Chuckchee-Indianer in Britisch-Kolumbien erinnern sich an Quikinna'qu, den »ersten Menschen«, der sich als einziger Überlebender von einer Insel retten konnte, nachdem der Donnervogel sie in einen Wal verwandelt hatte. Um sich vor dem Vogel zu schützen, der ihn mit seinen Klauen attackierte, tauchte der Wal hinab auf den Meeresgrund. Dabei ertranken alle Menschen auf seinem Rücken, nur Quikinna'qu nicht, der auf einem Baumstamm zu der Insel trieb, die heute Vancouver Island heißt. Dort heiratete er eine einheimische Frau, und ihre Kinder wurden zu den Indianerstämmen des pazifischen Nordwestens. Auch die Haida erzählten von einem gewaltigen Orca, auf dessen Rücken die erste Menschheit wohnte, bis der Wal vom Himmel aus angegriffen wurde und in die Tiefe des Meeres abtauchte. Dabei ertranken viele Menschen, aber manche konnten sich an die Strände Britisch-Kolumbiens retten, wo sie zu den Ahnen der heutigen indigenen Bevölkerung wurden. Deshalb werden sie die Orca-Leute genannt. Bemerkenswerterweise gab man der versunkenen Wal-Insel den Namen Namu.

Diese Flut-Erzählungen wurden mündlich überliefert und auf berühmten hölzernen Obelisken verewigt, die von verschiedenen indigenen Kulturen an der kanadischen Pazifik-

Der Donnervogel, die Verkörperung himmlischer Gewalt, greift Namu an. Haida-Malerei im Field Museum of Natural History, Chicago.

küste aufgestellt wurden. Doch die dortigen Indianer verehrten diese hohen sogenannten Totempfähle nicht etwa als Götterbilder, vielmehr handelt es sich um heraldische Objekte, auf denen symbolisch die Abstammung der Sippe dargestellt ist, vor deren Haus sie stehen. Dabei wird die Familiengeschichte auf dem Pfahl von oben nach unten erzählt, von der fernen Vergangenheit bis zum Bildnis eines Familienoberhaupts aus jüngster Zeit oder des gerade amtieren Oberhaupts. Der Totempfahl-Spezialist Edward Keithahan führt dazu aus:

> Man kann diese Mythen auf den Pfählen nicht im eigentlichen Sinne lesen. Eher dienen die Pfähle der Erinnerung, denn es ist darauf ein System von Gedächtnisstützen abgebildet, die, wenn man sie in der richtigen Reihenfolge betrachtet, dabei helfen, sich an einen

Mythos zu erinnern. Die Legenden, die von den Totempfahlschnitzern verewigt werden, kreisen um Migrationen, die große Flut, Stammeskriege und frühe Kontakte mit den Weißen. Alle Indianergruppen kennen Erinnerungen an eine große Flut, die das ganze Land überschwemmte, so dass nur noch die höchsten Berge aus dem Wasser ragten. Diese Geschichte diente als Inspiration für mehrere Totempfähle, etwa den Totengedenkpfahl der Nanyaayi auf Wrangell Island und den Teufelsdaumenpfahl am selben Ort.

In der Mythologie der indigenen Bevölkerung an der Nordwestküste führte ein Bär die Überlebenden der Flut an die Küste Britisch-Kolumbiens. Der Teufelsdaumenpfahl war dem Talqoe-di-Stamm heilig, weil er als symbolische Repräsentation von Talth Qua Na Sha galt, jenem heiligen Berg, auf dem die Vorfahren dieser Indianer Schutz vor der Flut fanden. An der Spitze der Totempfähle findet sich häufig eine Darstellung des Donnervogels, der den Wal Namu in seinen Klauen hält. Damit soll auf die bis vor die große Flut zurückreichende Abstammung der jeweiligen Sippe verwiesen werden. Ein berühmtes Porträt des Wals befand sich vor dem Haus von Chief Johnson in Alaska und als große Petroglyphe am Hetta Inlet. Die Haida glaubten, dass die Seelen im Meer Ertrunkener zur Wohnstätte der Orca-Leute, also der Ahnen, auf den Meeresgrund reisen.

Der erste Totempfahl wurde von den Kaigani Haida in Alaska angefertigt, die ursprünglich von Langara Island stammen. Keithahan fasst ihre Geschichte über die lemurischen Ursprünge des Totempfahls so zusammen: »Der Herkunftsort des Totempfahls ist ein im Meer versunkenes Land, in dem Hügelkuppen zu kleinen Inseln wurden und die Berge steil aus dem Wasser aufragen. Die Täler dieses

Haida-Totempfahl vor dem Field Museum of Natural History, Chicago.

Landes sind Buchten und Fjorde, und seine fruchtbaren Felder und Wiesen sind heute überflutet.« In einer Geschichte der Haida gehen zwei Fischer vor langer Zeit frühmorgens an den Strand. Zu ihrer Überraschung sehen sie dort einen Totempfahl in der Brandung treiben. Sie bringen ihn in ihr Dorf. Dort erkennt man, dass es sich um einen Pfahl aus einem der Tempel der Orca-Leute auf dem Meeresgrund handelt. Von da an stellten die Bewohner der pazifischen

Nordwestküste geschnitzte Pfähle auf, die jenem Exemplar nachgebildet sind, das von den Fischern gefunden wurde. Dieser erste nach der großen Flut entstandene Totempfahl wurde auf Dall Island aufgestellt, am Cape Muzon, dessen Name an das verlorene Mutterland erinnert. Churchward schrieb 1926: »Die Legenden und Schnitzereien auf den Totempfählen sind ein starker Beleg dafür, dass die Vorväter dieser Indianer aus Mu kamen.«

Die Flüchtlinge, die nach der Naturkatastrophe an die Pazifikküste kamen, wurden in den örtlichen Mythen als hellhäutige, rothaarige Seefahrer beschrieben, die sich unter den Vorfahren der Indianer Frauen nahmen. Diese Darstellung geht eindeutig nicht auf spätere europäische Einflüsse zurück, und frühe europäische Besucher waren überrascht, wie sehr diese Indianer ihnen selbst glichen. Der englische Seefahrer und Entdecker George Dixon staunte, dass eine indigene Frau, die er 1787 in Yakutat sah, »die rosige Fröhlichkeit einer englischen Melkerin hatte. Die gesunde Röte ihrer Wangen kontrastierte auf das Schönste mit dem Weiß des Halses. Ihre Stirne war so hell, dass man die zartesten Venen unter der Haut erkennen konnte – kurz gesagt, sie war selbst für englische Maßstäbe außerordentlich gutaussehend«. Im folgenden Jahr schrieb ein anderer englischer Reisender, John Meares, über die Nootka-Frauen auf Vancouver Island: »Sie besitzen nicht nur die helle Haut der Europäerinnen, sondern ihre Züge weisen eine Zartheit und Schönheit auf, die in jenen Teilen der Welt große Aufmerksamkeit erregen würden, wo man die Qualitäten der menschlichen Gestalt am besten zu beurteilen versteht.«

Im Jahr 1817 sah Camille de Roquefeuil, ein französischer Kapitän, wie er sich später erinnerte, »einige Männer und eine größere Anzahl Frauen, deren Hautfarbe sich von den Weißen nur durch eine ganz leichte Tendenz ins Blassgelbe unterschied. Der größte Teil der Indianer hat schwarze Haare, bei einigen aber sind die Haare hellrot.« Unter den Kaigani Haida sind, laut Kaithahan, »rote Haare immer noch recht häufig«. Bei diesen ungewöhnlichen Merkmalen handelt es sich offenbar um genetische Spuren jener Orca-Leute, die, den indigenen Legenden zufolge, nach dem Untergang ihres Heimatlandes an die Küste Britisch-Kolumbiens kamen. Auch in den Geschichten über die große Flut, die in Ozeanien erzählt werden, sind die Überlebenden so oft, dass es fast die Norm zu sein scheint, hellhäutig und rothaarig. Die indigene Überlieferung und das gemischte ethnische Erbe sind überzeugende Hinweise darauf, dass sich im westlichen Kanada einst Überlebende aus Lemurien niederließen.

In vielen Erzählungen an der amerikanischen Nordwestküste wird das verlorene Reich der Orca-Leute als Dzilke oder auch als Dimlahamid bezeichnet. Seine Geschichte wird von den We'suwet'en und den Gitskan im nördlichen Britisch-Kolumbien bewahrt. Sie erinnern sich, dass die Bewohner von Dzilke während vieler Generationen in Glück und Wohlstand lebten. Sie verbreiteten ihre hohe Spiritualität in alle Welt. Nach einiger Zeit jedoch griffen bei ihnen Selbstsucht und Korruption um sich, und sie begannen, ungerechte Kriege zu führen. Dieser Verfall der Sitten bei dem einst so edlen und tapferen Volk erzürnte die Götter, und sie bestraften Dzilke durch fürchterliche Erdbeben. Die prächtige Straße der Häuptlinge sank in Trümmer, als das Meer sich erhob und die Stadt und die meisten ihrer Bewohner verschlang. Einige wenige Überlebende schafften es bis nach Vancouver Island, wo sie die verschiedenen kanadischen Indianerstämme begründeten. Der Journalist Terry Glavin schätzt, beruhend auf indianischen Quellen, dass Dzilke oder Dimlahamid vor etwa 3.500 Jahren zerstört wurde. Das deckt sich ungefähr mit dem Jahr 1628 v. Chr., in dem sich gemäß entsprechender geologischer Beweise die endgültige Zerstörung Lemuriens abgespielt haben muss.

Ähnliche Versionen dieser Geschichte finden sich bis hinunter zur Westküste der USA und in deren Südwesten. Die Chemehuevi- und die Mohave-Indianer glauben, Hawichyepam Maapuch sei es zu verdanken, dass die Große Flut nicht alles Leben auf Erden auslöschte. Diese Meeresgöttin schenkte zwei Geschöpfen das Leben: Kojote und Puma, die auf einem Berggipfel, dem Charleston Peak, Zuflucht gesucht hatten. Als die Flut zurückging, stiegen sie von dem Berg herunter und bevölkerten die Welt neu. In der Schöpfungsgeschichte der Yokut, einem südkalifornischen Indianerstamm, heißt es, die Menschheit stamme ursprünglich von einer Insel in der Mitte eines Urmeeres, wo Adler und Kojote die ersten Männer und Frauen erschufen. Die Maidu, ein weiterer kalifornischer Stamm, erzählten von Talvolte und Peheipe, den einzigen Überlebenden einer Naturkatastrophe, durch die ihr irdisches Paradies vernichtet wurde, nachdem seine Bewohner durch sittlichen Verfall den Himmel beleidigt hatten.

Auf die lemurische Identität dieser verlorenen Heimat weist der Name Mu-ah hin, was in der Sprache der Shoshone-Indianer »Gipfel von Mu« heißt. So nennen die Shoshone einen Berg in Kalifornien, der möglicherweise einst von lemurischen Adepten ausgewählt wurde, um dort ihre Religion zu praktizieren, und der seither bei der indigenen Bevölkerung als heilig gilt. Auch in Pimugnan, dem ursprünglichen Namen der Gabrielino-Indianer Kaliforniens, klingt noch diese untergegangene Zivilisation nach. Der Mythenforscher Joseph Wherry zitiert einen indianischen Schöpfungsmythos: »In ferner, dunkler Vergangenheit lebten die Vorfahren vieler kalifornischer Indianerstämme auf einer Insel im Westlichen Ozean. Diese Insel hieß Elam. Dort verehrten sie den mächtigen Gott Mu.« Wie bei den Geschichten der Haida über die Große Flut gibt es auch in dieser Version einen Bären als Helden und Retter.

William Donato, der Vorsitzende der Atlantis Organization, schrieb in *Ancient American* über die »Weißen des Westens«:

> Im 16. Jahrhundert beschrieb Cabrillo das Volk von Gha-las-Hat (San Nicholas Island) als fortschrittlicher als die Bevölkerung auf dem kalifornischen Festland. Er schrieb über die Frauen, sie seien von »erlesener Gestalt«, hätten »schöne Augen und ein anmutiges Benehmen«. Und die Kinder seien »weiß, mit hellen Haaren und rosigen Wangen«. Ihre Kultur scheint eine Variante der Chumash-Gabrielino-Kultur gewesen zu sein. In alten Schiffslogbüchern und anderen zeitgenössischen Quellen ist immer wieder von »weißhäutigen« Indianerstämmen auf Santa Catalina Island die Rede. Dr. Jeffrey Goodman zitiert eine Untersuchung menschlicher Schädel, der zufolge die alte Bevölkerung der kalifornischen Kanalinseln große Ähnlichkeit mit »archaischen Kaukasiern« aufwies.
>
> Von ihren ursprünglichen Bewohnern wurde die Insel Catalina »Pimu« genannt und die Insel Santa Cruz Limu. Übrigens bedeutet Limu »im Meer«. Dass zwei kalifornische Kanalinseln »Mu« als Namensbestandteil haben, dürfte kein Zufall sein. Gemäß der Überlieferung der Yurok-Indianer wurde das Land am Klamath River, als ihre eigenen Vorfahren sich einst dort ansiedelten, vom Volk der Wah-gas bewohnt. Diese weißhäutigen Menschen, die sehr ehrenwert und zivilisiert waren, nahmen die Yurok freundlich bei sich auf und teilten alles, was sie besaßen, mit den Neuankömmlingen. Stammten die Wah-gas ursprünglich aus Mu?

Auch entlang der peruanischen Küste sind die Mythen der indigenen Bevölkerung reich an Hinweisen auf die lemurische Katastrophe. So erzählen die Yurukare-Indianer die

Geschichte von Tiri. Ihre Vorfahren verbargen sich in einer Berghöhle, als zwei gewaltige weltweite Katastrophen das frühere Zeitalter auslöschten. Alle anderen Menschen wurden durch ein Feuer getötet, das vom Himmel fiel und auf das eine alles verschlingende Flut folgte. Von allen Göttern hatte nur Tiri Erbarmen mit den wenigen Überlebenden einer sündigen Menschheit und öffnete den Baum des Lebens, aus dem neue Stämme hervortraten und die Welt wieder bevölkerten. Wie im 6. Kapitel beschrieben, war Mu als Tau bekannt, der Baum des Lebens.

Der Name des Mutterlandes lebt auch in der Identität eines anderen großen Volkes weiter, den Chimu. Sie schufen eine mächtige Zivilisation, Chimor, die von 900 n. Chr. bis zu ihrer Niederlage gegen die Inka im Jahr 1476 die peruanische Küste beherrschte. Ihre Hauptstadt, Chan Chan, liegt nördlich von Trujillo. Im Zenit ihrer Macht lebte in dieser über zweihundert Quadratkilometer großen Stadt fast eine Viertelmillion Menschen. Sie waren Meister der Bewässerungstechnik, deren *Pozos* – mit Steinen eingefasste Stauseen – mehr als sieben Millionen Liter Wasser fassten, das mit Äquadukten aus Gebirgsflüssen herangeschafft wurde. Diese Äquadukte waren 160 Kilometer lang! Die Hochtechnologie und die soziale Organisationsfähigkeit, die erforderlich waren, um ein so riesiges Bevölkerungszentrum zu schaffen, wurden, so sagten die Chimu, von Tyacana-Mu eingeführt. Er war von seinem Herrscher, der ein Königreich im Pazifik regierte, nach Peru geschickt worden, um eine neue Zivilisation zu begründen.

Eine andere wichtige Chimor-Stadt war Pacatna-Mu, getauft auf den Namen eines frühen Chimu-Generals, der zum regionalen Gouverneur aufstieg. Der sogenannte Palast des Gouverneurs in Chan Chan ist von einer gewaltigen Mauer umgeben. Ein Fries darauf zeigt eine im Meer versunkene Stadt: Fische schwimmen über miteinander verbundenen Pyramiden. Diese Szene scheint eine Erinnerung an die überflutete Zivilisation von Mu zu sein, von wo aus die Vorfahren der Chimu – wörtlich übersetzt, der »Kinder von Mu« – sich nach der Katastrophe an die Küste Perus retteten.

Bei den Stufen der Kalasasaya oder »versunkenen Plaza« in Tiahuanaco handelt es sich um rechteckige Steinblöcke, die etwa neun Meter breit sind und schätzungsweise vierzig Tonnen wiegen. Das Sonnentor wurde aus einem einzelnen Fünfzehn-Tonnen-Stein herausgemeißelt. Ich habe mir in Peru auch die gewaltigen Ruinen von Sacsayhuaman angeschaut, außerhalb der alten Hauptstadt Cuzco. Selbst wenn sie offiziell als Festung bezeichnet wird, leuchtet der angebliche militärische Zweck dieser Anlage nicht wirklich ein, trotz der 300 Tonnen schweren Steinblöcke. In Tiahuanaco wurden Steinplatten von über 130 Tonnen Gewicht aus achtzig Kilometer entfernten Steinbrüchen herangeschafft. Wie konnten solche enormen Lasten über derartige Entfernungen transportiert werden, über Berg und Tal, um sie dann mit einer geradezu unheimlichen Präzision zu verarbeiten – und das alles in einer Höhe, in der selbst Einheimischen das Atmen schwerfällt?

Vor welche gigantischen Herausforderungen dieses Bauprojekt die Menschen damals gestellt haben muss, haben moderne Bauexperten errechnet. Um eine einzigen 130-Tonnen-Block zu bewegen, hätte man 8.450 kräftige Männer benötigt. Dass es funktionieren würde, so viele Menschen einen solchen Block in einer koordinierten Anstrengung ziehen zu lassen, scheint selbst unter idealen Bedingungen alles andere als wahrscheinlich zu sein. Wenn man noch die Höhe und die gebirgige Umgebung berücksichtigt, wird es völlig undenkbar. Doch aller Logik zum Trotz existiert Tiahuanaco in genau dieser Umgebung. Harold T. Wilkins, Weltreisender und populärer Archäologie-Autor, schrieb Mitte des 20. Jahrhunderts: »Dass diese Stadt der Toten – vermutlich die älteste der Welt – tatsächlich oben in den Wolken erbaut wurde, in dünner Luft, wo das Atmen eine Qual ist, in einer kahlen Gebirgslandschaft, wo nichts Essbares wächst oder angebaut werden kann, ist extrem unwahrscheinlich.«

Die Aymara, die heute auf dieser Höhe in Nachbarschaft der Ruinenstadt ihr Dasein fristen, bauen in Subsistenzwirtschaft kümmerlichen Mais und erfrierende Kartoffeln an, und aus Maismehl stellen sie *Chicha* her, ein alkoholisches Gebräu, in dem sie ihr Elend ertränken. Das Altiplano ist trocken und unwirtlich. Dass in einer so lebensfeindlichen Umgebung ein derartiger architektonischer Geniestreich wie Tiahuanaco vollbracht wurde, ist unfassbar. Dieser offensichtliche Widerspruch zwischen der uralten Stadt und ihrer natürlichen Umgebung verwirrt die Forscher schon seit Langem. 1920 wunderte sich der britische Geologe C. Reginald Enock:

> Wie konnte eine große Bevölkerung in einer so hohen Region überleben, in der nur sehr wenige Nahrungspflanzen gedeihen? Und die Bevölkerung muss groß gewesen sein, denn wie hätte man sonst die gewaltigen Monolithen transportieren und die riesigen Gebäude errichten können? Deshalb gibt es sogar die Theorie, die Anden hätten zur Zeit der damaligen Besiedlung und der Errichtung der großen Megalithbauten noch nicht so hoch gelegen wie heute. Ob diese Erklärung stichhaltig ist, darf bezweifelt werden. Aber in jedem Fall ist bemerkenswert, dass diese Bauwerke und die Beweise einer früheren Besiedlung in einer Höhe existieren, in der kein Getreide angebaut werden kann.

Knapp 250 Meter niedriger und fast zwanzig Kilometer entfernt liegt der Titicacasee, der höchste Salzwassersee der

Lamas dösen vor der »Festung« Sacsayhauman in der Nähe Cuzcos, die noch aus der Zeit vor den Inka stammt. Das Vorhandensein dieser und anderer Monumentalarchitekturen im Hochgebirge der Anden erscheint wie ein Wunder.

Erde und mit 370 Metern einer der tiefsten. Zudem ist er mit einer Fläche von 8.300 Quadratkilometern halb so groß wie der Ontario-See. Die an seinen Ufern lebenden Einheimischen erzählten schon seit langer Zeit von einer Stadt auf dem Grund des Sees. Den etablierten Archäologen entlockte das nur ein herablassendes Lächeln. Doch im Jahr 1955 nahm William Mardorf, ein früherer Tauchlehrer der US-Marine, die Erzählungen der indigenen Bevölkerung ernst und führte im Titicacasee mehrere Tauchmissionen durch. Er sagte, er hätte in einer Tiefe von 29 Metern mehrere Steinruinen entdeckt, die denen in Tiahuanaco ähnelten. Aber Versuche, Aufnahmen von ihnen zu machen, scheiterten an den schlechten Sichtbedingungen und der damals noch wenig entwickelten Unterwasserfotografie.

Im November 1980 entdeckte Hugo Boero Rojo, ein bolivianischer Experte für die Andenkulturen, vor Puerto Acosta im See Ruinen. Im Unterschied zu konventionellen Forschern, die im See nichts entdeckten, weil sie ausschließlich auf ihre rein wissenschaftlichen Methoden vertrauten, ließen sich die Taucher von Elias Mamani führen, einem älteren ortsansässigen Indianer. Durch Unterwasseraufnahmen ist dokumentiert, was Rojo wie folgt beschrieb: »Aus riesigen Steinblöcken errichtete Tempel mit Steinstraßen, die zu unbekannten Orten führen.« Diese Bauwerke wurden in einer Tiefe von 14 bis 18 Metern gefunden, aber Rojo sagte: »Es gibt Treppen, deren dick von Algen überwucherte Stufen tief hinunter in den See führen.« Das deutet darauf hin, dass die Fundamente der versunkenen Stadt deutlich unterhalb liegen, was eine Bestätigung für Mardorfs Sichtung in 29 Meter Tiefe wäre, die er 25 Jahre zuvor machte.

Es ist offensichtlich, dass die Gebäude errichtet wurden, bevor der See existierte, was auf ein völlig unerklärliches Alter schließen ließe. Schlimmer noch: Die Geologen wissen, dass der Wasserstand des Titicacasees während der letzten 4.000 Jahre immer weiter zurückgegangen ist, weshalb das Alter der versunkenen Stadt noch einmal um ein Vielfaches zurückdatiert werden muss. Doch Tiahuanaco könnte mindestens genau so alt sein.

Während ich auf den Kalasasaya zuging, bemerkte ich einen horizontalen, mit Reliefs verzierten Steinblock, der nur knapp neunzig Zentimeter aus dem Boden ragte. Erst allmählich wurde mir klar, dass es sich um die Spitze eines Bogens handelte, dessen ganzer Rest unter Erdreich begraben war. Später fand ich heraus, dass die Archäologen eine ganze Reihe teilweise oder vollständig von einer Erdschicht bedeckte Bauten entdeckt haben. Diese Erdschicht ist mindestens 1,80 Meter dick. Und es sind gerade einmal zehn Prozent der 162 Hektar großen archäologischen Zone Tiahuanacos ausgegraben. Dass die Bauten derartig bedeckt sind, kann nur durch sehr starke, über viele Jahrtausende wehende Winde verursacht sein oder durch eine gewaltige Flut, die das Erdreich dorthin spülte. Als Helmut Zettl Tiahuanaco in den 1960er Jahren besuchte, stellte er völlig zurecht fest: »Die das Gebiet umgebenden Berge sind nicht hoch genug, um genug Ablaufwasser und Winderosion zu erzeugen, die eine solche Masse an Erdreich herantransportieren könnten. Es müsste schon eine große Wassermenge die Stadt völlig überflutet haben. Als das Wasser sich zurückzog, hinterließ es eine dicke Schlammschicht, die alle Beweise für eine fortschrittliche Zivilisation unter sich begraben hatte, so dass nur die größten Statuen und Monolithen noch sichtbar waren.« So scheint es, dass die örtlichen bolivianischen Legenden darüber, dass Tiahuanaco in der Zeit der Großen Flut erbaut wurde, durchaus eine reale Grundlage haben.

Als der bekannte Archäologe Julio Tello in den 1930er Jahren Ausgrabungen in Chavin de Huantar durchführte, das damals als älteste antike Ruine Perus galt, stellte er fest, dass die Mauerbögen tief unter Erde und Geröll begraben waren. Da nichts in der unmittelbaren Umgebung eine Erklärung für so hohe Ablagerungen lieferte, gelangte Tello zu dem Schluss, die Erdmassen müssten durch eine Serie von Super-Tsunamis angeschwemmt worden sein, die über Chavin de Huantar hinweggerollt waren und dabei riesige Mengen an Sediment zurückgelassen hatten. Aufgrund des Alters der Ruinen musste dieses Ereignis vor ungefähr 3.000 Jahren stattgefunden haben.

Gut eineinhalb Kilometer nördlich vom Kalasasaya stößt man in Richtung des Titicacasees auf eine antike Stätte, die sich radikal von den anderen unterscheidet. Während Tiahuanaco noch weitgehend unzerstört ist, liegen die mit herausragender Ingenieurskunst angefertigten Steinblöcke von

Puma Punku im Gelände verstreut herum, als bestünden sie aus Styropor und nicht aus Andesit, einem feinkörnigen Gestein, das dem Granit ähnelt. Mit einer Länge von gut acht Metern und einem Gewicht von 300 Tonnen stellen sie selbst die megalithische Steinmetzkunst von Tiahuanaco in den Schatten. Und es sind nicht nur diese kolossalen Steinblöcke, durch die Puma Punku sich von Tiahuanaco unterscheidet. In stilistischer Hinsicht sind beide so verschieden, dass sie kaum von der gleichen Kultur geschaffen worden sein können. Im Gegensatz zu der Trockenmauertechnik in Tiahuanaco, wo Steine unterschiedlicher Größe präzise verfugt aufeinandergeschichtet wurden, weisen die monströsen Steinplatten Puma Punkus Gusskanäle auf. Nachdem die Blöcke mit erstaunlicher Präzision aneinandergefügt waren, goss man geschmolzenes Metall in diese Vertiefungen, das dann abkühlte und zu Klammern aushärtete. Diese Konstruktionsmethode ist vorher und nachher bei den Kulturen des Andenraumes ohne Beispiel. Sie legt Zeugnis ab von einer hoch entwickelten Technologie, deren Vorhandensein dort die Wissenschaft bis heute nicht befriedigend erklären kann.

In Tiahuanaco gibt es zahlreiche Statuen, in Puma Punku existiert keine einzige. Seine Erbauer zogen es vor, Mehrfachkreuze und Mehrfachdreiecke in den außerordentlich harten Andesit zu schneiden, als wäre er weiche Butter. Die Feinheit und Präzision dieser geometrischen Figuren sind in ganz Südamerika beispiellos, und vermutlich auch weltweit. Und doch sind die mächtigen Steine, in die sie mit so enormem technologischen Können gemeißelt wurden, derart durcheinandergewürfelt, als hätte sich dort einst die schwerste Naturkatastrophe ereignet, von der Bolivien jemals getroffen wurde. In der Zeitschrift *Readers's Digest* wurde das so beschrieben: »Ein Durcheinander von Steinen, das aussieht, als wären sie durch ein gewaltiges Naturereignis herumge-

Die Ruinen von Puma Punku.

schleudert worden, ist alles, was von Puma Punku übrigblieb.« Das einzige halbwegs intakt gebliebene Bauwerk ist eine Art Kanal, was einige Forscher als Beweis ansehen, dass es sich ursprünglich um eine Hafenanlage am Titicacasee gehandelt haben muss, als dessen Ufer noch bis Puma Punku reichten. Dass jedoch inzwischen Ruinen im See entdeckt wurden, spricht gegen diese Theorie.

Childress fragt im Hinblick auf diesen Widerspruch: »Wenn ein schweres Erdbeben die dreihundert Tonnen schweren Steine von Puma Punku wie Spielzeug auf der Hochebene verstreute, warum wurden dann nicht auch die Gebäude von Tiahuanaco zerstört? Wurden sie zu einem späteren Zeitpunkt gebaut, nach der Katastrophe?« Diese faszinierenden Fragen sind nicht leicht zu beantworten. Auch dann ist es immer noch schwer zu begreifen, wie Tiahuanaco in einer so unwirtlichen Umgebung erbaut werden und gedeihen konnte.

Seltsamerweise ähnelt Puma Punku nicht Tiahuanaco, sondern vielmehr einer anderen Stadt aus der Vor-Inka-Zeit, die 480 Kilometer entfernt in Peru liegt. Während ich auf die Berge oberhalb von Ollantaytambo stieg, stellte ich zu meiner Überraschung fest, dass der Boden mit Muschelschalen übersät war. Nicht alle von ihnen schienen versteinert zu sein, denn wenn man sie berührte, zerfielen sie zu Staub. Das legt nahe, dass sie nur wenige tausend Jahre alt sind und nicht Jahrmillionen, wie die offizielle Wissenschaft behauptet. Wenn diese Berge tatsächlich lange vor der Entwicklung des Menschen unter dem Meeresspiegel lagen, müssten die hier hinterlassenen Meeresorganismen versteinert sein, was aber nicht der Fall ist. Ich erinnerte mich an meine erste Fahrt in die Anden. Ich betrachtete die Berge aus dem offenen Fenster eines altersschwachen Zuges, der sich mühsam die kurvenreiche Strecke von Cuzco nach Machu Picchu hinaufwand. Sie unterschieden sich deutlich von den Rockies, den Appalachen und den Alpen. Diese Gebirge waren deutlich erkennbar während langer geologischer Zeiträume starker Verwitterung ausgesetzt. Die steilen Hänge der Anden hingegen strahlten eine Frische aus, als wären sie gerade erst in der vorigen Nacht von der Erde emporgeschoben worden. Mein Verstand wehrte sich gegen diesen Eindruck, aber dennoch haben viele Beobachter ihn unabhängig voneinander bestätigt.

David Scarboro von der geowissenschaftlichen Fakultät der Open University schreibt:

> Die Platten, deren Zusammenprall die Anden emporsteigen lässt, sind die Südamerikanische Platte und die Nazca-Platte. Die Nazca-Platte entfernt sich ostwärts vom Ostpazifischen Rücken. Die Südamerikanische Platte bewegt sich vom Mittelatlantischen Rücken Richtung Westen. Dort, wo diese beiden Platten auf-

> einandertreffen, wird die Nazca-Platte unter die Südamerikanische Platte geschoben, eine sogenannte Subduktion. Die Anden liegen über dieser Subduktionszone. Der subduzierende Teil der Platte wird durch Reibung aufgeheizt und durch die Hitze des Erdmantels, in den er eintaucht. Diese Aufheizung bewirkt eine teilweise Schmelzung des Gesteins, so dass Magma in die Erdkruste aufsteigt. Der größte Teil des Magmas kühlt sich bereits in der unteren Kruste ab und verfestigt sich dort, wodurch ihr Volumen wächst – ein Vorgang, der in der Geologie Underplating genannt wird. Der starke Hitzefluss über der subduzierenden Platte reduziert die Dicke der Kruste zusätzlich, wodurch sie isostatischen Auftrieb erhält. Das Underplating und der isostatische Auftrieb in dieser Region tragen zur Bildung der Anden bei.

Scarboros knappe Interpretation der südamerikanischen Gebirgsentstehung ist sehr umfassend und zeichnet das Bild einer allmählichen Entwicklung über die letzten vierzehn Millionen Jahre. Aber ist es möglich, dass dieser Prozess in einzelnen Phasen massiv beschleunigt wurde, so dass dieses nach dem Himalaya zweithöchste Gebirge der Erde sich viel schneller auffaltete, als die Geologen glauben? Auch heute noch wachsen diese Berge viel schneller als bislang gedacht. Dazu der englische Journalist Charles Allen: »Eine führende Autorität für die Geomorphologie des Himalaya (Adolf Gansser) vertritt die Auffassung, dass einige Teile des Himalaya in den letzten fünfhunderttausend Jahren um stattliche 2.750 Meter angestiegen sind – und dass dieser Anstieg sich mit einer Rate von etwa 75 Zentimetern pro Jahrhundert fortsetzt.«

Erst 1992 hoben sich während eines vergleichsweise moderaten Bebens (5,7 auf der Richterskala) in Südkalifornien Teile der San Gabriel Mountains um über dreißig Zentimeter. Genau dreihundert Jahre zuvor ereignete sich auf Jamaika ein Erdbeben, bei dem innerhalb von nur drei Minuten acht Hektar Land ins Meer stürzten und zwei Berge um fast einen halben Kilometer verschoben wurden. Im frühen 19. Jahrhundert wurde durch das Beben von New Madrid der Fluss Mississippi gezwungen, rückwärts zu fließen und sich einen radikal veränderten Weg durch das südliche Illinois zu bahnen. Solche Ereignisse veranschaulichen, dass die normalerweise nur sehr allmählichen Veränderungen der Erde manchmal durch Episoden unterbrochen werden, die von raschen, heftigen Bewegungen kolossalen Ausmaßes gekennzeichnet sind. Enock glaubte, dass »die Anden in einem geologisch sehr kurzen Zeitraum entstanden sind, vielleicht in mehreren aufeinanderfolgenden Stadien. Es ist gut möglich, dass prähistorische Menschen Zeugen einiger dieser Veränderungen wurden. In diesem Licht bieten die rätselhaften Zustände im Andenhochland Anlass, darüber nachzudenken, ob nicht ihr Aufstieg in die jetzige Höhe in wesentlich jüngerer Zeit erfolgte«.

Die Millionen von Muscheln bei Ollantaytambo, das Salzwasser des Titicacasees und die in ihm versunkenen Ruinen, die lebensfeindliche Umgebung von Tiahuanaco und die über 180 Zentimeter dicke Sedimentschicht dort, Puma Punkus wild verstreute Megalith-Trümmer – das alles deutet auf hoch entwickelte Siedlungszentren hin, die in ferner Vergangenheit auf Meereshöhe erbaut wurden und dann plötzlich mit den sich rasant auffaltenden Bergen in die Höhe stiegen. Wilkins beobachtete: »Im Titicacasee gibt es eine etwa zwei Meter Tiefe Schicht aus uraltem Seetang und Kalkstein. Demnach muss es sich hier einst um die Uferzone eines Meeres gehandelt haben. Eine katastrophenhaft heftige und unregelmäßige Einwirkung geologischer Kräfte würde erklären, warum die Ufer- oder Strandlinien, die sich an den Berghängen des bolivianischen Altiplano befinden und die auf einstige Ufer von Meeren oder Seen verweisen, sich weder auf gleicher Höhe mit dem Titicacasee noch mit dem heutigen Pazifik befinden.«

Aber welcher Mechanismus führte zu solchen unvorstellbar heftigen Veränderungen? Selbst die stärksten Erdbeben wären nicht in der Lage, die Anden in kurzer Zeit bis zu einer Höhe von viertausend Metern aufzufalten.

Eine Karte der tektonischen Gegebenheiten im östlichen Pazifik zeigt, dass die Nazca-Platte – die an Peru-Chile angrenzt, wo sie allmählich die Anden aufsteigen lässt – eingequetscht ist zwischen der Südamerikanischen Platte im Osten und der Pazifischen Platte im Westen, während sie gleichzeitig im Norden von der Cocosplatte blockiert wird. Die kleine Osterinsel sitzt genau an der Stelle, wo der Südrand der Nazca-Platte, der Nazca-Rücken, der von Ost nach West verläuft, T-förmig auf den von Nord nach Süd verlaufenden Ostpazifischen Rücken trifft. Hotu Matuas »Nabel der Welt« erhielt diesen Namen zurecht. Jedenfalls lässt sich durch die Wechselwirkung dieser Platten erklären, wie die Berge Südamerikas entstanden sind: allmählich, während riesiger Zeiträume und mit der Wachstumsrate eines menschlichen Fingernagels. Aber dieser Prozess könnte dramatisch beschleunigt werden, wenn die Pazifische Platte plötzlich am Ostpazifischen Rücken einen außergewöhnlichen Druck auf die Nazca-Platte ausüben würde. Das könnte eine rasche, ja sogar augenblickliche Auffaltung der Anden bewirkt haben.

Die Schlüsselwörter hier sind »plötzlich« und »außergewöhnlicher Druck«. Damit lassen sich tatsächliche Zustände während einer Eiszeit-Epoche beschreiben, die von den Klimaforschern als Bölling-Interstadial bezeichnet wird. Damals kollabierten eineinhalb Millionen Quadratkilometer Eis, wodurch in jeder Sekunde eine Million Liter Süßwasser in den Südpazifik strömten. Der Meeresspiegel stieg plötzlich um über achtzehn Meter an, wodurch große Gebiete Polynesiens überflutet wurden. Hätte das schon erwähnte New-Madrid-Erdbeben sich statt im Gebiet von Saint Louis im Zentralpazifik ereignet, hätten viele Billiarden Tonnen Wasser eine Insel von der Größe des südlichen Illinois überschwemmt. Das abrupte zusätzliche Gewicht auf der Pazifischen Platte bewirkte, dass sie am Ostpazifischen Rücken einen starken jähen Druck auf die Nazca-Platte ausübte. Diese schob sich mit einer rasant ansteigenden Subduktionsrate unter den aufsteigenden Rand der Südamerikanischen Platte. Die Anden *schossen* in den Himmel.

Der katastrophenhaft plötzliche Aufstieg von Landmassen, während gleichzeitig andere versinken, durchzieht die indigenen Überlieferungen entlang des Pazifiks, doch es gibt dafür auch geologisch dokumentierte Beispiele aus jüngerer Zeit. Vor der Küste Tongas liegt die Falcon-Insel. Bei einer Expedition im Jahr 1885 stellten amerikanische Wissenschaftler fest, dass diese Insel 88 Meter hoch aus dem Wasser ragte. Dreizehn Jahre später verschwand sie im Ozean. 1927 tauchte die Falcon-Insel wieder auf und hob sich seitdem bis zu ihrer derzeitigen Höhe von 30 Metern aus dem Meer. Wenn eine gut drei Kilometer breite Landmasse innerhalb von 42 Jahren – das ist nach geologischen Maßstäben nicht mehr als eine Nanosekunde – im Meer versinkt und wieder auftaucht, beweist dies, dass im Pazifikraum durchaus in sehr kurzer Zeit Land aus dem Meer aufsteigen kann.

Bezüglich des verheerenden Erdbebens in Japan im Jahr 1923, dem 156.984 Menschen zum Opfer fielen, zitiert Churchward zeitgenössische Geologen: »Vor Yokohama versank eine Insel im Meer, und gleichzeitig tauchte eine andere Insel aus den Fluten auf. Der Meeresboden in der Region nahe Yokohama hob sich, so dass die Wassertiefe sich beträchtlich reduzierte.« Im zweiten Band von *Cosmic Forces of Mu* schreibt Churchward: »Wir sollten auch in Betracht ziehen, was während der 1880er Jahre im Malaiischen Archipel geschah, wobei aus verschiedenen Weltgegenden ähnliche Phänomene berichtet wurden, die sich entlang der Gasgürtel ereigneten, wo über Nacht vulkanische Landerhebungen von dreitausend Metern Höhe stattfanden.«

Churchwards Erwähnung Malaysias erinnert mich an die Begegnung, die ich in den frühen 1990er Jahren mit einer Regierungsvertreterin dieses Landes hatte. Sie erzählte mir, wie durch den Untergang des Heimatlandes ihrer Vorfahren gleichzeitig der Archipel aus dem Meer aufstieg, in dem sie Zuflucht fanden und siedelten. »Was herabsinkt, muss wieder aufsteigen, auch in geologischer Sicht«, hatte sie gesagt.

Eine ähnliche Version erzählen die Selung. Sie bewohnen das südlich von Burma gelegene Mergui-Archipel und berichten, ihre Vorfahren seien aus einem riesigen Land gekommen, das weit entfernt im Pazifischen Ozean lag, in Richtung des Sonnenaufgangs. Nachdem viele Generationen dort glücklich gelebt hatten, erschien unerwartet die Tochter eines bösen Geistes am Himmel. Von dort schleuderte sie brennende Felsen ins Meer. Die Flut, die durch diesen Angriff ausgelöst wurde, überschwemmte fast die ganze Erde. Alle Lebewesen starben, bis auf ein paar Männer, Frauen und Tiere, die sich auf einen hohen Berg retten konnten, der noch über den Wogen aufragte. Von diesem Gipfel aus gelang es den überlebenden Zauberern, mit vereinten magischen Kräften das Wasser zurückweichen zu lassen. Neues Land tauchte auf, darunter der Mergui-Archipel, wo die Überlebenden eine neue Heimat fanden und sich mit den dortigen Eingeborenen vermischten. So entstanden die Selung. Dieser Gründungsmythos beschreibt nicht nur, wie der Aufstieg einer großen neuen Landmasse mit dem Untergang einer anderen einherging, sondern bringt die dafür verantwortliche Flut mit dem Einschlag eines Meteors in Verbindung, ein Element, das in vielen pazifischen Mythen über die Zerstörung des Mutterlandes vorhanden ist.

Missionare wie William Ellis hörten im 19. Jahrhundert immer wieder Mythen wie den folgenden – in einer Zeit, bevor diese Schöpfungsgeschichten durch bekehrungswütige Christen dämonisiert oder ausgemerzt wurden: »Als Haiviki unterging, ließ Rua dafür die Tuamotu-Inseln vom Meeresgrund aufsteigen. Die Schöpferin, Rua papa, brachte in ähnlicher Weise auch Tahiti hervor.« Die Erwähnung von Rua und Rua papa in dieser tahitischen Version des Mythos ist besonders bedeutsam, weil Rutas einer der Namen ist, unter denen man sich an Mu und/oder sein Volk erinnert, vor allem in Asien. Wilkins zitiert indische Berichte, wonach »in der Pagoden-Überlieferung aus dem alten Hindustan Rutas durch eine Reihe schrecklicher Erdbeben und eine Flut zerstört wurde und im Meer versank. Das geschah in einer Zeit, bevor der Himalaya existierte«.

Wir haben es hier also klar erkennbar mit aus unterschiedlichen Kulturen stammenden Erinnerungen an den lemurischen Untergang zu tun, der mit dem plötzlichen Auftauchen neuer Landmassen einherging. Könnte es sich dabei um von Generation zu Generation überlieferte Erinnerungen an eine immense Naturkatastrophe handeln, die von den Vorfahren der Völker Asiens, Malaysias und des Pazifiks tatsächlich miterlebt wurde?

Es scheint, dass nur das extreme Katastrophenszenario des Bölling-Interstadial gewaltig genug war, um einen schnellen Aufstieg der Anden zu bewirken. Wenn das zutrifft, dann wurden die antiken Städte im Titicacasee und seiner Umgebung vor über 10.000 Jahren auf Meereshöhe erbaut. Mainstream-Wissenschaftler finden diese These höchst inakzeptabel, weil sie glauben, Tiahuanaco sei frühestens um 600 n. Chr. entstanden. Allerdings sind sie nicht in der Lage, glaubhaft zu erklären, warum der größte Teil dieser archäologischen Stätte unter einer fast zwei Meter dicken Sedimentschicht begraben ist. Bis in jüngste Zeit lautete die offizielle Lehrmeinung, dass die Zivilisation in Südamerika vor 3.000 Jahren mit Chavin de Huantar begann. Doch 2001 fanden Archäologen im Tal des Flusses Supe, knapp 200 Kilometer nördlich von Lima und 22 Kilometer von der Pazifikküste entfernt, ein großes urbanes Zentrum. Diese antike Stadt namens Caral hatte einst 30.000 Einwohner und wurde auf ein Alter von 4.600 Jahren datiert. Eine andere Stätte in Peru, Huaca de los Sacrificios, wurde auf das Jahr 2857 v. Chr. datiert. Doch die architektonisch anspruchsvolle Ausführung dieses pyramidenartigen Bauwerks beweist, dass es nicht das erste seiner Art gewesen sein kann, nur das älteste bislang ausgegrabene. Um einen solchen bautechnischen Entwicklungsstand zu erreichen, müssen die Anfänge dieser Kultur bis weit ins vierte vorchristliche Jahrtausend zurückreichen. Zwar lag die Blüte von Caral und Huaca de los Sacrificios lange nach der letzten Eiszeit, doch ihre Entdeckung zeigt, dass die Archäologen noch weit davon entfernt sind, die Anfänge der Anden-Zivilisationen zuverlässig datieren zu können. Es ist gut möglich, dass ihre Wurzeln bis ins späte Pleistozän zurückreichen.

Paul Dunbavin glaubt, die Katastrophe von 1628 v. Chr. sei gewaltig genug gewesen, um ein dauerndes geologisches Erbe zu hinterlassen. »Das Auftauchen der pazifischen Koralleninseln könnte ebenfalls erst nach 1600 v. Chr. geschehen sein«, schrieb er. »Andere Radiokohlenstoffdatierungen lassen auf einen Zeitraum zwischen 1500 und 1800 v. Chr. schließen.« Wenn auch das Auftauchen dieser Inseln sicherlich mit der endgültigen Zerstörung Lemuriens in Zusammenhang stand, war das Potenzial der Naturkatastrophe von 3100 v. Chr. doch vermutlich größer. Dass aber diese oder das Geschehen von 1628 genug Kraft hatten, um den plötzlichen Aufstieg der Anden bewirken zu können, ist erheblich unwahrscheinlicher als die überlegene Gewalt des Bölling-Interstadial als Ursache. Dennoch beharren die Archäologen darauf, Tiahuanaco und Puma Punku könnten unmöglich schon während der Eiszeit erbaut worden sein. Unabhängige Forscher sind hier ganz anderer Auffassung. Childress schreibt: »Wenn Lemurien zur selben Zeit versank, als das Amazonasbecken anstieg, dann könnte der Kanal in Puma Punku vor dieser Katastrophe erbaut worden sein und damals dem gleichen Zweck gedient haben wie heute der Panamakanal.«

Tiahuanacos rechteckiger Grundriss und ausgedehnter Vorplatz weisen stilistische Ähnlichkeiten mit den Zeremonialzentren der Salavarry-Kultur auf, einer Küstenzivilisation, die nach Auffassung der Kuratoren des archäologischen Museums von Trujillo über 5.000 Jahre alt ist, ein Zeitrahmen, der bis vor Kurzem von den meisten konventionellen Wissenschaftlern außerhalb Perus strikt abgelehnt wurde. Wenn aber die Salavarry-Bauwerke im späten vierten vorchristlichen Jahrtausend entstanden sind, dann liegt das zumindest vor der globalen Katastrophe von 3100 v. Chr.

Aber es ist noch eine Menge von akademischen Vorurteilen befreite Forschungsarbeit nötig, um eine der Katastrophen, die zwischen dem Ende der letzten Eiszeit und der Schlussphase des siebzehnten vorchristlichen Jahrhunderts die Welt erschütterten, definitiv als das Ereignis bestimmen zu können, das die Anden zu ihrer heutigen Höhe emporwachsen ließ. Eindeutiger hingegen ist der Einfluss Lemuriens auf die Kulturen des antiken Südamerikas, wann immer es zu Kontakten kam. Ein weiterer Beweis hierfür sind die Linien von Nazca. Dabei handelt es sich um viele Dutzend übergroße Zeichnungen in der Wüste Perus, die dadurch, ganz buchstäblich, zur größten Kunstgalerie der Welt geworden ist. Die Schöpfer gehörten einer Kultur an, der die Archäologen den Namen Nazca gaben, nicht aus Genauigkeit, sondern aus Bequemlichkeit, weil das Gebiet an der peruanischen Südküste so heißt, wo die Terraglyphen zu finden sind.

Bei den Nazca handelte es sich um eine von zahlreichen hoch entwickelten Kulturen, die dem bekannteren Imperium der Inka vorausgingen. Nach offizieller Lehrmeinung soll die Blütezeit der Nazca-Kultur zwischen 200 v. und 400 n. Chr. gelegen haben. Einige Revisionisten siedeln die Nazca-Periode später an, vom ersten Jahrhundert nach Christus bis um 750, wobei die Zeichnungen zum Ende dieses Zeitrahmens hin entstanden sein sollen. Diese Schätzungen sind in hohem Maße willkürlich, weil die Nazca-Linien selbst nicht datiert werden können, obwohl in ihrer Umgebung gefundene Tonscherben sehr wohl für die Radiokohlenstoffdatierung geeignet sind. Die konventionellen Archäologen begeben sich aber ins Reich der Spekulation, wenn sie annehmen, dass die Leute, von denen die Töpferwaren benutzt wurden, auch die Linien schufen.

In Wahrheit weiß man nur wenig über die Nazca, obwohl man Hunderte ihrer mumifizierten Toten und die Ruinen aufwendiger Bewässerungsanlagen entdeckte, was ja zusammen mit den gigantischen Geoglyphen einen beachtlichen Fundus darstellt. Doch trotz des nicht zu leugnenden Einflusses der Nazca auf die anderen andinen Zivilisationen liegen ihre Herkunft und ihr Schicksal weiterhin im Dunkeln. Das Zentrum ihres Geheimnisses bildet natürlich die berühmte Kollektion kolossaler Wüstenzeichnungen. Sie erstrecken sich über ein Gebiet von 500 Quadratkilometern nahe der Küste im südlichen Peru und lassen sich in mehrere Gruppen unterteilen: geometrische Formen (hauptsächlich Spiralen und Trapeze), Bioglyphen (Darstellungen von Pflanzen und Tieren) und 762 Linien, von denen einige mehr als 32 Kilometer lang sind, schnurgerade durch Täler und über Berge hinweg.

Sie wurden in die Pampa, die trockene Ebene, geritzt, indem man die graubraune Wüsten-Patina wegschabte und so den darunter befindlichen gelben Sand freilegte. Um welch großartige Schöpfungen es sich handelt, wird deutlich, wenn wir uns klarmachen, dass die meisten dieser Figuren aus einer einzigen ununterbrochenen Linie geformt und so gewaltig sind, dass man sie nur aus einer Höhe von weit über hundert Metern überblicken kann. Vom Erdboden aus sind sie kaum zu erkennen. Offensichtlich konnten diese bemerkenswerten Geoglyphen nur mittels eines mathematisch ausgeklügelten Gitternetzsystems von technisch versierten Arbeitern angefertigt werden. Keine andere Andenkultur vor oder nach Nazca hat solche gewaltigen Bildnisse hervorgebracht. Das einzig annähernd Vergleichbare sind die durch Freilegen einer Kalkschicht geschaffenen Scharrbilder in Südengland. Aber der Cerne-Abbas-Riese, eine Herkules-Darstellung in der Nähe von Dorchester, und das Uffington-Pferd bei Oxford weisen keinerlei Ähnlichkeit zu den peruanischen Bildern auf, die zudem erheblich größer sind. Eines der Nazca-Trapeze ist über 900 Meter lang. Alle Bioglyphen – überwiegend handelt es sich um Vogeldarstellungen – sind von ähnlich kolossalen Ausmaßen. Es gibt zum Beispiel ein 640 Meter langes Vogelbild, bei dem es sich um einen Kormoran oder dessen nahen Verwandten, den Anhinga, handelt.

Seit ihrer zufälligen Entdeckung durch einen Piloten in den 1930er Jahren hat es zahlreiche Versuche gegeben, das Rätsel der Nazca-Linien zu lösen, von fantastischen Darstellungen über außerirdische Raumfahrer, die sie als Landebahnen benutzt hätten, bis zu astronomischen Deutungen, wonach die

Terraglyphen bestimmte Himmelsphänomene repräsentieren sollen. Alle diese Theorien erwiesen sich noch vor dem Ende des letzten Jahrhunderts als nicht haltbar, wobei sich aber zumindest einige astronomische Bezüge der Scharrbilder nachweisen ließen. Doch zur selben Zeit fingen die Giganten der Pampa an, für sich selbst zu sprechen.

David Johnson, der sie zusammen mit seinen Kollegen von der Universität Massachusetts untersuchte, vermutete, dass die Wüstenillustrationen etwas mit Wasser zu tun haben müssen. Die Forscher stellten fest, dass die Nazca-Trapeze mit unterirdischen Wasservorkommen korrespondieren. Sie befinden sich an Stellen, wo an geologischen Bruchzonen in den Felsformationen grundwasserführende Schichten die Talebene erreichen. Einige der geraden Linien liegen parallel zu Wasserläufen, die vor vielen Jahrhunderten austrockneten. Ein anderes Trapez zeigt eindeutig in Richtung des Wassergefälles. Ungefähr zur gleichen Zeit, als Johnson auf diesen möglichen Zusammenhang der Nazca-Linien mit den örtlichen Wasservorkommen stieß, arbeitete ein von Helen Silverman geleitetes Archäologenteam der Universität von Illinois in Nazcas größter Ausgrabungsstätte Cahuachi. Das Team entdeckte eine eindeutige Beziehung zwischen Grundwasservorkommen und Linien, die strahlenförmig von einem gemeinsamen Zentrum ausgehen. Diese Linienzentren liegen jeweils genau über Quellen bei einem Flusstal am Rand der Pampa. Das Silverman-Team fand außerdem heraus, dass viele dieser Linien ihrerseits parallel zur Fließrichtung des Wassers liegen.

Nach Auswertung dieser Entdeckungen gelangte Michael Aveni, ein führender Archäoastronom, zu dem Schluss:

> Ich zweifle nicht daran, dass an den Strahlenzentren und Trapezen Zeremonien stattfanden, bei denen die

> Menschen sich versammelten, um rituell Wasser zu erlangen. Die Muster der Linien deuten außerdem auf einen Bezug ihrer Schöpfer zur Astronomie hin, bei dem es um die Position von Sonnenaufgang und Sonnenuntergang und das Datum ging, zu dem in den an die Pampa angrenzenden Tälern Wasser eintraf. (...) Wäre es angesichts der vielen Linien, die auf den Sonnenstand am Horizont weisen, nicht denkbar, dass die Figuren als eine Art Opfergabe für die Regengötter geschaffen wurden?

Die Pflanzen- und Tierbilder deuten darauf hin, dass dies zutrifft. Die meisten, wenn nicht alle, weisen auf Wasser hin – und damit auch auf Fruchtbarkeit. Zu diesen Wassersymbolen zählen Seetang, Fregattvogel und Pelikan (bei beiden ist der Kehlsack prall mit Wasser gefüllt) sowie der bereits erwähnte Kormoran oder Anhinga. Noch offensichtlicher ist das Bild der drei Wale, von denen zwei trächtig sind, ein klarer Hinweis auf das Wasser als Voraussetzung des Lebens. Die Nazca-Zeichnung eines Fuchses scheint nichts mit Wasser zu tun zu haben, bis wir erfahren, dass er die Hauptfigur einer örtlichen indigenen Überlieferung ist, die von einer großen Flut in ferner Vergangenheit handelt. Diese Flut überschwemmte die ganze Welt. Nur der Gipfel des Berges Villacoto ragte noch daraus hervor. Darauf suchten Mensch und Tier Zuflucht vor den Wassermassen. Der Fuchs traf als letzter ein. Er fand nur noch einen Platz ganz am Rand, so dass sein Schwanz ins Wasser eintauchte. Nach der Flut stiegen alle vom Berg herab, um eine neue Zivilisation aufzubauen. Sie sahen, dass die Schwanzspitze des Fuchses vom Wasser verschmutzt war, und dieses Merkmal gab er an alle seine Nachkommen weiter, so dass die Füchse zum Symbol für die Kraft des Lebens wurden, das die Überflutung der Welt überdauert hatte.

Zwei andere Tierfiguren wirken im Hinblick auf das Wasserthema ebenfalls fehl am Platze: der Kolibri und die Spinne. Jedoch ist der Kolibri der einzige Vogel, der ausschließlich flüssige Nahrung zu sich nimmt. Wegen ihres grotesk in die Länge gezogenen rechten Beins hielten die Archäologen die Nazca-Zeichnung einer Spinne lange Zeit für ein reines Fabelwesen. Doch im Jahr 1991 wurde tatsächlich eine solche Spinnenart entdeckt, wie sie dort in der Pampa abgebildet ist – nicht in Peru, sondern im brasilianischen Regenwald auf der anderen Seite des südamerikanischen Kontinents. Das verlängerte rechte Bein trägt das Geschlechtsorgan des Männchens, das es außerdem benutzt, um Tautropfen zu trinken. Diese Spinnen der Art *Ricinulei* sind die kleinsten der Welt. Ebenso ist der Kolibri der kleinste Vogel der Welt. Und doch werden beide auf der Wüsten-Leinwand in gigantischer Form porträtiert. Woher wussten die antiken Künstler von der *Ricinulei* als angemessenes Symbol für Wasser beziehungsweise überhaupt von der Existenz dieser Spinnenart? Jede Verbindung zwischen der Küste Perus und dem Amazonasgebiet erscheint extrem unwahrscheinlich.

Aber es gibt sowohl aus der Inka- wie aus der Vor-Inka-Zeit Legenden über Viracocha oder »Seeschaum«, einen Halbgott, der weite Reisen unternahm, oft mit dem Boot, wie sein Name nahelegt, und den Segen der Zivilisation in ganz Südamerika verbreitete. Tatsächlich taucht sein Symbol auf der Nazca-Ebene mindestens zwei Mal auf, und in beiden Fällen steht es in Verbindung mit Grundwasservorkommen. Die 55 Meter lange Darstellung eines Affen weist an der rechten Hand nur vier Finger auf. Von Viracocha heißt es ebenfalls, ihm hätte ein Finger gefehlt. Der Schwanz des Affen bildet eine Spirale, die sich unmittelbar über einer grundwasserführenden Gesteinsschicht befindet. Eine andere Spirale, 82 Meter im Durchmesser, liegt am Südufer des Flusses Ingenio und ist mit ebensolcher Präzision über einem Grundwasservorkommen platziert. Der sogenannte »Baby Bird« zeigt mit der vierfingrigen rechten Hand Viracochas auf ein ausgetrocknetes Grundwasservorkommen.

Eine 27 Meter große anthropomorphe Hügelfigur zeigt auf den Boden. Mit der anderen Hand deutet sie nach oben, als flehe sie zum Himmel. Diese Deutung wird durch den Vogelkopf der Gestalt unterstrichen, durch die sich die Figur als die Eulenfrau identifizieren lässt, eine mächtige Schamanin, die von einigen Indiostämmen in der Region bis heute als Fruchtbarkeitsbringerin verehrt wird. An der Nordküste Chiles, 800 Kilometer südlich von den Nazca-Linien, aber doch stilistisch mit ihnen verwandt, befindet sich die größte Menschendarstellung der Welt. Sie wurde erst 1967 von Eduardo Jensen entdeckt, einem General der chilenischen Luftwaffe. Es handelt sich um die 82 Meter große Darstellung einer Gottheit oder eines Schamanen, aus dessen Kopf (vielleicht aus dem Kronenchakra?) Strahlen spiritueller Energie austreten. Dieses Wesen ist auch bei den Fox-, Kickapoo- und Sauk-Indianern bekannt – die fast 12.000 Kilometer entfernt in Illionois, Michigan, und Wisconsin leben. Es gilt bei ihnen als die göttliche Verkörperung der Bewässerung und Wasserversorgung.

Eine andere kulturelle Verbindung zwischen Süd- und Nordamerika stellt der sogenannte »Kandelaber der Anden« dar, eine gigantische Geoglyphe, die in der Bucht von Pisco auf einen Berghang geritzt wurde und draußen vom Pazifik noch in bis zu 20 Kilometern Entfernung sichtbar ist. Ihren Namen erhielt sie von frühen spanischen Entdeckern, die diesen Anblick als gutes Omen für die Eroberung Perus betrachteten. In ihren Augen stellte das Bild einen Leuchter mit heiligen Kerzen dar, wie er in der katholischen Messe gebraucht wurde. Doch bei den Sandmalern der Navajo-Indianer im amerikanischen Südwesten, 6.400 Kilometer weiter nördlich, wird das gleiche Bildnis als Baum des Lebens verehrt, der mit einer Regenwolke dargestellt wird, von der er Nahrung empfängt. Wie die anderen peruanischen Erdzeichnungen war die Paracas-Terraglyphe ein Symbol für Wasser, und die Identifizierung als Baum des Lebens – der gleiche Name, unter dem, laut Churchward, Mu bekannt war – weist auf den lemurischen Ursprung des Kandelabers hin.

Die Länge des Kandelabers von 596 Fuß (181,66 Meter) ist nicht nur gewaltig, sondern auch bedeutungsvoll. Mitte der 1950er Jahre stellte die deutsche Immigrantin und Mathematikerin Maria Reiche nach zwanzigjähriger intensiver Erforschung der Nazca-Linien fest, dass sie präzise in einem einheitlichen Maßsystem angelegt waren. Die verwendete Maßeinheit von 5,95 Fuß war bei keiner anderen andinen Kultur gebräuchlich.

Zwar trifft es zu, dass viele Nazca-Zeichnungen nur von oben vollständig zu erkennen sind, doch eine außerkörperliche Erfahrung, ein Heißluftballon oder ein Raumschiff sind trotzdem nicht vonnöten, um ihre Großartigkeit erkennen und wertschätzen zu können. Eine akkurate Vorstellung von den Bioglyphen bekommen auch Menschen, die konzentriert die Umrisslinien abschreiten und die Einzelheiten der Formen bewusst wahrnehmen. Es scheint klar zu sein, dass es sich bei ihnen um Ritualpfade handelte, die von den damaligen Menschen genutzt wurden, um durch die Visualisierung und Anbetung von Symbolen, die für Feuchtigkeit und Fruchtbarkeit standen, Wasser zu erbitten.

Eine solche Theorie dürfte für Mainstream-Wissenschaftler halbwegs akzeptabel sein, allerdings werden sie ihre Implikationen wohl dennoch beunruhigend finden. Die gigantischen, Regen herbeibittenden Geoglyphen und ausgeklügelt konstruierten, monumentalen Bewässerungsanlagen der Nazca-Kultur zeigen, dass dieses Volk verzweifelt versuchte, bei schwindenden Wasservorkommen in einer zunehmend trockener werdenden Umwelt zu überleben. Es ist doch offensichtlich, dass sie sich nicht im südlichen Peru angesiedelt haben, um in einem sich immer stärker ausbildenden Wüstenklima eine Hochkultur zu errichten. Als sie dort eintrafen, müssen die Täler noch fruchtbar und wasserreich gewesen sein. Die zahlreichen Ruinen tiefer, technisch hervorragend ausgeführter Bewässerungskanäle und Dutzende in Bezug zum Wasser stehende, über die ganze Pampa verteilte Scharrbilder künden von einer in die Krise geratenen Kultur, die gegen die sich immer mehr ausbreitende Wüste ankämpfte. Die Geologen wissen, dass die Südküste Perus nicht erst vor dreizehn bis sechzehn Jahrhunderten zur trockensten Gegend der Erde wurde, die sie bis heute ist. Allerdings war das die Zeit, in der, so jedenfalls behaupten es die konventionellen Archäologen, die Nazca-Kultur in voller Blüte stand. Nach geologischen Erkenntnissen muss die Ebene von Nazca schon vor mindestens 5.000 bis 6.000 Jahren zur Wüste geworden sein. Wenn die Nazca-Zivilisation davor ihre Blüte erlebte, müsste sie zeitgleich mit den ersten Pharaonen des dynastischen Ägyptens existiert haben – also mit einer Kultur, die ebenfalls über eine hoch entwickelte Bewässerungstechnik verfügte.

Vielleicht war die ökologische Transformation Südamerikas ja Folge einer weltweiten Klimaveränderung. Wenn ja, dann ist eine kulturelle Blütezeit der Andenzivilisation im späten vierten vorchristlichen Jahrtausend bereits identifiziert (jedenfalls nach Auffassung peruanischer Wissenschaftler): die Salavarry-Periode. Um 3100 v. Chr. wurden entlang der Südküste Perus Zeremonialplattformen aus Lehmziegeln gebaut, umgeben von rechteckigen Mauern. Sie ähneln stark den frühesten dynastischen Zeremo-

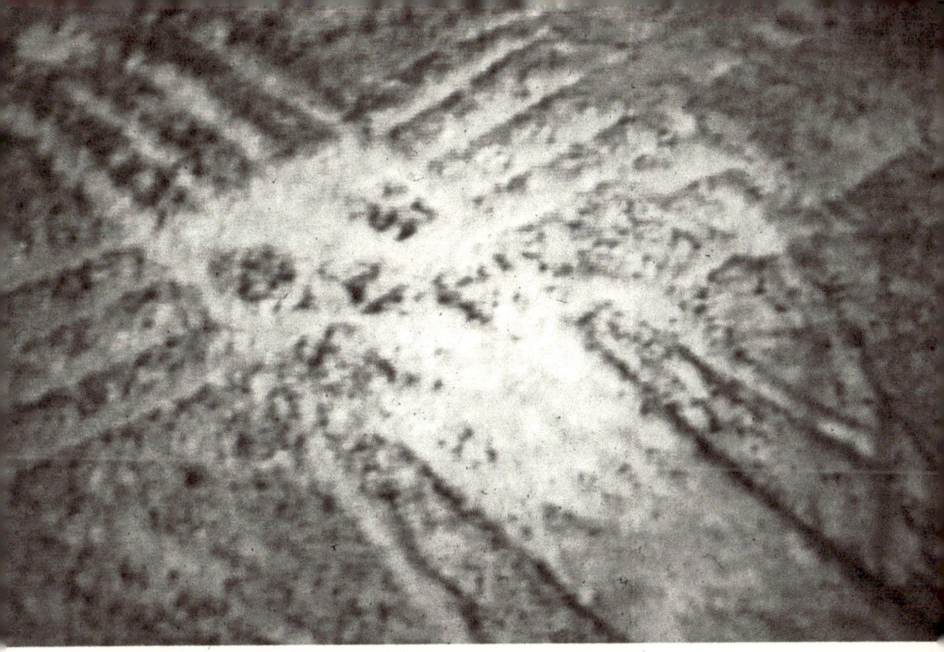

Die größte Geoglyphe der Welt: der »Riese von Atacama« in Chile.

nialzentren im Niltal. Das lässt vermuten, dass die Scharrbilder und großartigen unterirdischen Bewässerungskanäle der Nazca-Ebene nicht erst vor weniger als zwanzig Jahrhunderten geschaffen worden sein können, wie es die Mainstream-Archäologen beharrlich behaupten. Vielmehr müssen sie Resultat des verzweifelten Bemühens eines Volkes gewesen sein, seine Zivilisation trotz der fortschreitenden Austrocknung und Wüstenbildung aufrechtzuerhalten. Doch alle Wasser-Beschwörungsrituale und Bewässerungsanlagen halfen letztlich nicht. Nach etwa 2000 v. Chr. blieb von der Nazca-Kultur nichts übrig als die unter dem Sand einstürzenden großen Kanalanlagen und die gewaltigen stummen Bildnisse, die davon erzählen, wie diese Menschen vor langer Zeit vergeblich den Himmel um Wasser anflehten.

Es ist möglich, dass Mitglieder der Salavarry-Kultur die Geoglyphen und Tier- und Pflanzenbilder schufen, doch wer erschuf die Salavarry-Kultur? Während des 20. Jahrhunderts glaubten die Archäologen, bei der Bevölkerung des peruanischen Küstenlandes vor 5.000 bis 6.000 Jahren habe es sich um kleine, nur wenig miteinander in Kontakt stehende Stämme gehandelt, die von der Jagd und primitiver Landwirtschaft lebten. Doch zu dieser Auffassung stehen die Zeremonialzentren und besonders die Nazca-Linien in klarem Widerspruch. Um sie zu erschaffen, mussten die Menschen über Landvermessung, ein einheitliches Maßsystem und enorme geometrische Kenntnisse verfügt haben. Allerdings gibt es keinerlei Anzeichen für eine kulturelle Vorentwicklung, die in diesen hohen Kenntnisstand mündete – dabei müsste hierfür doch eine beträchtliche Entwicklungszeit angenommen werden. Die Zeremonialzentren und die Nazca-Linien tauchen aus dem Nichts auf, voll entwickelt und ohne irgendwelche Vorläufer. Die einzig mögliche Erklärung hierfür ist, dass die bei dieser monumentalen Schöpfung angewandte Technologie aus einer anderen Weltgegend stammen muss, von wo sie in bereits hoch entwickeltem Zustand nach Südamerika importiert wurde. Zudem müssen diese eine hohe Zahl an Arbeitskräften erfordernden Projekte von und für eine große Bevölkerung geschaffen worden sein. Dass diese dort existierte, wurde von konventionellen Wissenschaftlern lange angezweifelt, bis im Dezember 2004 Ausgrabungsresultate aus einer großen archäologischen Zone 190 Kilometer nördlich von Lima veröffentlicht wurden, dem Gebiet Norte Chico. Selbst einige angesehene Mainstream-Amerikanisten wie Michael Moseley hatten zuvor vermutet, es habe an der Pazifikküste ein »maritimes Fundament für die Andenzivilisation« gegeben.

Die Ausgrabungen in Norte Chico bestätigten Moseleys Vermutung. Man entdeckte dort fünfundzwanzig Kultstätten und Siedlungszentren mit monumentaler Architektur in Gestalt von Stufenpyramiden und weiträumigen, ummauerten Plätzen. Es wurden viele Schiffstaue aus Hanf gefunden, was darauf hindeutet, dass es sich um Hafenstädte gehandelt haben muss oder dass die Bewohner jedenfalls Seefahrt betrieben. Das reichlich vorhandene Material für die Radiokohlenstoffdatierung ergab, dass die Kultur von Norte Chico bereits um 4900 v. Chr. ihre Blütezeit erlebte, um dann ungefähr achtzehn Jahrhunderte später der Salavarry-Kultur zu weichen. Dieses überraschend hohe Alter der Norte-Chico-Kultur und ihr plötzliches Auftauchen an der Pazifikküste in bereits voll ausgeprägtem Zustand, ohne jedes Anzeichen einer vorangegangenen kulturellen Entwicklung, deutet sehr stark darauf hin, dass die Zivilisation von Mu aus nach Südamerika exportiert wurde.

Die Lemurer sind die einzigen denkbaren Kandidaten für die antiken Bewässerungskünstler von Nazca, die der Welt die größte Kunstgalerie aller Zeiten hinterließen. Sie schufen bereits eine Hochkultur, lange bevor das fruchtbare Tal im Westen Perus sich in den trockensten Ort auf Erden verwandelte. Viel später versuchten sie dann, die immer weiter vorrückende Wüste durch eine Kombination aus spirituellen und technologischen Kräften aufzuhalten – in einem Zeitalter, als Wissenschaft und Religion noch untrennbar miteinander verknüpft waren. In der Wüste von Nazca wurde eine große Anzahl Mumien ausgegraben, die von den Archäologen der Paracas-Kultur zugerechnet werden, welche die Scharrbilder hervorgebracht haben soll. Bemerkenswert ist, dass viele dieser Toten rothaarig sind. Und die Lemurer waren in den indigenen Überlieferungen Polynesiens und Britisch-Kolumbiens berühmt für ihre roten Haare.

Eine herausragende Sammlung dieser Mumien befindet sich im Herrera-Museum in Lima, wo sie in einem eigenen Raum ausgestellt werden. Etwa ein Drittel von ihnen sind rothaarig; eine kleinere Anzahl hat blonde bis rotblonde oder rotbraune Haare – und das inmitten einer indigenen

Andenbevölkerung, die schwarzhaarig ist. Heyerdahls Untersuchungen ergaben, dass die Haare zwar nach dem Tod ihren Glanz verlieren, doch die Farbe an sich bleibt unverändert. Bei den in Glasvitrinen ausgestellten Mumien ist es möglich, die Haaransätze genau zu betrachten. Auch unter einem Vergrößerungsglas erkennt man keine Anzeichen einer künstlichen roten oder blonden Färbung der Haare. Ich versuchte, die sterblichen Überreste mit ihren bemerkenswerten Haarfarben zu fotografieren, doch die Kuratoren des Herrera-Museums untersagten mir dies leider und versuchten, mir stattdessen ein Buch über die Mumien zu verkaufen. Darin sind zwar einige Fotos der Mumien enthalten, aber sie sind urheberrechtlich geschützt und können hier leider nicht abgedruckt werden. So wird im modernen Peru die wissenschaftliche Forschung behindert.

Die Anden-Mumien haben, neben ihrer ungewöhnlichen ethnischen Identität, noch mehr zu erzählen. Konventionelle Archäologen datieren sie auf das erste vorchristliche Jahrhundert. Doch offenbar sind sie erheblich älter. Als im November 1983 Bauarbeiter Rohre durch einen 36 Meter hohen Hügel in der Nähe der chilenischen Stadt Arica verlegten, stießen sie auf eine Nekropole mit sechsundneunzig exzellent erhaltenen mumifizierten Körpern. Der amerikanische Pathologe Marvin Allison nahm an ihnen eine Radiokohlenstoffdatierung vor, die ein Alter von fast 8.000 Jahren ergab. Seine Ergebnisse stellten die etablierte wissenschaftliche Auffassung radikal infrage, der zufolge die ersten Zivilisationen vor nur 5.500 Jahren in Mesopotamien entstanden. Die erste südamerikanische Zivilisation entwickelte sich, dieser Lehrmeinung nach, erst 1.000 Jahre später. Doch Dr. Allisons Resultate, die von mehreren anderen Experten bestätigt wurden, datieren die ältesten Arica-Mumien auf etwa 7810 v. Chr., also 2.600 Jahre vor den ältesten bekannten ägyptischen Mumien. Wenn diese chilenische Kultur also deutlich älter ist als die frühen Hochkulturen in Mesopotamien und Ägypten, welchen anderen Ursprung als Lemurien könnte sie dann gehabt haben?

Es kann kein Zufall sein, dass die Arica-Mumien in der gleichen Region gefunden wurden, in der sich auch der »Riese von Atacama« befindet. Zur Zeit der spanischen Eroberer trugen die Molle-Indianer einen falschen Bart aus Keramik an einem Loch, das ihnen in den Kieferknochen gebohrt wurde. Diese schmerzhafte Imitation wurde als Erinnerung an jene Kulturbringer getragen, die vor langer Zeit nach der Großen Flut übers Meer gekommen waren – ein sonderbarer Traditionsschmuck für ein Volk, das eigentlich bartlos ist.

Zwar ist es fast unmöglich, einen gesicherten Zeitrahmen für die Entstehung der gigantischen Geoglyphen in Chile und Peru zu entwickeln, doch die Siedler aus Mu müssen vor über 5.000 Jahren an der südamerikanischen Pazifikküste eingetroffen sein, vermutlich nicht später als 3500 v. Chr., vorstellbar ist aber, dass sie sogar noch mehrere Jahrhunderte oder gar Jahrtausende früher kamen.

Es gibt sogar einen materiellen Beweis für eine so frühe Besiedlungszeit, und zwar in Monte Verde, 800 Kilometer südlich der Nazca-Linien. Vor 13.000 Jahren florierte im südlichen Chile bereits eine Siedlung von sesshaften Kräuterkundigen – zu jener Zeit also, als die angeblich ersten Menschen Nordamerikas in Sibirien zu ihrem langen Treck über die Landbrücke Alaskas aufbrachen.

Sie bauten über ein Dutzend rechteckige hölzerne Fachwerkhäuser, zwischen 2,75 und 4,60 Meter lang, die sie mit Mastodonhäuten verkleideten und östlich und südlich des Flusses Chinchihuapi in parallelen Reihen anordneten. Jedes Haus hatte seine eigene Ofengrube, aber es gab auch einen großen, im Freien gebauten Herd für die gemeinschaftliche Essenszubereitung. Es handelte sich um eine für ihre Zeit extrem fortschrittliche Siedlung, doch noch bemerkenswerter war ihre Funktion als Heilkräuterzentrum.

In einem sonderbaren, schlüsselbeinähnlich geformten Gebäude entdeckten die Archäologen die Überreste von siebenundzwanzig Arzneipflanzen. Einige wuchsen vor Ort, aber andere stammten aus Hunderten Kilometern Entfernung, von der Pazifikküste sehr viel weiter nördlich oder aus den Anden. Offenbar war Monte Verde eine gezielt geplante Siedlung, in der Heilkunde-Spezialisten lebten, die Heilpflanzen sammelten, daraus Arzneien herstellten und diese Kranken verabreichten. Ihr Wissen und ihr Arsenal an Kräutern waren höchst erstaunlich.

Dieses pharmakologische Know-how und alle anderen rekonstruierbaren Merkmale der Menschen in dieser Siedlung aus dem zwölften Jahrhundert v. Chr. weisen darauf hin, dass es sich im Vergleich zu anderen damaligen Bewohnern Chiles um Angehörige einer extrem hoch entwickelten Kultur gehandelt haben muss. Hinzu kommt, dass die eiszeitlichen Monte Verdaner nicht aus dem hohen Norden nach Südamerika eingewandert sein können. Zweifellos sind sie aus dem Westen über das Meer gekommen. Ihr pazifischer Ursprung, die notwendigen nautischen Fähigkeiten, das Wissen über Pflanzenarzneien und die soziale Organisation dieser Menschen deuten auf Heilkundige aus einer überseeischen Kultur hin, die in den höheren Künsten der Zivilisation versiert waren.

Wann auch immer sie kamen, bei den ersten Lemurern in Peru handelte es sich vermutlich um Missionare. Aber die Attraktivität des Nazca-Tales ließ sie nicht mehr an eine Rückkehr denken. Schließlich gesellten sich weitere lemurische Einwanderer zu ihnen, und ihre Bevölkerung in dem neuen, fruchtbaren Land wurde groß genug, um eine städtische Gesellschaft zu ermöglichen, deren Ruinen heute in Norte Chico und den Zeremonialzentren der Salavarry-Kultur zu besichtigen sind. An der Wende zum vierten vorchristlichen Jahrtausend bewirkte eine Klimaveränderung dann eine Verschlechterung der Lebensverhältnisse. Die Lemurer versuchten, der sich ausweitenden ökologischen Krise Herr zu werden, indem sie immer aufwendigere Bewässerungssysteme bauten. Als sie anfingen, vor der näher rückenden Wüste zurückzuweichen, versuchten sie es zusätzlich zu ihrer Bewässerungstechnologie mit Analogiezauber und gemeinschaftlichen spirituellen Ritualen. Riesige Erdbilder, die Wasser symbolisierten, wurden zum Fokus für Massenpilgerzüge. So nutzte man die gebündelte mediale Energie eines ganzen Volkes. Während Tausende von Männern, Frauen und Kindern die Umrisslinien von Fregattvögeln, Walen, Spinnen, Eidechsen, Affen, Seetang, Kakteen und anderen Feuchtigkeit symbolisierenden Geoglyphen rituell abschritten, verbanden sie ihre Gebete und Meditationen mit den dargestellten Symbolen, um auf diese Weise Regen zu manifestieren oder neue Wasserquellen zu finden.

Im Herbst 1994 stillte ich mein eigenes Bedürfnis nach Flüssigkeit in der Kamikaze Bar in Cuzco, der einstigen Inka-Hauptstadt. Dort erzählte mir ein Schamane der Quechua-Indianer, dass die Nazca Terraglyphen nicht dazu gedient hätten, Grundwasservorkommen zu markieren. Man zeichnete sie in die Wüste, wo es keinerlei Spuren von Wasser gab. Dann gingen »die Alten« auf diesen Linien. So beschworen sie das Grundwasser aus dem Nichts herauf. Es habe sich, sagte er nachdrücklich, um die Manifestation der kollektiven Vorstellungskraft einer ganzen Gesellschaft gehandelt. Sie benutzten die kolossalen, suggestiven Bilder als Hilfsmittel für die kollektive Anrufung, durch die Wasseradern erschaffen wurden, wo es zuvor gar keine gegeben hatte. Das sei, sagte er, *die wahre Bedeutung* des 27 Meter großen Bildes der Eulenfrau, die ihre eine Hand zum Himmel hebt und mit der anderen auf die Erde zeigt. Sie verkörpere das ewige Axiom »wie oben, so unten«. »Die Eule war für unsere Ahnen ein Symbol der Weisheit, so wie es im Westen heute noch der Fall ist«, sagte er. »Ihre großen Augen ermöglichen es ihr, in der Dunkelheit Dinge zu sehen, die anderen verborgen bleiben. Die Alten, die einst die Gestalt der Eulenfrau und all die anderen Formen in Nazca schufen, haben nicht nur meditiert, während sie an diesen Linien entlanggingen, sondern auch getanzt und gesungen, um in einen veränderten Bewusstseinszustand zu gelangen. Denn nur so lassen sich die Energien des Universums herbeirufen und steuern.«

Als ich aus dem Mund dieses Mannes, der sich der Bewahrung der uralten Traditionen seines Volkes verschrieben hatte, von dieser Überlieferung hörte, musste ich unwillkürlich an den berühmten Regentanz denken, der in seinen zahllosen Varianten allen amerikanischen Indianerstämmen von Kanada bis Chile bekannt ist. Auch dachte ich an ähnliche kollektive mediale Erfahrungen, die angeblich auf die spirituellen Adepten des Landes Mu zurückgehen sollen. Vielleicht versuchte man damals, mit Hilfe der in Mu zum ersten Mal gemeisterten übersinnlichen Kräfte Südamerikas älteste Zivilisation vor dem Untergang zu bewahren, der ihr aufgrund sich rapide verschlechternder Umweltbedingungen drohte.

Trifft das zu, dann legen die gewaltigen und zugleich fragilen Bildnisse, die bis zum heutigen Tag die Nazca-Ebene zieren, Zeugnis ab vom letztlich vergeblichen Kampf, mit dem lemurische Siedler sich im prähistorischen Peru gegen die übermächtigen Kräfte der Natur wehrten, die später auch ihr Mutterland vernichten sollten.

NEUN

Was Asien Lemurien verdankt

Heute ist es ein anerkanntes philosophisches Prinzip, dass jeder religiöse Glaube, wie barbarisch auch immer, und jede historische Überlieferung, wie absurd auch immer, nur dann von einer großen Zahl Menschen über einen längeren Zeitraum für wahr gehalten wird, wenn darin ein wahrer Kern enthalten ist. Wir können sicher sein, dass es niemals einen Mythos ohne Bedeutung gab und dass die Mythologie keine Ansammlung lächerlicher Fantasien ist, die allein dem vulgären Amüsement dienen. Jede dieser überlieferten Legenden und Geschichten, wie albern oder absurd sie uns auch erscheinen mag, gründete einst auf Fakten und hatte eine nachvollziehbare Bedeutung.

H. H. Bancroft, amerikanischer
Anthropologe des späten 19. Jahrhunderts

Verschiedene indigene Völker des amerikanischen Südwestens sind für ihre Sandmalereien berühmt. Dabei handelt es sich um vergängliche Meisterwerke aus Maiskörnern, Holzkohle, zerstoßenen Blütenblättern und rotem, gelbem und weißem Sand, den die Künstler der Hopi, Apachen, Papagos, Zuni und Navajo mit Daumen und Zeigefinger streuen. Sand und Körner werden auf eine Unterlage aus weißem Hirschleder gestreut, die auf dem Boden einer einfachen, *Hogan* genannten Behausung ausgebreitet ist. Die vielfältigen Motive variieren in der Größe von sechzig Zentimetern bis zu sechs Metern. Es handelt sich überwiegend um traditionelle Motive, die seit unzähligen Jahrhunderten mit nur geringen Veränderungen und Variationen wiederholt werden. Manche Sandbilder erzählen wichtige kollektive Erinnerungen, während anderen, den sogenannten *Sings*, heilende Eigenschaften zugeschrieben werden. Der Patient muss sich ins Zentrum des Bildes setzen. Dort ist er von den mythischen Bildern umgeben, die seine Schmerzen und alles Böse aufnehmen. Wenn das Sandbild makellos ausgeführt wurde, so glauben die Indianer, wird es heilende Geister herbeirufen. Der Patient muss sich durch den Aufenthalt in einer Schwitzhütte, bestimmte Pflanzenarzneien, rituelleBäder, sexuelle Enthaltsamkeit und die Einnahme von Brechmitteln auf die Zeremonie vorbereiten.

Sandmaler sind Mitglieder einer Stammesgilde, in der man ihnen die Techniken, die Bedeutung und mystische Kraft ihrer Kunst beibringt, so wie sie von Generation zu Generation weitergegeben wird. Als ihre Vorfahren vor über 700 Jahren in den Südwesten einwanderten, haben sie die Sandmalerei vermutlich von den dort ansässigen Pueblo-Indianern erlernt, vielleicht von den Anasazi im Canyon de Chelley oder in Casa Grande. Doch in ihrer Mythologie führen sie den Ursprung ihrer Kunst auf das »Heilige Volk« zurück. Vor langer Zeit, noch vor der Großen Flut, gaben diese unsichtbaren Geister ihre spirituellen Kräfte an die Wind-Leute weiter, die ihr Wissen an die Navajo weitergaben. Diese Geschichte wird in der Sandmalerei Te-o-sol-hi (»Wassergeschöpf«) dargestellt, die nach dem Meeresgott benannt ist. Als Kojote dessen Tochter entführte, versuchte der Gott den Entführer zu isolieren, indem er dem Ozean zu steigen befahl, weshalb alle die Dritte Welt verlassen und in die Vierte Welt fliehen mussten. Die Menschen waren gezwungen, in Amerika Schutz vor dem steigenden Wasser zu suchen. Als es ihnen gelang, Kojote aufzuspüren und ihn mit dem entführten Kind Te-o-sol-hi zu übergeben, zog sich das Meer wieder zurück.

Auf einer anderen Sandmalerei wird die Geschichte von Tsil-ol-ni (»Wirbelnde Baumstämme«) erzählt: Der Held und seine Gefolgsleute werden von den Wasser-Leuten in ihre Stadt auf dem Meeresgrund entführt. Er bittet den Schwarzen Gott um Hilfe, der darauf mit der Drohung antwortet, vom Himmel Feuer herabzuschicken. Die Wasser-Leute lassen ihre Gefangenen frei, und als Entschädigung für die entstandenen Schwierigkeiten geben sie ihr Heilwissen an den Helden und seine Familie weiter, die dann zu den Vorfahren der Navajo werden. Später sieht der Held ein Kreuz aus wirbelnden Baumstämmen mit Paaren schwarzer und weißer *Yeis* (weise Geister), die an den Enden des Kreuzes stehen. Die Geister überreichen ihm Pflanzensamen und Anweisungen für die Landwirtschaft, die zur Lebensgrundlage für die Indianer im amerikanischen Südwesten werden.

Das Tsil-ol-ni ist die offensichtlichste lemurische Sandmalerei. Sie und das Te-o-sol-hi porträtieren zusammen die Flut, die dafür verantwortlich war, dass die Vorfahren des Stammes nach Amerika kamen. Und der Schwarze Gott ist ein klarer Hinweis auf eine dunkle Wolke, die das Heimatland der Wasser-Leute mit himmlischem Feuer bedrohte. Solche Bilder können Erinnerungen an die Zerstörung von Mu durch einen Kometen sein, wie sie in zahlreichen mündlichen Überlieferungen im gesamten Pazifikraum beschrieben wird – von der Osterinsel-Version mit Hotu Matuas von einem Meteoriten zerstörter Heimat bis zu den Mythen Neuguineas über eine Flamme am Himmel, auf die eine weltweite Flutwelle folgte. Die Wasser-Leute mit ihrem im Meer versunkenen Reich und ihren überlegenen medizinischen Kenntnissen sind offenkundig lemurische Kulturbringer.

Das Tsil-ol-ni wird oft bei Heilungszeremonien benutzt. Dabei werden die »wirbelnden Baumstämme« mit den daran hängenden *Yeis* in Form eines Swastika-Symbols angeordnet. Die Hopi erzählen von zwei weltweiten Sintfluten. Einmal kam das Wasser aus dem Osten, und einmal aus dem Westen, was durch unterschiedliche Varianten des mit Haken versehenen Kreuzes symbolisiert wird. Die nach links ausgerichtete Variante steht für die Ankunft der Überlebenden aus dem zerstörten Reich im Osten. Manche Forscher vermuten, dass in dieser Richtung das zerstörte Atlantis gelegen haben könnte. Doch eine frühere, aus westlicher Richtung über den Pazifik kommende Einwanderungswelle wird durch eine nach rechts ausgerichtete Form des Kreuzes symbolisiert. Diese beiden Einwanderungsmythen verbinden sich besonders dramatisch auf dem Labyrinth-Stein von Hemet, einem grauen Felsbrocken, auf dem ein Irrgarten dargestellt ist, umgeben von einem einen Meter großen Quadrat.

Diese Petroglyphe befindet sich in Kalifornien auf einem Hang westlich des Ortes Hemet, gut 140 Kilometer südöstlich von Los Angeles. Die leichte, in der Region als »Wüstenlack« bekannte Patina deutet darauf hin, dass die Steinritzung vor 3.000 bis 4.000 Jahren angefertigt wurde, obwohl die Mainstream-Archäologen darauf beharren, dass

Navajo-Schamanen fertigen ein Sandbild an, in dessen Zentrum sich ein Swastika-Symbol befindet.

sie nur wenige Jahrhunderte alt sein kann. Das Labyrinth selbst ist in Form einer Swastika gestaltet. Doch in der unteren linken Ecke des Hemet-Labyrinths befindet sich ein einfaches, viel kleineres umgekehrtes, also nach rechts ausgerichtetes Hakenkreuz, im Buddhismus als *Sauvastika* bekannt. Swastikas und Sauvastikas sind in ganz Asien verbreitet, wo sie den rechten und den linken Fuß des Buddha symbolisieren und auf seine Missionsreisen in alle Welt hinweisen. Es besteht also offenbar eine parallele Symbolik zwischen der buddhistischen Swastika-Sauvastika und der Felszeichnung in Kalifornien. Es ist gut möglich, dass Asiaten und frühe Amerikaner dieses Symbole unabhängig voneinander aus der gleichen Quelle empfingen.

Churchward identifizierte die Swastika als lemurisches Symbol, Jahrzehnte bevor er davon erfuhr, dass die Hopi das gleiche Zeichen benutzten, um den Einfluss auf ihre Kultur zu symbolisieren, den Flüchtlinge vor einer großen Flut einst ausgeübt hatten. Er schrieb, in Mu sei die Swastika eines der wichtigsten Symbole gewesen. Es verkörpere die »vier großen Kräfte« des Universums, »den Schlüssel der universalen Bewegung«, eine Charakterisierung, die auch auf die Symbolik der Hopi und der Buddhisten zutrifft. Diese Symbolik findet sich ebenso bei den Sandmalereien der Navajo, etwa der in Form einer Swastika gestalteten Wirbelnden Regenbögen. Der Sandmaler David V. Villasenor vom Stamm der Otomi-Indianer spricht diesbezüglich von »der mächtigsten Kraft im schöpferischen Geist der Evolution«.

Die Regenbogen-Wächter (Na'a-tse-elit Yei) wachen darüber, dass sich nicht erneut eine Flut ereignet, wie sie einst die frühere Welt auslöschte. Churchward schrieb, die lemurische Swastika stehe für eine »von West nach Ost wirkende« Kraft, und so stellen auch die Hopi die Migration aus dem Westen in den Osten durch das rechtsgerichtete Hakenkreuz dar. Ein benachbarter Indianerstamm verehrt Poshaiyankaya, der die Ahnen der Zuni in den amerikanischen Südwesten führte, nachdem sie bei der Großen Flut fast ausgelöscht worden wären. Zuni-Keramik, die an diese Massenmigration erinnert, ist mit einem Swastika-Motiv verziert.

Gäbe es dieses Mu zugeschriebene Symbol im Pazifikraum nicht, müssten wir daran zweifeln, dass es tatsächlich lemurischen Ursprungs ist. Doch auf Hawaii genoss es als Kreuz von Teave besondere Verehrung. Laut Leinani Melville war Teave »der Höchste Vater, ein ›Gott der Flamme‹. Er wird oft als ›die allmächtige Flamme der Schöpfung‹ bezeichnet, von der alle Lebensformen, die die Erde bewohnen, erschaffen wurden«. Diese Definition charakterisiert nicht nur treffend Lemurien als den Ursprung der Zivilisation, sondern entspricht auch der Bedeutung der griechischen Swastika, die das Symbol von Prometheus war, der den Frühmenschen die Kunst des Feuerbohrens zeigte. Die nicht des Lesens und Schreibens kundigen Mikronesier im westlichen Pazifik unterzeichneten Dokumente, die ihnen von den Europäern im späten 18. Jahrhundert vorgelegt wurden, oft mit einem rechtsgerichteten Hakenkreuz, weil dieses Zeichen schon von ihren Ahnen in der Zeit der Großen Flut benutzt worden war.

An Federschmuck, den die Azteken im späten 15. Jahrhundert als Symbol für Chalchiuhtlicue anfertigten, findet sich ebenfalls eine Sauvastika. Diese »Dame mit dem türkisfarbenen Rock« war ihre Meergöttin. In Tempeln wird sie auf einem Thron sitzend dargestellt, um den herum Menschen in riesigen Wasserwirbeln ertrinken. In Chalchiuhtlicues Mythos geht es um eine gewaltige Naturkatastrophe im Ozean. Wie bei dem hawaiianischen Kreuz des Teave handelt es sich auch bei dem *Kak* der Maya um ein Hakenkreuz, das Feuer symbolisiert.

Das Hakenkreuz soll im achtzehnten vorchristlichen Jahrhundert durch arische Einwanderer nach Indien gebracht worden sein, aber bereits 1.000 oder mehr Jahre früher wurde es von der Hochkultur im Industal als heiliges Symbol verehrt – auf den Bezug dieser Indus-Kultur zur Osterinsel wurde in Kapitel 3 hingewiesen. Auf der Rückseite des berühmten Zylindersiegels von Mohenjo-Daro, das einen aus einem Futtertrog fressenden Büffel zeigt, befindet sich eine umgekehrte Sauvastika.

Noch erstaunlicher als die Tatsache, dass dieses Zeichen in zahlreichen Kulturen über Jahrtausende immer wieder eine wichtige Rolle spielt, ist seine Bedeutungsgleichheit bei ansonsten ganz unähnlichen Völkern. Die schöpferische Flamme und Massenwanderungen in vielen Mythologien weltweit deuten auf einen gemeinsamen Ursprung des Hakenkreuzsymbols hin. Auf diese gemeinsame Herkunft deutet auch die Anwesenheit des Symbols im Himalaya hin, wo eine Swastika auf der Zunge von Nyatri Tsenpo ihm den Thron als erster König von Tibet einbrachte. Dieses ungewöhnliche Detail seines Mythos symbolisierte, dass er Worte von mystischer Kraft zu sprechen imstande war. Die Swastika wurde allgemein als Zeichen überlegener spiritueller Kraft anerkannt. Die Autoren Tatjana und Mirabai Blau beschreiben sie in ihrem Buch über tibetische Symbole als »ein Überbleibsel der frühen tibetischen Bön-Religion«.

Bön ist eine allumfassende Bezeichnung für die verschiedenen mystischen Traditionen Tibets, ehe sie um die Mitte des 8. Jahrhunderts n. Chr. durch den Buddhismus absorbiert und vermischt wurden. Sie ist von *bön pa* abgeleitet, was »Zauberformeln rezitieren« bedeutet. Es wird also die Fähigkeit betont, geistige Kontrolle über dämonische Kräfte auszuüben, und es geht um die Seelenwanderung, von der alle Formen der Materie durchdrungen sind. Die Praktizierenden dieser animistischen Religion glaubten, durch das Rezitieren oder Chanten bestimmter, als Mantras bekannter Silben oder Töne Energiemuster beeinflussen und dadurch auf der spirituellen und materiellen Daseinsebene enorme Wirkungen erzielen zu können. Auf der spirituellen Ebene glaubte man, die Fäden des individuellen Schicksals neu verweben zu können, und auf der materiellen Ebene konnten so möglicherweise tonnenschwere Steinblöcke mittels stimmlich induzierter veränderter Bewusstseinszustände durch die Luft bewegt werden.

Diese geheimnisvolle Religion der schamanischen Ekstase und der Klangmanipulation wurde, so der tibetische Historiker Namkhai Norbu, am Beginn des zweiten vorchristlichen Jahrtausends von einem Fremden eingeführt. Dieser Mann hieß Shenrab Miwoche, und wie die Buddhisten, die Jahrhunderte später nach Tibet kamen, kombinierte er die

Ein hawaiianischer Priester des Kahuna-Mysterienkultes trägt einen Kopfschmuck, der den Hüten der Gelbmützen im tibetischen Buddhismus ähnelt. Überlieferungen, die auf Einflüsse von Missionaren aus einem im Meer versunkenen Königreich zurückgehen, finden sich auf Hawaii und in Tibet bis heute.

verschiedenen örtlichen Mysterienkulte und integrierte sie in das von ihm geschaffene Bön. Er ließ sich in Shang Shung nieder, heute als die Region Guge im Westen Tibets bekannt, zwischen dem Berg Kailash und dem See Manasarovar, die für Millionen Asiaten noch immer die heiligsten Orte der Welt sind. Laut Norbu liegt dort »die Wiege der tibetischen Kultur«. Der Kailash wird Swastika-Berg genannt, weil er die Weltachse ist, der »Nabel der Welt«, um den sich für die Pilger, die spirituelle Erleuchtung erfahren, die Erde zu drehen scheint. Diese Bezeichnung ist uns schon einmal begegnet, als wir auf der Osterinsel nach Lemurien suchten, die ursprünglich Te-Pito-te-Henua hieß, »Nabel der Welt«, wie auch die Inka-Hauptstadt Cuzco.

Norbu schreibt über Miwoche: »Das Hauptziel seiner Mission bestand darin, die zuvor existierenden kognitiven und rituellen Traditionen zu erneuern und reformieren«, nicht, sie zu beseitigen. Das zeigt sich daran, dass er Menschen- und Tieropfer durch Opfergaben aus Lehm oder Butter ersetzte, etwas, das heute noch vom Dalai Lama und seinen Anhängern praktiziert wird. Daraus, dass schon Miwoche große Sorge für alle Lebewesen trug, können wir ableiten, dass das Prinzip des Mitgefühls für alle fühlenden Wesen, das im Mittelpunkt des tibetischen Buddhismus steht, ebenfalls auf ihn zurückgeht. Etwas von der mystischen Idee, die er mitbrachte, klingt auch im Namen des Ortes nach, den er als seinen Wohnsitz wählte. Während *Shang* lediglich Respekt zum Ausdruck bringt, wie die Anrede »geschätzter« oder »geliebter«, handelt es sich bei *Shung* um den tibetischen Garuda-Adler, die mystische Verkörperung des Feuers, deren Symbol die Swastika ist. »Miwoches Feuer« war die Kundalini, die jedes fühlende Wesen besitzt – eine innere Energie, die zu einer Spirale zusammengerollt am unteren Ende der Wirbelsäule schläft. Sie kann entweder durch ein kathartisches Erlebnis aktiviert werden oder durch meditative Praktiken, die zu spiritueller Verbundenheit und Kommunion mit dem Großen Mitfühlenden Geist führen, der das Universum selbst ist. Dieses »Feuer« gilt als das aktivste der fünf »Elemente« im Bön.

Durch die Bekehrung des regionalen Königs Triwer Sergyi Charuchen verbreitete sich Miwoches Mystizismus im östlichen und zentralen Tibet. Dort wurde er so populär, dass alle späteren Versuche fehlschlugen, ihn zu verbieten. Selbst nachdem im 17. Jahrhundert der königliche Tempel in Totling zerstört und aufgegeben worden war, bewirkte der Einfluss der Bön-Tradition, dass der Buddhismus sich in Tibet ganz anders entwickelte als in anderen Ländern. »Im Kult um den Kailash und den Manasarovar kommen die ekstatischen und anti-orthodoxen Elemente der indischen und tibetischen Religion zum Ausdruck«, schreibt Charles Allen in seiner Geschichte des Berges Kailash oder Tise, wie er auch heißt. Die Einzigartigkeit des tibetischen Buddhismus resultiert aus der Synthese mit Teilen des Bön.

Zu den dauerhaften Elementen aus dem Bön, die den Buddhismus in Tibet einzigartig machen, gehört die rituelle Sandmalerei. Dass diese heilige Kunst von zwei kulturell so verschiedenen Völkern in so weit voneinander entfernten Kontinenten praktiziert wird, stellt diejenigen Anthropologen vor ein großes Rätsel, denen es widerstrebt, diese Gemeinsamkeit zwischen Zentralasien und dem nordamerikanischen Südwesten wie ihre Mainstream-Kollegen als reinen Zufall abzutun. Zwar bestehen durchaus Unterschiede zwischen den beiden Varianten der Sandmalerei, aber dennoch verblüffen die Ähnlichkeiten. Dazu zählt insbesondere das Hakenkreuz, das buddhistische Mönche ebenso verwenden wie Navajo-Schamanen, weil es in beiden Kulturen als wichtigstes Symbol für spirituelle Macht gilt. Das tibetische Gegenstück zum Tsil-ol-ni ist das *Kalachakra* oder »Rad der Zeit«, ein Lehrgebäude, in dem es um die

Weisheiten von Lehrern wie dem Buddha geht und das symbolisch durch eine Sandmalerei dargestellt wird. Es ist ein *Mandala,* die symbolische Darstellung kosmischer Energien, mit denen die Schöpfer des Bildes sich identifizieren möchten, so wie auch die Sandmaler der Navajo sich mit den gleichen Kräften vereinigen. Die Erschaffung eines solchen Sandmandalas ist in sich selbst eine Form der Meditation über das Thema des unendlichen Mitgefühls.

Wie die indianischen Künstler werden auch die Mönche von einem Meister speziell für diese Aufgabe ausgebildet, wobei es darum geht, die traditionellen Bildmotive mit möglichst geringen Abweichungen zu reproduzieren. Das *Kalachakra* ist eine visuelle Idealisierung der Himmelsstadt, eines Ortes vollkommener Harmonie, wo als höchstes Ziel überhaupt Erleuchtung erlangt werden kann. In Asien wie in Nordamerika wird die Anfertigung eines solchen Sandbildes von heiligen Gesängen und Gebeten begleitet. Zum Abschluss der Zeremonien ist es in beiden Kulturen ein wichtiges Ritual, das Sandbild wieder zu entfernen. Die Navajo tragen den Sand vom *Hogan* aus ein Stück nach Norden, der Himmelsrichtung, die mit der Reise in die nächste Welt assoziiert wird. Dort vergraben sie ihn. Die Tibeter streuen den zusammengefegten Sand ins Meer oder, wenn das zu weit entfernt liegt, in einen See oder Fluss. Dies geschieht zu Ehren des Dalai Lama, dessen Name »Ozean des Mitgefühls« bedeutet. Dass aber die tibetische Sandmalerei ursprünglich aus dem vor-buddhistischen Bön stammt, lässt auf einen Bezug zum untergegangenen Lemurien schließen.

In jedem Fall ist nicht nur die Ausübung dieser außergewöhnlichen Kunst in beiden Erdteilen bemerkenswert, sondern auch die Verehrung, die sie bei den Tibetern und den Indianern des Südwestens genießt, die beide die Sandmalerei einsetzen, um veränderte Bewusstseinszustände herbeizuführen. Bei beiden Völkern stehen die verwendeten Farben für die Himmelsrichtungen, und bei beiden ist es üblich, bei Sonnenaufgang das Sandbild rituell zu umkreisen, auf dem fünf Berge dargestellt sind, einer in der Mitte und je einer für die vier Himmelsrichtungen. Und den Gebetsstab der Tibeter gibt es in ganz ähnlicher Form auch bei den Navajo. Diese Gemeinsamkeiten können nicht zufällig sein. Hinzu kommt dann noch das Hakenkreuz als wichtigstes spirituelles Symbol in beiden Kulturen.

Wenn wir die Gründungsmythen der beiden Völker vergleichen, werden die Parallelen noch deutlicher. Die Tibeter besitzen ihre eigene Version der »Wasser-Leute«, von denen ja die Navajo ihre spirituellen Heilmethoden erlernten. In den *Chog rabs,* den »Ursprungsmythen«, markiert die Geburt Shenrab Minwoches im Jahr 1917 v. Chr. laut Norbu »den Beginn der tibetischen Geschichte«. Dieser Meister gehörte, wie bereits erwähnt, nicht zum indigenen Volk der Se, sondern zur ersten von fünf Ethnien, die in aufeinander folgenden Einwanderungswellen nach Tibet kamen. Diese waren, von der jüngsten bis zur ersten Besiedlungswelle, die Ra, Dru, Tong, Dong und die Mu. Auf der tibetischen Nationalflagge werden sie zusammen mit den indigenen Se durch die sechs Strahlen einer aufgehenden Sonne symbolisiert. Die aufgehende Sonne zeigt die Richtung an, aus der die Einwanderer kamen, und weist zudem auf die Sonnenmystik des lemurischen Mutterlandes hin.

Wie die vor-polynesischen Bewohner im fernen Hawaii trug auch Miwoches Volk den Namen Mu. Norbu schreibt dazu, sie seien »als uraltes Geschlecht von Himmelsgottheiten« betrachtet worden, die über große spirituelle Kräfte verfügten. Ihr Pantheon wurde von einem Himmelsgott angeführt, der den offenkundig lemurischen Namen dMubDud Kam-Po Sa-Zan trug. Dass Miwoche der Erste in der Linie tibetischer Gründerväter war, bestätigt, welchen grundlegenden Einfluss die Kulturbringer aus Mu in Zentralasien ausübten. Er wurde im frühen zweiten vorchristlichen Jahrhundert geboren, also 276 Jahre nach der Naturkatastrophe von 2193 v. Chr. und 289 Jahre vor der endgültigen Zerstörung von Mu im Jahr 1628 v. Chr. Mit anderen Worten: Er lebte zu einer Zeit, als sein Mutterland sich längst wieder von dem einstigen Unheil erholt hatte. Miwoches Geburtsdatum unterstützt die lemurische Historie, denn aus seinem Leben sind, im Gegensatz zu den Flut-Helden, die in einem fremden Land Zuflucht fanden, keine geologischen Desaster überliefert, was folgerichtig ist, da es sich ja um eine Zeit handelte, in der Mu von solchen Katastrophen verschont blieb.

Während dieser 565 Jahre währenden Phase geologischer Ruhe verbreiteten die Lemurer ihre erleuchteten spirituellen Prinzipien in vielen Ländern. Miwoche zählte zu ihren seefahrenden Missionaren. Und zu den spirituellen Künsten, die er beherrschte und weitergab, gehörte das *Dmu Dag* oder *Rmu Thag* – die Mu-Schnur. Damit konnten entsprechend initiierte Adepten durch die Luft fliegen und zu jedem Ort auf der Erde oder im Himmel gelangen. Es handelte sich um ein silbernes Seil, das sich zu unendlicher Länge ausdehnen konnte und mit dem Solarplexus verbunden war. Mit Hilfe dieses Seils konnte das menschliche Bewusstsein durch das gesamte Universum reisen, ohne die Abtrennung der Seele vom Körper zu riskieren, was den sofortigen Tod bedeutet hätte. Dass diese heute als Astralprojektion bekannte Technik auf die Lemurer zurückgeht, die von den indigenen Tibetern als »uraltes Geschlecht himmlischer Wesen« angesehen wurden, erscheint folgerichtig.

Miwoche lehrte außerdem, wie der Mensch entstand. Er sagte, am Anfang der Zeit seien die Götter gelangweilt von der großen Leere des Raumes gewesen. Deshalb schufen sie das kosmische Ei, das sich mit Hilfe seiner eigenen

Energie selbst ausbrütete. Aus seinem Dotter erschufen die Götter die allererste Zivilisation, die *Khro ch dmu rdzong* oder »Eisenfestung von Mu«. Dann schlüpfte Sidpa Sangpo Bumtri aus dem Ei, eine bereits voll erwachsene Manifestation der Götter in menschlicher Gestalt – ein weißer Mann (*dkar* heißt ganz wörtlich »weiß«). Laut den von Norbu übersetzten mystischen Texten war er »der König der Existenz, der Fülle, der Güte und Tugend«. Nun brach ein weiteres Ei auf, dieses aus blauem Licht, und hervor trat eine schöne Frau, der Sidpa Sangpo Bumtri den Namen Koepa Chuchag Gyelmo gab, weil sie aquamarinblaue Haut hatte. Ihr Haar fiel ihr in sieben blauen Zöpfen über die Schultern. Er fand, dass dies wundervoll zu seinen sieben türkisfarbenen Juwelen passte. Aus der Vereinigung dieses ursprünglichen Paares gingen die *Srid pa pho dgu* und *Srid pa mo dgu* hervor. Das waren die ersten Männer und Frauen auf Erden, die Urahnen der Menschheit. Zu ihnen gehörte Thum thum rnal med rje, der »Erwachte Herr von Mu«.

Diese kosmologische Geschichte beschreibt nicht nur die Geburt der Zivilisation, sondern offensichtlich auch die frühe Menschheit, die Mu, Miwoches Volk. Sie erinnert außerdem an das wichtigste Ritual der Osterinsulaner, ihr jährliches Wettschwimmen zu der kleinen, vor der Küste gelegenen Insel Mutu, bei dem der Mann siegt, der als Erster mit einem Rußseeschwalbenei zurückkehrt. Vielleicht gedenken sie mit diesem im Frühling stattfindenden Ritual ja dem gleichen kosmischen Ei, das in dem tibetischen Mythos erwähnt wird. In jedem Fall ist die lemurische Identität des Sidpa Sangpo Bumtri erkennbar, während Koepa Chuchag Gyelmos Bedeutung weniger offenkundig erscheint. Dass sie aus einem blauen Ei schlüpft und aquamarinblaue Haut hat, könnten Metaphern für das Meer sein, da die lemurische Zivilisation sich aus dem engen Austausch des Menschen mit dem Land und dem Ozean entwickelte. Das Blau ihrer Herkunft und äußeren Erscheinung könnte aber auch symbolisch für das Dritte Auge oder Stirnchakra sein, ein indigofarbenes Energiezentrum, das mit dem Erkennen der spirituellen Wahrheit assoziiert wird. Eindeutiger ist *Thum thum rnal med rjes* Identifikation als »Erwachter Herr von Mu«. Dieser Titel stellt eine Vorausdeutung auf den Buddha dar, der ebenfalls »der Erwachte« genannt wird, und bezieht sich auf einen spirituell erleuchteten Meister. Alle diese Mythen künden davon, dass Mu nicht nur das Mutterland der Menschheit, sondern auch der mystische Künste war.

Childress besuchte während seiner Reisen durch Zentraltibet in den frühen 1980er Jahren das Dorf Purna mit dem Kloster Phuktal Gompa. In der Klosterbibliothek befinden sich, wie ihm ein Mönch erklärte, Informationen über Mu, das auch Rutas genannt wurde. In den öffentlichen Schulen dort soll es zwölf Klassen gegeben haben, was ja in etwa dem heutigen amerikanischen und deutschen Schulsystem entspricht. Daran schloss sich aber noch eine sogenannte Dreizehnte Schule an, in der den Menschen die esoterische Weisheit der lemurischen Mystik vermittelt wurde, was es ihnen ermöglichte, Teil einer Elite von spirituell Wissenden und Lehrern zu werden. Der Mönch erzählte Childress, lange vor der endgültigen Zerstörung von Mu seien diese initiierten Meister in viele Teile der Erde gereist, um ihre hoch entwickelte Religion zu verbreiten. Wie es scheint, war Shenrab Miwoche, der Höchste der Shen, einer dieser Missionare aus Mu.

Als schließlich das Ende kam, ging die Dreizehnte Schule nicht mit Rutas unter. Stattdessen wanderten ihre Mitglieder in den Himalaya aus, wo sie in der isolierten, unberührten Gebirgswelt ihre Spiritualität bewahren konnten, fernab von den Naturgefahren, die ihre Heimat für immer vernichtet hatten. Lhasa, die tibetische Hauptstadt und einstiger Regierungssitz des Dalai Lama, war ursprünglich der religiöse Rückzugsort der Lemurer, wo ihre Mystik – von den Einheimischen *Bön po* genannt – schließlich im achten Jahrhundert mit dem Buddhismus verschmolz.

Zwar lässt sich das, was der Mönch Childress mitteilte, nicht verifizieren, es gibt aber Details, die seine Darstellung glaubwürdig erscheinen lassen. Zum Beispiel sagte er, die Dreizehnte Schule der lemurischen Mystik sei von einem Rat aus sieben höchsten Meistern geleitet worden. Die Zahl sieben findet sich auch bei den sieben Zöpfen, zu denen Koepa Chuchag Gyelmos blaue Haare geflochten sind, und bei Sidpa Sangpo Bumtris sieben türkisfarbenen Edelsteinen. Die sieben Zöpfe ihrer blauen Haare wurden gleichgesetzt mit den sieben Pfaden zur Erleuchtung – Achtsamkeit, Befolgung des Gesetzes, rechtes Streben, Freude, Gelassenheit, Konzentration und Gleichmut. Die sieben türkisfarbenen Edelsteine des Sidpa Sangpo Bumtri symbolisieren die Schätze des idealen Herrschers – die Königin (weibliche Energie, Intuition), das Juwel des klaren Denkens, das Rad (der richtige Gebrauch der Zeit), der Elefant (Willensstärke), der Minister (kluge Ratgeber), der General (eine loyale Gefolgschaft) und das Pferd (Schnelligkeit, Mobilität). Der Rat der Sieben von Ruta scheint Teil der gleichen Zahlensymbolik zu sein.

Obwohl die Lemurer, was Asien betrifft, in Tibet eindeutig ihren stärksten Einfluss hinterließen, sind ihre Spuren auch in China erkennbar, wo man sich an ein fernes, gebirgiges Land namens Tien-Mu erinnerte, das jenseits des Pazifiks lag. Zwar war der größte Teil des Mutterlandes eben und ragte nur wenig aus dem Meer, aber einige seiner Inselketten waren dennoch gebirgig. Es war auch als Chien-Mu bekannt, das im *Chou-li*, einem alten chinesischen Ritualbuch, als der Ort beschrieben wird, wo Erde und Himmel an der kosmischen Achse aufeinandertreffen. Hier waren Zeit und Raum bedeutungslos, verschmolzen die vier Jahreszeiten miteinander, wurden Gegensätze aufgelöst, und die Prinzipien Yin und Yang rangen nicht mehr miteinander, sondern vereinten sich in ausgewogener Harmonie. Chien-Mu steht für die heilige Mitte, den Punkt der Stille, an den man in tiefer Meditation gelangt. Sein Name impliziert, dass diese Vorstellungen mit dem pazifischen Mutterland Mu verknüpft wurden, dem ursprünglichen »Nabel der Welt«, wo sie sich zuerst entwickelten und ein hohes spirituelles Niveau erreichten.

Das Mutterland war im alten China unter verschiedenen Namen bekannt, unter anderem als Peng Sha. Wie es hieß, waren die spirituellen Fähigkeiten des Menschen dort zur höchsten Blüte entwickelt worden, und die Zauberer hätten die Levitation und andere paranormale Künste beherrscht. Peng Sha wurde von Mu Kung regiert, dem König der Götter, der in einem goldenen Palast neben dem Edelsteinsee wohnte. Dort wuchs ein heiliger Pfirsichbaum, aus dessen Früchten das Elixier des ewigen Lebens gewonnen wurde. Dieses Thema begegnet uns in Japan in der Erzählung von Urashiro Taro, der bei seinen Abenteuern ein im Meer versunkenes Königreich entdeckt, von wo er den Pfirsich der Unsterblichkeit mitbringt. In der chinesischen Mythologie war dieses untergegangene Reich als Shen Chou bekannt, ein sehr altes Imperium, noch viel älter als China selbst. Bevor Shen Chou unter dem Pazifik verschwand, brachte Hsi Wang Mu, die Göttin des Mitgefühls, den Baum der Unsterblichkeit in ihren legendären Palast in den K'un-lun-Bergen. Dort hütet sie ihn für die Götter und die tugendhaftesten unter den Menschen. Bei einem in regelmäßigen Abständen stattfindenden Festbankett, dem P'an-t'ao Hui oder »Fest der Pfirsiche«, erlangen diese Auserwählten die Unsterblichkeit, indem sie von der gesegneten Frucht essen.

Shen Chou ist offensichtlich ein chinesischer Hinweis auf die untergegangene pazifische Zivilisation, was sich auch im Namen der Göttin Hsi Wang Mu zeigt. Im Victoria and Albert Museum in London gibt es chinesisches Porzellan aus dem frühen achtzehnten Jahrhundert, auf dem Hsi Wang Mu und ein sterblicher Diener abgebildet sind. Sie werden von den Göttern des Glücks (Fuxing), der Langlebigkeit (Shoulao) und des wohlverdienten Reichtums (Luxing) aus Shen Chou weggeführt, das als großartiger Tempel dargestellt ist, der im Meer versinkt.

Der Chronist Neil Zimmerer schreibt, dass es »eine Gruppe von acht Menschen gab, die vom Baum des Lebens essen durften. Diese sogenannten Mu King waren als ›die Unsterblichen‹ bekannt«. Laut Churchward war der Baum des Lebens, die Verkörperung der Unsterblichkeit, Lemuriens wichtigstes Symbol. Fu Sang Mu stellte man sich als kolossalen Maulbeerbaum vor, der über einem heißen »Teich« in einem fernen Paradies im Osten wuchs. Das Land selbst war heiß. Nicht weniger als neun Sonnen hingen in Fu Sang Mus unteren Ästen. Weiße Frauen, die für ihre schönen langen Haare berühmt waren, pflegten das *li chih*, das Kraut der Unsterblichkeit, in einem Garten in der Mitte der Insel. Das lemurische Klima soll sehr heiß gewesen sein. Di-Mu war die chinesische Erdmutter, die am Anbeginn der Zeit allen fühlenden Wesen das Leben schenkte. Entsprechend war Lemurien als das Mutterland bekannt, da es als Wiege der Menschheit galt. Dass der Ursprung der Menschheit ein versunkenes ozeanisches Reich war, ist in vielen Kulturen rings um den Pazifik ein immer wiederkehrendes Thema, so auch in der chinesischen Geschichte von Lao-T'ien-Yeh. Laut eines mythischen Berichts mit dem Titel *Der Kaiser von Mu* zeugte dieser »Himmlische Meister des ersten Ursprungs« den ersten Jungen und das erste Mädchen.

Die Naturkatastrophen, von denen das Mutterland mehrfach betroffen war und die schließlich seinen Untergang herbeiführten, wurden im alten China auf dramatische Weise dokumentiert. In der kaiserlichen Bibliothek gab es eine gewaltige Enzyklopädie, die angeblich alles Wissen von den Anfängen bis ins 14. Jahrhundert enthalten haben soll, als die letzten Aktualisierungen stattfanden. Dieses aus 4.320 Bänden bestehende Werk enthielt Informationen über eine Zeit, als Tien Ti, der Himmelskaiser, versuchte, die sündige Menschheit auszulöschen. Er gab dem Zerstörer des Lebens, She-Mu, den Befehl, eine himmlische Katastrophe über die Welt hereinbrechen zu lassen: »Die Planeten änderten ihren Kurs, die Erde zerbrach in Stücke, und das Wasser in ihrem Busen stieg mit gewaltiger Macht empor und überschwemmte das Land.« Yeu, ein anderer Gott, erbarmte sich der ertrinkenden Menschen und befahl einer gigantischen Schildkröte, sich aus dem Meer zu erheben. Aus diesem Riesentier formte er ein neues Land. Diese chinesische Variante gleicht auf bemerkenswerte Weise dem Schöpfungsmythos, den buchstäblich alle Indianerstämme nördlich des Rio Grande erzählen. Die Indianer nennen fast unisono ihre Heimat die Schildkröteninsel, denn der Große Geist habe eine gigantische Schildkröte vom Meeresgrund aufsteigen lassen, um ihnen nach der Großen Flut das Leben zu retten.

In einem anderen chinesischen Text heißt es: »Die Säulen, die den Himmel trugen, stürzten ein, und die Ketten, von denen die Erde an ihrem Platz gehalten wurde, zerbrachen. Sonne, Mond und Sterne stürzten in den Nordwesten, wo der Himmel niedrig wurde. Flüsse, Seen und Meere strömten in den Südosten, wo die Erde hinabsank. Große Feuersbrünste tobten. Tosende Fluten überschwemmten das Land.« Im *Shan Hai Ching* wird von einer prähistorischen Katastrophe erzählt, die sich ereignete, als der Himmel plötzlich kippte, wodurch die Erde sich in die entgegengesetzte Richtung neigte. Die daraus resultierende Flut ließ ein riesiges Königreich für immer im Meer versinken. Einer der vielen Namen für dieses Reich lautete Pu Chou Shan, der »unvollkommene Berg«. Nachdem die Menschheit von der Urgöttin Nu Kua Shih erschaffen worden war, hatte diese Göttin den ersten Männern und Frauen dabei geholfen, das erste Königreich Pu Chou Shan zu errichten, was ein goldenes Zeitalter auf Erden einleitete. Viele Jahre später versuchte einer ihrer göttlichen Prinzen, von Neid getrieben, Nu Kua Shih zu stürzen. Während der himmlischen Schlacht, die daraufhin entbrannte, schlug der heiße Kopf des Götterprinzen gegen den Unvollkommenen Berg. Der Berg stürzte in sich zusammen und versank im Meer, was eine weltweite Flut auslöste, welche die erste Zivilisation und fast die gesamte Menschheit auslöschte.

Es lässt sich nicht feststellen, welche der Naturkatastrophen, die Lemurien trafen, in diesen Texten beschrieben werden. Jedenfalls hinterließen diese schrecklichen Ereignisse tiefe Narben in der chinesischen Geschichte. Die Altsteinzeit, das Paläolithikum, endete vor 12.000 Jahren abrupt, als während heftiger geologischer Umwälzungen Mu auseinanderbrach und ein großer Teil seines Territoriums überflutet wurde. Diese Phase ist als das Bölling-Interstadial am Ende der letzten Eiszeit bekannt.

Die Gründung der ersten chinesischen Zivilisation wird dem Kaiser Fu Hsi zugeschrieben. Er soll angeblich nach einer großen Flut nach China gekommen sein, die man auf das Jahr 2950 v. Chr. datiert. Diese Jahresangabe fällt in etwa mit einer globalen Katastrophe zusammen, die sich um 3100 v. Chr. ereignet haben muss. Archäologisch ausgedrückt verschwanden die Yangshao- und Hongshan-Kulturen nach 2.000 Jahren sehr plötzlich. An ihre Stelle trat die deutlich höher entwickelte Liangzhu-Staatsform, in der

Stadtplanung und organisierte Landwirtschaft eingeführt wurden. Bemerkenswerterweise wurde in der Liangzhu-Zeit in China zum ersten Mal die Erdnuss kultiviert. Die Erdnuss war in Asien nicht heimisch und konnte nur aus Amerika eingeführt worden sein. So liegt es nahe, dass die Lemurer, als sie nach China kamen, bereits gute Kontakte zur anderen Seite des Pazifiks aufgebaut hatten.

Die Liangzhu-Phase endete, und es folgte, zeitgleich mit der lemurischen Katastrophe des ausgehenden dritten vorchristlichen Jahrtausends, die Xia-Dynastie. Caroli ist der Ansicht, dass es sich bei der chinesischen Erzählung von den zehn »Sonnen«, die vom Himmel fallen, um die mystische Darstellung eines schweren Kometenereignisses handelt. Der Kaiser Shun sah diese Sonnen kurz vor seiner Thronbesteigung. Dann wurde er Zeuge eines großen Meteoreinschlags, der eine gewaltige Flutwelle auslöste. »Die ganze Welt wurde überschwemmt«, schrieb Shun, »und alles Land wurde zu einem endlosen Ozean. Die Menschen trieben auf dem heimtückischen Wasser und suchten Zuflucht auf Bäumen und in Höhlen hoch in den Bergen. Die Ernten wurden vernichtet, und die Überlebenden mussten gegen wilde Vögel kämpfen, die ihnen den knappen Raum streitig machten. Tausende starben jeden Tag.« Diese unheilvollen Ereignisse fanden um das Jahr 2240 v. Chr. statt, was in etwa mit der vorletzten schweren Katastrophe in Lemurien korrespondiert. Die früheste archäologisch nachweisbare Zivilisation in China blühte etwa siebzig Jahre nach der endgültigen Zerstörung des Mutterlandes auf. Das plötzliche Erscheinen der kultivierten, Bronze verarbeitenden Shang-Dynastie in der Ebene des Gelben Flusses lässt vermuten, dass es sich dabei um eine Mischkultur aus einheimischen Asiaten und Flüchtlingen aus Mu handelte.

Dieser antiken Einwanderer wird in Thailand bis heute gedacht, mit einem einzigartigen Relikt aus ihrer verschwundenen Heimat. In einem auch in Laos bekannten Flut-Mythos wird berichtet, ein berühmtes Volk von Halbgöttern habe in Glanz und Glück auf einer fernen Insel gelebt, bis himmlische Mächte ihm mit einer weltweiten Flut drohten. Drei weisen Männern gelang es, einen zentralen Pfeiler aus dem Tempel des Häuptlings mit auf ihr Schiff zu nehmen, ehe das rasch steigende Wasser die ganze Insel überflutete. Für viele Tage segelten sie in Richtung des Sonnenuntergangs, bis sie schließlich die Küste Südostasiens erreichten. Dort stellten sie den Pfeiler auf und benannten ihn nach dem versunkenen Reich: Lak Mu-ang, »heiliger Stein von Mu«. Um ihn herum erschufen sie ein neues Königreich, Ayodhya, das großartige Ergebnis heimischer Arbeitskraft, die durch geniale Baumeister von außen angeleitet wurde. Auf Jahrhunderte imperialer Ausdehnung folgten Kriege und Invasionen. Die Stadt wurde erobert, aber es gelang erneut, den heiligen Lak Mu-ang vor drohender Zerstörung in Sicherheit zu bringen.

Im Jahr 1782 stellte König Rama I. den Lak Mu-ang im Zentrum des neuen Ayodhya auf. Er führte seine Herkunft bis auf jene drei Flut-Helden zurück, die einst in Südostasien gelandet waren, aber selbst diese eindrucksvolle Abstammung konnte seine Feinde nicht davon abhalten, auch diese Hauptstadt wie viele andere davor zu zerstören und den heiligen Pfeiler zu stehlen, der damit für immer verschwand. Rama VI. ließ eine detailgetreue Nachbildung anfertigen, die im Zentrum Bangkoks in einem speziellen Schrein aufbewahrt wird.

Seither ist es üblich, die Nachbildung des Pfeilers mit Blattgold zu verzieren (als Erinnerung an die antike Sonnenreligion des Mutterlandes) und mit kostbaren Geschenken zu umgeben (hauptsächlich Elfenbein und mit Blumen gefüllte Goldschalen), die von den Menschen mitgebracht werden, um den sogenannten Stadtpfeiler zu ehren. Das Gebäude, in dem er steht, wird mit Symbolen und Bildern dekoriert, die an das versunkene Mutterland erinnern, wo er einst in der Zeit vor der Großen Flut Teil eines Tempels war. Hierzu zählen stilisierte Swastikas und Darstellungen einer tropischen Insel, die auf Lemurien hindeuten. Der Schrein des Lak Mu-ang ist ein kunstvoller Pavillon, der, ganz untypisch, versenkt gebaut ist, sich also unterhalb des normalen Bodenniveaus befindet, was auf den Untergang des Königreiches verweist, aus dem der Pfeiler gerettet wurde. Der Name Mu erscheint auch bei anderen wichtigen Monumenten Thailands: Mu-ang Fa Daet, Ban Mu-an Fai, Mu-ang semay und Mu-ang Bon, wo der originale heilige Pfeiler aus Mu vermutlich von den Einwanderern aus der untergegangenen Zivilisation ursprünglich aufgestellt wurde.

Das ehrende Gedenken an das verlorene Mutterland hat nicht nur in den heiligen Monumenten Thailands überdauert: In jedem November versammeln sich bei Vollmond Tausende Menschen am Strand und lassen riesige Flotten von Modellbooten zu Wasser, die aus getrockneten Bananenblättern hergestellt sind. Jedes dieser kleinen, mit Blumen geschmückten *Krathong* trägt eine Votivkerze und treibt, eine Weihrauchfahne hinter sich her ziehend, hinaus aufs Meer. So gedenken die Thailänder Suvarnamacha, der Meeresgöttin, und der Geister ihrer Ahnen, die einst beim Untergang eines großen, prächtigen Königreiches umkamen. Das Loi Krathong ähnelt dem nächtlichen japanischen Fest Bon Odori, bei dem ebenfalls Flotten kerzenbeleuchteter Modellboote ins Meer gesetzt werden, damit sie in Richtung eines untergegangenen Königreiches treiben. Beide jährlich stattfindenden Feste sind dem Lemurien der Römer nicht unähnlich, denn auch bei diesem römischen Fest ging es darum, ruhelose Geister gnädig zu stimmen, die einst bei einer großen Flut ihr Leben lassen mussten.

Lak Mu-ang in Thailand, Erinnerung an das verlorene Mutterland.

Die Mythologie Thailands wurde eindrucksvoll durch eine bahnbrechende Entdeckung bestätigt, die der amerikanische College-Student Stephen Young zufällig in der Mitte des 20. Jahrhunderts machte. Bis der Sohn eines früheren US-Botschafters im Jahr 1966 in der Nähe des Ortes Ban Chiang über eine Wurzel stolperte, lautete das archäologische Dogma, dass dieser Teil der Welt eine Art kulturelle Wüste gewesen sei, wo die Bronzeverarbeitung erst 800 v. Chr. aus China eingeführt wurde und der Zivilisationsgrad stets sehr niedrig war. Aber als Young der Länge nach auf dem Boden lag, sah er Scherben einer ungewöhnlich attraktiven Keramik aus dem Boden ragen. Er schickte sie an das Museum der Universität von Pennsylvania in Philadelphia, um sie mit Hilfe eines neuen Verfahrens datieren zu lassen, der Thermoluminiszenzdosimetrie, das speziell bei Keramik angewandt und wegen seiner Genauigkeit geschätzt wird. Dabei zeigte sich, dass die Keramik aus Thailand 6.000 Jahre alt und demnach 500 Jahre älter war als die frühen Stadtkulturen in Mesopotamien, wo doch angeblich die Zivilisation begonnen hatte. Froehlich Rainey, der Museumsdirektor, wollte selbst die Thermoluminiszenzdaten nicht akzeptieren und schickte Youngs Fundstücke zur erneuten Überprüfung an die Oxford University. Doch dort gelangte man zum gleichen Resultat.

Zur gleichen Zeit grub Wilhelm Solheim von der Universität von Hawaii in der Nähe von Ban Chiang, in Non Kok That, Bronzeäxte aus, zusammen mit den Gussformen, in denen sie angefertigt worden waren. Auch fand er verkohlte Reste von Gurken, Flaschenkürbissen, Pfeffer und Esskastanien sowie andere Beweise für Landwirtschaft, die 2.000 Jahre älter sind als die Anfänge der Agrikultur in Mesopotamien.

Zusätzlich entdeckte man Töpferwaren, die dreitausenddreihundert Jahre älter und viel kunstfertiger als alles sind, was je in der Tigris-Euphrat-Region gefunden wurde. Aber nicht nur die prähistorische thailändische Metallherstellung, Landwirtschaft und Töpferkunst überraschten, sondern es gab dort bereits Jahrhunderte vor ihren Anfängen in China eine florierende Seidenwarenproduktion! Erst 1974 erfolgte eine ausführliche Untersuchung der Fundstätte

Mit lemurischen Motiven bemalte Keramik im Schrein des Lak Mu-ang in Bangkok.

bei Ban Chiang, geleitet von Chester Gorman vom University Museum und Pisit Charoenwongsa, Kurator des Nationalmuseums in Bangkok. Sie untersuchten einen künstlich geschaffenen Hügel von sechs Metern Höhe und 1,6 Kilometern Durchmesser. In den folgenden fünf Jahren fand man insgesamt 18 Tonnen Artefakte – mehr als 30.000 Vasen, Bronze- und Eisengegenstände, die vor 5.600 Jahren mit großem handwerklichen Können angefertigt worden waren. Auf der untersten und ältesten Ebene fanden die Archäologen eine sehr schön gestaltete Speerspitze, die auf 3600 v. Chr. datiert wurde. Damit ist sie die älteste bislang gefundene Bronzearbeit der Welt.

Die mehr als 400 Keramikgefäße, die man aus dem künstlichen Hügel barg, wiesen in Design, Form, Farbe und Größe eine erstaunliche Vielfalt auf, was auf eine Bevölkerung schließen lässt, die einen ausgeprägten Sinn für kunsthandwerkliche Schönheit hatte. Von den 126 intakten Skeletten, die man entdeckte, trugen viele Bronzeschmuck, eines trug an allen Fingern und Zehen Bronzeringe. Es gab Gongs, Waffen, Werkzeuge, Amulette und andere Schmuckgegenstände – alle aus Bronze hergestellt, Jahrhunderte bevor im Nahen Osten dieses Gießverfahren bekannt war, bei dem Mischungen aus Kupfer, Zink und Zinn eingesetzt werden. Bronze war sozusagen die Kernspaltung jener Tage. Sie war Stein und allen Metallen überlegen, die zuvor bearbeitet worden waren. Einige Bronzewerkzeuge wurden bei der Reisernte eingesetzt, und im prähistorischen Thailand fand der erste Anbau von Reis überhaupt statt. Es gab domestizierte Tiere, darunter Büffel, Schweine, Hühner und Hunde.

Aber wer waren die Zivilisationsgründer von Ban Chiang? Sie scheinen direkte Nachfahren jener Menschen gewesen zu sein, deren Knochen Archäologen im äußersten Norden des Landes fanden, in der Phimaen-Höhle, die vor 12.000 Jahren als Jagdlager genutzt wurde. Jene, die dort jagten, waren große, muskulöse Leute, die sich körperlich deutlich von der einheimischen Bevölkerung unterschieden. Hierzu der Anthropologe Michael Pietrusewsky von der Universität Hawaii: »Sie scheinen eindeutig nicht mit der heutigen Bevölkerung Südostasiens verwandt zu sein, und

Die traditionelle Tempelarchitektur von Wat Phra Kaeo in Bangkok ist dem heiligen Heimatland auf dem Grund des Meeres nachgebildet, das von Suvarnamacha regiert wurde.

auch mongolisch wirken sie nicht.« Er fügte hinzu, dass ihr Knochenbau dem der Polynesier stärker als jeder anderen ethnischen Gruppe ähnelt.

Sie ließen sich bewusst in Ban Chiang nieder, weil, wie Ronald Schiller schreibt, »sie dort an einem der wenigen Orte auf der Erde lebten, wo Kupfer und Zinn beide reichlich vorkommen«. Mit anderen Worten, bereits vor ihrer Ankunft dort beherrschten sie die Schmiedekunst. Der in Ban Chiang gefundenen Speerspitze müssen Jahrhunderte währende Erfahrungen mit dem Bronzeguss vorausgegangen sein. In dem Hügel wurden große Mengen Meeresmuscheln gefunden, was nicht nur auf regen Küstenhandel, sondern auch auf seefahrerische Fähigkeiten schließen lässt. Alles an diesem untypischen Volk deutet darauf hin, dass sie ihre zivilisatorischen Kenntnisse bereits nach Südostasien mitbrachten, denn es gibt dort vor ihrem Auftauchen keine entsprechenden Funde. Begräbnisrituale, Kleidungsherstellung und Schmuck waren bei ihnen kulturell bereits hoch entwickelt, unvergleichlich höher als bei der ortsansässigen Bevölkerung.

Ban Chiang ist bislang der einzige von etwa 300 ähnlichen Hügeln, der untersucht wurde. Ausgrabungen an den anderen künstlichen Erdanlagen könnten beste Beweise dafür liefern, dass die Zivilisationsbringer in Thailand aus Lemurien kamen. Die Datierung der Funde in der Phimaen-Höhle auf ein Alter von 12.000 Jahren fällt zeitlich mit der ersten Auswanderungswelle aus dem von geologischen Katastrophen geplagten Mutterland zusammen, und dass diese Menschen Polynesiern ähnelten, spricht zusätzlich für ihre lemurische Herkunft. Die Bronzeherstellung wurde nicht in Südostasien erfunden, sondern von Seefahrern einer fremden Kultur eingeführt, in der Metallverarbeitung, Weberei, Töpferei und alles andere schon eine lange Entwicklung durchlaufen hatten, ehe sie nach Ban Chiang gelangten. Alles deutet also darauf hin, dass der katastrophale Anstieg des Meeresspiegels am Ende der letzten Eiszeit einige Lemurer zwang, höher gelegene Siedlungsgebiete am Rand des Pazifiks zu suchen. Nur so lässt sich befriedigend erklären, warum inmitten einer kulturell völlig unentwickelten Region plötzlich eine Hochkultur scheinbar aus dem Nichts auftauchte.

Der Lak Mu-ang in Bangkok ist aber in Asien bei Weitem nicht das einzige Denkmal für das verlorene Mutterland. Japans modernes Mu-Museum ist weltweit einzigartig und hat einen ebenso rätselhaften Ursprung wie das verlorene Reich, dem es gewidmet ist. Es begann an einem Tag nach Ausbruch des Zweiten Weltkriegs zunächst als Idee im Kopf von Reikiyo Umemoto. Während der junge Mönch in tiefer Meditation versunken am Strand saß, emp-

Auf einer Wandmalerei im Wat Phra Kaeo ist die Flut dargestellt, die das Mutterland überschwemmte.

fing er eine Vision, die sein ganzes Leben veränderte. Vor seinem inneren Auge sah er ein gewaltiges Panorama der Geschichte und Spiritualität Lemuriens, das viele tausend Jahre umspannte. Er sah die Geburtsstätte der Menschheit, den Aufstieg der frühen Zivilisation, ihre Blüte überall auf der Welt, ihren endgültigen Untergang und das Schicksal der Überlebenden im gesamten Pazifikraum. Und er empfing ein besonderes Geschenk – die hohe Weisheit der Dreizehnten Schule von Mu. Gemäß Umemotos erstaunlicher Vision wurde dieser vergessene Mysterienkult in der Präfektur Hiroshima neugegründet als »World's Greatest Equality«, wo man die esoterischen Prinzipien der Dreizehnten Schule an einige wenige Initianden weitergab.

Einem dieser Initianden gelang es, einige reiche Gönner zu gewinnen, die den Bau eines Tempel-Museums finanzierten. Das Gelände wurde so angelegt, dass es die heilige

Architektur und zeremonielle Landschaftsgestaltung, die Umemoto in seiner Vision offenbart worden war, möglichst genau wiedergibt. 1976 wurde der rotweiße Gebäudekomplex fertiggestellt, dekoriert mit lebensgroßen Elefantenstatuen und dramatischen Wandgemälden. Den Bauplatz in der Präfektur Kagoshima hatte man ebenso wegen seiner starken Ähnlichkeit zur lemurischen Topographie ausgewählt wie wegen der geo-spirituellen Qualitäten des Ortes. Die große, professionell ausgestattete Einrichtung verfügt über ein modernes Forschungslabor, und die Sammlung authentischer Artefakte und hochwertiger Nachbildungen im Museum ist weltweit einzigartig. Zwar sind die spirituellen Veranstaltungen im Tempel den Initianden vorbehalten, aber die Ausstellungsräume sind öffentlich zugänglich. Umemoto hat diese Materialisierung seiner Lemurien-Vision noch miterlebt. Er starb 2002 im Alter von neunzig Jahren.

Zwar ist sein Mu-Museum die modernste Gedenkstätte für das antike Mutterland, aber es gibt in Japan noch andere. Der Chikubushima-Schrein ist der Göttin Benten oder Benzaiten geweiht, einer mystischen Idealisierung jener Kulturträger, die übers Meer kamen und die Zivilisation nach Japan brachten. Die Lage Chikubushimas im Biwa-See nahe Kyoto hat einen konkreten materiellen Aspekt: Am Ufer dieses Sees gibt es die ältesten Spuren menschlicher Besiedlung in Japan.

Als sich das politische und spirituelle Machtzentrum im 17. Jahrhundert nach Tokio verlagerte, schuf sich die neue Hauptstadt ihr eigenes Chikubushima namens Shinobazu. Es handelt sich um eine künstliche Insel in einem großen See, die dem Original nachgebildet ist. Beide sind Repräsentationen des Heimatlandes, aus dem Benzaiten einst davonsegelte – ein klarer Hinweis auf Mu, symbolisiert durch Fischstatuen und Darstellungen dreier Pyramiden im Meer

Das Mu-Museum in der japanischen Präfektur Kagoshima.

und einer einzelnen Pyramide, die von hohen Wellen eingeschlossen ist. Eine bemerkenswert ähnliche Darstellung findet sich auf den Mauern des Gouverneurspalastes von Chan Chan, einer Metropole aus der Vor-Inka-Zeit an der Nordküste Perus.

Die lemurischen Züge der Legende von Benzaiten zeigen sich in ihrer Funktion als Göttin der Zivilisation, die an Bord eines großen »Schatzschiffs« die Gaben der Musik, der Redekunst und der schönen Künste aus Horaizan nach Japan brachte, ehe dieses glanzvolle Königreich im Meer versank. Seinen Namen erhielt das Reich nach seinem höchsten Berg, dem Horai, auf dessen Gipfel der Baum des Lebens wuchs, der ja, laut Churchward, das wichtigste Symbol für das Mutterland war. Wie Benzaiten hütete auch die chinesische Hsi Wang Mu einen Baum des Lebens, dessen Pfirsiche jeden, der von ihnen kostete, unsterblich werden ließen. Diese allegorischen »Früchte« der Erkenntnis beziehen sich auf die Kundalini, die angeborene mediale Energie, die uns spirituell ermächtigt, wenn sie erwacht und entlang der Wirbelsäule des Menschen aufsteigt, dem wahren »Baum des Lebens«. Etwas von diesem ursprünglich lemurischen Konzept klingt im biblischen Garten Eden nach, mit seinen Bäumen der Erkenntnis und Unsterblichkeit.

Der Baum des Lebens findet sich in den mündlichen Überlieferungen der vor-asiatischen Bewohner Japans, der Ainu. Ihre älteste Schöpfungsgeschichte erzählt von Chikisani-kamui, die die Gestalt einer Ulme annahm, des ersten Baumes. Aus ihren Ästen kamen die verschiedenen Rassen der Menschheit, aus der inzestuösen Beziehung ihrer Kinder Aeoina-kamui und Pa-kor-kamui wurde das Universum geboren. Die mächtigste Himmelsgottheit im Universum war Chuh Kamuy. Diese Sonnengöttin brachte Licht und Wärme in eine dunkle, kalte Welt. Die Erde selbst wurde zum Körper von Kamu-mimusubi, der Muttergöttin, die Kamui-fuchi gebar, die Ahnherrin der Ainu. Die Namen dieser wichtigsten Ainu-Gottheiten sind allesamt Beugungen des Namens Mu.

Die heutigen Ainu sind mit den späteren asiatischen Japanern vermischte moderne Nachfahren jenes kaukasischen Volkes, das von den indigenen Völkern überall im Pazifikraum so übereinstimmend beschrieben wird. Zu diesem verschwundenen Volk gehörten auch der sogenannte Kennewick-Mann, dessen 9.000 Jahre altes Skelett im Nordwesten der USA gefunden wurde, und die außergewöhnlichen bärtigen Haida an der Küste von British Columbia. Und DNA-Spuren dieses Volkes finden sich in Teilen Polynesiens. Der große englische Atlantisforscher Edgerton Sykes schrieb über die Ainu: »Sie weisen ethnische Merkmale auf, die sich völlig von den übrigen Japanern und Chinesen unterscheiden. Daher handelt es sich bei ihnen vermutlich um die übrig gebliebene Population der nördlichsten Kultur der Katastrophen-Periode.« Zu Sykes' Schlussfolgerung passt, dass die Ainu sich an eine Zeit erinnern, in der das Meer plötzlich dramatisch anstieg und das Land überflutete, so dass die meisten Menschen ertranken. Es überlebten nur die wenigen, die auf hohe Berge gestiegen waren.

Sykes schrieb auch über Okikurumi-Kami, den Flut-Helden der Ainu, von dem es heißt, er sei der Flut mit einem *Shinta* entkommen, einer »fliegenden Wiege«, die in Haiopra auf der japanischen Nordinsel Hokkaido landete. Handelt es sich dabei um zur Legende verklärte Erinnerungen an ein weiteres Beispiel für die Supertechnologie der Lemurer, wie ihre Wetterbeeinflussungs-Wissenschaft in Nan Madol? Interessant ist, dass *Shinta* sich nur durch einen einzigen Buchstaben von Shinto unterscheidet, dem Namen der vor-buddhistischen Religion Japans. Sie wurde von den Ainu praktiziert, bevor in der Mitte des achten Jahrhunderts n. Chr. chinesisch-koreanisch Einwanderer nach Japan kamen. Wie die tibetische Bön-Religion und die Dreizehnte Schule von Mu, von der sie abgeleitet wurde, ist auch Shinto eine animistische Form der Naturverehrung. Im Shintoismus wird allen fühlenden Wesen Wertschätzung entgegengebracht und *Kami,* die Seele, in allen Dingen gesehen. »Nun ist Shinto«, schrieb Sykes, »nicht nur ein Ainu-Wort, sondern scheint vor der Ankunft der Japaner auch die Ainu-Religion gewesen zu sein. Die Worte für ›Gott‹, ›Gebet‹ und ›Opfer‹ sind in beiden Sprachen gleich. Es scheint, dass die Japaner sie von den Ainu übernahmen, als sie sich auf den Inseln ansiedelten.« Professor Yoshida schreibt: »Die meisten alten japanischen Wörter stammen von den Ainu.«

Die Ainu sind aber nicht die einzigen, die sich an eine weltweite Flut erinnern, vor der ihre Vorfahren in ferner

Vergangenheit nach Japan flüchteten. Die Ama, ein kaum bekannter, zahlenmäßig kleiner Volksstamm, glauben, direkte Nachfahren von Fremden aus einer jenseits des Meeres gelegenen Hochkultur zu sein. Diese Besucher predigten eine Sonnenreligion, und eines ihrer Symbole, eine aufgehende Sonne, wurde zum japanischen Nationalwappen. Es veranschaulicht auch, aus welcher Richtung die Besucher kamen – vom östlichen Pazifik. Ihr Inselkönigreich Nirai-Kanai wurde durch eine große Flut zerstört und befindet sich heute auf dem Grund des Zentralpazifiks. Zum Gedenken an diese Ereignisse begehen die Ama bis heute ein jährliches Fest an der Ostküste Japans. In der Morgendämmerung versammeln sich die Teilnehmer am Strand, schauen in Richtung der aufgehenden Sonne und beten für die Seelen ihrer Vorfahren. Nach einer rituellen Reinigung mit Meerwasser geht der zukünftige Anführer bis zum Hals ins Wasser, einen kleinen Zweig in der Hand. Er verharrt dort einen Moment, dreht sich um und geht an den Strand zurück. Er wird durch wilde Trommelschläge und laute Gesänge begrüßt, als hätte er eine schreckliche Katastrophe überlebt. Der Zweig, den er trägt, ist offensichtlich ein Symbol für Lemurien als Baum des Lebens.

In einem verwandten japanischen Mythos wird von Sagara erzählt, dem Drachengott eines Königreichs unter dem Meer. Sagara besitzt eine »Perle«, mit der er katastrophale Fluten auslösen kann. Auch besitzt er eine magische Waffe. Das Kusanagi-Schwert wurde für einige Zeit unter verschiedenen Mitgliedern der japanischen Königsfamilie weitergereicht. Mit dieser Zauberwaffe siegten sie in allen Schlachten, doch schließlich gab man das Schwert seinem rechtmäßigen Besitzer zurück. Seither sind die Japaner nicht länger unbesiegbar. Vielleicht war das Kusanagi ein mystisches Symbol für ein vergessenes technologisches Erbstück aus dem verlorenen Mutterland.

In einem Morgenritual zu Ehren des Sonnengottes, der in Mu angebetet wurde, gedenken die Ama der Ankunft ihrer lemurischen Vorfahren an der Ostküste Japans.

Bei einer der jährlich stattfindenden Ama-Zeremonien trägt ein Mann einen Zweig vom Baum des Lebens als Symbol für die Ankunft lemurischer Überlebender in Japan.

Auch wenn der Prozess der Mythenbildung die Menschen, die einst vor der großen Flut die Zivilisation nach Japan brachten, zu Meergöttern umformte, lebt etwas von ihrer lemurischen Herkunft im Kult des Munakata-No-Kami weiter. Er wird von den Initianden der Jingu-Kogo-Sekte als erster Bewohner Japans nach der Flut verehrt. In ihren zentralen Heiligtümern in Osaka, dem Sumiyoshi-Taisha und dem Munnakata-Taisha, werden angeblich schriftliche Quellen über das Leben des Munakata-No-Kami aufbewahrt, die viele Jahrhunderte älter sein sollen als die ersten Texte der offiziellen japanischen Geschichtsschreibung.

Heute leben die meisten Ama in der Präfektur Ohita, doch ihre ältesten bekannten Siedlungen befanden sich in Gebieten, in denen bei archäologischen Ausgrabungen besonders alte Artefakte aus der Jomon-Kultur entdeckt wurden: Minami Amabe-gun (Präfektur Ohita), Amabe-cho (Präfektur Tokushima), Kaishi-cho in Sado (Präfektur Niigata) und Itoman-cho (Präfektur Okinawa). Das Erscheinen der Jomon bildet einen scharfen Einschnitt in der japanischen Altsteinzeit. Plötzlich gab es Töpferei, Stadtplanung und Hochseefischerei. Die Erfindung der Harpune mit beweglicher Spitze, einer fortschrittlichen Waffe zur Jagd auf Meeressäuger, beweist, dass die Jomon lange Seereisen unternahmen. Die Steinkreise von Komakino Iseki und Oyu im nördlichen Honshu zeigen, dass es im antiken Japan eine blühende Archäoastronomie gab. Auch gibt es im ganzen Land Menhire, von denen viele nach wichtigen Himmelsphänomenen ausgerichtet sind.

Ende der 1990er Jahre entdeckte man zwei sehr beeindruckende Exemplare auf einem steilen Hügel nahe der Stadt Nabeyama im Nordwesten Japans. Diese 2,40 Meter hohen Zwillingssteine tragen auf ihren östlichen Flanken deutlich erkennbare, wenn auch stark verblasste Sonnensymbole. Der schmale Spalt zwischen den Steinen ist präzise so ausgerichtet, dass am Morgen des Mittsommertages die Sonne für kurze Zeit genau hindurch scheint.

Diese Orientierung beweist, welchen dauerhaften Einfluss die Astronomen des Neolithikums bis heute in Japan ausüben, denn immer noch wird im ganzen Land der Mittsommertag gefeiert. Das sogenannte Bonmatsuri ist ein Fest für die Toten, die, ehe sie Zutritt zum Himmel erhalten, den Fluss Sanzu no Kawa überqueren müssen. Dafür müssen sie einen gespenstischen Fährmann bezahlen, und bis zum heutigen Tag binden Angehörige den Verstorbenen ein Säckchen mit ein paar Geldmünzen um den Hals. Die verblüffende Ähnlichkeit dieses traditionellen japanischen Brauchs mit der Praxis der antiken Griechen, ihre Toten mit Münzen für den Fährmann am Ufer des Flusses Styx zu bestatten, scheint mit den Nabeyema-Megalithen verbunden zu sein, an denen das Bonmatsuri-Fest immer noch stattfindet und die perfekt positioniert und ausgerichtet sind, um an ihnen den Mittsommertag zu feiern. Das erinnert uns an den griechischen Philosophen Euhemeros, der im 4. Jahrhundert v. Chr. behauptete, die Überreste eines an Lemurien erinnernden Königreiches besucht zu haben.

Die vergleichbaren astronomischen Funktionen und die Ähnlichkeit dieser Megalithanlagen mit denen auf anderen Kontinenten wie Stonehenge in England und Carnac in Frankreich lassen darauf schließen, dass die Kunst des Megalithbauens sich vor mindestens 6.000 Jahren vom pazifischen Mutterland bis nach Westeuropa ausbreitete. Zusätzliche materielle Beweise belegen, dass die Lemurer auch in die entgegengesetzte Richtung expandierten, also nach Südamerika. Dort, in Valdivia, Ecuador, fanden die Anthropologin Betty Meggers von der anthropologischen Abteilung des Washingtoner Smithsonian Institute und die Archäologen Clifford Evans und Emilio Estrata Jomon-Keramik. Die keramischen Artefakte, die sie Mitte der 1960er Jahre entdeckten, wiesen die für die Jomon typischen Motive auf: Zickzackbänder, Punkte und Knochen. Meggers erinnert sich:

> In der Schule hatten wir gelernt, dass die kulturelle Entwicklung in Nord- und Südamerika unabhängig von der Alten Welt verlaufen war. Daher kamen wir gar nicht auf die Idee, nach Ähnlichkeiten mit der Keramik auf anderen Kontinenten zu suchen, bis Estrada uns auf die bemerkenswerte Ähnlichkeit zur Jomon-Keramik in Japan hinwies. (...) 1963 reisten wir von Tokio aus auf die japanische Südinsel Kyushu, wo wir uns Scherbensammlungen von Jomon-Keramik anschauten. Der Vergleich mit stark vergrößerten Fotografien früher Funde aus Valdivia ergab einen verblüffenden Grad der Ähnlichkeit. Mehr noch, die Kriterien für kulturelle Diffusion statt unabhängig erfolgter Entwicklung waren alle erfüllt: Es gab deutliche Übereinstimmungen in der Gestaltung der Keramik. Keines dieser übereinstimmenden Merkmale erfüllte eine praktische Funktion, die eine voneinander unabhängige Entstehung wahrscheinlich gemacht hätte. Die Keramik der frühen mittleren Jomon-Zeit war das Resultat einer 6.000 Jahre währenden Entwicklung, während es für die älteste Valdivia-Keramik keine örtlichen Vorläufer gibt. Die frühe mittlere Jomon-Zeit und die frühe Phase in Valdivia stimmen zeitlich überein. Und der Japanstrom sorgte für gute Seefahrtbedingungen für die Route von West nach Ost.

Der Archäologe Dr. Gunnar Thompson schrieb: »Die Existenz von Jomon-Keramik in Ecuador ist der Beweis für eine Einwanderung, die mehrere Schiffe und die Bevölkerung eines ganzes Dorfes umfasst haben muss. Bei den Ausgrabungen fand man außerdem aus Keramik hergestellte Spielzeughäuser und Panflöten.« Seine Illustrationen, bei denen er kulturelle Details der Jomon und Ainu mit den indigenen

Der Zweig in der Hand dieser Oahu-Prinzessin ist ein Symbol für den heiligen Baum, den ihre Vorfahren in Hiva verehrten, der untergegangenen Heimat des hawaiianischen Volkes. (Gemälde aus dem späten 19. Jahrhundert)

Völkern des pazifischen Nordwestens von Amerika vergleicht, veranschaulichen die enge Verbindung. Stephen C. Jett vom Institut für Textilien und Kleidung der Universität von Kalifornien schreibt: »Man geht allgemein davon aus, dass die Jomon nicht die Vorfahren der modernen mongoliden Japaner waren, sondern der Ainu, welche das nördliche Honshu, Hokkaido, das südliche Sachalin und die Kurilen bewohnten.« Das Gleiche lässt sich auch über die Ama sagen, deren genetische Verwandtschaft zu den Ainu offensichtlich ist. Jomon, Ainu und Ama sind lediglich nachsintflutliche, sogar moderne Namen für jene Lemurer, die in ferner Vergangenheit den Pazifikraum bereisten.

Aber gerade in ihrer »Verkleidung« als Jomon finden wir archäologische Beweise für die Anwesenheit außergewöhnlicher Kaukasier in ganz Ozeanien. Solheim schreibt, dass »Jomon-« oder »Jomon-ähnliche« Artefakte in Taiwan, auf den Philippinen, in Mikronesien, dem nördlichen Melanesien, an der Nordküste Neuguineas und im östlichen Indonesien gefunden wurden. Jett schreibt: »Schon 1972 hatte man ältere Jomon-ähnliche Schnurkeramikscherben weit entfernt auf der zu den Neuen Hebriden (heute Vanuatu) gehörenden Insel Efate gefunden. Später stellte ein Forscherteam eine definitive Verbindung dieser vierzehn Scherben (von zwölf bis dreizehn unterschiedlichen Gefäßen) zur frühen Jomon-Periode im nördlichen Honshu her, die dort etwa von 5200 bis 3600 v. Chr. dauerte, einer Zeit ansteigender Meeresspiegel. (...) Auch die Schädel- und Gesichtsmerkmale von Ainu und Polynesiern weisen Gemeinsamkeiten auf.«

Bereits 1955 hatte der schwedische Anthropologe Bengt Anell festgestellt, dass »die Angelhaken der Polynesier am stärksten den in Japan benutzten gleichen«. Die Jomon-Spur hat zu einer Aussöhnung zwischen Archäologie und Mythologie geführt und den weitreichenden Einfluss Lemu-

Die Doppel-Megalithen von Nabeyama wurden von lemurischen Priesterastronomen präzise auf den Sonnenaufgang am Mittsommertag ausgerichtet. (Foto: Hideyuku Suzuki)

riens im Pazifikraum, von Asien bis nach Amerika, umfassend bestätigt.

Die Kultur der Jomon trat in Japan am Ende der letzten Eiszeit vor ungefähr 12.500 Jahren sehr plötzlich in Erscheinung, etwas früher als die sehr ähnliche Einwanderung in Thailand, für die in Non Nok That und der Phimaen-Höhle Beweise gefunden wurden. Die katastrophalen Flutwellen, die das Flachland von Mu trafen, zwangen zumindest einen Teil seiner Bevölkerung, anderswo nach höher gelegenem Land zu suchen. Sogar Glyn Daniel, der ultrakonservative Herausgeber der *Illustrated Encyclopedia of Archaeology*, musste zugeben: »Das Jomon-Japan war offenbar von seinen asiatischen Nachbarn, vor allem China, bemerkenswert isoliert. Viel mehr Gemeinsamkeiten scheinen dagegen mit den Inseln des Pazifiks bestanden zu haben.« Tatsächlich korrespondieren die frühe, mittlere und späte kulturelle Entwicklungswelle mit den drei lemurischen Flutkatastrophen, beginnend im späten vierten vorchristlichen Jahrtausend, gefolgt von der Katastrophe im Jahr 2193 v. Chr. und kulminierend im endgültigen Untergang Lemuriens 1628 v. Chr.

Diese verhängnisvollen Ereignisse wurden in einem der frühesten historischen Dokumente Japans aufgezeichnet, den *Fudoki* oder »Aufzeichnungen von Luft und Erde«. Begleitend dazu gibt es das *Kojiki,* die »Aufzeichnung alter Geschehnisse«, und das *Nihonshoki,* die Chronik Japans. Zwar reichen alle drei Werke nur bis ins 8. Jahrhundert zurück, doch beruhen sie auf viel älteren Aufzeichnungen, die nicht erhalten sind. Ihre Niederschrift erfolgte in der Nara-Zeit, einer Phase großer nationaler Kreativität, in der die Gelehrten sich mit neu erwachtem Interesse der japanischen Vergangenheit widmeten. Das *Kojiki* und das *Nihonshoki* berichten übereinstimmend, dass Jimmu, der erste japanische Kaiser, von einem Meerkönig abstammte, dem Herrscher über ein großes Land jenseits des Pazifiks, was auch in seinem Namen zum Ausdruck kommt: *Jim,* Sohn von Mu. Sai Jinja, sein Herrschersitz mit heilkräftiger Quelle, wird heute noch verehrt. Auf ihn folgte Kammu, der noch als Kronprinz erkrankte. Die Menschen beteten im Tempel Muro-Ji, der vermutlich Japans älteste heilige Stätte ist, erfolgreich für Kammus Genesung. Dort bewahrte eine abgeschieden lebende Sekte heiliger Männer die esoterische Mystik, die der Sohn von Mu in Japan eingeführt hatte. Kammus Nachfolger Temmu war berühmt dafür, dass er die Niederschriften des *Kojiki,* des *Nihonshoki* und zweier älterer, heute vergessener Bücher veranlasste. In diesen Quellentexten wird berichtet, Mumayado, geboren 593 n. Chr., sei der letzte prähistorische König Japans gewesen.

Ehe er im Alter von erst achtundzwanzig Jahren starb, konvertierte er vom Shintoismus zum Buddhismus.

Die lemurischen Wurzeln dieser königlichen Namen sind offensichtlich. Sie reihen sich nahtlos ein in die kulturprägenden Einflüsse des verlorenen Reiches Mu nicht nur in Japan, sondern in ganz Südostasien und im pazifischen Siedlungsraum.

ZEHN

Was uns Namen verraten

Ko gub ni du war gag: Ich bin gekommen, um Fragen zu stellen.

Beliebte Redewendung in Mikronesien

Wenn die Polizei nach einer vermissten Person sucht, fragen die Fahnder zuerst in der Umgebung, in der sie zuletzt gesehen wurde, ob jemand ihren Namen kennt oder schon einmal gehört hat. Die archäologischen Fahnder, die im Pazifik eine verschwundene Zivilisation suchen, gehen genauso vor. Wenn dort einst eine Macht existierte, die groß genug war, um Millionen Menschen des gesamten Pazifikraumes kulturell zu beeinflussen – von Asien und Australien über Ozeanien, Mikronesien, Melanesien und Polynesien bis nach Nord- und Südamerika –, dann müsste ihr Name bis heute in den Volksüberlieferungen der zahlreichen überlebenden Kulturen nachklingen. Und wenn diese Zivilisation durch eine dramatische Katastrophe vernichtet wurde, müssten diese Ereignisse sich unauslöschlich in der nationalen Psyche dieser Völker eingeprägt haben.

Tatsächlich ist das beharrliche Auftauchen dieses Namens bei zahlreichen, untereinander nicht in Kontakt stehenden Völkern, die zeitlich durch viele Jahrhunderte und räumlich durch gewaltige Distanzen getrennt waren, ein überzeugender Beweis für eine echte Erinnerung, die sie alle verbindet. Wenn dieser Name obendrein mit ähnlichen Themen verknüpft wird, die unter diesen ethnisch sehr verschiedenen Volksgruppen immer wiederkehren, dann muss er sich zweifellos auf einen konkreten Ort und ein reales Geschehen beziehen, wie sehr dies inzwischen auch in Mythen und Legenden gekleidet worden sein mag.

Leider leugnen konventionelle Archäologen und Anthropologen die mythologischen Überlieferungen der Menschheit, qualifizieren sie als nutzlose Märchen ab und beschränken die Erforschung der Vor- und Frühgeschichte auf bei Ausgrabungen gefundene Werkzeuge und Tonscherben. Dabei sind Mythen für nicht des Lesens und Schreibens kundige Menschen die einzige Möglichkeit, die für sie wichtigen Wahrheiten an kommende Generationen weiterzugeben und sie zu bewahren, wie ausgestorbene Insekten in Bernstein erhalten bleiben. Mythen überdauern die Zeit, weil sie im Kern ein Wissen enthalten, das in jeder Generation neuen Widerhall findet. Es erscheint demnach bemerkenswert, dass die Namen Mu und Lemurien sich präzise bei jenen Völkern entlang des Pazifiks finden, wo Forscher sie vermuten, wie Vögel, die eine offene Wasserfläche umkreisen, von der ihre einstigen Nistplätze überschwemmt wurden.

Abraham Fornander, ein bedeutender Pionier der polynesischen Archäologie, begriff, wie lohnend es ist, kulturelle Vergleiche anzustellen, besonders im Pazifik. Er schrieb:

> Wo jede andere Spur der Herkunft des Menschen von der Zeit ausgelöscht wurde, sei es aus mangelndem Interesse an der Vergangenheit oder weil eine Absorbie-

rung durch andere Stämme, Ethnien oder Sprachen erfolgte, kann die Fortexistenz des Namens des einstigen Siedlungsgebietes von vorneherein als Beweis gewertet werden, dass diese vergessene oder absorbierte Kultur einst existierte. Würden alle schriftlichen Aufzeichnungen und Überlieferungen bezüglich der Herkunft der gegenwärtig vorherrschenden Völker in Nord- und Südamerika ausgelöscht, könnte man doch anhand der Namen, die sie Landschaften, Flüssen und Städten in ihrem jetzigen Siedlungsgebiet gaben, nahezu unfehlbar auf ihre europäische Herkunft schließen – aus England, Spanien, Portugal, Frankreich und so weiter. Die Praxis der Namensgebung in Erinnerung an die alte Heimat ist tief im Wesen des Menschen verwurzelt. Sie begegnet uns bei allen großen Völkerwanderungen von der Antike bis in die heutige Zeit.

Zwar gibt es in vielen Sprachen Varianten des Wortes *Mu,* aber besonders dann, wenn sie mit bekannten Aspekten und Themen des Mutterlandes verknüpft sind – Bezüge zu einem versunkenen Heimatland, zum Baum des Lebens, der Großen Flut und dergleichen mehr –, helfen sie, die einstige Existenz von Mu zu bestätigen.

Ein gutes Beispiel hierfür ist das hawaiianische Wort für Golftang: *Limu.* Seine exoterische Bedeutung scheint einfach nur eine verbreitete Meerespflanze zu bezeichnen (*Sargassum echinocarpum*). Esoterisch handelt es sich um den Hinweis auf das lange, wallende Haar einer Göttin vom Meeresgrund, wo sie in einem Königreich wohnt, das vor langer Zeit infolge einer Naturkatastrophe unterging. Hinalau-limu-kala ist die göttliche Mutter des hawaiianischen Volkes und Schutzpatronin des *Kahuna,* des medizinischen Wissens, das aus dem bei der Großen Flut zerstörten Kahiki stammte. Dass Name und Mythos dieser Göttin auf Lemurien zurückzuführen sind, ist offensichtlich.

Das Fest Lemurien im antiken Rom war den Toten gewidmet. Es wurde jener Verstorbenen gedacht, die vor der Zeit oder gewaltsam ums Leben gekommen waren. Man wollte sie ermutigen, in ein versunkenes Königreich gleichen Namens zurückzukehren. Etwas von diesem Aspekt des Totengedenkens findet sich im »reinigenden Wasser« Hawaiis, dem *Wai huikala*. Mit diesem mit zerstoßenem Limu versetzten Wasser werden nach einer Beerdigung die Trauernden besprengt. Laut Scott Cunningham, einem Experten für die polynesische Mythologie, werden »*Lei limu kala* (Kränze aus Seetang) von Menschen, die auf dem Wasser arbeiten oder dankbar für die Geschenke des Meeres sind, an Fischfang-Schreinen geopfert. Auch habe ich schon gesehen, dass *Lei limu kala* überall auf den Inseln um die Säulen von Tempeln gebunden werden, sogar oben in den Bergen.«

Dieses Thema zeigt sich auch beim Horiomu der Ki wai in Melanesien. Dabei handelt es sich, ähnlich dem römischen Lemurien, um eine jährliche Zeremonie, durch die jene Seelen besänftigt werden sollen, die als Geister aus dem Jenseits zurückkehren und die Lebenden belästigen. Die australischen Ureinwohner auf Melville Island praktizieren das Begräbnisritual Puka-Mu-ni. In China wurde am neunten Tag des neunten Monats eine Zeremonie abgehalten, um She-Mu, den Zerstörer des Lebens, und die Geister jener Menschen zu besänftigen, die bei der Großen Flut ertrunken waren, und auch das römische Lemurien wurde immer an einem 9. Mai gefeiert.

Bei den Hopi im amerikanischen Südwesten gibt es die Zeremonie Powamu. Dabei wird ein »Bohnentanz« zur Beschwichtigung ruheloser Geister durchgeführt, um diese davon abzuhalten, bei Initiationsriten Kinder zu belästigen. Ein Tänzer schlüpft dabei in die Rolle von Mu-yinwa, dem Schöpfer allen Lebens. Auf die Vorderseite seiner

Arme und Beine wird eine weiße Linie gemalt. Das Weiß symbolisiert die Hautfarbe Mu-yin-was. Dass Mu-yin-wa die Personifizierung des Unten, der Tiefe ist (ein Hinweis auf das versunkene Mu?) und die Silbe Mu im Namen trägt, deutet auf den lemurischen Ursprung dieser Zeremonie-Details hin.

Caroli schreibt: »Die Hopi erzählen, sie hätten nach einer Flut den Pazifik überquert, bei der ganze Kontinente auseinanderbrachen. Sie fuhren in Schilfbooten von Insel zu Insel, wobei auch viele dieser Inseln ganz überflutet wurden oder zumindest stark schrumpften. Ihr Weg in den Süden war entweder durch hohe Berge blockiert, oder die Berge stiegen empor, als die Hopi nach Amerika kamen. Die Menschen aus dem Keresian-Pueblo erinnerten sich an ›Hawaiku‹ als ein altes Heimatland irgendwo im Pazifik.« Die Geschichte dieser uralten Wanderung wird bis heute von den Mitgliedern des Wasser-Clans bewahrt, deren Vorfahren von Westen über das Große Meer kamen. In der Hopi-Sprache heißt der Wasser-Clan Patkinya-Mu, ein offensichtlicher Hinweis auf das verlorene Mutterland.

In Arizona ebenso wie beim Lemurien-Fest im alten Rom und dem japanischen Obon werden vom Haushaltsvorstand in ritueller Weise Bohnen geworfen. Die zeremoniellen (und in einigen Fällen philologischen) Parallelen zwischen dem hawaiianischen Wai huikala, dem japanischen Obon-Fest, dem melanesischen Horiomu, dem She-Mu in China, dem australischen Puka-Mu-ni, dem Powamu der Hopi-Indianer und dem römischen Lemurien können kein Zufall sein. Es muss eine gemeinsame Quelle für alle diese Bräuche und Überlieferungen gegeben haben.

Auf der fernen Insel Tonga gab es Lihamui, eine Periode, die mit dem Mai korrespondiert, dem Monat, in dem die alten Römer zum Gedenken an die Toten Lemurien feierten. In weiten Teilen Polynesiens war Limu der göttliche

Wächter der Toten. Er wohnte in einem prächtigen Königreich auf dem Meeresgrund. Auf der Ha'apai-Inselgruppe nennt man seinen Palast bis heute Limu.

Viele tausend Kilometer entfernt gab der Indianerstamm der Chumash der vor der südkalifornischen Pazifikküste gelegenen Insel Santa Cruz den Namen Limu, was in der Sprache der Chumash »im Meer« bedeutet. Der Name des Küstenortes Pismo Beach ist vom Chumash-Wort Pismu abgeleitet. Die Indianer unterhielten dort am Meer eine heilige Stätte, die sie Muwu nannten. Nördlich davon gibt es einen weiteren von ihnen verehrten heiligen Ort: Wene Mu. Und Nipumu hieß eines ihrer Dörfer, das besonderen Ritualzwecken diente. Diese vielsagenden Ortsnamen bewahren die Identität der verlorenen Heimat, aus der, wie die Chumash glauben, in ferner Vergangenheit ihre Vorfahren nach Südkalifornien einwanderten.

Auf der anderen Seite des Planeten war, lange bevor die Römer ihr Lemurien feierten, Dumu die früheste Wiederauferstehungs-Gottheit, und diesem Muster folgten weitere Gottheiten, von Osiris bis Christus. Dumu taucht in der hebräischen Bibel als Tamuz auf, und den Gelehrten, die sich mit dem antiken Sumer befassen, ist sie als Dumuzi bekannt. Wie der lemurische Baum des Lebens wurde bei den Sumerern im vierten vorchristlichen Jahrtausend Dumus Dattelpalme als heilig verehrt. Ursprünglich wurde Dumu als Göttin verehrt, wie die meisten mythologischen Verkörperungen des Mutterlandes, und später im Zusammenspiel mit einem anderen Gott zu einer erst bisexuellen und schließlich rein männlichen Persönlichkeit umgeformt. Seine/ihre Funktion als Gottheit der Wiedergeburt steht im Einklang damit, dass die Kulturbringer in Mesopotamien Flüchtlinge waren, die eine Naturkatastrophe im Pazifik überlebt hatten. Noch vor Dumu gab es bei den Sumerern eine Geburtsgöttin der »wässrigen Tiefen«: Nammu. Sie brachte nicht nur die Götter hervor, sondern auch alles sterbliche Leben. Dilmun, das verlorene Land, aus dem Dumu kam, erinnert an sich schon an Lemurien. Noch deutlicher wird dies aber, wenn man seinen ursprünglichen Namen betrachtet: Mu-Ati.

Im späten 4. Jahrtausend v. Chr. verehrten die Sumerer Lachamu und Lachmu. Dieses himmlische Paar galt als Schöpfergottheiten. Sie waren die ersten Götter, Kinder von Tiamat, dem »bitteren Ozean«. Zur gleichen Zeit galt bei den Menschen im Niltal Temu als der älteste göttliche Schöpfer, der »Götter und Menschen machte«. Wie bei Lachamu und Lachmu lag auch sein Wohnsitz im Meer. Er schickte eine gewaltige Flut, die einen großen Teil der frühen Menschheit auslöschte. In der Tempelkunst wurde Temu mit einer Doppelkrone dargestellt, die ihn als den Stammvater des dynastischen Ägyptens auswies und implizierte, dass Ägypten von Kulturbringern aus Mu gegründet wurde. Temu wurde von der Priesterschaft Anus als Ägyptens wichtigste Gottheit angebetet. Anu war bei den Griechen als Heliopolis bekannt, als »Sonnenstadt«, ein Name, der an die Sonnenreligion der Lemurer erinnert.

Der lemurische Einfluss in Afrika beschränkte sich nicht auf Ägypten. Die höchste Gottheit von Buganda, in Uganda, war Mu-kasa. Sein Orakelschrein, zu dem nur der Stammeshäuptling Zutritt hatte, befand sich auf der heiligen Insel Bubembe im Viktoriasee. Das war eine Reminiszenz an das ursprüngliche Heimatland des Gottes, welches in ferner Vergangenheit durch eine Große Flut vernichtet worden war. Mu-gizi, ein ugandischer Gott mit Wasser-Assoziationen, war der Hüter des Albertsees. Mu-nume, ein weiterer ugandischer Unsterblicher, wurde in Trockenzeiten oder, höchst passend, bei Fluten um Hilfe gerufen. Anderswo in Ostafrika gab es Mu-lungu, den Swahili-Gott, der alles Leben auf Erden erschuf. In Südafrika ist Mu-jaji bis heute die

Göttin der zerstörerischen Stürme, eine Erinnerung an ihr fernes Heimatland, das in einer großen Katastrophe unterging. Seit langer Zeit wird diese Göttin durch eine Erbfolge sterblicher Königinnen repräsentiert, welche Mu-jajis Geheimnis des ewigen Lebens hüten. Auf diesem Kult beruht H. Rider Haggards berühmter Roman *Sie*.

Auf der anderen Seite des Kontinents, im westafrikanischen Mali, ist Mu-so Koroni die »reine Frau mit der ursprünglichen Seele«. Als Mutter des Lebens brachte sie der Menschheit die Grundlagen der Landwirtschaft bei. Ihr Gemahl, der Sonnengott Pemba, erscheint in der Verkleidung als Baum des Lebens, ein weiteres Beispiel für die Präsenz lemurischer Symbole auf der ganzen Welt.

Selbst die Pygmäen in Zentralafrika erzählen von Mugasa, der in ferner Vergangenheit über ein Paradies weit im Osten herrschte, wo die ersten Menschen erschaffen wurden. Doch sie waren ungehorsam, und deshalb erhob sich ein gewaltiger Sturm. Mu-gasa gelang es gerade noch, aus seiner Heimat zu fliehen, ehe sie völlig zerstört wurde. Er floh zu den Pygmäen und lebte unerkannt bei ihnen.

Am Rand der kulturellen Einflusssphäre Lemuriens lebte auf den Malediven im Indischen Ozean ein Volk, das mächtige Ruinen hinterließ und außerdem Ortsnamen, die an das verlorene Mutterland erinnern. Die Redin, wie sie von den heutigen Bewohnern der Malediven genannt werden, verehrten eine Muttergöttin: Ham-Mu-Mata. Diese Göttin wird heute noch von den Bhils verehrt, einem Volksstamm im westlichen Indien. Als die Redin nach langer Seefahrt mit ihren großen, schnellen, geruderten Schiffen die Malediven erreichten, erblickten sie als Erstes das Laamu-Atoll, das noch heute von den Einheimischen »das zuerst gesichtete Land« genannt wird. Die Redin waren ein Volk von Seefahrern und Baumeistern und werden als blauäugig und rothaarig beschrieben, mit heller Haut und langen (kaukasischen) Nasen. Noch heute finden sich bei manchen Bewohnern der Malediven äußerliche Merkmale dieser prähistorischen Zivilisationsbringer.

Die modernen maledivischen Seefahrer ehren die Redin immer noch, indem sie bei der Abfahrt von Rasgetimu ein Paar Limonen am Heck ihrer Kanus befestigen, zum Gedenken an das Mitgefühl, das die einstigen Inselbewohner gegenüber einem blinden Passagier walten ließen. Statt ihn zu bestrafen, so wird erzählt, gaben sie dem Jungen zum Trost frische Früchte zu essen. Die Bewahrung dieser Tradition über die Jahrtausende beweist, dass die Redin nicht als Elfen oder Geister betrachtet werden, sondern bei den heutigen Insulanern immer noch als reale Menschen gelten, obwohl sie schon vor so langer Zeit verschwunden sind.

Auf Laamu gibt es die größte *Hawitta* (einen pyramidenförmigen Hügel aus Steinen und Erde) der Malediven. Auf den anderen Inseln, von denen Laamu umgeben ist, gibt es ebenfalls viele Ruinen. Wie es heißt, handelt es sich dabei um die ältesten Siedlungen der Redin. Die erste Landung der Redin erfolgte aber auf Utimu. Auf dem benachbarten Gamu wurden zahlreiche Artefakte gefunden, die mit Sonnensymbolen verziert waren. Das lässt darauf schließen, dass den Redin die Lage der Malediven in der Mitte des Äquatorialkanals bewusst war und sie diese zu schätzen wussten. Die Glyphen stützen zudem James Churchwards Behauptung, dass Mu Zentrum eines Sonnenkultes war. Bei der Religion der Redin soll eine heilige Flamme im Mittelpunkt gestanden haben. Tatsächlich waren alle Hawitta nach Osten ausgerichtet, mit einer Rampe, die über die westliche Flanke nach oben führte. Die Anbetung der Sonne zeigt sich auch im Namen einer anderen für die Redin wichtigen Insel: Rasgetimu. Hier wird das ägyptische, in ganz Polynesien verbreitete Wort für Sonne – *Ra* – mit dem Namen des untergegangenen pazifischen

Mutterlandes Mu kombiniert. Im Oihevi, der Spache der Malediven, wird der König *Rasage* genannt. Dieses Wort stammt offenbar von den Redin, deren Monarchen ihre Abstammung auf einen Sonnengott zurückführten, so wie es laut Churchward auch bei den lemurischen Königen der Fall war. Im maledivischen Wort für »Insel« – *timu* – wird diese Verbindung noch deutlicher. Die Präsenz der Silbe Mu in diesen Worten und Namen offenbart deutlich ihren Ursprung im verlorenen Königreich des Pazifiks.

Es gibt noch eine weitere sprachliche Parallele, die darauf schließen lässt, dass die Redin vor über 5.000 Jahren die Zivilisation auf den Subkontinent brachten. Das oivehische Wort *bara'baro* für »gut« oder »schön« gibt es mit gleicher Bedeutung auch im Urdo, einer indo-arischen Sprache. Sie wurde von einem verlorenen Dialekt aus dem Industal abgeleitet, den man dort im vierten und dritten vorchristlichen Jahrtausend sprach. In der Hindu-Mythologie war It-Mu die Mutter der Götter. Dieser nicht-indo-arische Name wurzelt ebenfalls im Industal des 4. Jahrtausends v. Chr. Die naheliegenden Schlussfolgerungen aus diesen Vergleichen werden durch materielle Beweise gestützt. In einer Hawitta auf der Maledíveninsel Nilandu fand man eine rote und schwarze Mosaikperle, die absolut identisch ist mit Perlen aus der Industal-Hafenstadt Lothal, wo eine Perlen-Manufaktur ausgegraben wurde. Diese einander ergänzenden linguistischen und materiellen Beweise deuten darauf hin, dass die Redin die Erbauer der ersten Großstädte Indiens, Harappa und Mohenjo Daro, waren.

Wenn sie tatsächlich Begründer der Industal-Zivilisation waren, dann werden die Ähnlichkeiten zwischen der dort gebräuchlichen Schrift und dem Rongo-Rongo der Osterinsel noch leichter erklärbar. Im 2. Kapitel wurden diese Ähnlichkeiten mit der Ankunft der Kulturbringer aus Mu auf dem indischen Subkontinent und im östlichen Pazifik erklärt, die ihre Schriftsprache an beiden, weit voneinander entfernten Orten einführten. Nur sehr kundige Seefahrer wie die Redin wären in der Lage gewesen, dieses Wissen sozusagen um die ganze Welt zu tragen. Das Erbe, das sie in Form von Ortsnamen, Begriffen, Artefakten und archäologischen Stätten sowohl auf den Malediven wie im Industal hinterließen, lässt in ihnen schriftkundige Seefahrer einer außerhalb gelegenen Zivilisation erkennen, die heute unauffindbar ist, weil sie schon lange nicht mehr existiert. Bei Redin und Lemurern handelt es sich um ein und dasselbe zivilisierte Seefahrervolk, das die Errungenschaften seines verlorenen Königreiches ostwärts nach Rapa Nui und westwärts ins prähistorische Indien brachte.

Sie waren auch als Rutas bekannt. Diese Auffassung vertrat der französische Gelehrte Louis Jacolliot, der den größten Teil seines von 1837 bis 1890 währenden Lebens damit verbrachte, die Tempelaufzeichnungen des alten Indien zu studieren. Tatsächlich könnte es sich bei dem Wort Redin um eine philologische Variante des Namens Rutas handeln. Im Laufe seiner Studien entdeckte Jacolliot zu seiner Überraschung, dass Sanskrit keineswegs *die älteste Sprache* auf dem indischen Subkontinent ist. Ihm ging eine frühere Sprache namens *Samsar* voraus. Er erfuhr, dass einem seiner Landsleute, dem Abbé LeLuc, auf einer Reise durch Tibet im Jahr 1845 Samsar-Glyphen gezeigt wurden. Sie waren in die Blätter eines künstlichen Baumes eingraviert, der im Kloster Kunbun in Sinfau aufbewahrt wurde, an der chinesischen Grenze. Die Mönche behaupteten, diese Buchstaben gehörten zur Schriftsprache der Rutas, Sonnenanbetern aus einem großen Inselkönigreich weit entfernt im östlichen Ozean, das vor langer Zeit durch eine entsetzliche Katastrophe zerstört wurde.

Jacolliot, der nach Abbé LeLuc Tibet besuchte, fand heraus, dass die Rutas in der frühen Hindu-Literatur erwähnt werden. Darin wird ihre untergegangene Heimat als ein verlorenes »Mutterland« identifiziert, dass »die Wiege der Zivilisation« war. Es soll eine Mondreise östlich von Burma gelegen haben. Beide Forscher wurden in den frühen 1980er Jahren bestätigt, als David Hatcher Childress in einem anderen tibetischen Kloster, in der Nähe des Dorfes Purna gelegen, Hinweise auf die Rutas entdeckte. Ein Phuktal-Gompa-Mönch dort erzählte ihm von einer Mystikerschule, die vor langer Zeit nach der Zerstörung ihres Landes Zuflucht im Himalaya suchte.

Zwar erwähnte keiner der beiden Franzosen das Mutterland namentlich, doch Abbé LeLucs Beschreibung des künstlichen Baumes und der auf seinen Blättern verewigten Glyphen erinnert auf bemerkenswerte Weise an den Baum des Lebens, der laut Churchward Synonym für Mu selbst sein soll, was durch die mündlichen Überlieferungen Polynesiens und die Mythologie Chinas gestützt wird. Im *Huainanzi*, einer kosmologischen Textsammlung aus dem alten China, wird der Baum Ruo mu beschrieben, ein Gegenstück des heiligen Maulbeerbaumes Fu Sang mu, der mit der Reinigung der Sonne assoziiert wurde, was an die lemurische Sonnenreligion erinnert. Der Ruo mu stand westlich einer Himmelsachse, des Mittelpunktes der Welt, am Jian mu, wo die Geister zur Erde kamen, so wie auch das römische Lemurien, das melanesische Horiomu und das Powamu der Hopi mit der Reise der Geister zwischen den Welten verknüpft waren. Zusammen symbolisierten Fu Sang mu, Jian mu und Ruo mu die Bahn der Sonne von Osten nach Westen, womit ursprünglich die gewaltige Ausdehnung des Mutterlandes gemeint war.

Im Jahr 1879 veröffentlichte Jacolliot sein Werk *Histoire de vierges: Les Peuples et les continents disparus*. Darin gelangte er zu dem Schluss:

> Eine der ältesten Legenden Indiens, durch mündliche und schriftliche Überlieferung in den Tempeln bewahrt, ist jene, dass vor mehreren Jahrtausenden im Pazifik ein gewaltiger Kontinent existierte, der durch geologische Katastrophen zerstört wurde und als dessen Fragmente Madagaskar, Ceylon, Sumatra, Java, Borneo und die größeren Inseln Polynesiens betrachtet werden müssen. Die Brahmanen sagen, es habe dort eine hoch entwickelte Zivilisation gegeben, und auf der Halbinsel Hindustans, die durch die während der Katastrophe aufgetretene Verlagerung der Wassermassen vergrößert worden sei, habe man die Tradition dieser uralten Hochkultur fortgesetzt. In den brahmanischen Überlieferungen wird den Völkern, die diesen großen äquatorialen Kontinent bewohnten, der Name Rutas gegeben, und aus ihrer Sprache entwickelte sich das Sanskrit.

Caroli schreibt: »Jacolliots Rutas brachten den brahmanischen Glauben nach Indien, als sie aus ihrem sterbenden Heimatland flohen, dessen Untergang bewirkte, dass sich der Subkontinent aus der Tiefe erhob. Die arischen Vorfahren der Inder kamen nicht aus dem Norden, wie die Mainstream-Archäologen standhaft behaupten, sondern aus dem verlorenen Land der Rutas.«

Eine Informationsquelle, aus der Jacolliot seine Informationen über das prähistorische Land der Rutas bezog, war das *Surya Siddhanta.* Laut Professor H. T. Colebrook handelt es sich dabei um »das älteste astronomische Werk Indiens. Von dem Prinzen Maya [Asura Maya, Autor des Werks] heißt es, dass er sein Wissen von einem Wesen empfing, das eine teilweise Inkarnation der Sonne war«. Er berichtete, dass vor der großen Flut nicht nur eine, sondern zwei Zivilisationen existiert hätten. Diese waren Saka Dwipa, das 1854 von William D. Whitney, Sanskritprofessor der Yale University, als Platons Atlantis identifiziert wurde, und Ruta, zu dem mit Daitya noch eine weitere Insel gehörte.

Bezüge zwischen Rutas und Lemurien finden sich überall am Pazifik. In der Mythologie Mangaias war Ru der Gott von Avaiki, dem auf dem Meeresgrund liegenden Palast der Toten. Außerdem war er Schöpfer einer Insel am Mittelpunkt der Welt, Rangi-motia, ein weiterer Name für die untergegangene Zivilisation. Fornander berichtete »von einer polynesischen Legende auf dem zu den Gesellschaftsinseln zählenden Raiatea, wonach die Große Flut durch den Zorn Rua-Hakus [»Rua, der Herr«] ausgelöst wurde, dem großen Meeresgott dieser Inselgruppe«. Die Flut selbst war als Te tai o Rua-tapu bekannt, nach dem Flut-Helden Rua-tapa aus dem vorchristlichen Neuseeland. Er war ein legendärer Handwerker und Baumeister aus Avaiki, der den Vorfahren der Maori die Schnitzkunst beibrachte. Als Haiviki unterging, holte Rua die Tuamotu-Inseln vom Meeresboden herauf, und die Schöpferin, Rua papa, erschuf auf ähnliche Weise Tahiti. Auf den Cook-Inseln war Ruange die Mutter der Stämme. All diese mythologischen Assoziationen, die in weit voneinander entfernten Regionen anzutreffen sind, weisen auf verschiedene Aspekte jenes Königreiches hin, das ihr gemeinsamer Ursprung war.

In Hawaii war dieses Königreich, neben vielen anderen Namen, als Ta aina o Rua bekannt, oder einfach Ta Rua, was in beiden Fällen »Land der Rua« bedeutet. Es soll sich um die ursprüngliche Heimat des Volkes von Mu gehandelt haben, ehe es in vor-polynesischer Zeit Kauai besiedelte. Wenn, wie Melville schreibt, sie ihr Land als Grube oder Krater des Himmels kannten, Ta Rua o Rani, dann macht es Sinn, dass sie sich selbst als Rutas bezeichneten. Er sagt uns, dass die Wurzel, *rua,* »Wachstum und Entwicklung aus Feuer« bedeutet, was offenbar eine Anspielung auf die technologische und kulturelle Kreativität des Volkes von Mu darstellt, »das die erste Zivilisation der Welt schuf«. Der Name kommt der Sanskrit(oder Samsar?)-Wurzel für Rutas, *rta*, sehr nahe.

Sie bedeutet »rituell oder kosmisch angemessen«, durchaus passend im Hinblick auf die stark spirituelle Ausrichtung, die diesem verschwundenen Volk nachgesagt wird.

Weit über Polynesien hinaus verewigten die Rutas die Identität ihres Mutterlandes in zahlreichen Namen, die überall in Ozeanien anzutreffen sind. So verehren die indigenen Sarawak des Inselstaates Indonesien noch heute die Göttin Munsumundok, die das Leben erschuf, nachdem sie einem großen »Felsen« mitten auf dem Meer entsprungen war. Die Mulinu'u-Halbinsel soll der Ort gewesen sein, an dem Überlebende der Flut auf Samoa landeten. An der Südküste liegen Salamumu Beach, Mulivai und Si'umu. Die Insel Namu'a liegt vor der Ostküste Samoas, in der Nähe des Dorfes Samusu, gegenüber von Mulifanua im Westen. Alle diese Orte liegen unmittelbar am Meer, was sie für die Lemurer bedeutsam machte. Das gilt auch für die Tapamu-Bucht auf Tahaa und die Faatemu-Bucht auf Raiatea in Französisch-Polynesien.

Zum Königreich Tonga gehören Nomuka und Nomuka'iki, während Mu'umu'a und 'Umuna Teil der Vava'u-Inselgruppe sind. Munawata gehört zu den Trobriand-Inseln in der Salomonensee, und Tumu-te Varovaro ist der spirituelle Name der Insel Rarotonga. Auf der indonesischen Insel Flores, wo Wissenschaftler jene Zwergmenschen-Spezies entdeckten, an die sich die Hawaiianer unter dem Namen Menehune erinnern, heißt der riesige, mittlerweile erloschene Vulkan, durch dessen Eruption am Ende der letzten Eiszeit dieses kleine Volk ausgelöscht wurde, bis heute Keli Mutu.

Wie angesichts von Lemuriens mutmaßlicher geografischer Lage nicht anders zu erwarten, findet sich in der Südsee eine größere Konzentration von Namen, die Mu als Bestandteil enthalten, als irgendwo sonst auf der Welt. Das Mutterland starb vor langer Zeit, aber das Echo seines Namens hallt bis heute über die Inseln des Pazifiks.

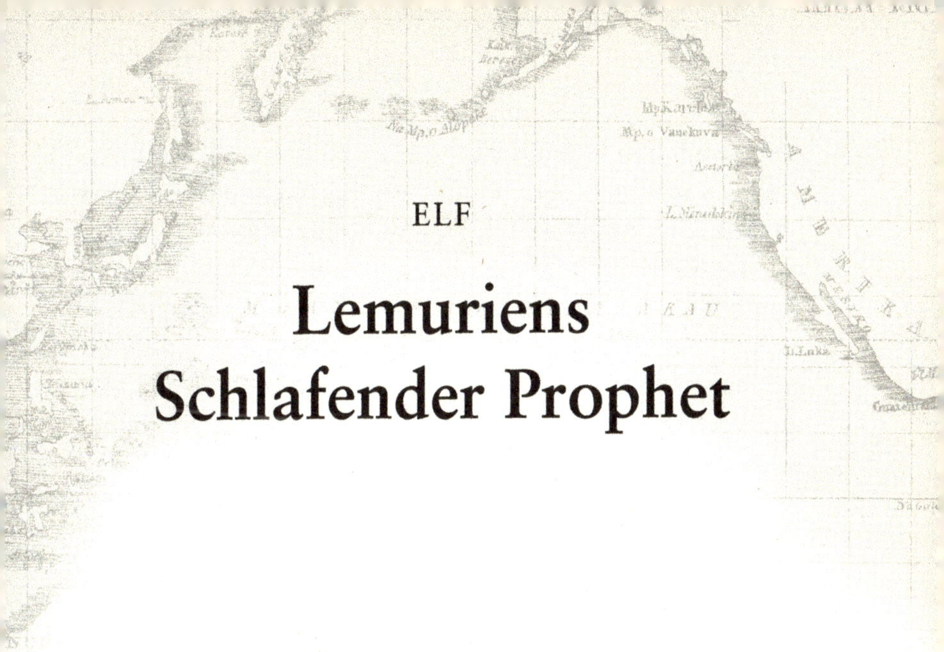

ELF

Lemuriens Schlafender Prophet

Edgar Cayce gilt vielen Menschen als größter Hellseher und Prophet seit den Tagen der apostolischen Offenbarung.

Brad Steiger

Unter den angeblichen »Medien« unseres Zeitalters ragt ein Name besonders heraus: Edgar Cayce. Sein Status als echter Seher überdauerte nicht nur seinen Tod in der Mitte des 20. Jahrhunderts und lebt bis heute fort, sein Ansehen ist seither sogar noch erheblich gestiegen. Der Grund dafür ist leicht zu verstehen. Seine im Laufe von vierzig Jahren durchgegebenen Trancebotschaften zu Gesundheitsfragen bieten eine Fülle medizinischer Informationen. Sie werden von Patienten aus aller Welt als wirkungsvolle Alternativen zu aggressiven chirurgischen Behandlungsmethoden genutzt. Und von seinem Ruf als intuitiver Heiler einmal abgesehen, sind seine zahlenmäßig deutlich selteneren Aussagen zum Thema Lemurien nicht, wie Skeptiker vielleicht erwarten, wilde Fantasien, sondern bemerkenswert folgerichtig, ja mehr noch: Sie stehen mit archäologischen und geologischen Erkenntnissen in Einklang. Am wertvollsten aber ist, dass sie neues Licht auf das Volk, die Spiritualität und Bestimmung von Mu werfen, Erkenntnisse, die auf anderem Weg nicht zu beschaffen sind. Ob wir mediale Phänomene nun für glaubwürdig erachten oder nicht, Cayces Beschreibung des lemurischen Volkes und seiner Geschichte ist überraschend stichhaltig und erhellend, wenn wir ihr unvoreingenommen begegnen, ohne übertriebene Verehrung oder Ablehnung.

Der 1877 in Kentucky geborene Cayce war als der »Schlafende Prophet« bekannt, weil er im Zustand tiefer Trance Gesundheitsratschläge gab. Bis zu seinem Tod in Virginia, achtundsechzig Jahre später, diktierte er Tausende von »Lebens-Lesungen«, die angeblich aus einer spirituellen Quelle stammten, in der er »lesen« konnte, während er sich in einem veränderten Bewusstseinszustand befand.

Cayces Schulbildung war gering, und er dachte eher in religiösen als in historischen oder akademischen Kategorien. Sein Weltverständnis war häufig biblisch, nicht scholastisch. Daher leuchtet ein, dass Spekulationen über eine im Meer versunkene Zivilisation überhaupt nicht zu Cayces einfacher, ländlicher Herkunft und seinem christlichen Weltbild passten und er auch keinerlei Interesse an solchen Themen zeigte. Dennoch begann er eines Tages während einer Trancesitzung, die sich eigentlich mit medizinischen Fragen beschäftigte, plötzlich über im Meer versunkene Städte zu sprechen, nachdem er in den fast zwanzig Jahren zuvor niemals eine untergegangene Zivilisation erwähnt hatte. Im wachen Zustand wusste er praktisch nichts über Atlantis und noch weniger über Lemurien. Doch die plötzliche Erwähnung dieser Kulturen in seinen medizinischen Readings stand in völligem Einklang mit den von ihm erteilten therapeutischen Empfehlungen.

In den frühen 1920er Jahren sagte Cayce, als er auf die wahren Ursachen für zahlreiche Gesundheitsbeschwerden seiner Klienten zu sprechen kam, dass diese scheinbar grundlosen medizinischen Probleme auf negative Verhaltensmuster zurückzuführen seien, die aus früheren Leben stammten, die diese Klienten vor sehr langer Zeit in Atlantis verbracht hätten. Ihr »schlechtes Karma« habe damals wegen der jähen Zerstörung von Atlantis nicht mehr aufgelöst werden können und sei im Laufe der Jahrtausende durch viele Inkarnationen weitergetragen worden. Im gegenwärtigen Leben mache es sich in Form von Schuldkomplexen bemerkbar, die zu sogenannten psychosomatischen Leiden führten – also physischen Reaktionen auf spirituelle Schmerzen. Dadurch setze sich dieses Leiden von Inkarnation zu Inkarnation fort. »Es kann keine körperliche Heilung geben«, betonte Cayce immer wieder, »solange keine spirituelle Heilung erfolgt, denn die Seele ist der Sitz unseres Seins«.

Nachdem Cayce also zum ersten Mal seine Klienten mit Mitteilungen über ihre früheren Leben in der untergegangenen Stadt verblüfft hatte, ging er in den folgenden zwanzig Jahren in Hunderten von Readings immer wieder auf Atlantis ein. Auch Mu oder Lemurien erwähnte er, wenn auch erheblich seltener. Als man ihn nach dem Grund fragte, antwortete er, die Atlanter hätten schlimme Verhaltensweisen an den Tag gelegt und dadurch eine enorme karmische Schuld angehäuft, die im Laufe vieler Inkarnationen aufgearbeitet werden müsse. Die tugendhaften Lemurer dagegen, die bis zum Ende spirituell »zahlungsfähig« blieben (jedenfalls zum größten Teil), hatten viel weniger Seelenschulden angesammelt und benötigten entsprechend weniger seelenreinigende Wiedergeburten.

Amerikas berühmtes medizinisches Medium erwähnte Atlantis während seiner veränderten Bewusstseinszustände häufig. Aber seine Beschreibung der verlorenen Zivilisation diente nicht historischen Zwecken, sondern sollte Verhaltensmuster aus früheren Leben erklären. Laut Edgar Cayce tragen die ethischen Entscheidungen, die eine Seele in ferner Vergangenheit getroffen hat, während der folgenden zahlreichen Inkarnationen zur Entwicklung dieser Seele bei – ein Vorgang, der bis in die Gegenwart andauert. Er glaubte, dass die Schwierigkeiten, deretwegen seine Klienten ihn aufsuchten, manchmal ihre karmischen Wurzeln in der Frühgeschichte der Menschheit hatten. Cayce interessierte sich nur insoweit für Atlantis, als dies half, Licht in die spirituelle Situation seiner Klienten zu bringen. Und da die Atlanter, zumindest seiner Ansicht nach, ein moralisch stark belastetes Volk waren, betrafen die meisten seiner »Lebens-Lesungen« Männer und Frauen, die vor langer Zeit in diesem dem Untergang geweihten ozeanischen Königreich gelebt hatten.

Klienten mit lemurischer Vergangenheit gab es weitaus seltener. Da das pazifische Mutterland nicht so materialistisch und kriegerisch eingestellt war wie sein atlantisches Gegenstück, zogen seine friedfertigen Bewohner viel weniger karmische Belastungen auf sich. Was Cayce aber über Lemurien sagte, ermöglicht einzigartige Einblicke in diese untergegangene Kultur. Von allen übersinnlichen oder karmischen Aspekten einmal abgesehen, sind Cayces Readings über Mu oder Lemurien höchst plausibel, weil sie Informationen enthalten, die zu seinen Lebzeiten wenig oder gar keinen Sinn ergaben, aber inzwischen durch geologische und archäologische Forschungsergebnisse bestätigt wurden.

Ein Beispiel hierfür ist seine Aussage, in der heutigen Wüste Gobi hätte es vor vielen Jahrtausenden eine blühende Zivilisation gegeben, gegründet von »denen aus dem Lande Mu« (1273-1 M.40 10/16/36). Cayce sagte, die Lebensbedingun-

Edgar Cayce,
der »Schlafende Prophet«,
hatte eine klare Vorstellung
von Lemurien.

gen dort seien damals sehr angenehm gewesen, ganz im Gegensatz zu dem späteren unwirtlichen Wüstenklima. Erst nach der Großen Flut hätte die Situation sich dramatisch verschlechtert. In Erinnerung an den lemurischen Garten Eden sprach er vom »ersten Erscheinen des adamischen Einflusses in Asien und dem Nahen Osten, ausgehend vom heutigen Lande Gobi« (1210-1 M.54 6/29/36).

Als Cayce das Mitte der 1930er Jahre behauptete, hatten nur wenige Menschen eine Vorstellung, wovon er redete. Einer von ihnen war James Churchward, dessen mehrbändiges Werk über das pazifische Mutterland kurz zuvor veröffentlicht worden war. In seinem ersten Buch, *Mu – der versunkene Kontinent,* schrieb er: »Zur Zeit des Uigurenreiches war die Wüste Gobi ein außerordentlich fruchtbares Land.« Die Uiguren waren die wichtigste Kolonie von Mu zur Zeit der biblischen »Sintflut, von der die östliche Hälfte ihres Territoriums zerstört wurde. Die Uiguren breiteten sich schließlich entlang der West- und auch der Nordküste des Kaspischen Meeres nach Europa aus, wie es in alten

Hindu-Aufzeichnungen berichtet wird. Von dort erweiterten sie ihren Machtbereich bis nach Mitteleuropa.«

Zu Lebzeiten Cayces und Churchwards und noch lange nach ihrem Tod wurden beide Männer wegen dieser Thesen von professionellen Geologen und Archäologen ausgelacht. Nach ihrer Auffassung war die Wüste Gobi von jeher ein unwirtliches Niemandsland gewesen, niemals die »fruchtbare Region«, als die sie von Cayce und dem Colonel porträtiert worden war. Dass es ein »Königreich« der Uiguren im inneren Asien gegeben habe, ließ man frühestens für das 12. Jahrhundert gelten, weil seitdem spärliche Aufzeichnungen existierten. Die heutigen Uiguren sind ein sesshaftes Volk, dessen gesellschaftliche Organisation im nordwestlichen China dörflich und landwirtschaftlich geprägt ist. Sie leben überwiegend vom *Kaoliang*, einer Hirseart. »Es scheint nur wenige Verbindungen zwischen den Uiguren des Mittelalters und jenen Menschen zu geben, die heute diesen Namen tragen«, sagt Rudy Evermann, ein Fachmann für die Geschichte der Wüste Gobi. Dass die Uiguren einst prägend für Europa gewesen sein könnten, erschien lächerlich, eine groteske Umkehr des europäischen Einflusses auf den Osten, den die Wissenschaftler damals für unstrittig hielten.

Im Jahr 1962 wurde die geologische Lehrmeinung jedoch auf den Kopf gestellt, als man Beweise dafür fand, dass sich in der Gobi-Region während der letzten Jahrmillionen immer wieder Zeiten der Fruchtbarkeit mit Phasen extremer Trockenheit abgewechselt hatten. Die vorerst letzten dramatischen Umweltveränderungen traten am Ende des Pleistozäns vor 12.000 Jahren und dann erneut am Ende des vierten Jahrtausends v. Chr. auf. Noch vor 3.000 Jahren hüteten Hirten dort ihre Schafe, wo sich heute ein Sandmeer bis zum Horizont erstreckt. Im folgenden Jahrzehnt wurde dem konventionellen Denkgebäude ein weiterer, noch schwererer

Schlag versetzt, als man in Zentralasien die Leiche eines hellhäutigen, rothaarigen Mannes fand. Sie war nahezu perfekt erhalten, da sie durch die extrem trockenen Umweltbedingungen auf natürliche Weise mumifiziert worden war. Das Alter wurde auf fast 10.000 Jahre datiert, also Jahrtausende vor Ankunft der ersten Chinesen.

Und dieser Mann war kein versprengter Einzelgänger. Allein in den Uiguren-Gebieten Ueruemchi und Tarim wurden die Überreste über 500 hellhäutiger Männer, Frauen und Kinder ausgegraben. Und die Entdeckungen setzten sich bis ins 21. Jahrhundert fort. Im Sommer 2004 gruben chinesische Archäologen einen Friedhof aus, der mehrere hundert kaukasische Mumien enthielt. Die Forscher waren verblüfft über das handwerkliche Niveau der Kleidung dieser Toten. Sie trugen kunstvoll gefertigte Filzhemden, gut geschnittene Hosen, Röcke mit schönen Gürteln, Seidentücher, Lederwämser und Schuhe aus Hirschleder.

Die hohe Fertigungsqualität ihrer bemerkenswert gut erhaltenen Kleidung unterstreicht, was Churchward fünfzig Jahre zuvor geschrieben hatte: »Die Uiguren hatten einen hohen Stand der Zivilisation und Kultur erreicht. Sie kannten die Astrologie, den Bergbau, die Textilherstellung (!), Architektur, Mathematik, Agrikultur (!), besaßen eine Schrift und ein großes medizinisches Wissen. Sie waren Experten für die kunstvolle Verarbeitung von Seide, Metallen und Holz, schufen Statuen aus Gold, Silber, Bronze und Lehm. Und all das trug sich zu, bevor die Geschichte Ägyptens begann.« Die Archäologen konnten Kleidungsstil und Designmuster der Ueruemchi-Mumien auch in Mitteleuropa nachweisen, was Churchwards Jahrzehnte früher getroffene Aussagen über den kulturellen Einfluss der Uiguren bestätigt.

»*Die Geschichte der Uiguren*«, schrieb Churchward, dies durch Kursivschrift unterstreichend, »ist die Geschichte der

Arier.« Das bestätigte sich durch die völlig unerwartete Entdeckung von Kaukasiern im nordwestlichen China, die dort vor sehr langer Zeit gelebt hatten – die von Cayce erwähnte »adamische« Zivilisation im »Lande Gobi«.

In meinem ersten Buch über den Schlafenden Propheten, *Edgar Cayce's Atlantis and Lemuria,* verglich ich seine Aussagen zu den beiden untergegangenen Zivilisationen mit archäologischen und ozeanographischen Entdeckungen, die seit seinem Tod 1945 gemacht wurden und tendenziell die Richtigkeit seiner Angaben stützten. Bestrebt, einen überzeugenden Kompromiss zwischen Wissenschaft und übersinnlicher Wahrnehmung zu finden, gelangte ich zu dem Schluss, dass Cayces Zeitwahrnehmung während seiner Trance ungenau war. Seine Visionen ähnelten lebhaften Träumen. Wenn der Träumer aufwacht, erinnert er sich oft sehr genau an Einzelheiten, doch seine Zeitwahrnehmung im Traum ist stets verschwommen und ungenau. Im Schlaf bewegt sich unser Bewusstsein außerhalb des vertrauten Zeitrahmens in einem Dämmer der Zeitlosigkeit. Und Cayce wurde schließlich nicht umsonst als der Schlafende Prophet bezeichnet. Es ist also entschuldbar, wenn seine materielle Beschreibung des verlorenen Königreiches zwar glaubhaft, die chronologische Einordnung aber unzuverlässig ist.

Manche Leser von *Edgar Cayce's Atlantis and Lemuria* beharrten darauf, dass man Cayce beim Wort nehmen müsse. Sie widersprachen meiner Auffassung, diese beiden Zivilisationen hätten ihre Blüte in der späten Bronzezeit erlebt, um 1500 v. Chr., und nicht, wie Cayce sagte, vor Hunderttausenden von Jahren. Eine genauere Analyse seiner Aussagen lässt uns aber im Unklaren über seine Vorstellung von der Zeit.

Am 16. Februar 1932 sagte Cayce: »Lemuriens Verschwinden begann – sogar noch vor dem Ende von Atlantis

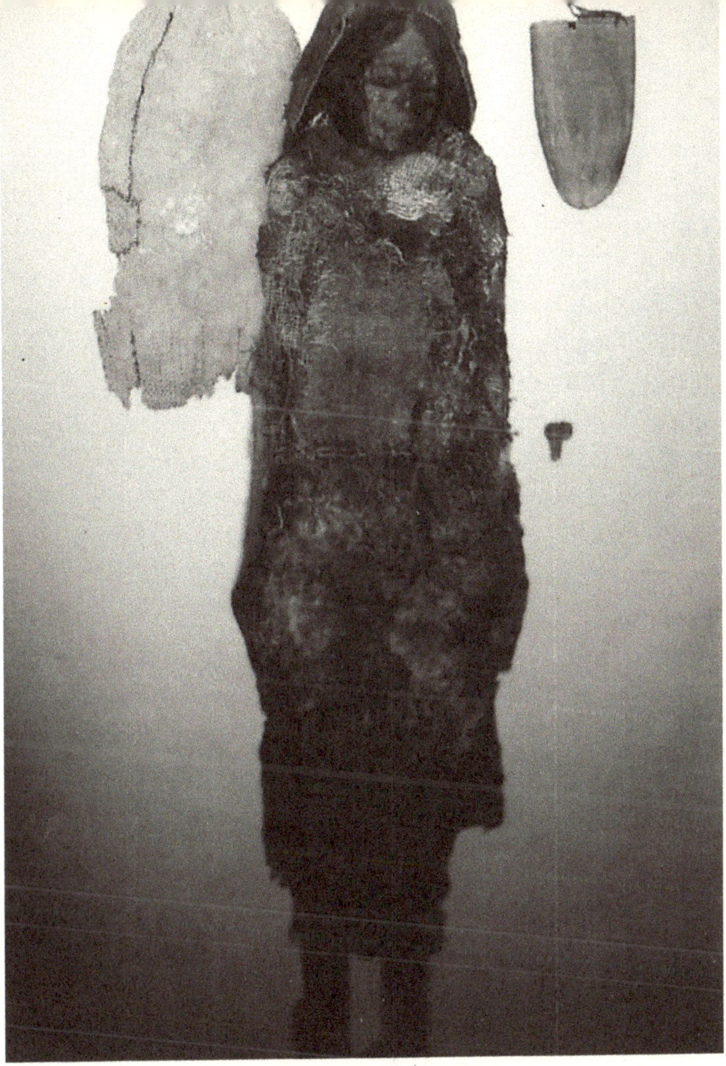

Eine der kaukasischen Mumien in China.

(...) – zehntausendsiebenhundert Lichtjahre oder Erdenjahre vor der Gegenwart, so wie von Amilius – oder Adam – festgesetzt« (364-4). Meinte er hier tatsächlich »Lichtjahre« in dem Sinne, wie wir die Lichtgeschwindigkeit verstehen? Allein 10.500 Lichtjahre vor der Gegenwart würde schon bedeuten, dass Lemurien über 63 Milliarden Jahre alt wäre. Es hätte also bereits vor Erschaffung des Universums existieren müssen! Nach welchem Kalender Adam gerechnet haben mag, können wir nur vermuten. Und was könnten »Erdenjahre« wohl bedeuten? Unser Sonnenkalender ist weniger als zwei Jahrtausende alt. Zur Zeit der Römer und davor verwendeten die verschiedenen Kulturen sehr unterschiedliche Kalendersysteme. Sie beruhten unter anderem auf den Mondphasen, der Sternrotation, dem Erscheinen bestimmter Sternbilder, dem Tierkreis, der Anzahl der königlichen Generationen, Stadtgründungen, Naturereignissen und so weiter und so fort.

Wie auch immer Cayces Zeitvorstellung im Trancezustand ausgesehen haben mag, sie hatte nichts mit den Jahren zu tun, wie wir sie in unserer modernen Zeit verstehen. Er bemühte sich erkennbar, eine stimmige Chronologie für Lemurien zu beschreiben, doch die Natur jener Dimension, in die sein Bewusstsein während der Trance erhoben wurde, verhinderte das. Man darf nicht vergessen, dass er sich die Welt und die Zeiträume nicht aus der Perspektive des alltäglichen Lebens vergegenwärtigte, sondern durch das Vergrößerungsglas einer Anderswelt, eines Trance- oder Traumzustandes, der seine Wahrnehmung der Wirklichkeit erweiterte und färbte. Es war schwierig für ihn, anderen Sterblichen, die nicht über diese Gabe verfügten, klar zu erklären, was er in der Trance sah, denn in ihrer Erfahrungswelt gab es nichts, womit sie es vergleichen konnten.

Obgleich Cayces Chronologie also unsicher ist, sind seine kurzen Anmerkungen zu Lemurien ziemlich eindeutig und überzeugend. Ein gutes Beispiel hierfür ist eineseiner ersten Erwähnungen des verlorenen Mutterlandes überhaupt. Während einer längeren Antwort auf eine Frage zu den geografischen und geologischen Verhältnissen auf der Erde in der Anfangszeit des *Homo sapiens sapiens* sagte er: »Die Anden und die Pazifikküste Südamerikas waren damals der äußerste westliche Teil Lemuriens.« Sechzig Jahre nach dieser Äußerung veröffentlichte der Scripps Oceanographic Service in Kalifornien eine Kartenserie, auf der die neuesten Entdeckungen bei der Erforschung der Meeresböden dargestellt sind. Auf einer dieser Karten ist der sogenannte Nazca-Rücken eingezeichnet, eine frühere, über 320 Kilometer lange Landbrücke, die die peruanische Küste bei Nazca mit einem versunkenen Archipel verband. 1932 hat Cayce also offensichtlich etwas gesehen, das der Wissenschaft bis in die 1990er Jahre unbekannt war und einen starken Beweis für die einstige Existenz Lemuriens darstellt.

Als er neun Monate nach seinem prophetischen Hinweis auf den noch unentdeckten Nazca-Rücken zum ersten Mal die pazifische Zivilisation erwähnte, beschäftigte er sich ironischerweise gleich mit deren beginnendem Untergang. Er sagte, vor 10.700 Jahren habe »ein Teil Lemuriens begonnen zu verschwinden«. Diese Zeitangabe stimmt bemerkenswert gut mit dem Ende der letzten Eiszeit überein, als schmelzende Gletscher einen dramatischen Anstieg des Meeresspiegels bewirkten, so dass überall auf der Welt niedrige Landflächen überschwemmt wurden. Lemurien überlebte diese eiszeitliche Flut, auch wenn manche Gebiete dabei verlorengingen, und seine Kultur blühte danach noch sehr lange, genau wie Cayce sagte. Aber es gibt inzwischen archäologische Beweise für seine Zeitangaben bezüglich dieser frühen Flut.

Zu der von Cayce angegebenen Zeit im elften vorchristlichen Jahrhundert erschien zeitgleich mit dem dynamischen weltweiten Anstieg des Meeresspiegels die hoch entwickelte Jomon-Kultur in Japan, und die Zeremonialgebäude von Yonaguni wurden überflutet. Diese beiden Konsequenzen der zu Ende gehenden Eiszeit bedeuten, dass lemurische Flüchtlinge von den größeren japanischen Inseln Honshu und Hokkaido nach Yonaguni auswanderten. Nach der eiszeitlichen Flut begannen, laut Cayce, die Lemurer damit, lange Seereisen zu unternehmen – ihre missionarischen Abgesandten reisten in der Welt umher, um das lemurische Evangelium zu verkünden. Cayce beschreibt ihre Tempel-Bauprojekte in Yucatan und sagt, Abgesandte aus Mu hätten auch Einweihungszeremonien an der Großen Pyramide im Nildelta durchgeführt.

Cayce wurde sogar noch konkreter und nannte die Namen von Männern und Frauen, die an diesen Zeremonien teilnahmen. In Reading 1159-1 F.80 vom 5. Mai 1936 spricht er über Amululu, »eine Priesterin (...), die vom lemurischen Land aus nach Westen reiste«. Sie brachte zivilisatorische Errungenschaften nach Peru und begründete eine Kultur, »aus der später die Incals wurden«. Amululu lehrte und überwachte die Produktion von »Metallen, Töpferwaren und gewebten Stoffe sowie die Nutzung und Anwendung dieser Dinge nicht nur für den Wohnbereich, sondern auch für Orte des Vergnügens und Orte der Religionsausübung«.

Viele der Lemurer, die Cayce wie Amululu namentlich nannte, spielten bei der Zivilisierung Südamerikas eine wichtige Rolle. Om-muom scheint einer der Ersten gewesen zu sein. Er erfüllte große Aufgaben in Peru »am Anfang der Kommunikation mit den Menschen aus vielen anderen Ländern«, nach dem Beginn jener geologischen Umwälzungen, die den Fortbestand der alten atlantisch-lemurischen Welt bedrohten. Während der seismischen Erschütterungen jener Zeiten kamen die besten und schlimmsten Eigenschaften der Menschen zum Vorschein. Omuld und Oumu werden von Cayce als Personen genannt, Zeitgenossen des Om-muom, die während der Ereignisse in Peru die Nerven verloren, während Ulmu noch viel mehr verlor – sein Leben, als er versuchte, andere zu retten, die durch die Naturkatastrophen bedroht waren, von denen Südamerika ebenso wie fast die ganze damalige Welt heimgesucht wurde.

Die spirituelle Größe der Lemurer, so Cayces Vision, war selbst den starken übersinnlichen Kräften überlegen, die man in Atlantis entwickelt hatte. Diese Aussage Cayces wird in hohem Maße durch eine Fülle an asiatischen, australischen, pazifischen und vor-kolumbischen amerikanischen Überlieferungen gestützt, die ihre jeweiligen Versionen von Lemurien als das verlorene Mutterland geheiligter Weisheit beschreiben. Die australischen Aborigines glauben, dass die Grundsätze ihres Traumzeit-Kultes aus dem »Land der Vollkommenheit« stammen, bevor es vom Meer verschlungen wurde. An Burotu erinnert man sich als das versunkene Reich mächtiger Priester, welche die Geheimnisse ihrer hoch entwickelten magischen Künste von Toga bis zu den Fidschi-Inseln verbreiteten. Die Chumash-Indianer von der Südküste Kaliforniens glaubten, die Vorfahren ihrer Medizinmänner seien Missionare aus Lemurien gewesen, und eine ihrer der Küste vorgelagerten Inseln wurde ursprünglich nach diesen benannt.

Doch in den meisten aufgezeichneten Mitteilungen über das verlorene Königreich im Pazifik berichtet Cayce vom Schicksal dieses Volkes auf anderen Kontinenten. In einer »Lebens-Lesung« vom 17. April 1936 berichtete Cayce von Flüchtlingen einer weltweiten Katastrophe, die in den Nahen Osten kamen, in »die Länder von Zu«. Interessant daran ist, dass Har-Sag-Mu vor 5.000 Jahren als »das Mu des Gebirgszuges« bekannt war, wo Zu, der Himmelsgott der Sumerer, sich niederließ, nachdem er eine schreckliche Katastrophe hervorgerufen hatte. Danach »breitete sich Stille über die Länder aus, Schweigen herrschte«. In der späteren babylonischen Version, die in der assyrischen Bibliothek des Assurbanipal erhalten blieb, stahl Zu den anderen Göttern die Schicksalstafeln, die er nach Har-Sag-Mu brachte. Seine Selbstverwandlung in einen Raubvogel, um die Schlange abwehren zu können, von der die Tafeln bewacht wurden, kehrt weltweit in dem häufigen Bild eines Kampfes zwischen Adler und Schlange wieder, vom griechischen Delphi und dem nordischen Yggdrasil bis ins aztekische Mexiko und das vor-kolumbianische Kolumbien.

Zus Mythos ist außerdem mit den Chakras verknüpft, dem System des spirituellen Konflikts zwischen der Kundalini-Schlange, die sich um das untere Ende der Wirbelsäule des Menschen windet, und Garuda, dem Adler des erleuchteten Kronenchakras. Dem Mythos zufolge wurde dieses metaphysische Konzept unmittelbar aus dem Himmel nach Har-Sag-Mu gebracht, einem heiligen Berg auf der Pazifikinsel Mu. Der Mythos von Zus Diebstahl der Schicksalstafeln, worin zum ersten Mal das Kundalini-Yoga beschrieben wird, findet seine westliche Entsprechung in der Sage von Prometheus, dem Bruder des Atlas. Prometheus stahl den Göttern das Feuer und schenkte es der Menschheit. Die »prometheische Hitze« scheint eine Analogie zur Kundalini-Energie zu sein, denn der griechische Titan wurde durch die Marter bestraft, dass täglich ein Adler seine Leber fraß.

Cayce porträtiert die Menschen von Mu als ein reisefreudiges Volk. Sie segelten überwiegend nach Peru, aber auch nach Yucatán und dem nordamerikanischen Südwesten, sogar bis ins Niltal und nach Atlantis. Dorthin reisten sie, so Cayce, vor allem, um die Wissenschaft der Atlanter zu studieren, von denen er besonders die Alchemie erwähnte (274-1 M.34 2/13/33). Die Lemurer brachten aber offenbar auch selbst etwas Wertvolles nach Atlantis, denn ihre religiösen Vorstellungen fanden unter den spirituell zerstrittenen Atlantern zahlreiche Anhänger (1273-1 M.40 10/16/36).

Atlantis durchlitt vier Naturkatastrophen, von denen jede Auswanderungswellen in andere Weltregionen auslöste. Dann folgte die endgültige Zerstörung. Die Überlebenden all dieser Verheerungen – mit Ausnahme der letzten, der offenbar niemand entkam – suchten zum Teil Zuflucht im pazifischen Königreich, vielleicht weil es so weit von den geologischen Zerstörungswellen im Mittelatlantik entfernt lag oder weil eine uralte spirituelle Verbundenheit zu den sanftmütigen Lemurern bestand. Bei der Beschreibung des Lebens eines solchen atlantischen Flüchtlings bemerkte Cayce: »Diese Wesenheit gehörte zu den letzten, die Atlantis in Richtung des damaligen Mu verließen« (557-2 F.52 5/23/34).

Die Beziehungen zwischen den beiden weit entfernt liegenden ozeanischen Zivilisationen scheinen überaus herzlich gewesen zu sein, jedenfalls in einigen Fällen. Cayce berichtet von Mufuti, einem Halb-Lemurer, Halb-Atlanter (2850-1 M.18 11/14/42) und von einer spirituellen Ratgeberin namens Muglo, die aus Mu stammte und in Atlantis tätig war (2454-3 F.43 7/15/42). Er erwähnt einen atlantischen Herrscher in Yucatán, der den eindeutig lemurischen Namen Zurumu trug (1632-3 F.38 8/9/38). Diese atlantolemurischen Hybrid-Personennamen werden ergänzt durch klar identifizierbare atlantische Ortsnamen und antike Helden und Götter, die in zahlreichen pazifischen Inselkulturen anzutreffen sind.

Auf der indonesischen Inselgruppe Tanimbar gibt es eine Legende, wonach Atuf mit seinem Speer die Kleinen Sundainseln von Borneo abtrennte, während er mit seiner königlichen Familie ostwärts reiste, auf der Flucht vor einer gewaltigen Naturkatastrophe, durch die seine ferne Heimat zerstört worden war. Dies soll sich zu einer Zeit zugetragen haben, als die ganze Erde sich in einem Zustand der Instabilität befand. Die Geschichte von Atuf und seinen Heldentaten ist in Tanimbar der wichtigste Mythos, weil Atuf dadurch die Ahnen der Insulaner vor der Katastrophe rettete. »Danach mussten sie immer weiter ostwärts ziehen, von einer Insel zur nächsten, um

Schutz vor den Fluten zu finden«, schreibt Oppenheimer auf Seite 278 seines Buches *Eden of the East.* »Heutige Besucher finden in den Ritualzentren der Dörfer riesige symbolische Steinboote vor, die diese archaischen Erinnerungen zu unterstreichen scheinen.« Nördlich von Tanimbar kennen die Bewohner von Seram und Banda eine ähnliche Legende. In ihrer Version werden ihre Vorfahren durch Boi Ratan an einen sicheren Ort geführt, eine Prinzessin aus dem untergegangenen Königreich.

Auch im frühen pharaonischen Ägypten wurden mindestens zwei wichtige Götter verehrt, die eindeutig auf lemurische Einflüsse zurückzuführen sind. Temu wird von dem Archäologen Anthony Mercatante als »der älteste Schöpfergott der ägyptischen Mythologie« beschrieben. Temu war ein Meeresgott und wohnte in dem Urmeer, das er selbst erschaffen hatte. Aus seinen Gedanken entstanden der Himmel, die Tiere, Pflanzen, sterblichen Menschen und Götter, alle als Ausdruck seines Willens. Er war verantwortlich für eine katastrophale Flut, die vor langer Zeit die ganze Erde bedeckte und alles Leben zerstörte, mit Ausnahme einiger weniger tugendhafter Männer und Frauen, die mit den Göttern in einem »Sonnenboot« fahren durften. Sie landeten im Nildelta und bauten dort die Zivilisation neu auf. Da wirkt es sehr passend, dass »Mu« das altägyptische Wort für *Ozean* war. Über Temus vielsagenden Namen hinaus impliziert sein Mythos die Ankunft von Kulturbringern aus Mu in Ägypten, die zuvor mehrere Flutkatastrophen überstehen mussten. In späteren Dynastien änderte sich sein Name, weil inzwischen im großen Maßstab eine Zuwanderung aus Atlantis erfolgt war, so dass er von da an Atmu hieß.

Eine andere in der Frühzeit der ägyptischen Geschichte im Niltal verehrte lemurische Gottheit war Khnemu. Sein Name bedeutet wörtlich »der Former«, denn er formte das kosmische Ei, aus dem in der Vorzeit alles Leben schlüpfte. Dieses Ei war der Omphalos, der Nabelstein, das Leitsymbol der atlanto-lemurischen Spiritualität. In der Tempelkunst wurde Khnemu mit dem Körper eines Mannes und vier Widderköpfen dargestellt. Diese Köpfe symbolisierten die Ausbreitung seines Nabel-der-Welt-Kultes in die vier Himmelsrichtungen. Der Widder gilt seit Urzeiten und in vielen Kulturen als Symbol für Ozeanreisende. Khnemus Beliebtheit war so tief verwurzelt, dass sich noch aus dem 2. Jahrhundert n. Chr. gnostische Gemmen mit seinem Bildnis finden. Die Anbetung dieser beiden Götter seit den Anfängen der ägyptischen Zivilisation stützt Cayces Aussage, Adepten aus Mu seien Mitbegründer der wirkungsmächtigen Religion Ägyptens gewesen (1353-1 F. Adult 3/26/37; 2697-1 M.48 3/11/42).

Einige der von ihm beschriebenen Einwanderer aus Übersee tragen eindeutig lemurische Namen wie Shu-Su-Mu-Lur-r (1695-1 F.32 9/29/38) und Mu-Elden (2513-1 F.70 6/12/41). Als Repräsentanten des alten Mysterienkults wohnten sie der Fertigstellung der Großen Pyramide auf dem Gizeh-Plateau bei. Diese war vollendet, nachdem man auf ihrer Spitze »die Krone« befestigt hatte, »aus einem Metall, das unzerstörbar sein sollte. Es bestand aus Kupfer, Messing und Gold mit anderen Legierungen«. Zu den Funktionen des »Erd-Gebäudes«, wie Cayce die Pyramide nannte, gehörten spirituelle Transformation und Initiation.

Cayce zufolge setzte die Einweihung der Großen Pyramide nie dagewesene Maßstäbe für ähnliche zukünftige spirituelle Feierlichkeiten. Er erinnert sich:

> Die Zeremonie war lang. Die Metallspitze wurde mit einem großen Hammer geschlagen, so dass die Klänge weit über das Plateau hallten. Aus dieser Zeremonie erwuchsen viele Dinge, die heute noch bestehen. Der

heutige Ruf zum Gebet durch die Kirchenglocke lässt sich ebenfalls darauf zurückführen (...), das Glockenläuten bei Beerdigungen, zum Jahreswechsel und bei Hochzeiten. All das begann mit dem Klang, der einst dazu diente, die Erd-Aufzeichnungen des Erd-Gebäudes anzuzeigen (378-14 M.56 9/26/33).

Cayce sagte, einen nachhaltigen Einfluss habe Mu auch im amerikanischen Südwesten ausgeübt, »vor allem in einem Teil Arizonas und Nevadas« (812-1 F.48 2/4/35). Cayce erzählte, ein Klient sei in einer früheren Inkarnation als Lemurer in jene Gebiete gereist, die »jetzt als Arizona und Utah bekannt sind. Jene Gegenden, in denen die Flüchtlinge aus Mu siedelten«, erstreckten sich damals bis nach Missouri (816-3 M.51 2/17/35).

Diese Staaten sind für das Thema Lemurien besonders bedeutsam, weil die Stämme, die sie seit unermesslichen Zeiten bewohnen, reiche mündliche Überlieferungen bezüglich der verschwundenen pazifischen Zivilisation besitzen. Die Ute-Indianer zum Beispiel, denen der Staat Utah seinen Namen verdankt, verehren Mu-sinia als ihren heiligen weißen Berg. Bei den Hopi und Zuni in Arizona und Nevada gibt es Stammesüberlieferungen über Wanderungen ihrer Ahnen, die über den Pazifik gekommen sein sollen. Alljährlich finden Erinnerungszeremonien in der *Kiva* statt, einem kreisförmigen Gebäude, das über einer unterirdischen, mit einer Leiter zugänglichen Kammer errichtet wird. Wenn Initianden aus dem unterirdischen Raum hinaufklettern, werden sie oben von den anderen Teilnehmern der Zeremonie mit Wasser übergossen und lautstark an die schreckliche Flut erinnert, der ihre Vorväter in ferner Vergangenheit entkamen.

Cayces Verweise auf die besondere lemurische Vergangenheit Südkaliforniens werden durch die Überlieferungen der dortigen Indianer gestützt (1473-1 F.49 11/10/37; 5750-1 Hugh Lynn Cayce 11/12/33). Die Salina-Indianer in Kalifornien erzählten, die Menschheit sei bei einer weltweiten Flut fast ausgelöscht worden. Nur ein einziger Tauchvogel überlebte. Er tauchte tief in den Ozean hinab und holte einen Schnabel voll Schlamm vom Meeresgrund herauf. Als der Adlergott diese bemerkenswerte Tat sah, kam er vom Himmel herab und schuf aus dem heraufgeholten Schlamm eine neue Rasse.

Die Washo-Indianer berichteten, dass ihre Vorfahren in einem frühen goldenen Zeitalter lebten. Viele Generationen lang lebten sie glücklich und zufrieden auf einer weit entfernten Insel, in deren Mitte ein großer Steintempel stand, der eine Statue des Meergottes enthielt. Sie war so riesig, dass ihr Kopf das Dach der Tempelkuppel berührte. Es erscheint bemerkenswert, dass die Washo, deren eigene Baukünste sich auf Tipis beschränkten, überhaupt etwas von Kuppelbauten und Tempelarchitektur wussten. In ihrer Flut-Erzählung wird von heftigen Erdbeben berichtet, durch welche die Berge ihrer Heimatinsel Feuer fingen. Die Flammen schossen so hoch hinauf, dass die Sterne Feuer fingen, die daraufhin hinabstürzten und die ganze Erde in Brand setzten. Manche Sterne fielen ins Meer und lösten eine weltweite Flutwelle aus, die zwar das Feuer löschte, jedoch die Menschheit an den Rand völliger Vernichtung brachte.

Die kalifornischen Wintun-Indianer erzählten von einem Schamanen, der die magische Flöte von Katkochila stahl, dem Himmelsgott. Mit diesem Instrument machte er sein Volk zum mächtigsten der ganzen Welt. Darüber geriet Katkochila so in Zorn, dass er vom Himmel Feuer auf die Erde hinabgoss. Bevor aber die Menschheit völlig vernichtet war, löschte er das Feuer wieder.

In der Überlieferung des Wiyot-Stammes schickt der Schöpfer (Gudatri-Gakwitl) eine weltweite Flut, um die

Menschheit und die meisten Tiere auszulöschen. Kondor überlebte und stellte fest, dass nur seine Schwester, ein paar andere Vögel und ein einziger Waschbär noch am Leben waren. Aus Kondors inzestuöser Beziehung zu seiner Schwester wurde eine neue Menschheit geboren. Bei den Wiyot war es Brauch, dass der Häuptling seine Schwester zur Frau nahm, wenn auch nur symbolisch im Rahmen eines Rituals. So gedachten die Wiyot der Abstammung ihres Volkes von jenem Ahnenpaar, das der Großen Flut entkommen war.

Die Yokut-Indianer in Südkalifornien berichten, die Menschheit sei auf einer Insel geboren worden, in der Mitte eines Urmeeres. Dort hätten Adler und Kojote die ersten Menschen erschaffen.

Der Vulkan Mount Shasta gilt in mehreren Legenden der örtlichen Indianerstämme als das einzige trockene Land, das nach der weltweiten Flut noch aus dem Wasser ragte. Der Kojote-Mann baute sich ein Floß und fuhr über riesige Wasserflächen, um zu diesem Berggipfel zu gelangen. Dort zündete er ein Signalfeuer an, das andere Überlebende aufmerksam machte. So retteten auch sie sich auf den Mount Shasta, von wo aus sie die Erde wiederbevölkerten. Bis in die heutige Zeit wird erzählt, dass die geheimnisvollen Leuchterscheinungen, die manchmal auf dem Gipfel des Mount Shasta zu sehen sein sollen, mit Zeremonien der lemurischen Bruderschaft in Zusammenhang stünden, deren Initianden dort oben angeblich Rituale für ihre verlorene Zivilisation ausführen.

Die Einflüsse aus Lemurien dominierten bei der Entwicklung der mittelamerikanischen Zivilisation, bis spätere Einwanderungswellen aus dem Osten eintrafen. »Da waren auch große Erschütterungen im Land Mu oder Lemurien«, sagte Cayce, »und diese hatten ihren Anteil an den Veränderungen, und die Menschen von dort verbreiteten ihre Lehren in vielen Teilen des Landes – das damals, vor der endgültigen Zerstörung von Atlantis, weitaus größer war als heute« (5750-1 Hugh Lynn Cayce 11/12/33). Seine Aussage spiegelt sich im Wort der Maya für Flut wider: *Muluc*, was wörtlich »untergegangenes Mu« oder »untergegangen wie Mu« bedeutet. Mu-tul war eine Maya-Stadt, die von Zac-Mu-tul gegründet wurde, dessen Name »der weiße Mann von Mu« bedeutet. Mu-tul scheint philologisch mit dem polynesischen Mu-tu (Tahiti) und Mu-tu-hei (Marquesas) verwandt zu sein, die alle auf Lemurien als gemeinsamen Nenner verweisen.

Der Flut-Held der Kariben (denen die Karibik ihren Namen verdankt) war »der Mann aus Mu«. Ta-Mu, der als hellhäutiger, blonder, bärtiger Zauberer beschrieben wurde, entkam über das Meer einer Naturkatastrophe. Die Kariben hielten die spanischen Eroberer, die im siebzehnten Jahrhundert bei ihnen auftauchten, für Nachfahren Ta-Mus. Einen ähnlichen Flut-Überlebenden kannten die Arovac-Indianer. Bei ihnen hieß er Ca-Mu, »Er aus Mu«, ein großer, hellhäutiger, blonder, bärtiger Zauberer, der an die Küste Panamas kam, nachdem er wegen einer schrecklichen Katastrophe sein Königreich jenseits des Meeres hatte verlassen müssen. Ca-Mu gilt als der Urahne aller Arovac.

Als Cayce sagte, »die Anden und die Pazifikküste Südamerikas waren damals der äußerste westliche Teil Lemuriens«, beschrieb er zutreffend das lemurische Einflussgebiet, das offenbar die Inseln zwischen Japan und der peruanischen Küste umfasste (364-13 11/17/32), denn Mu oder Lemurien war nicht so sehr ein bestimmtes Land, sondern ein Volk und seine Kultur, und es erstreckte sich über zahlreiche, zum Teil Tausende Kilometer voneinander entfernte Territorien im und entlang des Pazifiks.

Die Angaben in diesem Reading Cayces werden durch zahlreiche materielle Beweise in den großen Ruinenanlagen von Chan Chan gestützt, die nördlich der peruanischen

Stadt Trujillo liegen. Dabei handelte es sich um die Hauptstadt des Volkes der Chimu aus der Vor-Inka-Zeit, mit vielen anderen philologischen Hinweisen auf das verschwundene Mutterland Mu. Chan Chan wurde, so berichteten die Chimu, auf Geheiß »eines großen Herrn jenseits des Meeres« erbaut. Der Baumeister und Gründervater war Taycanamu, auf den ein anderer Kulturbringer folgte: Pacatnamu. Diese wichtigen Namen müssen von der untergegangenen Stadt hergeleitet sein, die auf den Lehmziegelmauern des Gouverneurspalastes von Chan Chan abgebildet ist. Auf dem monumentalen Wandrelief sieht man noch immer eine lange Reihe von Stufenpyramiden, über denen Fische schwimmen – die offensichtliche Darstellung einer im Wasser versunkenen Stadt, vielleicht die Stadt »des großen Herrn jenseits des Meeres«, von dem Taycanamu ausgesandt worden war. Jedenfalls ähnelt seine Geschichte der Hotu Matuas, den sein Herrscher aus Marae Renga losschickte, kurz bevor Hiva für immer zerstört wurde.

Anscheinend enthält dieses Relief die indigene kolumbianische Überlieferung eines großen ozeanischen Königreichs, das durch eine Naturkatastrophe zerstört wurde. Auf der Flucht vor dieser Katastrophe führte der Kulturheld A-Mu-Ra-Ca seine Gefolgsleute nach Südamerika. Im Akkadischen, der Sprache der semitischen Eroberer in Sumer am Ende des dritten Jahrtausends v. Chr., bedeutet A-Muruu »westliche Länder«. Sowohl im kolumbianischen Muysica wie im Akkadischen bezieht sich der Name auf die verlorene pazifische Zivilisation von Mu. Einen verwandt erscheinenden Flut-Bericht gab es zur Zeit der spanischen Eroberer bei den Karaya-Indianern, deren Vorfahren von Kaboi in eine tiefe Höhle geführt wurden, wo sie Schutz vor der Flut fanden. Nach dem Rückgang des Wassers folgten sie ihm zurück in die Welt, wobei der Gesang eines Vogels sie leitete. Dieses Vogelmotiv findet sich in mehreren

Teil des Wandreliefs der Chimu am Palast des Gouverneurs in Chan Chan an der Nordküste Perus. Es zeigt eine versunkene Stadt, über der Fische schwimmen.

Flut-Überlieferungen in aller Welt, nicht nur in der Genesis. Kaboi ist in ganz Südamerika bekannt. Bei den Arawaks heißt er Ka-mu, Tamu bei den Kariben, Kame bei den Bakairi und Zume bei den Guaraní.

Über Lemuriens Ende sagte Cayce lediglich, dass es vor der endgültigen Zerstörung von Atlantis unterging. Ihn interessierten mehr die friedlichen Errungenschaften des Pazifikkönigreiches, welche auch weiterhin, über viele Reinkarnationen, in das Leben der Menschen hineinwirkten, die bei ihm spirituellen Rat suchten. Er erklärte, dass Karma die Konsequenz unseres Verhaltens ist. Da die Lemurer nach sozialer Gerechtigkeit und individueller Harmonie strebten, vermieden sie es weitgehend, zur Korrektur früheren Fehlverhaltens reinkarnieren zu müssen. Stattdessen reisten sie in andere Daseinsbereiche weiter, um ihre spirituelle Bestimmung jenseits der irdischen Ebene zu erfüllen.

ZWÖLF

Die Zerstörung Lemuriens

Es ist offensichtlich, dass diese polynesischen Mythen vom Untergang und von großen Katastrophen aus der lemurischen Überlieferung stammen müssen.

LEWIS SPENCE

Die indigenen Hawaiianer erzählten dem englischen Entdecker James Cook, der sie im späten 18. Jahrhundert besuchte, von einer früheren Heimat, die vor langer Zeit bei einer Katastrophe globalen Ausmaßes vernichtet worden sei. Diese Geschichte bedeutete ihnen so viel, dass sie sie über unzählige Generationen bewahrten. Sie war Bestandteil des wichtigsten hawaiianischen Schöpfungsgesangs, der nur bei besonderen Anlässen von speziell dafür ausgebildeten Rezitatoren vor dem König und dem gesamten Hof vorgetragen wurde. Der Titel dieses langen mündlichen Berichtes – des *Kumulipo* – enthält den Namen des verlorenen Königreiches – Mu – und die Art und Weise seiner Zerstörung, eine weltweite Flut. Doch dieser Mythos ist nicht einzigartig. Variationen dieser Erzählung gibt es an vielen Orten im Pazifikraum, bei Völkern, die nicht nur räumlich weit voneinander entfernt leben, sondern auch ethnisch und sprachlich wenig gemeinsam haben. Die Polynesier unterscheiden sich von den Melanesiern und den australischen Buschmännern so stark wie die peruanischen Aymara-Indianer von den Tibetern und den Aleuten. Doch alle diese ansonsten sehr unterschiedlichen Völker besitzen die gemeinsame Überlieferung eines prähistorischen Ereignisses, bei dem eine Zivilisation zu einem jähen Ende kam. Die glanzvolle Größe und tragische Vernichtung dieser Kultur hat sich den Völkern des Pazifikraums für alle Zeiten tief ins kollektive Bewusstsein eingebrannt.

Während die Tatsache, dass diese unauslöschbare Erinnerung so weitverbreitet ist, darauf hindeutet, dass eine solche Naturkatastrophe offenbar wirklich stattgefunden hat, ist es die Funktion des Mythos, ein solches Ereignis zu beschreiben und es mit Hilfe der Dicht- und Erzählkunst gewissermaßen »einzukapseln« und in die jeweilige Kultur einzubetten – nicht, es in einem geschichtswissenschaftlichen Sinn zu datieren und zu dokumentieren. Letzteres ist Aufgabe von Archäologie, Geologie und Ozeanographie. Diese Wissenschaftsdisziplinen können uns zwar viel über die Vergangenheit enthüllen, laufen jedoch Gefahr, sich allzu sehr von der menschlichen Erfahrung zu entfernen und an Einfluss zu verlieren, wenn nicht auch die Volksüberlieferungen ergänzend herangezogen und berücksichtigt werden. Werden Wissenschaft und Mythologie auf kluge Weise kombiniert, erzählen sie gemeinsam eine Geschichte, die sich weit über unglaubwürdige Fabeln und blutleere Analysen erhebt. Es entsteht ein viel schärferer Fokus, als eine der beiden Richtungen ihn für sich allein je erreichen könnte.

Wissenschaft ist Tatsachenbeschreibung, Mythologie spricht in Metaphern. Die beiden schließen einander nicht notwendigerweise aus, auch wenn erstere Daten verwendet, die beständig hinterfragt werden und durch den Forschungsfortschritt schon bald überholt sein können, während letztere ausschließlich auf Hörensagen beruht. Wenn sie einander dienen, können sie gegenseitig die ihnen innewohnenden Schwächen ausgleichen, indem sie gemeinsam etwas hervorbringen, zu dem keine von beiden allein in der Lage wäre.

Gelingt es Wissenschaftlern, einen Mythos als im Kern wahr zu bestätigen, ist das ein wirklich weltbewegender Durchbruch. Volksüberlieferungen, die bloße Märchen zu sein scheinen, werden durch Forschung untermauert, die detaillierte materielle Beweise liefert. Das resultiert in einer mächtigen, sich selbst bestätigenden Wahrheit: der Verwandlung einer Legende in Realität – eine herausragende Entdeckung. Eine solche dramatische Erkenntnis stellt sich bei der Suche nach Mu ein, wenn seine zuvor ungewisse Existenz und die Natur seines plötzlichen Untergangs miteinander verschmelzen und sich dadurch gegenseitig bestätigen. Erst in unserer heutigen Zeit hat die Wissenschaft einen so hohen technologischen Standard erreicht, dass sie jene lemurischen Mythen verifizieren kann, die seit Jahrtausenden im kulturellen Gedächtnis vieler indigener Völker überdauern.

Modernste wissenschaftliche Methoden verweisen auf den Wahrheitsgehalt einer Geschichte, die vor 12.000 Jahren begann. Zu jenem Zeitpunkt war Mu bereits über dreitausend Jahre alt. Während dieses sehr langen Zeitraums blieb es größtenteils von geologischen Umwälzungen verschont. Das änderte sich erst am Ende der letzten Eiszeit.

Caroli schreibt:

> Es kollabierte einer der gewaltigen Eisschilde der Antarktis, der ungefähr ein Drittel der Größe des Lau-

James Churchwards Gemälde von Mu, das von einem Super-Tsunami überrollt wird (1927).

rentidischen Eisschildes im östlichen Kanada hatte. Es handelte sich also um eine Eismasse von etwa einer Million Quadratkilometern Ausdehnung und unbekannter Dicke. Dadurch dürften sich eine Million Liter Süßwasser pro Sekunde in den Südpazifik ergossen haben, was die warmen tropischen Meeresströmungen in die gemäßigten Zonen umlenkte. Das muss Erdrutsche und seismisch erzeugte Flutwellen in kaum vorstellbarem Ausmaß zur Folge gehabt haben.

Eine Ahnung von dieser prähistorischen Katastrophe wurde uns vermittelt, als während der Weihnachtszeit 2004 das heftigste Seebeben seit vierzig Jahren (9,3 auf der Richterskala) im Indischen Ozean einen Tsunami auslöste. Ausgehend vom Epizentrum in 2.900 Metern Tiefe und 85 Kilometer vor der Küste Sumatras breiteten sich sechs Meter hohe Wellen aus, die in einem Dutzend Ländern von Somalia in Ostafrika bis nach Thailand und Indonesien über 200.000 Menschenleben forderten. Millionen wurden obdachlos und ganze Siedlungen ausgelöscht. Michael Dobbs, ein Journalist der *Washington Post,* der in Sri Lanka Augenzeuge der Katastrophe wurde, schrieb: »Der Strand und das Gelände dahinter waren zu einem Teil des Ozeans geworden, der rasend schnell anstieg, die Straße überflutete und sich über die leichten Häuser dahinter ergoss. Die Geschwindigkeit, mit der das alles geschah, erschienen mir wie eine Szene aus der Bibel – ein Naturphänomen anders als alles, was ich je zuvor erlebt hatte.«

Die sich unterhalb der Spitze des indischen Subkontinents in Richtung Äquator erstreckenden und sehr niedrigen Malediven wurden vollkommen in Sumpfland verwandelt. Viele dieser Inseln mussten aufgegeben werden. Bei den Archipeln im südzentralen Pazifik, auf denen die Bevölkerung und Kultur Lemuriens sich ausgebreitet hatte, handelte es sich überwiegend um flache Kontinentalschilde und Tiefland. Sie waren also bei einem Anstieg des Meeresspiegels besonders verwundbar, erst recht, wenn dieser sich in Form häufiger dramatischer Flutwellen abspielte, wie es vor etwa 12.000 Jahren geschah. Laut Enzo Bosci, dem Direktor des Nationalen Geophysikalischen Instituts Italiens, hat das Erdbeben im Indischen Ozean von 2004 sogar die Erdrotation gestört. Die noch viel gewaltigeren katastrophalen Erdveränderungen am Ende der Eiszeit dürften, gerade für Inseln und küstennahes Tiefland, Auswirkungen gehabt haben, die man sich kaum vorzustellen vermag. Doch die weithin in den Medien publizierten Schreckensbilder von der Monsterwelle, die Orte wie Phuket in Thailand verwüstete, vermitteln eine Ahnung von der noch viel verheerenderen Flut, die Lemurien traf.

Oppenheimer schreibt: »Seit zwei Jahrzehnten verdichten sich die Beweise, dass der Anstieg des Meeresspiegels nach der letzten Eiszeit nicht allmählich erfolgte. Drei plötzliche Eisschmelzen, die letzte vor erst 8.000 Jahren, hatten katastrophale Auswirkungen auf die tropischen Küsten mit flachen Kontinentalschelfen. Rascher Landverlust ging einher mit heftigen Erdbeben, die durch Risse in der Erdkruste ausgelöst wurden, weil das Gewicht der Eismassen sich rasch hinaus ins Meer verlagerte. Wir können mit ziemlicher Sicherheit davon ausgehen, dass diese Beben Superwellen in den Ozeanen auslösten.« Darauf, dass es mehr als eine katastrophale Flut gegeben haben muss, wie es Oppenheimer hier beschreibt, deuteten bereits in den 1970er Jahren die Ergebnisse des Geologen Caesare Emilliani von der Universität Miami hin. Emilliani dokumentierte eine Serie von Fluten, die sich etwa um das Jahr 9600 v. Chr. in einem Zeitraum von etwa zehn bis hundert Jahren ereignet haben müssen und einen starken Anstieg des Meeresspiegels bewirkten.

Neuere Beweise in diese Richtung veröffentlichte der englische Forscher Paul Dunbavin. »Vor den Hawaii-Inseln«, schreibt er, »gibt es unter dem Meeresspiegel bis in eine Tiefe von elfhundert Metern mehrere übereinander liegende Uferlinien. Die niedrigsten dieser einstigen Strände lassen sich ins Pleistozän datieren [jene Epoche der Erdgeschichte, in der der moderne Mensch erschien und die vor etwa 10.000 Jahren endete] oder noch früher. Die Oszillationen während des Holozäns [des gegenwärtigen geologischen Zeitalters] finden auf einem weitaus höheren Niveau des Meeresspiegels statt. Die veröffentlichten Meeresspiegelkurven weisen übereinstimmend einen durchschnittlichen Anstieg um 35 bis 40 Meter aus, beginnend vor 10.000 Jahren bis vor etwa 5.000 Jahren. Seither ist der Meeresspiegel, wenn überhaupt, nur sehr wenig gefallen.«

Weite Teile Lemuriens fielen einer »plötzlich auftretenden Erwärmung« zum Opfer, »die etwa 10.500 v. Chr. einsetzte und als Bölling-Interstadial bekannt ist«, schreibt Caroli und führt weiter aus:

> Es war die stärkste und abrupteste Schwankung am Ende der letzten Eiszeit. Sie bewirkte einen Anstieg des Meeresspiegels um rund zwanzig Meter. Zwischen etwa 9700 und 9100 v. Chr. fanden weitere solche Schwankungen im Magnetfeld der Erde statt. Die Feldstärke sank plötzlich auf ein Fünftel und stieg dann wieder an. Später verlagerte sich der magnetische Pol um Tausende von Kilometern, was zwischen zwanzig und hundert Jahren andauerte. Sonneneruptionen und kosmische Teilchen-Bombardements können das Magnetfeld beeinflussen. Beides könnte im gleichen Zeitraum aufgetreten sein, etwa 12.700 bis 9100 v. Chr. Es ist gut möglich, dass es mehrere Katastrophen gab, nicht nur eine. Niemand weiß, wodurch diese Klimaerwärmung ausgelöst wurde und warum sie so stark ausfiel.

Oppenheimer schreibt dazu Folgendes:

> Manche Katastrophen-Theoretiker sehen darin einen Beweis für eine aus dem Weltall kommende Zerstörung, etwa eine Serie von Meteoreinschlägen. Tsunamis haben große Brüder, manchmal Superwellen genannt, die durch den Einschlag großer kosmischer Körper ausgelöst werden können. (...) Solche Wellen können mehrere hundert Meter Höhe erreichen und Hunderte von Kilometern ins Landesinnere vordringen. Derartige Superfluten würden große Teile des Tieflandes überschwemmen und sogar noch bis in die Mittelgebirge reichen. Abhängig von der Größe des Asteroiden oder Kometen und der Einschlagstelle könnte es zu verheerenden Flächenbränden und Ascheregen kommen, weil vulkanisches Material hoch hinauf in

> die Atmosphäre geschleudert würde. Eine weitere unausweichliche Folge wäre die stark erhöhte seismische Aktivität. Nach den anfänglichen Zerstörungen durch Flutwellen und vulkanische Aktivität käme es höchstwahrscheinlich zu einem langen Winter, weil das aus der beschädigten Erdkruste herausgeschleuderte Material die Atmosphäre verdunkeln würde. Es könnte sogar eine kurze Eiszeit folgen.

Caroli erwähnt, dass »die Datierung indo-pazifischer Tektiten offenbar zwischen neuntausend und sechzehntausend Jahre in die Vergangenheit weist«. Tektiten sind kleine, glasige Objekte, die aus dem Weltraum stammen. Es handelt sich um Schutt von Asteroiden oder Meteoriten, die mit der Erde kollidierten. Joseph Christy-Vitale, Autor des Buches *Watermark,* gelangt ebenfalls zu dem Schluss, dass sich am Ende der letzten Eiszeit eine Kette kosmischer Naturkatastrophen ereignet haben muss. Er schreibt dazu:

> Während der letzten fünfzehntausend Jahre ereigneten sich in unserer unmittelbaren galaktischen Nachbarschaft fünf Supernova-Explosionen. Von einem dieser Sterne, Vela, nimmt man an, dass er sich vor elftausend bis vierzehntausend Jahren selbst zerstörte. Seine Entfernung zur Erde betrug nur fünfundvierzig Lichtjahre. Nach kosmischen Maßstäben ist das gleich um die Ecke. Ein Stück flammende Sternenmaterie, nicht viel kleiner als der Planet Erde, raste in unsere Richtung und hätte, angenommen, es bewegte sich mit einem Hundertstel bis einem Fünfzigstel der Lichtgeschwindigkeit, den äußeren Rand unseres Sonnensystems weniger als tausend Jahre nach der Sternexplosion erreicht. Dieses Ereignis, an das wir uns erinnern, geschah vor ungefähr zwölftausend Jahren. Vergleichen wir das mit den Daten von Velas

> finaler Explosion, kommen wir zu dem Schluss, dass dieses Sternen-Schrapnell die Quelle unserer planetaren Katastrophe gewesen sein muss.

Trotz des entsetzlichen Ausmaßes der Katastrophen und großer Landverluste überlebte Mu, weil seine Inselbevölkerung über viele Archipele verteilt war, die fast von Amerika bis Asien reichten. Dennoch wurden unzählige Lemurer heimatlos und waren gezwungen, ihre überfluteten oder zerstörten Inseln zu verlassen und sich in anderen Weltgegenden anzusiedeln, wo sie dann einen tiefgreifenden Einfluss ausübten. Dazu beobachtete Oppenheimer: »Die Verteilung der modernen Sprachen – jedenfalls bis zur Kolonialzeit in den letzten Jahrhunderten – geht zurück auf das Ende der Eiszeit.«

Im Jahr 1997 trafen sich Archäoastronomen, Geologen, Physiker, Klimatologen, Paläobotaniker und führende Autoritäten in anderen verwandten Wissenschaftsfeldern zu einem internationalen Symposion im Fitzwilliam College in Cambridge. Sie stimmten überein, dass in der Frühzeit der menschlichen Zivilisation das stattgefunden haben muss, was die alten Griechen *Ekpyrosis* nannten, »Weltenbrand«: Ein Killer-Komet flog dicht an der Erde vorbei und brachte die frühe Menschheit an den Rand der Auslöschung. Dieser Komet, benannt nach dem schweizerischen Astronomen Encke, verfehlte um das Jahr 3100 v. Chr. nur sehr knapp die Erde. Feuriger Weltraumschutt regnete auf unseren Planeten herab. Diese Meteoreinschläge verursachten Vulkanausbrüche, Erdbeben und Tsunamis, die weltweite Verwüstungen anrichteten. Zivilisationen gingen unter und wurden von neuen Königreichen abgelöst. In *Die Überlebenden von Atlantis* schreibe ich dazu: »Massive Überflutungen zwangen die Vorfahren der Austronesier – sie gehörten zu einer als Dawenkou bekannten archäologischen Kultur im südlichen Shandong und Jiangsu – von Taiwan auf die Philippinen auszuwandern.« Das paläolithische Zeitalter ging in China, Korea und Japan abrupt und gleichzeitig zu Ende.

»Die vulkanischen Ereignisse und Klimaveränderungen um 3100 v. Chr. müssen demnach wohl als Beweise für eine viel weitreichendere Krise betrachtet werden«, schreibt Dunbavin. »Diese Krise war offenbar Folge eines Meteoreinschlags, der daraus resultierenden Schwankungen der Erdachse und einer unvermeidlichen Änderung der Bahnneigung des Planeten. (...) Vor diesem Ereignis scheint die Welt eine ganz andere gewesen zu sein als jene, die wir heute bewohnen. (...) Die Weltkarte hätte für uns unvertraut ausgesehen, mit vielen Inseln, die heute nicht mehr existieren.«

In den Henbury-Kratern in Australien und in Eisbohrkernen, in denen sich Ascheregen aus jener Zeit auf beiden Seiten des Pazifiks nachweisen lässt, finden wir immer noch Narben des dramatischen Vorbeifluges des Enckeschen Kometen im späten vierten vorchristlichen Jahrtausend. Damals brach der Mount Shasta in Kalifornien aus, während in Japan die Vulkane Hakone, Numazawa und Rishiri explodierten. Der Auslöser für diese gleichzeitige vulkanische Aktivität lässt sich durchaus finden: Zahlreiche genau in diese Zeit datierte Tektiten sprechen eine deutliche Sprache.

Dunbavin beobachtete: »Nach 3000 v. Chr. begann in den Anden der Gletscher San Rafael zu wachsen. Sein Maximum erreichte er um 2500 v. Chr. Diese Daten konnte man aus den Bodensedimenten eines Teiches gewinnen, der sich an der Endmoräne des Gletschers gebildet hatte.« Nur durch eine sehr drastische Klimaänderung kann ein solches Wachstum eines Gletschers ausgelöst worden sein. Das katastrophische Erscheinen des Enckeschen Kometen kommt hierfür zeitlich in Frage.

Inzwischen mehren sich die Beweise für massive Flutereignisse in dieser Zeitphase, an denen das ganze Ausmaß der Katastrophe im späten vierten vorchristlichen Jahrtausend deutlich wird. Dunbavin erklärt dazu:

> Vor etwa 1000 v. Chr. war die gesamte Küste südlich von Manta (Ecuador) bis zum Golf von Guayaquil von Mangrovenwäldern bedeckt. Die maximale südliche Ausdehnung dieser Wälder muss um das Jahr 5000 v. Chr. bestanden haben. Damals reichten sie bis nach Talara in Peru. (...) Diese Veränderungen deuten darauf hin, dass die Meeresströmungen sich verlagert haben müssen, wodurch die tropischen Regenfälle weiter nach Süden reichten. (...) Ein heute vom Meer überfluteter Wald in Neuseeland, in Hutt Valley bei Wellington, ist ein weiterer wichtiger Beweis. Man hat ihn auf zwischen 3200 und 3000 v. Chr. datiert, was zeitlich sehr gut mit den überfluteten Wäldern korrespondiert, die in Westeuropa entdeckt wurden. (...) Entlang der Westküste Australiens stießen Taucher in drei bis vier Metern Meerestiefe auf eine deutlich erkennbare »frisch« überflutete Strandfläche, die bis vor etwa fünftausend Jahren freigelegen haben soll. (...) Entlang der japanischen Küste kann man an der Ablagerung der Warmwassermollusken erkennen, dass die Temperatur um das Jahr 3000 v. Chr. um bis zu 5 Grad Celsius höher gewesen sein muss als heute, während gleichzeitig der Meeresspiegel dort deutlich niedriger war.

Dunbavin wird hierin von Christy-Vitale unterstützt:

> In der gewaltigen Weite des Pazifiks gibt es Tausende von isolierten Inseln. Auf diesen Inseln finden sich häufig Landschnecken der Familie *Clausiliacea,* die eine ausgeprägte Aversion gegen Salzwasser haben. Ihre geografische Verbreitung in der Inselwelt des Pazifiks

> und ihre enge Verwandtschaft haben viele Biologen davon überzeugt, dass dort einst eine große kontinentale Landmasse existiert haben muss. (...) Dass die Schneckenpopulationen durch den sehr langsamen Prozess der Kontinentaldrift voneinander getrennt worden sein könnten, ist unwahrscheinlich, weil sie dazu bis heute viel zu eng verwandt sind. Vielmehr entsteht der Eindruck, dass diese Tiere durch ein plötzliches dramatisches Ereignis in der jüngeren geologischen Vergangenheit auf kleinen, isolierten Inseln zurückblieben.

Die Katastrophe im späten vierten Jahrtausend v. Chr., von der die ganze Welt erschüttert wurde, verwüstete einen großen Teil des Mutterlandes, doch die Lemurer bewahrten ihre Kultur auf jenen Inseln und Archipeln, die ihnen geblieben waren. Während der folgenden 1.000 Jahre gelangte diese Kultur zu neuer Blüte, bis die Naturkatastrophe, die Mu an den Rand der Auslöschung gebracht hatte, schließlich nur noch eine ferne Erinnerung war. Doch im Jahr 2193 v. Chr. wurde diese Erinnerung auf schreckliche Weise wieder lebendig, als das furchtbare Antlitz des Enckeschen Kometen erneut am Nachthimmel auftauchte. Es spie feurige Gesteinsbrocken hinunter auf den Pazifik, was schwere Eruptionen auslöste – die Vulkane Fuji und Mashu in Japan und der Mendejelew weiter nördlich auf den Kurilen brachen aus.

Auf der anderen Seite des Ozeans explodierte der Mount Hays in Alaska, und es kam zu starken Eruptionen im Sand Mountain Field von Oregon, Hell's Half-Acre, Idaho, und am Mount Dotsero in Colorado. Hunderte Kubikkilometer Asche wurden in die Atmosphäre geschleudert, was eine starke weltweite Abkühlung auslöste, die anhand von Moostorf und, von den Dendrochronologen, durch Untersuchung der Jahresringe der Bäume nachgewiesen werden kann. Die Sonne war durch Aschewolken verdunkelt. Es kam zu Ernteausfällen und Hungersnöten. Caroli schreibt: »Um 2000 v. Chr. traf der letzte bekannte Mega-Tsunami im Indischen Ozean Westaustralien.« Jett schreibt über »ernste Klimaveränderungen in Asien von etwa 2000 bis 1000 v. Chr.«

Diese dramatischen Ereignisse wurden in der chinesischen Mythologie festgehalten. Im *Shanhaijing* wird von K'ung-Kung erzählt, einem gehörnten Ungeheuer. Es riss ein Loch in den Himmel und dehnte sich als flammend roter Drache, der heller als die Sonne war, fast über den gesamten Horizont aus. K'ung-Kung setzte die Welt in Brand, indem es glühende Felsbrocken auf sie hinunter spie. Caroli schreibt: »Der Himmel war in Aufruhr. Die Sonne verdunkelte sich, es kam zu Erdbeben und Flutwellen. Berge stürzten ein und Täler füllten sich mit Wasser – eine gewaltige Sintflut! Es heißt, dass die Menschheit neun Jahre brauchte, um sich von dieser Katastrophe zu erholen, die sich um 2200 v. Chr. ereignet haben soll.« Es war die Zeit, als Kaiser Shun den Thron bestieg und »zehn Sonnen am Himmel erschienen, wodurch die ganze Welt in Flammen aufzugehen drohte«.

K'ung-Kung ist ein offensichtlicher Verweis auf den Killer-Kometen, der mit verheerenden Auswirkungen für unseren Planeten zurückkehrte. Wieder hielt Mu stand, obwohl seine Zivilisation schwer getroffen war und noch mehr Inseln überflutet oder durch Vulkanausbrüche zerstört wurden. Die Lemurer waren ein zähes Volk und nutzten noch dieses schlimmste Unglück als Fundament, um die Gesellschaft wieder aufzubauen und sich neue Möglichkeiten für Glück und Wohlstand zu erschließen. Doch die nächste Katastrophe brachte den endgültigen Untergang. Fünfhundertfünfundsechzig Jahre nachdem K'ung-Kung »die Erde attackiert« hatte, schleuderte der Enckesche Komet erneut seinen meteoritenschwangeren Schweif durch den Erdorbit.

Sein Vorbeiflug im späten dritten vorchristlichen Jahrtausend erfolgte mit verdoppelter feuriger Zerstörungsgewalt. Die am deutlichsten erinnerte Folge dieses apokalyptischen Besuchs des Kometen im frühen 17. Jahrhundert v. Chr. war die Explosion des Vulkans von Thera, einer Insel in der Ägäis, die heute als Santorin bekannt ist. Der Einsturz des Berges löste einen 150 Meter hohen Tsunami aus, der das ganze östliche Mittelmeer traf, die minoische Kultur auf Kreta an den Rand des Untergangs brachte und alle Küstenstädte in Kleinasien und dem Nahen Osten verwüstete. Im Nildelta fielen ihm unzählige Menschen zum Opfer.

Doch auch der Pazifikraum entging der Marter nicht. Wieder hatte Japan zu leiden, denn nun kam es zur Caldera-Eruption des Sanbe auf dem südlichen Honshu, während auf der anderen Seite des Ozeans der Akiachak in Alaska explodierte. »Dabei handelte es sich um einen der schwersten Ausbrüche nach dem Ende der Eiszeit«, schreibt Caroli. »Die Ausstoßmenge war zwar nur halb so groß wie bei der Tambora-Eruption, aber größer als beim Ausbruch von Thera. Der Vulkan in der Ägäis spie 125 bis 145 Kubikkilometer Material aus, Akiachak 208 Kubikkilometer.« In Oregon explodierten der Blue Lake Crater und der Newberry-Vulkan. In Rabaul im Südpazifik gab es einen gewaltigen Ausbruch, der noch übertroffen wurde durch die massiven Ausgasungen des Mauna Kea in Hawaii. Immanuel Velikovsky, ein bekannter Vertreter der Katastrophentheorie, berichtete von einer Überlieferung aus Samoa, wonach genau in dieser Zeit eine einstige Landmasse, zu der Borneo, Fidschi und Tonga gehörten, plötzlich zum großen Teil vom Meer überflutet wurde.

Das alles andere überragende vulkanische Ereignis des Jahres 1628 v. Chr. war aber die Eruption in der Taupo-Vulkanzone in Neuseeland. Caroli schreibt: »Die vulkanische Zone von Taupo ist ziemlich groß, etwa zweihundertfünfzig

Kilometer lang und vierzig bis fünfzig Kilometer breit. (...) Mit Hilfe der Radiokohlenstoffdatierung wurde nachgewiesen, dass der Ausbruch genau zeitgleich mit der Akiachak-Eruption erfolgt sein könnte.« Dieser Ausbruch war noch gewaltiger als der Thera-Ausbruch im Mittelmeer. Er erzeugte eine 60 Meter hohe Wasserwand, die mit einer Geschwindigkeit von mehreren hundert Stundenkilometern als vernichtende Schockwelle den gesamten Pazifik erfasste. Sie überrollte die Inselketten und fegte sie regelrecht leer. Ganze Archipele verschwanden oder wurden entvölkert. Andere versanken während heftiger Erdbeben im Ozean.

»Während eines schweren Bebens in Chile im Jahr 1960«, so Caroli, »senkten sich einige Küstengebiete um über einen Meter ab.« Ähnliche Absenkungen könnten eine völlige Überflutung der flachen, tiefliegenden Kontinentalschelfe bewirkt haben, die einen großen Teil von Mu ausmachten. Beim New-Madrid-Beben im frühen 19. Jahrhundert senkten sich weite Teile des Staates Illinois abrupt um fünf Meter. Falls dergleichen damals im pazifischen Tiefland von Mu geschehen sein sollte, wären plötzlich mit Urgewalt Milliarden Tonnen Wasser in das Gebiet eingeströmt und hätten es hinunter auf den Meeresgrund gedrückt. David Sandwell, Professor am angesehenen Scripps Oceanographic Institute in La Jolla, Kalifornien, glaubt, dass es Parallelen zwischen dem schweren Erdbeben von New Madrid und dem geologischen Mechanismus geben könnte, der zum Untergang Lemuriens führte. »Während eines Erdbebens«, schreibt er, »kann sich das Land um bis zu zehn Meter auf und ab bewegen, was ausreichen würde, um großflächige Überflutungen zu bewirken. Ich denke, dass es eine Zivilisation gab, die auf diese Weise ausgelöscht wurde.«

Die Kombination aus Vulkanismus, Meteoreinschlägen, Mega-Tsunamis und gewaltigen seismischen Ereignissen, die den gesamten Pazifikraum erschütterten, riss das Mutterland buchstäblich in Stücke. Was von seinem Territorium übrigblieb, war so zerstört, dass es sich nicht mehr instandsetzen oder wiederaufbauen ließ. Gruppen zutiefst traumatisierter, ums nackte Überleben ringender Lemurer vermischten sich mit den anderen Ethnien Ozeaniens, Asiens und Amerikas. Es kann kein Zufall sein, dass genau in jener Zeit im westlichen Pazifik die Lapita-Kultur erscheint, deren Töpferkunst ein bemerkenswertes Niveau hatte und die weite Seereisen unternahm. Dabei handelte es sich gewiss um Überlebende der Naturkatastrophe, die Mu vernichtete.

Auch wenn Archäologen und Geologen erst jetzt Beweise für den Überlebenskampf der Lemurer finden, ist ihre Tragödie einem großen Teil der indigenen Völker der Erde seit Jahrtausenden bekannt. Oppenheimer bemerkt hierzu: »Die Geschichten über eine zivilisationszerstörende Katastrophe sind älter als die Schrift.« Er zitiert Stith Thompson, den berühmten amerikanischen Volkskundler, für den der »Weltenbrand« fester Bestandteil der Mythologie des Pazifikraumes ist. So erzählen zum Beispiel die vor-buddhistischen Tibeter von einer Zeit, in der

> alle lebenden Wesen, von den Gipfeln des Daseins bis in die Tiefen der Hölle, durch Vernichtung und Auslöschung bedroht waren. Kunzang At Muwer stand erhaben auf dem Gipfel der sieben Goldberge und schwang einen flammenden goldenen Stein, so groß wie ein Yak. Er schleuderte den Stein durch den Weltraum auf die Erde. Er fiel in den äußeren Ozean [den Pazifik], und das riesige Meer kochte und zog sich zusammen. Die vier Kontinente und die kleineren Landgebiete fingen von den Rändern her Feuer, und der Berg Meru [die *axis mundi,* das heilige Zentrum der Welt] drohte einzustürzen. Die Götter und Dämonen der neun Dimensionen zitterten vor Angst, sanken ohnmächtig nieder und waren gelähmt.

Ein Volk, dass nie eine Schrift entwickelte und doch eine lebendige Erinnerung an die lemurische Katastrophe bewahrte, sind die australischen Buschmänner. Sie erzählen von Mu-Mu-Na, der brennenden Regenbogenschlange, auch bekannt als Mu-It, die vom Himmel fiel und eine weltweite Flut auslöste. Wenn Aborigines diesen Mythos erzählen, schwingt der Sprecher dazu ein Schwirrholz, dessen Geräusch das schreckliche Zischen der vom Himmel fallenden Regenbogenschlange imitiert. Oft wird in der Erzählung auch ein paradiesisches Land namens Baralku beschrieben, das im Meer versank.

Es gibt noch viele weitere Verifizierungen für die historische Realität des untergegangenen Mutterlandes. Die Fidschi-Insulaner erinnern sich an Mu unter dem Namen Burotu, im fernen Samoa und Tonga heißt es Buloto. Dort gibt es eine mündliche Überlieferung, der zufolge die 105 Tonnen Korallenkalkstein des monumentalen, in Kapitel 4 beschriebenen Torbogens »Bürde des Maui« von Überlebenden aus Burotu per Schiff herantransportiert wurden. Die Tongaer glauben, Buloto sei zerstört worden, als »die Himmel herabstürzten« und Feuer und Wasser sich vermählten, um die Samoainseln hervorzubringen. Das Burotu der Fidschi-Insulaner könnte sprachlich mit Rutas verwandt sein, einem anderen Namen, unter dem Mu in Asien bekannt war. In der Überlieferung der Melanesier war Makonaima der letzte König von Burotu, bevor es im Pazifik versank. Er galt als Anführer der Vue, einer ausgelöschten Rasse blonder Fremder, die als Flüchtlinge vor einer Flutkatastrophe durch Melanesien kamen. Man erzählte sich über sie, dass sie starkes Mana, also Zauberkräfte besaßen. Die Vue gelten als die Erbauer der Megalithbauten, die sich auf vielen pazifischen Inseln finden.

Auf der indonesischen Inselgruppe Tanimbar gibt es eine Legende, wonach Atuf mit seinem Speer die Kleinen

Sundainseln von Borneo abtrennte, während er mit seiner königlichen Familie ostwärts reiste, auf der Flucht vor einer gewaltigen Naturkatastrophe, durch die seine ferne Heimat zerstört worden war. Dies soll sich zu einer Zeit zugetragen haben, als die ganze Erde sich in einem Zustand der Instabilität befand.

Auch in ganz Neuguinea trifft man auf Erinnerungen an die Vernichtung des Mutterlandes. Das Volk der Kai erzählt von den Ne-Mu, die viel größer und stärker als die heutigen Menschen gewesen sein sollen und vor der Großen Flut über die Welt herrschten. Sie zeigten den Ahnen der Kai, wie man Ackerbau und Viehzucht betreibt und Häuser baut. Als die Flut kam, kamen alle Ne-Mu darin um, aber ihre Körper verwandelten sich in große Steinblöcke – eine mythologische Erklärung für die mit beeindruckendem technischen Können erschaffenen Megalithbauten, die sich auch auf Neuguinea finden und von den Kai den Ne-Mu zugeschrieben werden. Die Nages, ein Volksstamm im Hochland von Flores, erzählen von Dooy, ihrem hellhäutigen, rothaarigen Urvater. Er überlebte als Einziger eine große Flut, bei der sein fernes Königreich unterging. Nach seiner Ankunft mit einem großen Boot wählte er sich viele Frauen unter den Eingeborenen. Seine zahlreichen Kinder waren die Ahnen der Nages. Als Dooy in sehr hohem Alter friedlich entschlief, wurde er unter einer Steinplattform beigesetzt, die im Zentrum eines öffentlichen Platzes in der Stammeshauptstadt Boa Wai steht. Sein Grab ist Mittelpunkt eines jährlichen Erntefestes, das die Nages bis heute feiern. Während der Zeremonien trägt ein Stammeshäuptling einen Kopfschmuck, der einem goldenen siebenmastigen Schiff ähnelt. Es ist eine Nachbildung jenes Gefährts, mit dem Dooy der Überflutung seines pazifischen Inselkönigreiches entkam.

Beim englischen Schriftsteller Chris Ogilvie-Herald heißt es: »Sogar in den Bergen Tibets hat ein Mythos überlebt, wonach das Hochland bei einer Katastrophe überschwemmt wurde und Kometen große Zerstörungen verursachten.«

Eine besonders drastische Darstellung der lemurischen Katastrophe findet sich bei den Shan, einem Stamm im nordöstlichen Burma (Myanmar). Ling-lawn, der Himmelsgott, war über das unmoralische Verhalten der von ihm erschaffenen Menschheit so erzürnt, dass er geringere Gottheiten damit beauftragte, die Menschen zu bestrafen. »Sie schickten ein großes Feuer«, heißt es in der Überlieferung der Shan, »das die ganze Welt in Brand setzte. Überall stieg Rauch zum Himmel auf.« Als sein Zorn gestillt war, löschte Ling-lawn die Brände durch eine große Flut, in der alle lebenden Wesen ertranken, außer einem Mann und einer Frau, die einen Beutel mit Samen bei sich trugen. Das Paar überstand Ling-lawns Flut in einem Boot, und dieser Ehemann und seine Frau bevölkerten und bepflanzten die Welt neu.

Auch die in Kapitel 1 beschriebene rätselhafte mikronesische Stadt Nan Madol auf Pohnpei soll durch ein Paar von Ozeanhelden erbaut worden sei. Dieses mit Zauberkräften ausgestattete Zwillingspaar kam angeblich aus einem prächtigen Königreich, das durch herabstürzende Sterne und Erdbeben vernichtet worden war. Durch diese zerstörerischen Mächte versank Kanamwayso im Ozean. Heute hausen in seinen überfluteten Mauern auf dem Meeresgrund die Geister jener, die bei der Katastrophe ihr Leben verloren. Und bis heute regieren sie über die Geister aller Menschen, die seither im Meer ertrunken sind. Dieses Unterwasserreich ist in ganz Polynesien unter dem vielsagenden Namen Mu-ri-wai-o-ata bekannt.

Nan Madol wurde erbaut, um die Kornkammer der Lemurer auf den Philippinen vor Taifunen zu schützen, und dort, im Bergland von Mindanao, erzählt das indigene Volk der Ata von einer Großen Flut, die »die ganze Erde bedeckte. Alle ertranken außer zwei Männern und einer

Frau. Das Wasser trug diese drei Menschen weit weg«. Die Ata behaupten, von diesen hellhäutigen Überlebenden abzustammen, deren Kinder sich mit den Negritos und Eingeborenen vermischten.

Tausende von Kilometern weiter östlich, auf der gegenüberliegenden Seite des Pazifiks, an der Westküste Mexikos, erzählten im späten 19. Jahrhundert Maya dem Archäologen Augustus Le Plongeon, der Gott der Katastrophen, Homen, habe eine frühere Welt untergehen lassen: »Kraft seines starken Willens ließ Homen nach Sonnenuntergang die Erde erzittern. Und während der Nacht wurde Mu, das Land der Lehmhügel, vernichtet. Zwei Mal wurde es bis in die Grundfesten erschüttert. Dann verging es in einem alles verzehrenden Feuer.« Es kann kein Zufall sein, dass einige der Stufenpyramiden von Monte Alban eine starke Ähnlichkeit zu den terrassenförmigen Ruinen aufweisen, die vor der japanischen Insel Yonaguni unter Wasser entdeckt wurden.

Die Klamath-Indianer in Oregon und Nordkalifornien glauben, dass Kmukamtch, ein leuchtender Himmelsdämon, mit seinem lodernden Feuer die Erde verschlingen wollte, worauf eine weltweite Flut folgte. Dieser deutliche Verweis auf den Kometen, der Lemurien zerstörte, wird noch durch den Namen des Mutterlandes im Wort Kmukamtch unterstrichen. Bei den Modoc, einem anderen kalifornischen Indianerstamm, bedeutet Kmukamtch wörtlich »der uralte Mann aus Mu« als Schöpfer der Menschheit. Die Ute-Indianer in Kalifornien erzählen: »Die Sonne zersprang in tausend Stücke, welche zur Erde fielen und überall große Brände entfachten.« Die Ute nannten diese Explosion am Himmel Tawats. Dieser Gott verwüstete die Erde, bis »schließlich seine von der Hitze angeschwollenen Augen zerplatzten, und seine Tränen als gewaltige Flut hervorbrachen, die alles Land überschwemmte und die Feuer löschte«.

Das Kometen-Motiv taucht auch bei der Schöpfergottheit der Sinkaietk auf, Indianern im Bundesstaat Washington. Weil die Undankbarkeit der Stammesvorfahren den Gott Qoluncotun erzürnt hatte, schleuderte er einen Stern auf die Erde, die dadurch in Flammen aufging. Kurz bevor der ganze Planet zu Asche verbrannt war, löschte Qoluncotun die Feuer, indem er »ein großes Land« in den Ozean hinabdrückte, der über die Ufer trat und alles überschwemmte. Aus den wenigen Überlebenden dieser Sintflut formte der Gott die Stämme der Menschheit neu.

Der Mythograf William Alexander zitiert Überlieferungen der Haida, Tlingit und G'tskan an der Küste Britisch-Kolumbiens. Darin wird von einem brennenden Ungeheuer erzählt, das vom Himmel fiel »mit einer Pfeife im Maul. Während es sich voran bewegte, blies es die Pfeife mit aller Macht und erzeugte ein entsetzliches Geräusch. Es kam immer näher heran, lodernd und pfeifend. Es sah aus wie eine gigantische Fledermaus mit ausgebreiteten Flügeln«. Nachdem es auf die Welt gestürzt war, gab es nur noch »ein einziges Feuermeer. Felsen brannten, das Land brannte, alles stand in hellen Flammen. Gewaltige Rauchwolken stiegen auf. Die Flammen zuckten bis in den Himmel. Das große Feuer loderte und brüllte. Alles wurde Opfer der Flammen – Felsen, Bäume, Menschen. Dann rollten Wassermassen heran. Wasser ergoss sich über das Land wie tausend Flüsse. Es bedeckte die Erde und löschte das Feuer, während es sich nach Süden wälzte. Das Wasser stieg bis auf Berghöhe«.

Im Thompson-River-Gebiet in Britisch-Kolumbien leben die Ntlakapamuk-Indianer. Auch sie berichten von einer Zeit, als die ganze Erde von einem verzehrenden Feuer bedroht war, das nur durch eine weltweite Flut gelöscht werden konnte. Weiter nördlich, unterhalb des Polarkreises, bewahren die Cree-Indianer einen Mythos über eine katast-

Die Umrisse des verlorenen Mutterlandes lassen sich auf dieser Karte aus dem Milwaukee Public Museum anhand von Vulkanen identifizieren, die auf Erdbeben-Bruchlinien liegen.

rophale Flut, von der vor langer Zeit fast die ganze Welt zerstört wurde. Wesucechak war ein mit der Fähigkeit der Gestaltwandlung begabter Schamane, der sich auf einem Kampf mit Wasserungeheuern einließ, die seinen Bruder Misapos getötet hatten. Die Aleuten-Indianer bewahren das Gedenken an Iraghdadakh – wörtlich übersetzt: »der alte Mann«. Er sorgte für die Wiederbevölkerung der Welt, nachdem sie vom Meer überflutet worden war.

In den Überlieferungen fast aller ansonsten sehr unterschiedlichen Völker am Rand des Pazifiks finden sich übereinstimmende Berichte über einen schrecklichen Kometen, der vor langer Zeit den Untergang ihrer Urheimat auslöste. Und auch bei den heutigen Inselbewohnern in jener außergewöhnlich großen Pazifikregion, wo diese Katastrophe sich abgespielt haben muss, sprechen die Überlieferungen von einer Ekpyrosis in Ozeanien. In der Version der Osterinsel fiel Hotu Matuas Heimat Hiva einer kombinierten Katastrophe aus Meteoreinschlägen und Erdbeben zum Opfer. Die Samoaner erzählen, wie »die Himmel herabstürzten«, wodurch Hiva in Brand gesetzt wurde und dann im Meer versank: »Ein schrecklicher Geruch erhob sich. Der Geruch wurde zu Rauch, der in großen schwarzen Wolken aufwallte. Das Meer stieg plötzlich, und in einer unermesslichen Naturkatastrophe versank das Land im Meer.« Auf Tahiti heißt es, der Himmelsgott Tagaroa sei wegen des Ungehorsams der Menschen so zornig geworden, dass er »die Welt ins Wasser hinabstürzte«. Alles wurde überschwemmt, und nur wenige hohe Berggipfel ragten noch aus den Fluten. Ähnlich wie in der Überlieferung der Osterinsel ist auch hier von einer unheimlichen Stille die Rede, die der Katastrophe vorausging. Im tahitischen Mythos heißt es: »Auch der Wind erstarb. Und als alles ruhig war, stürzten die Steine und die Bäume vom Himmel herab.«

Dramatische Darstellung der Großen Flut, von der das pazifische Mutterland zerstört wurde. Wandmalerei in Thailands wichtigem spirituellen Zentrum Wat Phra Kaeo in Bangkok.

Die Bewohner der Sandwichinseln beschreiben, wie Tai-a-kahina'rii, das »Meer von Kahina'rii«, ihre Urheimat überflutete, nachdem sie vom himmlischen Ta-poha-i-tahi-ora durch eine »Explosion am Ort des Lebens« verbrannt worden waren.

Der führende Kulturheld der Insel Mangaia, Ngaru, löste eine so gewaltige Flut aus, dass selbst die Feuer der Hölle durch sie gelöscht wurden. Seine Geschichte und der lemurische Name des verlorenen Heimatlandes sind in einem beliebten Schöpfungsgesang bewahrt, dem Klagelied für Vera: »Wehe, die Totenglocke von Mueu läutet! Wie trostlos ist unser Zuhause! Die Schar von Vera möge sicher in ihre Heimat jenseits des feuerroten Tidestroms gelangen.«

Die Maori erzählen von einem Priester, der um Errettung vor einer mächtigen Himmelsflamme betete, von der jegliches Leben verbrannt zu werden drohte, als die Welt noch jung war. Seine Gebete wurden mit einer gewaltigen Flutwelle beantwortet, die alle Brände löschte, jedoch auch ein großes Königreich vernichtete und die meisten seiner Bewohner tötete.

Auf den Marquesas gibt es den *Te-Tai-Toko*, den »Gesang der Flut«. Er beginnt so:

> O, Mutu-hei war ein alles durchdringender und gewaltiger Geist. Der Herr Ozean zog hinweg über das gesamte Festland [*A taha ta te Mu oa*]. Hier herrscht Verwirrung unter den Generationen der Tiere. Aufgeregt klingen die Stimmen der Vögel. Krachend und knirschend ist die Stimme der Bäume im Wald. Instabil ist der Himmel. Hervorbricht die Stimme des Donners [Ono]. Vom Himmel zucken die Blitze. Erdbeben erschüttern die Welt. Es kommen die dunkle Wolke und der Regenbogen. Wild rauschen Regen und Wind. Wirbelstürme fegen über die Erde. Felsen stürzen in Schluchten hinab. Die roten Bergströme [geschmolzene Lava] donnern hinab zum Meer. Die Gischt schäumt. Tornados heulen. Voll zerrissener Wolken sind die Lüfte. Gepriesen sei die Stimme [Ono] meines Gottes im Himmel.
>
> Das Tabu des Lono [des blonden Flut-Helden] ist weitergereicht worden an Kahiki [Lemurien]. So wurde das Tabu [Lemurien Schaden zuzufügen] aufgehoben gegen Kahai. Das Tabu des Kahai [des Gottes der Naturkatastrophen] wurde geopfert auf dem Altar [der Zerstörung]. Kahiki ist gefallen und in Verwirrung gestürzt. Die Fluten tosen. Sie werden hereinbrechen über die Täler und alles hinwegschwemmen von den Ebenen. Sie werden die Berge begraben. Tot sind die Fische, gefallen auf der Flucht, gefallen und verstümmelt überall in Kahiki.
>
> Das Wasser brüllt und tost. Gott will es so. Lärm, Gott, welcher Lärm [*Mu Etua mu*]! Großes Leid hat

sich manifestiert. Erschüttert und in Aufruhr ist die Erde. Es bewegen sich die Kiemen, die Flossen und der Kopf der Erde. Mein Gott hat die Gestalt eines Hais angenommen. O, der Gott der Zerstörung! Die Brust meines Gottes ist dem Himmel zugewandt, und er zertritt Kahiki. Dem Untergang geweiht ist das Bild des Lono. Es stürzt um und fällt auf das Fundament des Landes. Krachend ist die Stimme des Donners, krachend im Inneren der schimmernd schwarzen Wolke. Aufgewirbelt wird der Staub in den Himmel.

Wer hätte gedacht, dass die große Erde unter einer tosenden Flut begraben werden könnte? Gefallen ist Makakulukahi [ein Ort der Ahnenverehrung]. Gebrochen sind die Kamahele-Äste der Götter. Zerstört sind die Mauern [der Tempel]. In Trümmern liegt Haehae [ein Kultzentrum]. Ono [Donner] beherrschte den Klang und vernichtete Mutu-hei. Das Land, das ich liebte und doch im Stich ließ, ist für immer verloren. Es ist vergessen. Es ist getilgt vom Antlitz der Erde.

Obgleich Lemurien eine Kette von Naturkatastrophen erdulden musste, ist in den oben erwähnten Überlieferungen von der endgültigen Vernichtung im Jahr 1628 v. Chr. die Rede. Sie stimmen nicht nur mit den wissenschaftlichen Erkenntnissen über dieses fatale Ereignis überein, sondern führen es uns drastisch und unvergesslich vor Augen.

DREIZEHN

Die Entdeckung Lemuriens

Ihre architektonischen Hinterlassenschaften sind keine Sagengespinste, sondern warten bis heute in den Tiefen des Meeres darauf, mit Hilfe künftiger Methoden der Archäologie, von denen wir heute noch keine Vorstellung haben, entdeckt und erforscht zu werden..

LEWIS SPENCE, 1924

Im Jahr 1971 durchpflügte ein Vermessungsschiff der Firma Decca Survey aus Houston, Texas, die hohen Wogen des Pazifiks, knapp neunzig Kilometer vor der Küste Perus, auf Höhe der Küstenstadt Callao. An Bord befand sich der junge Navigationsoffizier Thomas Vanderveer. Seine Aufgabe bestand darin, eine ferngesteuerte Videokamera zu bedienen, die mit Scheinwerfern auf einem Unterwasserschlitten montiert war und an einem viele hundert Meter langen Kabel hinter dem Schiff hergezogen wurde. Er und seine Bordkameraden suchten nach am Meeresboden austretendem Öl und setzten dazu unter anderem ein Sonar ein, das von harten Objekten zurückgeworfene Echos in elektronische Bilder umwandelte.

Die von Vanderveer bediente Videokamera war ein sehr frühes Modell, das auf eine Bandspule aufzeichnete. In einer Tiefe zwischen 1.800 und 2.700 Metern war nichts zu sehen als eine flache Einöde aus Sand und Schlamm. Nach sich endlos hinziehenden Stunden ereignisloser Beobachtung zeigte die Kamera plötzlich eine starke Erhebung, die so abrupt anstieg, dass Vanderveer den Schlitten nicht mehr aus dem Weg manöverieren konnte. »Schlagartig ragte da diese große Struktur steil auf«, erinnerte er sich. »Weil das Schiff ungefähr drei oder vier Knoten schnell fuhr, konnte ich den Schlitten nicht schnell genug steigen lassen. Wir hatten viel Kabel draußen. Als der Schlitten die Erhebung erreichte, berührte er den Boden und überschlug sich. Als er sich wieder stabilisiert hatte, sahen wir Gebäude, vor denen viele Säulen standen. Der Komplex hatte Ähnlichkeit mit Chichen Itza – rechteckige Gebäude und ungefähr die gleiche Größe.«

Vanderveers Monitor füllte sich plötzlich mit dem geisterhaften Umriss eines großen Gebäudes, das offenbar weitgehend intakt in rund 2.000 Metern Wassertiefe stand. Die Scheinwerfer auf dem Schlitten beleuchteten eine fahle Struktur, die an den Maya-Tempel der Krieger in Yucatán erinnerte. Interessant ist, dass dieses Gebäude auch Kukulkans Tempel der Tausend Säulen heißt. Kukulkan, die gefiederte Schlange, ist der Name des blonden, hellhäutigen Gründervaters der Maya, der in ferner Vergangenheit übers Meer kam, mit allen Gaben jener Hochkultur, die er hinter sich zurückgelassen hatte.

Vanderveers Kamera erfasste noch zwei oder drei ähnliche Monumentalbauten. Dahinter endete die Anlage, und es war nur noch typischer Ozeanboden zu sehen. Diese zufällige Begegnung mit einer versunkenen Kultur hatte kaum länger als eine Minute gedauert. In der ganzen Aufregung über die Entdeckung wurde vergessen, eine genau Positionsbestimmung vorzunehmen, so dass spätere Versuche, die Stadt im Meer wiederzufinden, frustrierend endeten. Aber es gab die Videoaufnahmen als Beweis. Vanderveer und seine Schiffskameraden schauten sich die Aufzeichnung immer wieder an und gelangten zu dem Schluss, dass es sich nicht nur eindeutig um künstlich geschaffene Bauten handelte, sondern dass sie zudem stark der antiken mittelamerikanischen Architektur ähnelten.

Bereits am 29. Oktober 1965 hatte ein anderes ozeanographisches Forschungsschiff, die *Anton Bruun*, einen ähnlichen Zufallsfund gemacht. Sie kreuzte im gleichen Seegebiet wie einige Jahre später das Schiff der Decca Survey – dem Milne-Edwards-Tief vor der peruanischen Küste – und hatte in ähnlicher Tiefe Bohrproben und Mollusken gesammelt. Die Unterwasserkameras machten dabei automatisch Aufnahmen vom Meeresboden. Als die Forscher die Fotos einige Stunden später auswerteten, war darunter ein sehr ungewöhnliches Bild.

Im offiziellen Bericht über die elfte Forschungsfahrt der *Anton Bruun* heißt es dazu:

> Vor Callao in einer Tiefe von zweitausend Metern (Sta. 158) entstanden einige außergewöhnlich interessante Fotografien. Abbildung 11 zeigt zwei Säulen, die aus dem Sediment aufragen. Sie sind nur auf einer Aufnahme aus einer Serie von 75 bis 80 zu sehen, die an dieser Position gemacht wurden. Später suchte das Schiff diese Position erneut auf, um mehr über die Natur dieser Objekte herauszufinden. Auf einer Aufnahme sieht man einen Steinblock, der in ähnlicher Weise aus dem Sediment ragt. Auf einer weiteren ist ein teilweise verschüttetes säulenartiges Gebilde zu erkennen.

> Die Vermutung liegt nahe, dass es sich um später überflutete, von Menschen geschaffene Strukturen handelt. Diese Annahme wird gestützt durch »Inschriften«, die offenbar auf den Säulen angebracht sind, sowie durch ihre aufrecht stehende Position. Dass es sich um teilweise unter Sediment begrabene natürliche Felsformationen handeln könnte, ist auch deshalb unwahrscheinlich, weil in der Umgebung keinerlei natürliche Felsen fotografiert wurden. Es besteht also, auch wenn die Wahrscheinlichkeit gering erscheint, die eindeutige Möglichkeit, dass diese Fotografien von Menschen geschaffene Strukturen zeigen. Ob sie im Meer versenkt oder allmählich überflutet wurden, konnte bislang nicht geklärt werden.

Nach Ansicht des Geologen William Hutton, dem früheren Direktor eines von der US-Regierung finanzierten geowissenschaftlichen Forschungsprogramms, gleichen diese Strukturen »gewiss viel eher von Menschen angefertigten Säulen als natürlichen Felsformationen auf dem Meeresboden«.

Auf den Fotos sieht man Gruppen von steinernen Pfeilern oder Säulen, die ungefähr anderthalb Meter hoch aus dem Schlamm ragen. Andere waren umgestürzt, doch alle hatten ungefähr einen Durchmesser von sechzig Zentimetern. Keine stand perfekt senkrecht, aber oft neigten sie sich im gleichen Winkel. Wie im Bericht vermerkt, ist wenigstens eine Säule mit einer Glyphe beschriftet, die keiner der den Archäologen bekannten Schriftsprachen zugeordnet werden konnte. In der Bildunterschrift einer der Unterwasseraufnahmen heißt es: »Fotografie des Meeresbodens in 2.000 Metern Tiefe, auf der zwei aus dem Sediment ragende Säulen zu sehen sind. Beachten Sie, dass die Inschrift jener auf Abbildung 9 ähnelt.«

Lange vor diesen Entdeckungen unter Wasser auf Höhe der peruanischen Stadt Callao stieß man an Land auf eine interessante Parallele. »Im Jahr 1576«, schrieb William Donato für *Ancient American,* »segelte Juan Fernandez, der von seinem eigentlichen Kurs abgekommen war, zwischen Callao und Valparaiso. Dabei entdeckte er Land, das er für die Küste eines großen Südkontinents hielt. Er behauptete, er hätte ›die Mündungen großer Flüsse‹ gesehen und ›hellhäutige und gut gekleidete Menschen, die sich völlig von jenen in Chile und Peru unterschieden‹.« Manche Forscher fragen sich, ob Fernandez nicht vielleicht die letzten Überreste Lemuriens gesehen hat, die dann in Folge eines schweren Erdbebens überflutet wurden, von dem bekannt ist, dass es kurz nach Fernandez' Sichtung die Pazifikküste Südamerikas heimsuchte. Wie dem auch sei, die Ozeanographen der *Anton Bruuns* haben zumindest keine untergegangenen Gebäude gefunden, obgleich die Aufnahmen von Steinsäulen in der Nähe und in etwa gleicher Tiefe der von Vanderveer entdeckten Gebäude mit Säulenfronten darauf hindeuten, dass die beiden Schiffe sich im gleichen Seegebiet befunden haben müssen. Doch das macht Vanderveers Aussage nicht weniger interessant, wonach die Milne-Edwards-Säulen eine gewisse Ähnlichkeit mit dem Tempel der Krieger in Chichen Itza aufweisen. Dr. Robert J. Menzies, wissenschaftlicher Leiter auf der elften Fahrt der *Anton Bruuns,* sagte zu Reportern: »Zwar mag die Idee einer versunkenen Stadt im Pazifik unglaublich erscheinen, doch die bisher gesammelten Beweise deuten auf eine der aufregendsten Entdeckungen des Jahrhunderts hin.«

Die Beweise deuten noch auf etwas anderes hin. Vanderveer und Menzies machten ihre Entdeckungen in einer Tiefe von etwa 2.000 Metern. Ungefähr in dieser Meerestiefe finden sich auch ungewöhnliche Unterwasservulkane, sogenannte *Guyots.* An diesen *Tafelbergen* ist ungewöhnlich, dass ihre Gipfel, die typischerweise einen Durchmesser von rund 9,5 Kilometer aufweisen, nahezu vollkommen flach sind. Diese flachen Gipfel entstanden durch Wellenerosion, denn die Vulkanberge befanden sich einst an der Wasseroberfläche, was dadurch nachgewiesen wurde, dass man an vielen Guyots fossile Korallen gefunden hat. Korallen kommen nur bis zu einer Tiefe von 140 Metern vor. Als sie sich bildeten, müssen die im Meer versunkenen Berggipfel sich also noch nahe an der Wasseroberfläche befunden haben. Im Lauf von Jahrtausenden haben die Wellen klar erkennbare Muster auf den flachen Gipfeln hinterlassen, ehe die Berge in der Tiefe versanken. Im pazifischen Becken zwischen Hawaii und den Marianen hat man 160 Guyots entdeckt, die fast 2,6 Millionen Quadratkilometer Ozeanboden bedecken. Bemerkenswert ist, dass viele von ihnen in Gruppen zusammenstehen. Die Tafelberge innerhalb dieser Gruppen sind alle gleich hoch. Das deutet darauf hin, dass sie durch ein gemeinsames Ereignis oder einen gemeinsamen Prozess überflutet wurden oder versanken. Sind diese Guyots – oder jedenfalls die, die sich auf gleicher Höhe befinden – die einstigen Landflächen von Mu? Die Gebäude und Säulen, die vor der peruanischen Küste in genau dieser Höhe gefunden wurden, lassen dies vermuten.

Auf einem Guyot etwa 430 Kilometer vor der Küste des US-Bundesstaates Washington wurden tatsächlich Beweise für eine im Meer versunkene Zivilisation gefunden. Der 1950 entdeckte Cobb Seamount ist Teil einer Kette von untergegangenen Bergen, die sich bis hinauf zum Golf von Alaska erstreckt. Die flache Spitze des Cobb Seamount, gut neun Hektar im Durchmesser, liegt nur 36 Meter unter der Wasseroberfläche, was ihn zu einem der meisterforschten Guyots im ganzen Pazifik macht. David Hatcher Childress zitiert aus einem Artikel in der *Seattle Times* vom 10. September 1987, in dem berichtet wird, man habe von Menschenhand geschaffene Artefakte auf dem Cobb Seamount entdeckt. Dazu gehörten Töpferwaren, die auf ein Alter von 18.000 Jahren datiert wurden, und die mumifizierten Überreste von Schweinswalen und Walen. Seither ist nicht viel über diese Funde publiziert worden, vermutlich weil sie der akademischen Lehrmeinung widersprechen, Nordamerika sei bis vor 13.000 Jahren unbewohnt gewesen. In jedem Fall deuten die Besiedlungsspuren auf dem Cobb Seamount darauf hin, dass Lemurien sich nicht auf ein bestimmtes Territorium beschränkte, sondern dass es sich dabei offensichtlich um eine Zivilisation handelte, die sich über den gesamten Pazifikraum verbreitete und von der amerikanischen Westküste bis nach Japan zahlreiche Inseln besiedelte, von denen manche heute unter Wasser liegen.

Eine Entdeckung unter dem Eis belegt möglicherweise, wie weit nach Norden die lemurische Kultur vordrang. 1938 begannen die amerikanischen Archäologen Magnus Marks und Froelich Rainey damit, im Permafrost von Ipiutak im nördlichen Alaska etwas auszugraben, was sie zunächst für eine typische Eskimosiedlung hielten, höchstens 500 Jahre alt. Während der dritten Ausgrabungssaison dort wurde ihnen klar, dass die Siedlung weitaus größer war als ein primitives Dorf eines Eskimostammes von Fischern und Jägern. Es handelte sich um ein städtisches Zentrum mit langen, breiten Straßen, gesäumt von den Grundmauern rechteckiger Gebäude, die sich entlang des nördlichen Strandes von Point Hope nach Osten und Westen erstrecken. Die größeren rechteckigen Gebäude waren schnurgerade entlang von fünf Hauptstraßen aufgereiht, und an rechtwinklig dazu verlaufenden schmaleren Querstraßen standen kleinere Gebäude, vermutlich Wohnhäuser. Hier waren eindeutig die Stadtplaner einer Hochkultur am Werk gewesen.

In einer archäologischen Zone, die über eineinhalb Kilometer lang und knapp vierhundert Meter breit ist, wurden von rund 800 Gebäuden 600 sorgfältig untersucht. Wie groß die Stadt insgesamt war, wurde nicht genau ermittelt, so dass sie durchaus noch erheblich größere Dimensionen gehabt haben kann. Marks schätzte, dass dort über 4.000 Menschen gelebt haben müssen. Siedlungen solcher Größe waren bei den Eskimos unbekannt, und niemals haben sie solche Gebäude errichtet oder ein solches urbanes Zentrum geschaffen. Die Artefakte aus den dreiundzwanzig Gebäuden, die man 1940 ausgrub, wiesen keine Ähnlichkeit zum lokalen Kunsthandwerk auf. Für die angesehene Zeitschrift *Natural History* schrieb Rainey: »Zu den herausragenden Merkmalen der Funde von Ipiutak gehört die kunstvolle und schöne Ausführung von großer handwerklicher Qualität, die man bei einer primitiven Proto-Eskimokultur niemals erwarten würde.« Der Forscher Rene Noorbergen attestierte den Bewohnern der ausgegrabenen Stadt »ein mathematisches und astronomisches Wissen, das mit dem der antiken Maya vergleichbar ist«.

Ipiutak liegt 210 Kilometer nördlich des Polarkreises. Eisige Temperaturen und heftige Stürme machen es zu einem der unwirtlichsten Orte der Welt. Doch das war nicht immer so. Geologen datierten die Ruinen aufgrund der Tiefe, in der sie gefunden wurden, auf ein Alter von 30.000 bis 40.000 Jahren. Damals war es in Point Hope mild genug, um ein solches bevölkerungsreiches Zentrum möglich zu machen. Archäologen, die überzeugt sind, dass die ersten Städte um 3500 v. Chr. in Mesopotamien entstanden, zucken natürlich angesichts solcher Ergebnisse zurück. Doch in jener Zeit war der Meeresspiegel deutlich niedriger, was unter anderem die Besiedlung neuer Landmassen wie Australien ermöglichte. Noch relevanter für unser Thema ist, dass laut den von Churchward zitierten Naacal-Tafeln die Zivilisation von Mu genau zu diesem fernen Zeitpunkt in der Vergangenheit ihre erste Blüte erlebte.

Darauf, dass es sich bei den Bewohnern dieser prähistorischen Stadt in Alaska um Lemurer gehandelt haben könnte, deutet eine aus zwei Teilen bestehende Spirale hin, die das bevorzugte künstlerische Element auf den Ipiutak-Artefakten ist. Diese Spirale findet sich nirgendwo sonst in Amerika, aber ausgerechnet bei den Ainu, deren transozeanische Reisen nach Ecuador in Kapitel 9 erörtert wurden. Ihre kaukasische Verbindung nach Point Hope zeigte sich auch in einem Friedhof, der von Marks und Rainey ausgegraben wurde. Die Menschen, deren sterbliche Überreste dort ruhten, waren größer und schlanker als die indigenen Einwohner, mit Details, die Cro-Magnon-Schädeln entsprechen. Auch waren sie blond. F. S. Pettyjohn schreibt im *Ancient American*: »Manche Wissenschaftler sprechen von einer bemerkenswerten Ähnlichkeit dieses verschwundenen Volkes mit den Ainu.« In seinem Artikel präsentiert er das Foto der rothaarigen Mumie eines dieser prähistorischen Bewohner Alaskas, »eine von vermutlich Tausenden, die im Lauf von fast dreihundert Jahren ausgegraben wurden. Die Eskimos, die vom Festland Alaskas aus die Aleuten überrannten, gingen Mischehen mit der örtlichen Bevölkerung ein und erbten viel von deren physiologischen Merkmalen sowie auch ihre Kultur. So entstand das Volk der Aleuten, von denen heute nur noch wenige existieren. (...) Als die Russen 1741 erstmalig auf die nördlichen Kurilen kamen, lebten dort noch einige wenige Angehörige dieses geheimnisvollen Volkes.«

Er schreibt, dass die kaukasischen Bewohner

> in Subsistenzwirtschaft fischten und jagten, ihre Toten mumifizierten und ein Dezimalsystem benutzten, mit dem sie bis einhunderttausend rechnen konnten. Und sie besaßen einen zwölfmonatigen Kalender. Sie verfügten über praktische Kenntnisse in Astronomie und

> der Anatomie von Mensch und Tier, konnten einfache Knochenbrüche richten und führten Operationen durch, von denen die Entfernung von Augenabszessen besonders eindrucksvoll ist. Als Seefahrt-Experten machten sie furchtlos Jagd auf Wale, Walrösser, Seekühe, Seelöwen und Robben. Zum Feuermachen verwendeten sie brennbaren Schwefel, wobei sie mit pyrithaltigen Steinen Funken schlugen. Sie bauten Kupfer, Eisensulfite, Oxide, Syenit, Schiefer, Sandstein, Bims, Nephrit und viele andere Mineralien ab, die sie zur Bemalung von Lampen, Geschirr, Tischen, Werkzeugen und Waffen verwendeten.

Im Hinblick auf Nan Madol, die mikronesische Wetterbeeinflussungsstation der Lemurer, schreibt Pettyjohn: »Sie besaßen den ersten meteorologischen Dienst der Welt: Wenn ein Jäger zu alt wurde, um noch aktiv bei der Jagd mitzuwirken, wurde er stattdessen oft in der Kunst der Wettervorhersage ausgebildet. Luftdruck, Luftdichte, Windgeschwindigkeit und Temperaturen wurden ermittelt, und zusammen mit jahrhundertelangen Aufzeichnungen der örtlichen Wetterbedingungen versetzte das die Wetterfachleute in die Lage, kompetente tägliche Vorhersagen zu erstellen.«

Trotz der Zerstörungsaktionen religiöser Fanatiker und der Gleichgültigkeit der konventionellen Wissenschaft existieren noch immer physische Beweise für die uralte Kultur Alaskas. Dazu bemerkt Pettyjohn: »Das Smithsonian Institute in Washington D.C. ist die einzige offizielle Aufbewahrungsstelle für die verbliebenen Mumien aus Alaska. Eine große Zahl dieser Mumien wurde von frühen christlichen Missionaren verbrannt, die jede Form des ›Heidentums‹ eifersüchtig bekämpften. Doch ohne Zweifel liegen im Permafrost noch viele, die darauf warten, ausgegraben zu werden. Vielleicht wird man bei zukünftigen Ausgrabungen genügend von ihnen finden, um ein für alle

Mal die Identität dieses blonden Volkes zu klären, das vor langer Zeit jenes Gebiet beherrschte, aus dem später der größte Bundesstaat der USA wurde.« Mit an Sicherheit grenzender Wahrscheinlichkeit handelte es sich bei diesen Kaukasiern um die Erbauer der Metropole von Ipiutak, deren lemurische Bezüge sich unter anderem auch in dem Namen zeigen, den die Eskimos den einstigen Bewohnern Alaskas gaben: Ta-iagu-*mu*it.

Diese Auffassung unterstützt auch Marilyn Jesmain im gleichen Heft des *Ancient American,* in dem Pettyjohns Artikel erschien:

> Auf einer Felsmalerei in Alaska gibt es offenbar eine visuelle Darstellung einer Naturkatastrophe globalen Ausmaßes. Die Malerei befindet sich auf einem Berggipfel im Tongass National Forest. An zwei Fundstätten, King's Mill Mountain auf der Kupreanof-Insel und Devil's Thumb auf dem Festland östlich von Petersburg, wurden Hinweise gefunden, dass frühe Menschen in diesem Gebiet während einer Phase mit extrem hohen Wasserständen Zuflucht suchten. Südwestalaska besteht aus einem schmalen Streifen Festlandküste und Hunderten von Inseln, die als der Alexanderarchipel bekannt sind. Damals bestand die größte westliche Ausdehnung der späten Wisconsin-Vereisung [vor 25.000 bis 10.000 Jahren]. Nach dem Ende des Pleistozäns [letzte Eiszeit] stabilisierten sich die Küstenlinien im Gebiet des Tongass National Forest in der Nähe ihrer heutigen Position. Neue Forschungsergebnisse deuten darauf hin, dass sich vor etwa sechzehntausend Jahren der Kordilleren-Eisschild durch ein katastrophales Ereignis sehr rasch auflöste.

Auf den von Jesmain reproduzierten Petroglyphen sieht man mögliche Darstellungen eines Kometen und von Menschen, die in einem großen Boot fliehen. Außerdem findet sich das Spiralmotiv, das auch bei den Artefakten von Ipiutak häufig anzutreffen ist.

Im Rahmen ihrer Forschungen besuchte Jesmain das indigene Dorf Kake. Dort erzählte ihr ein Stammesältester von einer lokalen Flut-Überlieferung. »Kake ist ein Tlingit-Wort«, schreibt sie, »aber die Haida, Bella Colla, Tsimshian und andere moderne Küstenstämme sind in diesem Gebiet Neuankömmlinge [vor etwa 5.000 Jahren]. Da sie linguistisch mit den inneren Athabasken verwandt sind, kamen sie vermutlich aus dem Landesinneren über die zahlreichen Flüsse, die das Küstengebirge durchschneiden. Aber die Tlingit erzählen von einem älteren Volk, das bereits in dieser Gegend lebte, als sie selbst dort eintrafen. Was aus diesen ursprünglichen Bewohnern wurde, ist unbekannt. Möglicherweise erzählt die Felsmalerei vom King's Hill Mountain die Geschichte einer schrecklichen Flut, die dieses Volk vernichtete und damit den Weg freimachte für die Stämme, die heute Alaska bewohnen.«

Die arktische Stadt unter dem Eis ist vielleicht die älteste Metropole der Welt. Dennoch deutet alles darauf hin, dass die Baukunst und Stadtplanung, die sich hier offenbaren, sich in voller Blüte manifestierten, als wären sie aus einer anderen Kultur importiert worden, die bereits über große Erfahrung im Städtebau verfügte. Nichts in Ipiutak lässt auf eine lokale Entwicklung der notwendigen Bautechniken, massenhaften Arbeitsteilung und Landvermessungsverfahren schließen. Da diese Kenntnisse offenbar durch ein Volk eingeführt wurden, das sich ethnisch stark von der indigenen Bevölkerung unterschied, dürfte als einziger möglicher Kandidat für eine solche äußere Quelle das verlorene Mutterland Lemurien in Frage kommen.

Ein bahnbrechender Fund im November 2004 zeigt, dass die Zivilisationsgründer von Ipiutak nicht die einzigen auf dem Kontinent waren. Es handelt sich um die

Entdeckung der Topper-Fundstätte durch Albert Goodyear von der archäologischen und anthropologischen Abteilung der University of South Carolina. Topper ist »die älteste mit der Radiokarbonmethode datierte archäologische Stätte in Nordamerika« und ungefähr gleichalt mit der Metropole von Ipiutak. Goodyear traf diese Feststellung erst, nachdem er in den 1980er Jahren mit den Ausgrabungen begonnen hatte. Und er entdeckte einzig deshalb etwas, weil er die konventionellen Pfade der Archäologie verließ. Mainstream-Archäologen graben nur bis in eine Tiefe, die einem Alter von 13.000 Jahren entspricht, weil sie sich weigern zu glauben, dass vor dieser Zeit in Amerika Menschen lebten.

Goodyear aber grub vier Meter tiefer als seine konventionellen Kollegen und stieß auf Hunderte von Werkzeugen, die aus lokalen Kieselsteinen hergestellt worden waren. Die aus feuersteinähnlichem Material gefertigten Meißel und Schaber wurden benutzt, um Häute zu bearbeiten, Fleisch zu zerteilen und Geweihe, Holz und Elfenbein zu schnitzen. Goodyear vermutete, dass das milde Klima, das vor 50.000 Jahren in der Region herrschte, und die Fülle an natürlichen Ressourcen sie zum idealen Siedlungsgebiet für eine aktive Gesellschaft machte. Die große Anzahl der in Topper gefundenen Steinwerkzeuge und ihre Vielfalt lassen auf eine bevölkerungsreiche Siedlung von Handwerkern schließen, die bereits über eine große Zahl von technischen Fertigkeiten verfügten. Dass die Fundstätte an einem großen Fluss in South Carolina liegt, weit entfernt von der angeblichen Wanderroute mongolischer Einwanderer, die über die Landbrücke in der Beringstraße kamen, weist eher auf Siedler hin, die mit Booten dorthin kamen. Zwar lehnt die etablierte Wissenschaft es bislang ab, dass es paläolithische Seefahrer gegeben haben könnte, besonders in Amerika, doch Marsha Walton und Michael Coren von der Zeitschrift *Sci-*

entist schreiben in ihrem Artikel über die Funde Goodyears und andere ähnliche Entdeckungen: »Diese Funde veranlassen die Archäologen dazu, sich alternativen Theorien bezüglich der Besiedlung Amerikas zuzuwenden – zum Beispiel einer Einwanderung auf dem Seeweg.«

Zu der Zeit, als Marks und Rainey mit ihren Ausgrabungen im hohen Norden begannen, traf ein damals bekannter amerikanischer Forschungsreisender, Harold T. Wilkins, »einen Grundbesitzer [Munoz], dem eine Hacienda an der Küste Ecuadors gehört, nicht weit von Guayaquil entfernt, bei einem Ort namens Esmeraldas. Er beschäftigte Taucher, die für ihn kleine Statuen aus einer untergegangenen und sehr alten Stadt heraufholten, die dicht vor der Küste im Meer liegt«. Munoz erzählte Wilkins, einige der Artefakte seien mit Hieroglyphen bedeckt, deren Bedeutung genau so rätselhaft war wie bei der einzelnen Glyphe, die Jahrzehnte später von den Wissenschaftlern der *Anton Bruuns* fotografiert wurde. Seine Taucher fanden dort unter Wasser angeblich sogar »antike konvexe Linsen und Spiegel, hergestellt aus Obsidian. (...) Sie [die einstigen Bewohner der versunkenen Stadt] müssen wissenschaftliche Optiker, ja sogar Astronomen gewesen sein«.

Wilkins durfte die Sammlung des Gutsbesitzers persönlich in Augenschein nehmen und war tief beeindruckt. Er kam zu folgendem Schluss:

> Die Artefakte jener unbekannten Nation, deren Stadt auf dem Meeresgrund vor der ecuadorianischen Küste liegt, sind einzigartig. Es gibt hochwertige Obsidianspiegel, die wie Linsen bearbeitet sind, was darauf schließen lässt, dass dieses Volk über optische Kenntnisse verfügt haben muss, außerdem seltsame, rechteckige Prismen, auf deren Facetten Tiere, Hieroglyphen und Symbole eingraviert sind. Möglicherweise dienten sie dem gleichen Zweck wie die persönlichen

> Siegel, welche die Mandarine in China benutzten, um Dokumenten Rechtskraft zu verleihen. (...) Es besteht also durchaus Grund zu der Annahme, dass die mysteriösen Vertreter alter Rassen, die man in entlegenen, gefährlichen Regionen dieses Kontinents bis in jüngere Zeit antreffen konnte, letzte Überlebende einer nachpaläolithischen, vorsintflutlichen Epoche der Weltgeschichte waren.

Weil diese Artefakte nicht von universitär ausgebildeten Spezialisten unter wissenschaftlich kontrollierten Bedingungen geborgen wurden, qualifizierten die Mainstream-Archäologen die Fundstücke des Gutsbesitzers Munoz als wertlos ab. Und doch könnte es sich bei ihnen um wichtige Puzzlestücke des lemurischen Rätsels handeln. Die optischen Kenntnisse, von denen die Funde Zeugnis ablegen, weisen auf den hohen technologischen Entwicklungsstand des Mutterlandes hin. Ebenso wichtig ist, dass die von den Tauchern geborgenen Statuen, wie Wilkins berichtete, japanische Gesichtszüge tragen. Zwanzig Jahre, nachdem Munoz seine Sammlung Wilkins gezeigt hatte, wurden in Valdivia in Ecuador Jomon-Keramiken gefunden.

Eine andere Unterwasser-Fundstätte gibt es in Fidschi. Auf der Insel Sawa-i-Lau gibt es in sechs Metern Wassertiefe eine Höhle, deren Wände mit Felsmalereien und wie Inschriften wirkenden Gravuren bedeckt sind. Um 1600 v. Chr. gab es dort zuletzt einen so niedrigen Wasserstand, dass die Höhle begehbar war – also genau zur Zeit von Lemuriens endgültigem Untergang.

In den Überlieferungen der Fidschi-Insulaner wird tatsächlich von einer solchen Katastrophe berichtet: Ualuvu, die Große Flut, vernichtete ein Königreich namens Nakauvadra. Die Überlebenden ließen sich auf den Fidschi-Inseln nieder und waren deren erste Bewohner. Die kleine Insel Koro wurde zu einer Gedenkstätte für die Große Flut und gab dem Flutgesang der Fidschis seinen Namen: *Ngginggi-tangithi-Koro*. Der Flutgesang wird alljährlich aufgeführt, und Fornander schrieb, er »erzählt von einem kleinen Vogel [dem Qiqui]), der auf der höchsten Erhebung der Insel Koro sitzt und mit seinem traurigen Gesang den Verlust des überfluteten Landes beklagt. In einem Lied der Eingeborenen heißt es: *Na qiqi sa tagici Koro ni yali* – ›Der Qiqui klagt, weil Koro verloren ist‹«.

Auf Rotuma gibt es übergroße Bauwerke, die den wahren Kern des *Ngginggi-tangithi-Koro* belegen. Sie wurden von W. W. Wood, der Fidschi in den 1870er Jahren besuchte, für das *Royal Anthropological Journal* beschrieben. »Die Megalith-Monumente auf der Hauptinsel stehen nicht weit vom Strand entfernt«, schrieb er. Sie seien

> aus so großen Blöcken errichtet, dass man sich kaum vorzustellen vermag, wie die Eingeborenen es schafften, sie zu transportieren und aufzurichten. Die Gräber bestehen aus einer niedrigen Erdplattform, die von senkrecht stehenden Steinplatten umgeben ist. Im Zentrum stehen einer oder mehrere unregelmäßig geformte, mächtige Steine, von denen manche viele Tonnen wiegen müssen. Es ist bemerkenswert, wie dieses einfache Volk es ohne die Hilfe von Maschinen vollbracht hat, solche gewaltigen Steinmonumente zu errichten. Die Eingeborenen [von Rotuma] gehören einer anderen Rasse an und sind hellhäutiger als die Fidschi-Insulaner [sic!].

Das lässt auf eine in früherer Zeit erfolgte ethnische Vermischung mit Fremden schließen, vielleicht mit den Schöpfern der Megalithbauten. Childress bezweifelt, dass es sich bei den Bauwerken tatsächlich um Grabmale handelt, wie Woods vermutete. Er spekuliert, dass sie »einem anderen Zweck gedient haben könnten«.

Die Riesen aus der Legende, die nach der Großen Flut angeblich diese »Gräber« gebaut haben sollen, wurden 2002 plötzlich sehr real, als man auf Fidschi das Skelett eines außergewöhnlich großen Mannes ausgrub. An der Südpazifik-Universität wurde eine Radiokohlenstoffdatierung der Grabbeigaben vorgenommen, die überwiegend aus Töpferwaren bestanden. Dabei kam man auf ein Alter von etwa 3.000 Jahren. Der Mann maß 1,93 Meter und war damit deutlich größer als durchschnittliche Fidschi-Insulaner im zweiten Jahrtausend v. Chr. und heute. »Offizielle Stellen versuchten, den Fund geheimzuhalten«, heißt es in *The Times of India,* »aber dafür sprach die Entdeckung sich viel zu schnell herum.«

Der Fund war eine ziemliche Blamage für die konventionellen Anthropologen, denn das Skelett war eindeutig das eines Kaukasiers, eines Mitglieds der verlorenen weißen Rasse des Pazifiks, von der die Volksüberlieferungen überall in Ozeanien berichten – von Neuguinea bis Alaska. Die Daten dieser Beerdigung vor über dreißig Jahrhunderten weisen ihn mutmaßlich als Lemurer aus, der 600 Jahre nach der endgültigen Zerstörung des Mutterlandes gelebt haben muss – zumindest, solange die Datierung kein höheres Alter als 1000 v. Chr. ergibt. In jedem Fall ist dieser Skelettfund eine weitere Bestätigung, dass Mythen einen wahren historischen Kern haben können. Den Legenden der indigenen Fidschi-Bevölkerung über eine Große Flut in ferner Vergangenheit wird so zusätzliche Glaubwürdigkeit verliehen.

Die bei Weitem dramatischste Unterwasser-Entdeckung dieser Art im 20. Jahrhundert erfolgte aber in der Präfektur Okinawa, an der Südküste von Yonaguni, Japans westlichstem Territorium, am Ende der Ryukyu-Inselkette, die sich von Honshu aus nach Süden erstreckt. Die nicht ganz 2.000 Bewohner der neuneinhalb Kilometer langen, mandelförmigen Insel leben von Landwirtschaft, Fischerei und Tourismus. Um die Förderung des Letzteren ging es dem Taucher Kihachiro Aratake, als er 1985 das kristallklare Meer 100 Meter vor Arakawa-bana erkundete. Dabei stieß er in etwa 23 Metern Wassertiefe auf etwas, das wie eine Steinpyramide mit flacher Oberseite aussah. Bei einer Gesamthöhe von gut 24 Metern ragte die Pyramide rund 90 Zentimeter aus dem Wasser. Tief beeindruckt von seiner Entdeckung, bei der er annahm, dass es sich um ein uraltes, von Menschenhand geschaffenes Bauwerk handelte, nannte er den Ort Iseki Point, Platz der Ruinen.

Die Kunde von Aratakes Entdeckung verbreitete sich in Japan rasch. Sie lockte Tauch-Enthusiasten aus dem ganzen Land an, trotz gefährlicher Strömungen und ganzen Schulen von Hammerhaien, die vor der Küste Yonagunis patrouillieren. Die Haie stellen das erste von vielen Rätseln dar, von denen die im Meer versunkenen Ruinen umgeben sind, denn es gibt in den Weltmeeren sonst kaum einen Ort, wo sie sich in so großer Zahl versammeln. Niemand weiß, welcher instinktive Impuls oder welche in ihrem Artgedächtnis gespeicherte Erinnerung sie dazu veranlasst, sich gerade diese Stelle auszusuchen.

Die meisten Besucher vor Ort erkannten in der Struktur ein beeindruckendes künstliches Bauwerk. Skeptische Archäologen, die sich nur aufs Hörensagen und Amateurfotos stützten, bezweifelten dies zwar und sprachen von einer, wenn auch ungewöhnlichen, natürlichen Gesteinsformation. Jene, die es besser wissen mussten – professionelle Geologen –, waren sich da nicht so sicher. Einer der besten dieser Zunft, der Marine-Seismologe Masaaki Kimura, leitete eine professionelle Studie, mit der die wahre Identität des Unterwassergebildes ermittelt werden sollte. »Nach einer ersten Untersuchung im Jahr 1992«, sagte er, »führte die Universität der Ryukyus ein kontinuierliches Forschungsprogramm durch. Im Jahr 2000 nahmen wir Messungen mit Lasern und Sonar vor. Zusätzlich wurden Flugzeuge eingesetzt. Das Forschungsteam besteht aus Lehrern der Universität der Ryukyus und Studenten.«

Die materiellen Beweise, die nach und nach zusammengetragen wurden, überzeugten die Wissenschaftler davon, dass die Struktur dicht unter der Wasseroberfläche künstlichen Ursprungs ist. Als Professor Kimura dann seine Schlussfolgerungen veröffentlichte, konnte die sorgfältig ausgeführte Forschungsarbeit seines Teams eine Mehrheit seiner kritischen Kollegen überzeugen, dass es sich bei dem Gebilde von Iseki Point tatsächlich um ein von Menschenhand geschaffenes Monument handelt.

Einer seiner Geologenkollegen, der noch nicht wirklich überzeugt war, flog im September 1997 aus den Vereinigten Staaten ein, um eigene Untersuchungen anzustellen, die er im folgenden Sommer mit weiteren Tauchgängen fortsetzte. Dr. Robert M. Schoch ist Professor am College of General Studies der Boston University. Er hatte internationale Berühmtheit erlangt, indem er anhand von Wassererosionsspuren auf der Großen Sphinx in Ägypten nachwies, dass die ältesten Teile dieses Monuments schon um 5000 v. Chr. errichtet wurden, 2.400 Jahre früher, als die Mainstream-Archäologen behaupteten, und etwa 2.000 Jahre vor den offiziellen Anfängen des dynastischen Ägypten. Er hatte sich also schon einmal mit dem wissenschaftlichen Establishment angelegt und war offen genug, um das Unterwasser-Rätsel von Yonaguni ohne akademische Voreingenommenheit zu untersuchen. Auf den ersten Blick, so Schoch, »wirkte es, als wären aus dem unter Wasser gelegenen Felsen eine Reihe von riesigen, geometrischen Terrassen herausgehauen worden, deren ausgedehnte flache Oberflächen durch Setzstufen aus senkrechten Steinen voneinander getrennt waren«. Die Terrassen sahen aus wie die gewaltigen Stufen einer Treppe, die für Riesen gemacht zu sein schien.

Bei genauerer Untersuchung entdeckte Schoch aber, dass die gesamte Formation überwiegend aus mittlerem bis sehr feinem Tonstein und Sandstein besteht, mit klar abgegrenzten Schichtflächen, die von parallel verlaufenden Klüften und Verwerfungen gekreuzt werden. Dadurch wirken natürliche Formationen, als wären sie künstlich erschaffen. Auf Yonaguni gibt es an der südöstlichen und nordöstlichen Küste Sandsteinformationen, die eine verblüffende Ähnlichkeit zu der Struktur unter Wasser aufweisen. »Je mehr ich die natürliche, aber hoch regelmäßige Verwitterung und Erosion an der modernen Küste der Insel mit den morphologischen Merkmalen des Yonaguni-Monuments verglich«, erläuterte Schoch in der Zeitschrift *Pre-Columbiana,* »desto mehr gelangte ich zu der Überzeugung, dass das Yonaguni-Monument hauptsächlich des Resultat geologischer und geomorphologischer Prozesse ist.«

Das stand scheinbar im Widerspruch zu Professor Kimuras Einschätzung, die pyramidenartige Struktur sei künstlichen Ursprungs, trug aber in Wahrheit dazu bei, diese Auffassung klarer zu definieren. »Wir sollten jedoch auch die Möglichkeit in Betracht ziehen«, schrieb Dr. Schoch weiter, »dass es sich bei dem Yonaguni-Monument zwar grundsätzlich um eine natürlich entstandene Gesteinsformation handelt, dass diese aber in ferner Vergangenheit von Menschen bearbeitet und leicht modifiziert wurde.« Mit anderen Worten: Die prähistorischen Insulaner haben möglicherweise einen dafür geeigneten Felsen zu einer Zitadelle, einem Tempel oder einem anderen kulturellen Zentrum umgestaltet oder ihn als Steinbruch genutzt. Trifft das zu, dann steht diese behutsame Verwandlung einer existierenden natürlichen Form in völligem Einklang zu der uralten, bis heute praktizierten asiatischen

Tradition, in einer natürlichen Umgebung subtile Veränderungen vorzunehmen, wie wir es von den Zengärten, der rituellen japanischen Landschaftsgestaltung und dem chinesischen Feng Shui kennen. Diese Art des Terraforming, die darauf abzielt, Harmonie zwischen Mensch und Umwelt zu erzeugen, zeigt sich in der vermuteten Bautechnik des Yonaguni-Monuments und hat ganz sicher ihre Wurzeln in der Naturverehrung der Lemurer.

Zwar war Dr. Schoch bereit, die Möglichkeit menschlicher Einflüsse auf die Struktur einzuräumen, er war allerdings nicht überzeugt, dass sie auch wirklich stattgefunden hatten. Professor Kimura stimmte zu, dass das riesige Objekt »aus einem bereits natürlich vorhandenen Felsen herausgearbeitet wurde« zu einer Zeit, als dieser Felsen sich noch über der Wasseroberfläche befunden hatte. Aber er war sicher, dass die zahlreichen Untersuchungsergebnisse und materiellen Beweise, die sein Team in zehnjähriger Forschungsarbeit zusammengetragen hatte, zweifelsfrei einen künstlichen Ursprung des Monuments belegen. Zu den besonders überzeugenden Beweisstücken zählen die prähistorischen Handwerkzeuge, die nicht nur auf der Insel, sondern auch bei dem Monument selbst gefunden wurden. Diese überall auf den Ryukyu-Inseln als *Kusabi* bekannten Werkzeuge sind aus einem Vulkangestein gefertigt, das auf Yonaguni nicht vorkommt. Sie müssen also eigens importiert worden sein, um damit die weicheren Sandsteinformationen zu bearbeiten, aus denen das Yonaguni-Monument herausgemeißelt wurde. Die Oberfläche des Monuments weist Bearbeitungsspuren auf, die eindeutig einzelnen von den Tauchern geborgenen Kusabis zugeordnet werden konnten.

Auf der Oberseite des Monuments gibt es eine Reihe von Bohrlöchern. »Sie sind im Abstand von zwanzig Zentimetern angeordnet«, schreibt Celine Shinbutsu in ihrem gemeinsam mit Professor Kimura verfassten Buch, »und so gerade aufgereiht, als hätte man ein Lineal benutzt. Zwar ist es denkbar, dass die Löcher von Krustentieren erzeugt wurden, aber unwahrscheinlich. Die besten Lochgräber sind die Seeigel, aber die von Seeigeln gegrabenen Löcher haben eine andere Form als die am Iseki Point. Es ist jedoch sehr wahrscheinlich, dass die Bemühungen der Seeigel, die Löcher entsprechend ihren eigenen Bedürfnissen zu vergrößern, für die leichten Größenabweichungen verantwortlich sind.«

Um zu erklären, welche Funktion diese Löcher hatten, zog man Kotara Maja heran, den Steinmetzmeister, der die Restaurierung der im Zweiten Weltkrieg beschädigten historischen Stätten von Okinawa geleitet hatte. Seine Kenntnis traditioneller Steinmetztechniken qualifizierte ihn dazu in einzigartiger Weise. Als man ihm die sonderbare Reihe von in regelmäßigen Abständen gesetzten Löchern zeigte, erkannte er darin sofort eine uralte Methode, Steinblöcke herauszubrechen, die bis heute in Gebrauch ist. Dabei werden in genau festgelegten Abständen Löcher von ungefähr gleicher Tiefe in den Stein gebohrt, entlang der Ränder natürlicher Felsformationen. Dann steckt man große Pflöcke in diese Löcher, die von einer Gruppe Arbeiter rhythmisch und mit großer Kraftanstrengung hin und her bewegt werden. Der Stein bricht dadurch in gerader Linie und man erhält Mauerblöcke in der gewünschten Größe. Zum gleichen Schluss kam auch Koutaro Shinza, ein anderer Steinmetzmeister aus Okinawa. Er und seine Kollegen waren übereinstimmend der Ansicht, die Unterwasseranlage von Iseki Point sei ein Steinbruch gewesen und keineswegs auf rein natürliche Weise entstanden.

Noch eindeutiger sind kleine Rechtecke, die an geschützten Stellen des Yonaguni-Monuments gefunden wurden, außerhalb stark erodierender Meeresströmungen. Die knapp acht Zentimeter langen rechteckigen Einkerbungen können nicht auf natürlichem Wege entstanden sein, zumal sie lateral und eben ins Gestein gehauen wurden.

Auf der Oberseite des Monuments gibt es noch eine andere Art von Löchern. Sie sind viel größer, ungefähr neunzig Zentimeter im Durchmesser und 1,20 Meter tief. In ihnen gibt es eine flache, extrem künstlich aussehende Trennwand. Maja kannte auch diese Löcher. Wie er sagte, wurden in solchen Löchern große, stabile Streben verankert, die Teil einer primitiven aber effektiven Kranvorrichtung waren, mit der sich schwere Steinblöcke anheben ließen. Solche uralten Hebesysteme waren in abgelegenen Gegenden ohne Stromversorgung noch bis in die Zeit des Zweiten Weltkriegs in Gebrauch.

Dass dort Löcher zur Herstellung und dem Heben von Steinblöcken gefunden wurden, stützt die Theorie menschlicher Einflüsse am Yonaguni-Monument und deutet darauf hin, dass es sich um einen Steinbruch aus ferner Vergangenheit handelt. Andere Details lassen jedoch vermuten, dass es sich um ein unvollendetes Bauwerk handeln könnte, dessen Fertigstellung durch einen plötzlichen Anstieg des Meeresspiegels verhindert wurde. Die Löcher finden sich nur an den höchsten Stellen des Monuments. Die unteren zwei Drittel erscheinen fertig und zeigen mehr architektonische Details. Dazu gehört etwas, das Kimura und andere Taucher als »Rundweg« beschreiben. Es erinnert an einen Pfad oder eine Straße, die sich vom unteren Teil des Monuments nach oben windet und durch einen Drainagekanal mit der Oberseite verbunden ist. Die Oberfläche dieser wegartigen Struktur ist glatt und regelmäßig wie Beton.

Professor Kimura untersuchte eine »treppenartige Struktur, nicht nur auf der Südseite, sondern ringsherum verlaufend. Auf der Nordseite ist der Eindruck am stärksten, dass die Struktur künstlich geschaffen wurde. Hinzu kommt, dass ein Teil davon wirklich eine Treppe ist«. Am unteren Ende befindet sich eine Steinformation, die einem massiven, freistehenden Tor ähnelt und damit an die mächtigen Steinbauten in den Anden erinnert, auf der anderen Seite des Pazifiks.

Nicht weniger überraschend ist ein riesiger eiförmiger Monolith, der auf seiner eigenen niedrigen Plattform steht, auf die er offensichtlich gezielt von Menschenhand gesetzt wurde. Dieser eiförmige Megalithstein würde viel besser zu den neolithischen Menhiren in Frankreich oder England passen als auf den Meeresboden vor einer kleinen japanischen Insel.

Das Unterwasser-Monument von Yonaguni weist viele Details auf, die sich geologisch nicht hinreichend erklären lassen. Eines dieser Rätsel ist eine große, an eine Sanduhr erinnernde Form, die sauber in den Stein graviert wurde. Nicht weit von ihr entfernt befindet sich ein langer, schnurgerade verlaufender Kanal, der an einer nach unten führenden, siebenstufigen Treppe endet. Über diese gelangt man in einen langen, engen Tunnel, dessen passgenau verfugte, regelmäßig geformte Steinblöcke ebenfalls auf einen künstlichen Ursprung hinweisen. Taucher, die diesen Tunnel durchqueren, gelangen an seinem anderen Ende zu den sogenannten »Zwillingstürmen«. Diese Ausrichtung des Tunnels lässt darauf schließen, dass er wohl eine heilige, rituelle Funktion gehabt haben muss.

Wenn die Taucher aus dem Tunnel kommen, finden sie sich vor tonnenschweren, sechs Meter großen Granitplatten wieder. Der neunzig Zentimeter breite Spalt zwischen den Platten erinnert an die in Kapitel 9 erwähnten Zwillingssteine in einem dicht bewaldeten Gebiet im nördlichen Honshu. Auch die beiden Nabeyama-Megalithen bilden einen Spalt, durch den am Mittsommertag die aufgehende Sonne hindurchscheint. Bei den »Zwillingstürmen« von

Yonaguni scheint ebenfalls eine astronomische Ausrichtung vorzuliegen, denn sie stehen nicht genau senkrecht. Beide sind im gleichen Winkel geneigt, was offensichtlich eine bewusste Anordnung ist.

Der vermutlich überzeugendste Beweis für den künstlichen Ursprung des Monuments sind etwa siebzehn in seine Flanken geritzte Hieroglyphen, wobei es sich in einem Fall eindeutig um eine Inschrift handelt. Vier der Zeichen kommen mehrfach vor, und alle wurden eindeutig von Menschenhand eingeritzt, sind auf keinen Fall natürlichen Ursprungs. Ihre Bedeutung ist, wie zu erwarten war, bislang rätselhaft, und es gibt nur einen anderen Ort auf der ganzen Welt, wo sie ebenfalls zu finden sind: höchst passenderweise sind das die Monumentalbauwerke der in Kapitel 1 beschriebenen Megalithstadt Nan Madol. Dass diese ansonsten weltweit einzigartigen Glyphen ausgerechnet an zwei so deutlich lemurischen Baudenkmälern auftauchen, unterstreicht ihre gemeinsame Herkunft und Verbundenheit mit dem zerstörten Mutterland.

Ein einzelnes Ideogramm, das sich ebenso in Nan Madol wie am Iseki Point findet, ist besonders aufschlussreich. Dabei handelt es sich um ein *T*, das Tau-Symbol von Mu. Da kann es wohl kaum ein Zufall sein, dass in einem auf den Ryukyu-Inseln bis heute bewahrten Mythos von Riesen erzählt wird, die einst die auf den Inseln zahlreich anzutreffenden Megalithbauten errichtet haben sollen. Der Name dieser Riesen – *Mujinto* – ist offenbar von dem verlorenen Mutterland hergeleitet. Dazu schrieb Professor Kimura: »Das Yonaguni-Monument kann als Beweis dafür gewertet werden, dass Mu wirklich existierte.«

Einige »Flossenschwünge« für die Taucher von Iseki Points Hauptkomplex entfernt steht eine kolossale Formation, welche »die Bühne« genannt wird. Es handelt sich um ein perfektes Quadrat aus massivem Fels, das fünfeinhalb

Meter über den Meeresboden aufragt. Alle vier Seiten sind exakt 21 Meter lang, daher kann das Objekt eigentlich nur künstlichen Ursprungs sein. Dieser Eindruck wird zusätzlich durch ein besonders dramatisches Element intensiviert. Als Thomas Holden im Jahr 2000 für den History Channel vor Yonaguni tauchte, filmte er ein in die Plattform der »Bühne« eingraviertes Gesicht. Es war kurz zuvor durch die Unterwasserfotografin Cecile Hagland entdeckt worden. Es gelang ihr, über dem Gesicht die schwachen Umrisse eines in den Fels eingravierten Helmes mit Flügeln aufzunehmen – ein geflügelter Kopfschmuck?

Daraufhin untersuchte das japanische Forschungsteam sofort diese neue Entdeckung. Obwohl das Bild während unbekannter Zeiträume der Erosion durch Meeresströmungen ausgesetzt war, sind noch deutlich die von seinem Schöpfer hinterlassenen Spuren zu erkennen. Die Nase ist klar erkennbar, und die Augen sind wohlproportioniert. Professor Kimura erklärte: »Die Pupille [am rechten Auge des Gesichts] ist länglich ausgedehnt.« Er nannte den Steinkopf einen Moai, die indigene Bezeichnung der Osterinsulaner für ihre großen Statuen – das könnte eine sehr zutreffende Namensgebung sein, denn die Gemeinsamkeiten zwischen diesen beiden historischen Orten sind vermutlich kein Zufall. Die Unterwasser-Steinköpfe (es befinden sich zwei auf der Oberseite der »Bühne«) schauen in Richtung der Osterinsel. Und es gibt zu denken, dass im lokalen Okinawa-Dialekt *Moai* das Wort für prähistorische Sakralbauwerke ist. Obwohl ungefähr 4.000 Kilometer und eine unbekannte Anzahl von Jahrhunderten zwischen ihnen liegen, besteht offenbar eine Verbindung zwischen Rapa Nui und Yonaguni.

Trotz seiner Zweifel am künstlichen Ursprung von Iseki Points im Meer versunkener Touristenattraktion musste Dr. Schoch anerkennen, dass es auf Okinawa ähnliche Bauten gibt, vor allem in der Nähe von Noro, der Hauptstadt dieser Präfektur. Ein weiteres ähnliches Gebäude ist die Burg Nakugusuku. Statt einer echten militärischen Anlage handelt es sich bei der Burg eher um einen Kultplatz und ein königliches Grabmal. Sie wurde vor 500 Jahren erbaut und seither immer wieder renoviert. Die Fundamente der Burg gehen auf das erste Jahrtausend v. Chr. zurück, wobei aber der Ort auch schon lange davor kultische Funktionen gehabt haben muss. Hier trifft man auf die gleichen in den Felsen gehauenen gigantischen Treppenstufen und großen Plätze wie am Yonaguni-Monument. Den Gräbern haben die Archäologen noch nicht viel Aufmerksamkeit gewidmet. Weder war man bislang in der Lage, deren Alter zu bestimmen, noch die Identität der für ihren Bau verantwortlichen Kultur. Jedenfalls zeigt sich hier ein in diesem Teil der Welt einzigartiger Baustil, der sich von unterhalb des Meeresspiegels bis ins Landesinnere fortsetzt.

Dr. Schoch vermutet, dass die prähistorischen Bewohner von Yonaguni die Steinblöcke für ihre Grabanlagen aus der eindrucksvollen natürlichen Felsformation des Iseki Point gewannen, die später vom Meer überflutet wurde. Da aber der Meeresspiegel am Iseki Point bereits seit 10.000 bis 12.000 Jahren seine heutige Höhe hat, würde das die Gräber von Okinawa – wenn ihre Steine von dort stammen – zu den ältesten von Menschen geschaffenen Bauwerken überhaupt machen. Dieser Theorie würden wohl nur sehr wenige Forscher zustimmen. Eher dürfte es wohl so gewesen sein, dass wir es mit einer allmählichen Entwicklung des Grabmal-Baustils zu tun haben, die an einem Ort ihren Anfang nahm, der heute vom Meer überflutet ist – und sich von dort allmählich über die Ryukyu-Inselgruppe ausbreitete.

Diese Grabmale sind nicht die einzigen Parallelen zu dem vom Meer überfluteten Monument. *Mu-tubu-udundi* ist eine geheime Kampfkunst, in die nur jene Meister eingeweiht sind, die vom ersten König der Ryukyu-Inseln abstammen. Er brachte diese Kunst aus seinem Inselkönigreich im Osten mit, das vom Meer überflutet und zerstört wurde. Die Adepten vermeiden den physischen Kontakt, sondern erschöpfen den Gegner durch eine komplexe Serie von tänzerischen Bewegungen. Ein körperlicher Schlag wird nur ausgeführt, wenn alle anderen Optionen versagen. Wie das chinesische Tai Chi ist auch sein japanischer Vorläufer eine Meditationsform, die darauf abzielt, den Biorhythmus des Menschen in Einklang mit den sogenannten »Erdenergien« zu bringen. Der Name dieser Kampfkunst, *Mu-tubu-udundi* – »der selbstdisziplinierte Weg von Mu« –, ist klar von der untergegangenen pazifischen Zivilisation hergeleitet, die ja für die Spiritualität und friedliebende Weltsicht ihrer Bewohner bekannt war.

Eine andere »Burg«, die Shuri-Zitadelle in Okinawa, wurde wie Nakugusuku im 15. Jahrhundert auf den Ruinen einer viel älteren Anlage gebaut. Bemerkenswert ist, dass ihr Grundriss fast exakt dem Yonaguni-Monument gleicht und dass auch sie von einem »Rundweg« umgeben ist. Professor Kimura weist außerdem darauf hin, dass die beiden Zwillingsdrachen-Statuen, die das Heiligtum der Shuri-Zitadelle bewachen, eine deutliche Parallele zu den Zwillingsschildkröten oben auf dem Monument von Iseki Point darstellen. Der eine Drachen der Shuri-Zitadelle ist mit offenem Mund porträtiert, so der Professor, während das Maul des anderen geschlossen ist. Am Unterwasser-Monument sind die ebenso einander gegenüberstehenden Schildkröten gleich, jedoch streckt die eine ihren Kopf vor, während er bei der anderen eingezogen ist.

Dass diese beiden Tiere ausgewählt wurden, passt symbolisch zu den jeweiligen Bauwerken. In Asien steht der Drache traditionell für die tellurischen Energien und die Erde selbst, auf der die Shuri-Zitadelle erbaut wurde. Die

Schildkröte gilt als Symbol für Fülle und Wohlstand, die aus dem Meer kommen – ein passendes Symbol für Yonagunis versunkene »Burg«. In der japanischen Sagenwelt gibt es die Geschichte von Urashima Taro, der Mitleid mit einer gestrandeten Meeresschildkröte hatte und ihr das Leben rettete. Aus Dankbarkeit nahm das Geschöpf ihn mit hinunter zum Meeresgrund, wo er bei freundlichen Geistern in einem prächtigen Palast zu Gast war. Dabei handelte es sich um das Zentrum eines einst mächtigen Königreichs, das auf tragische Weise im Meer versunken war. Als Abschiedsgeschenk erhielt der junge Mann den Pfirsich der Unsterblichkeit. Diese Frucht, die dem sterblichen Menschen ewiges Leben schenkt, wurde auch von Hsi Wang Mu, der chinesischen Göttin der Barmherzigkeit, aus ihrem Palast nach China mitgebracht, bevor dieser im Meer des Sonnenaufgangs versank.

Im *Nihongi* (auch als *Nihonshoki* bekannt), einer japanischen Sammlung vor-buddhistischer Mythen und Überlieferungen, wird von Ho-ho-demi-no-Mikoto berichtet, einem göttlichen Helden, der in einem umgestürzten Korb hinunter auf den Meeresboden tauchte. Dort unten besuchte er eine im Ozean versunkene Zitadelle, die dem Meeresgott gehörte. Laut Celine Shinbutsu wusste die lokale Bevölkerung auch schon vierzig Jahre vor der offiziellen Entdeckung durch Kihachiro Aratake von der Existenz des Yonaguni-Monuments, wobei das Bauwerk aber zweifelsohne viel, viel älter ist. Die Legenden von Urashima Taro und Ho-ho-demi-no-Mikoto belegen, dass das Wissen um das Yonaguni-Monument bereits unzählige Generationen alt sein muss.

Die Früchte oder Kräuter, die Unsterblichkeit schenken, werden in diesen uralten Geschichten der südostasiatischen Mythologie mit einem einst mächtigen Königreich verknüpft, das in ferner Vergangenheit durch eine schreckliche Flut vernichtet wurde. Einige chinesische Kaiser waren überzeugt, dass zumindest ein paar dieser Unsterblichkeitspflanzen die Flutkatastrophe überdauert hätten. Sie organisierten Expeditionen zu den südlichsten japanischen Inseln, um sie zu finden – vor allem nach Yonaguni, das nicht nur wegen seiner Unterwasserruinen außergewöhnlich ist, sondern auch weil hier die sogenannte »Langlebigkeitspflanze« wächst, die *Cho-mei-gusa*. Sie gedeiht nur auf den unteren Ryukyu-Inseln und wird auf Yonaguni im großen Stil landwirtschaftlich angebaut, und tatsächlich haben die Menschen auf dieser Insel weltweit die höchste Lebenserwartung.

Der örtlichen Überlieferung zufolge landete vor langer Zeit Nirai-Kanai auf den Ryukyu-Inseln, nachdem sein spirituell erleuchtetes Königreich jenseits des Meeres durch gewaltige Feuersbrünste und Stürme zerstört worden war. Er zeigte den Einheimischen, wie man die Cho-mei-gusa kultiviert und anbaut, und errichtete die ersten Steinburgen auf den Inseln. Nirai-Kanai ist auch der Name »der Heimat weit hinter dem Meer«. Aus diesem Königreich sollen die Vorfahren der Ana nach Japan gekommen sein, nachdem es im westlichen Pazifik versunken war.

War Cho-mei-gusa das lange vergeblich gesuchte »Kraut der Unsterblichkeit«? Könnte es dann sein, dass die heutige landwirtschaftlich angebaute Pflanze ein Abkömmling der hoch entwickelten Landwirtschaft ist, für die Lemurien berühmt war? Ist das Vorhandensein dieser einzigartigen Pflanze auf Yonaguni der Beweis, dass die Insel einst Teil von Mu oder aber einer seiner Vorposten war? Professor Kimura äußerte dazu: »Es ist ein großes Rätsel, dass ein so gewaltiges Objekt [das vom Meer überflutete Monument] am Ufer einer ansonsten ganz unbedeutenden Insel existiert.«

Dr. Kurt Lambeck, weltweit angesehener Geologe von der Australian National University in Canberra, erforscht seit 1980 die Schwankungen des Meeresspiegels. Er weist darauf hin, dass sich das Yonaguni-Monument an der Grenze zwischen pazifischer und asiatischer Platte befindet. Hier können tektonische Spannungen zu so heftigen Beben führen, dass diese als Ursache für den Untergang Lemuriens in Frage kommen. Auch er zeigte sich beeindruckt von der augenscheinlich künstlichen Natur des Monuments. Er hält es für einen Steinbruch, der vor etwa 12.000 Jahren überflutet wurde. Was diesen Zeitpunkt für die Überflutung angeht, sind sich die Forscher einig. Davor war Okinawa, so Celine Shinbutsu, »hoch und trocken. Es war fest mit dem asiatischen Kontinent verbunden. Die Ryukyu-Inselkette war damals eine Landbrücke, so dass Tiere und Menschen sich dort auf dem Landweg ausbreiten konnten. Einige der ältesten Relikte der Jomon-Kultur finden sich auf Okinawa. (...) Doch dann endete die Eiszeit. Das Eis taute, und der Meeresspiegel stieg stark an. Einst trockenes Land wurde zu Meeresboden. Aus hohen Berggipfeln wurden kleine aus dem Meer ragende Inseln«.

Radiokohlenstoffdatierungen, die Professor Kimura an von dem Monument stammenden Korallenalgen vornehmen ließ, ergaben ein Alter von 6.000 Jahren. Aber diese Tests zeigen nur, wann das Korallenwachstum begann, nicht, wann das Monument überflutet und wann es erbaut wurde. Auf Grundlage der bekannten Wachstumsraten für Algen schätzt Kimura, dass die Überflutung vor etwa 12.000 Jahren einsetzte. Damals war der Meeresspiegel 30 bis 36 Meter niedriger als heute. Bis zum Ende des Pleistozäns stand das Monument vollständig auf trockenem Land. Wie alt es zum Zeitpunkt der Überflutung bereits war, vermag niemand zu sagen. In jedem Fall zeigt sich an ihm ein hoch entwickelter Stand des Terraforming, für den wohl nur die Zivilisation von Mu in Frage kommt. Diese Schlussfolgerung ergibt sich aus der ersten großen lemurischen Flut, die sich am Ende der letzten Eiszeit ereignete.

Das Unterwasser-Monument von Yonaguni weist nicht nur eine starke Ähnlichkeit zu den Burgen und Grabmalen von Okinawa auf, sondern gleicht auch verblüffend Kultzentren auf der anderen Seite des Pazifiks, an den Küsten Südamerikas. Südlich von Lima stehen die düsteren Ruinen von Pachacamac, religiöse Hauptstadt des vorspanischen Peru und Sitz des am meisten verehrten Orakels. Erbaut wurde die Stadt Jahrhunderte vor dem Aufstieg der Inka. Breite Terrassen und gigantische Treppen führen zu großräumig angelegten Plätzen. Auf den ersten Blick scheint es, als hätte jemand das Yonaguni-Monument vom Meeresgrund bei Iseki Point aufs Festland an der peruanischen Küste verpflanzt. Ein anderes verblüffend ähnliches Monument steht, dreißig Meter in die Höhe ragend, außerhalb der Stadt Trujillo nahe der Küste. Es trägt den sehr passenden Namen »Sonnentempel«, und seine Ost-West-Sonnenausrichtung stimmt genau mit der des Yonaguni-Monuments überein. Diese Vor-Inka-Pyramide ist eine mit unregelmäßigen Stufen versehene Plattform aus ungebrannten Lehmziegeln und wurde von den Angehörigen der sogenannten Moche-Kultur erbaut. Der Sonnentempel gleicht nicht nur in Form und Ausrichtung dem Yonaguni-Monument, sondern ist zudem 230,42 Meter lang. Dieses Maß ist sehr bedeutungsvoll, denn es ist fast genau die Länge des Yonaguni-Monuments. Letzteres ist an seiner Basis von Osten nach Westen 231 Meter lang und von Norden nach Süden 146,60 Meter.

Das sind die gleichen Originalmaße wie bei der Großen Pyramide in Ägypten, die 231 Meter Seitenlänge hat und 146,60 hoch ist. 231 Meter, also 758 Fuß, ist auch das Maß, das Platon in seinem *Kritias* als Seitenlänge der innersten heiligen Zitadelle von Atlantis angibt. Am Nil in Ägypten gibt es unmittelbar oberhalb des ersten Kataraktes einen Felsen aus kristallinem Granit, bei dem sich eine Verbindung zu dem Yonaguni-Monument geradezu aufdrängt, denn er ist 146,60 Meter breit. Auf ihm wurde der »Entlegene Ort« errichtet, der Tempel von P-aaleq, besser bekannt unter seinem griechischen Namen Philae. Zwar stammen die ältesten Gebäude dieser Tempelanlage erst aus dem 4. Jahrhundert v. Chr., aber sie wurden über viel älteren Fundamenten unbekannten Alters errichtet. Wegen dieses sehr hohen Alters hieß die Tempelstätte bei den Einheimischen »Insel aus der Zeit des Ra«. Doch Philae hat mit dem Yonaguni-Monument noch mehr gemeinsam als die 146,60 Meter Seitenlänge. Vor zwölftausend Jahren, also vor den nacheiszeitlichen Fluten, die fast überall auf der Welt gewaltige Umwälzungen verursachten, lagen beide Orte am nördlichen Wendekreis, wo die Sonne am 21. Juni genau im Zenit steht.

Doch das trifft nicht nur auf die Ryukyu-Inseln und Philae zu. Wenn man dem damaligen nördlichen Wendekreis um den ganzen Globus folgt, sieht man, dass dort noch andere uralte und grundlegend ähnliche Stätten liegen, die alle von Wasser umgeben sind. Von Yonaguni aus in westlicher Richtung liegt auf dem damaligen nördlichen Wendekreis die moderne chinesische Stadt Amoy. Vor über tausend Jahren, während der Sun-Dynastie, war sie als Chia-shu-Insel bekannt. In den späten 1970er Jahren gruben Archäologen dort an der Küste einige der ältesten paläolithischen Artefakte Chinas aus. Das Überraschende daran war, dass es sich um Ausrüstungsgegenstände von Seefahrern handelte – Harpunenspitzen, Fischernetzgewichte und dergleichen. Die Bewohner der Chia-shu-Insel müssen also kundige Seeleute gewesen sein zu einer Zeit, von der man bis dahin geglaubt hatte, die Menschen hätten sich lediglich mit kleinen Booten auf Flüsse und küstennahe Gewässer gewagt. Wegen dieser Funde tendiert die Forschung immer mehr zu der Ansicht, dass das Gebiet von Amoy die Wiege der chinesischen Zivilisation war.

Massive rechteckige Steinblöcke der Andros-Plattform. (Foto: William Donato)

Folgt man dem nördlichen Wendekreis in der Zeit des ausgehenden Pleistozäns nach Indien, gelangt man zur Bucht von Cambay, wo sich nach Ansicht der meisten Archäologen die erste Metropole des Subkontinents befand. Lothal war die Hafenstadt von Mohenjo Daro, Harappa und anderen städtischen Zentren des Industals, die im frühen dritten Jahrtausend vor Christus florierten. Lothals Hafen hatte für die damalige Zeit gewaltige Dimensionen. Es gab dort lange Kaimauern und überdachte Hafenanlagen für große seetüchtige Schiffe. Bemerkenswert ist außerdem, dass die fortschrittliche Stadtplanung in Lothal im damaligen Indien beispiellos war. Sie scheint als fertig vorhandenes Wissen aus einer anderen Zivilisation übernommen worden zu sein, wo diese Kenntnisse bereits eine lange Entwicklung durchlaufen hatten.

Von Lothal aus verlief der damalige nördliche Wendekreis in westlicher Richtung durch Ägyptens Philae, über Nordafrika und die Weite des Atlantiks bis nach Andros, der größten Insel der Bahamas, 240 Kilometer südöstlich von Miami. Dort, in Nicholls Bay am Nordostende von Andros, entdeckte Dr. Gregory Little eine im Meer versunkene Ruinenstätte. Im März 2003 stieß er auf eine 420 Meter lange und 45 Meter breite Anlage aus gewaltigen Steinblöcken, die in drei sehr regelmäßig gestalteten, stufenförmig angeordneten Ebenen ins Meer hinunterführen, kombiniert mit zwei Bändern aus kleineren Steinen. Die obersten Blöcke liegen drei Meter unter der Wasseroberfläche. Die großen Steine, aus denen die Terrassen bestehen, messen im Durchschnitt 7,60 Meter mal 9,14 Meter, bei einer Dicke von 60 Zentimetern. Es gibt Vermutungen, dass es sich um eine Rampe gehandelt haben könnte, die vom Boden der Hafenlagune bis aufs feste Land hochführt.

Die regelmäßige Form der Anlage und ihre fast völlig einheitlich gemeißelten Blöcke sprechen für ihren künstlichen Ursprung. Ihre Lage an einem natürlichen Hafen im Nordatlantik lässt vermuten, dass es sich um einen Kai, einen Wellenbrecher oder ein anderes Hafenbauwerk gehandelt haben muss. Darauf deutet auch eine Reihe von 13 Zentimeter breiten und tiefen rechteckigen Löchern hin, die wie Pfostenlöcher aussehen und in die großen Steine unterhalb der obersten Ebene gemeißelt wurden. Vielleicht wurden in den Löchern Pfosten zum Anleinen von Schiffen befestigt. Sie ähneln stark den rechteckigen Löchern, die von den Tauchern am Yonaguni-Monument entdeckt wurden. Die meisten, wenn nicht alle Blöcke des Zyklopenmauerwerks wurden offenbar in örtlichen Steinbrüchen gewonnen. Dr. Little ist der Ansicht, dass die Anlage vor 12.000 bis 10.000 Jahren entstanden sein muss. Anfang 2005 gelang es Tauchern, die Fundamenttiefe der Anlage zu bestimmen. Sie liegt bei knapp 11 Metern. Das stützt Littles Theorie, denn am Ende der letzten Eiszeit war der Meeresspiegel 15 Meter niedriger als heute, so dass das Bauwerk damals auf dem trockenen Land errichtet werden konnte.

Von Andros aus verlief der nördliche Wendekreis wieder zurück nach Yonaguni. Es ist schon mehr als Ironie, dass zwei kontroverse Unterwasser-Strukturen, die einander auf dem Erdball gegenüberliegen, im Abstand von nur achtzehn Jahren entdeckt wurden, ungefähr gleich alt sind und beide auf dem damaligen nördlichen Wendekreis liegen. Denn wenigstens vier andere historische Stätten von herausragender kultureller Bedeutung (wobei zwei davon ein gemeinsames Maß aufweisen), viele hundert oder sogar tausend Kilometer voneinander entfernt, sind ebenso durch den Wendekreis verbunden, was einfach kein Zufall sein kann. Vielmehr weist all das auf eine weltweite Zivilisation eiszeitlicher Seefahrer hin, die zudem eine Sonnenreligion praktizierten. Letzteres erkennt man daran, dass alle diese Stätten auf dem nördlichen Wendekreis, dem Wendekreis des Krebses, liegen, dass das Yonaguni-Monument eine solare Orientierung aufweist und die Tempelanlage von Philae mit dem ägyptischen Sonnengott Ra assoziiert wurde.

Bemerkenswert ist, dass diese fünf alle am damaligen nördlichsten Punkt der Sonnenbahn liegenden uralten Stätten den Pazifik mit Südostasien, Indien, Afrika und dem Atlantik verbinden, was darauf schließen lässt, dass vor über 12.000 Jahren eine weltweite Kultur in voller Blüte stand. Diese Schlussfolgerung werden Mainstream-Wissenschaftler als die unglaubwürdige, an Verrücktheit grenzende Fantasie eines Außenseiter-Forschers abtun. Es ist aber keine Theorie, sondern eine Schlussfolgerung aus allen verfügbaren Informationen, und zu diesen gehört, dass die Unterwasseranlage von Iseki Point nicht die einzige dort ist.

Nach ihrer Entdeckung weiteten die Taucher ihre Suche im Inselgebiet der Ryukyus aus, in der Hoffnung, weitere Beweise für eine untergegangene Zivilisation zu finden. Sie wurden nicht enttäuscht. Etwa vierzig Kilometer westlich von Okinawas Hauptstadt Naha und 9,6 Kilometer südwestlich der Insel Aka fand Mitsutoshi Taniguchi in einer Wassertiefe von 27 Metern eine Reihe von Steinkreisen und in der Nähe geradlinige Formen, die Gebäude-Fundamenten ähneln. Ein 18 Meter großer Kreis aus Menhiren, jeder über 1,80 Meter hoch, könnte ebenso gut aus dem neolithischen Westeuropa stammen. Nordöstlich davon gibt es einen weiteren, kleineren Steinkreis. Die größte Kreisanlage, sie besteht aus kleinen, grob gerundeten Steinen, weist einen Durchmesser von 146,60 Meter auf. Hier begegnet uns also wieder das gleiche Maß von 481 Fuß wie beim Yonaguni-Monument, seinem Gegenstück Philae am Nil und der Großen Pyramide. Ganz offensichtlich werden wir Zeuge der Wiederentdeckung architektonischer Prinzipien, die in ferner Vergangenheit bei heiligen Bauten auf beiden Erdhalbkugeln angewandt wurden.

Andere, weniger markante Funde gibt es in der Nähe einiger Nachbarinseln. Knapp 50 Kilometer nördlich von Aka, 30 Kilometer westlich von Okinawa und 352 Kilo-

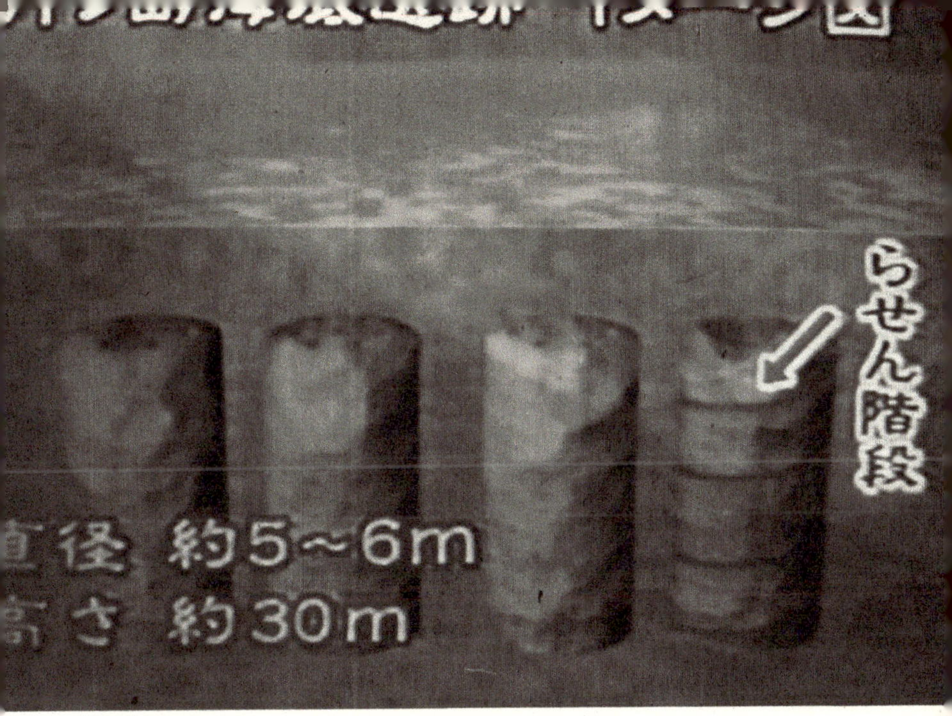

Zeichnung der vier Steintürme im Koreanischen Meer nahe der japanischen Insel Okinoshima.

meter nordöstlich von Yonaguni wurde unter Wasser etwas entdeckt, das wie eine Reihe gemauerter Brunnen aussieht. Und Taucher berichteten, sie hätten weniger als einen Kilometer von der Küste Okinawas entfernt beim Urlaubsgebiet Chatan, 29 Kilometer nördlich von Noro, in einer Tiefe zwischen 9 und 27 Metern Mauern und gepflasterte Straßen gesehen.

Ähnliche Ruinen wurden auch bei den Penghu-Inseln gefunden, zwischen den kleinen Inseln Don-Jyu und Shi-Hyi-Yu, 64 Kilometer westlich von Taiwan und 560 Kilometer südwestlich von Yonaguni. Im August 2002 entdeckte Professor We Miin Tian von der National Sun Yat Sen University in Kaoshiung City, Taiwan, in 18 Metern Wassertiefe eine 9 Meter lange und 1,20 Meter hohe senkrecht stehende Steinmauer. Zwanzig Jahre vor Professor Tians Entdeckung untersuchte der Taucher Steven Shieh aus Taiwan zwei 4,60 Meter hohe Steinmauern, die in der Nähe der Insel Hu-Ching unter der Wasseroberfläche stehen. Die Mauern sind etwa 600 Meter lang und verlaufen rechtwinklig zueinander, die eine von Norden nach Süden, die andere von Osten nach Westen. Sie endet in einer großen Ringanlage.

Diese Ruinen sind nur kleinste Überreste eines untergegangenen Königreiches, das in einer taiwanesischen Legende gefeiert wird. Darin wird von den Geschwistern Sura und Nakao erzählt, Mitgliedern des Stammes der Ami in Zentraltaiwan. Wie es heißt, begann die Katastrophe, vor der Bruder und Schwester flohen, während eines Vollmonds. Der Donner lauter Explosionen hallte vom Meer übers Land. Die Götter hatten dieses Strafgericht in Gang gesetzt, um die Menschheit auszulöschen, deren frevelhaftes Tun sie erzürnte. »Sie erzählen, das in jener Zeit die Berge einstürzten«, heißt es in der Legende. »Die Erde tat sich auf, und aus dem Spalt schoss eine heiße Quelle hervor, deren Wasser die ganze Welt überflutete. Nur wenige Geschöpfe kamen mit dem Leben davon.« In einer anderen Version, dem *Tsuwo,* wird erzählt, Vögel hätten viele tausend Steine herabregnen lassen, womit offensichtlich ein Meteorschauer gemeint ist.

Nur Sura und Nakao überlebten in einem hölzernen Boot, das sie sicher zum Gipfel des Berges Ragasan trug. Von dort aus bevölkerten sie die Erde neu. Ihre erste Nachkommenschaft bestand jedoch aus lebenden Missgeburten, aus denen Fische und Krebse wurden, denn das Geschwisterpaar hatte die Sünde des Inzests begangen, ohne den Sonnengott um Erlaubnis zu bitten. Da sie ihn erzürnt hatten, wandten sie sich an die Mondgöttin. Sie vergab ihnen, und die Frau gebar einen Stein, aus dem neue Menschengenerationen entsprangen. In diesem letzten Detail des Flutmythos der Ami findet sich wieder das Motiv der Wiedergeburt der Menschheit aus einem Stein, das auch in der griechischen Mythologie und unzähligen anderen Flutmythen aus aller Welt vorkommt. In einer anderen lokalen Flutlegende wird von einem großen Königreich erzählt, das vom wütenden Pazifischen Ozean vernichtet wurde. Der Machtsitz dieses Königreiches war ein prächtiger Palast, umgeben von mächtigen Mauern aus rotem Stein. Noch provokativer ist der Name, unter dem die Taiwanesen sich in ihrer Mythologie bis heute an dieses Königreich erinnern: *Mu-Da-Lu* – das Mutterland.

Ein Fund, der mindestens so spektakulär wie das Yonaguni-Monument ist, aber weitaus weniger bekannt und erforscht, wurde im Koreanischen Meer von einem einheimischen Fischer und Taucher gemacht. Im Jahr 1998 berichtete Ichiroh Moriyama, er habe in der Nähe der kleinen unbewohnten Insel Okinoshima gigantische »Säulen« gesehen. Diese Sichtung veranlasste Toshiharu Arizumi, Direktor des japanischen Fernsehsenders Cross Television, ein Taucherteam auf die Beine zu stellen, um Aufnahmen von diesen seltsamen Gebilden im Meer zu machen.

Trotz mörderisch gefährlicher Strömungen und schlechter Unterwassersicht führte Moriyama das Fernsehteam zu der Fundstelle. Zu ihrer Überraschung entdeckten die Taucher dort, in einer Tiefe von 33 Metern, keine »Säulen«, sondern acht Türme. Die Gebäude haben riesige Dimensionen: gut 27 Meter hoch, wobei die Oberseiten bis 6 Meter unter die Wasseroberfläche reichen. Der Durchmesser der Türme liegt zwischen 9,5 und 11 Metern. An einem Turm windet sich außen eine Wendeltreppe nach oben. Funktion und Alter dieser großen Türme sind so unbekannt wie ihre Erbauer, und angesichts der schlechten Sichtverhältnisse in dem trüben Wasser und der für Taucher extrem gefährlichen Strömungen wird es vermutlich auch so bleiben.

Doch dank seiner wagemutigen Taucher bekam Arizumi die erhofften Fernsehbilder, die inzwischen ausgestrahlt wurden und auf große Resonanz beim Publikum stießen. Leider reagierten die konventionellen Wissenschaftler wenig begeistert auf diese Entdeckung, die ihre vorgefassten Meinungen über die Frühgeschichte der Menschheit ins Wanken bringen könnte. Wären sie dagegen bereit, sich auf eine unvoreingenommene wissenschaftliche Untersuchung einzulassen, könnten sie damit beginnen, ein archäologisches Puzzle zusammenzusetzen, das sich über knapp 1.500 Kilometer Meeresboden erstreckt, in einer leicht gewölbten Linie vom Koreanischen Meer bis Taiwan. Gewiss würde man dann noch mehr solcher Puzzlestücke wie die von Okinoshima und Yonaguni finden. Nach und nach könnte man so das Bild einer vor langer Zeit untergegangenen Zivilisation vervollständigen – wiederentdeckt von unerschrockenen Forschern mit Hilfe moderner Technologie und zugleich getreulich bewahrt im mythologischen Gedächtnis der indigenen Völker jenes pazifischen Raumes, den diese Zivilisation einst beherrschte.

ZUSAMMENFASSUNG

200.000 Jahre in 1.000 Worten

Aus alten Aufzeichnungen in einem Kloster in Indien erfuhr James Churchward, dass die Menschheit vor 200.000 Jahren zuerst auf Inseln im Pazifik erschien. Auch las er dort, die erste menschliche Zivilisation hätte sich vor 50.000 Jahren im Pazifik entwickelt. Diese Periode fällt mit dem Oberen Paläolithikum oder der Spätsteinzeit zusammen, die berühmt ist für ihre Höhlenmalereien im südwestlichen Frankreich und den sehr niedrigen Meeresspiegel, der eine Besiedlung Australiens ermöglichte.

Während der folgenden 38.000 Jahre relativen Friedens und weitgehender Isolation entwickelten die Pazifikinsulaner durch genaue Beobachtung der Naturgesetze eine sehr hochstehende Wissenschaft und Spiritualität. Sie wurden von einem Gottkönig regiert, nicht unähnlich dem heutigen Dalai Lama, der einer sanften Priester-Theokratie vorstand. Ihr Land war als Mu bekannt, das »Mutterland«. Dabei handelte es sich weniger um ein geografisches Territorium als um ein Volk und eine Kultur, die sich über viele Länder ausbreitete, von der heutigen Westküste Nordamerikas durch ganz Ozeanien bis nach Japan. Die Bewohner dieses Territoriums waren Lemurer, also Bürger des vom Meer umspülten Mu. Zwar verehrten sie zahlreiche Gottheiten, doch die Sonne verkörperte für sie die »Mitfühlende Intelligenz«, die das Universum ordnete und lenkte und die Ewigkeit der menschlichen Seele mit wiederkehrenden Mustern in den Zyklen der Natur verband. Sie verbreiteten das Evangelium ihrer Spiritualität auf der ganzen Welt und schufen so die erste globale Zivilisation.

Mu selbst bestand überwiegend aus tropischem Tiefland in Äquatornähe, so dass ein sehr warmes Klima vorherrschte. Die Bevölkerung lebte in kleinen Fischerdörfern oder auf Farmen. Städte waren nicht unbekannt, aber es handelte sich bei ihnen eher um spirituelle als um urbane Zentren. Stufenpyramiden, Tempel, große Plätze und andere Beispiele sakraler Architektur waren rechtwinklig gebaut und angeordnet, ausgerichtet nach verschiedenen Sonnenständen.

Dieses lange zivilisatorische Idyll währte bis vor 12.000 Jahren, als die letzte Eiszeit endete, wodurch der Meeresspiegel enorm anstieg. Ein beträchtlicher Teil von Mu, aber nicht sein gesamtes Territorium, wurde überflutet, und seine Bewohner flohen in großer Zahl nach Nord- und Südamerika und Asien. Während in Japan die Jomon-Kultur entstand, wurden in Nordamerika der Kennewick-Mann und seine lemurischen Gefährten von dort ansässigen mongoliden Einwohnern getötet.

Im Jahr 3100 v. Chr. flog der Enckesche Komet dicht an der Erde vorbei, was eine globale Katastrophe auslöste. Wieder wurde das Territorium des Mutterlandes schwer getroffen, und Teile versanken im Meer. Viele Auswanderer flohen nach Südamerika und lösten eine ältere lemurische Kolonie an der Pazifikküste Perus ab, die von den modernen Archäologen Norte-Chico-Kultur genannt wird.

Ein anderer Außenposten Lemuriens wurde von der Katastrophe ebenfalls schwer in Mitleidenschaft gezogen. Hierbei handelte es sich um eine große, fruchtbare Insel im Mittelatlantik, die Missionare aus Mu schon Jahrtausende zuvor besiedelt hatten. Die durch den Enckeschen Kometen verursachten Zerstörungen bewirkten, dass ihre Bewohner sich von der »Mitfühlenden Intelligenz« verraten fühlten, die zu verehren man ihnen beigebracht hatte. Sie sagten sich vom Mutterland los und gaben ihrer ganzen Insel den Namen ihrer neuen Hauptstadt – *Atlantis*.

Weniger als tausend Jahre später kehrte der zerstörerische Komet zurück, und ein fürchterlicher Meteorschauer traf die Erde. Mu trug erneut schwere Schäden davon, überstand die Katastrophe aber und gelangte noch einmal zu neuer Blüte. Seine Agraringenieure gestalteten die hohen Hügel der Philippinen zu Reisterrassen um und machten so Luzon zur Kornkammer des Pazifiks. 1917 v. Chr. brachte der Missionar Miwoche die spirituellen Lehren Lemuriens in den Himalaya, wo sie zur Grundlage des tibetischen Buddhismus wurden. Dann, im Jahr 1628 v. Chr., erschien erneut der Enckesche Komet und löste schwere Vulkanausbrüche und Erdbeben aus, die den ganzen südzentralen Pazifik erschütterten. Der größte Teil der Landflächen von Mu versank im Meer oder wurde durch dreißig Meter hohe Tsunamis entvölkert. Angesichts der untergegangenen oder völlig verwüsteten religiösen Stätten und der zerstörten Infrastruktur verließen die Überlebenden das, was von ihrem Mutterland geblieben war. Ihre Ankunft in anderen Weltgegenden wirkte dort als machtvoller Impuls für die Entstehung neuer Gesellschaften, was die Grundlage für die Entwicklung der Hochkulturen in Asien und Amerika bildete.

Während des 8. Jahrhunderts v. Chr. begannen frühe oder Proto-Römer (Etrusker?) das jährliche Lemurien-Fest zu feiern, um die ruhelosen Geister (Lemuren) ihrer Vorfahren zu besänftigen. Vierhundert Jahre später endete mit der Ankunft mongolider Volksgruppen aus Korea und dem Zusammenbruch der Jomon-Kultur die lemurische Vorherrschaft in Japan. Diese Neuankömmlinge aus Korea trafen auf eine kaukasische Bevölkerung, Nachfahren der einst hoch zivilisierten Lemurer. Noch im 19. Jahrhundert lebten auf der Osterinsel die letzten Lemurer, die von Polynesiern im Massaker am Poike-Graben ausgelöscht wurden. Später in jenem Jahrhundert stellte der englische Wissenschaftler Philip Lutley Sclater die These auf, nur mit der einstigen Existenz Lemuriens lasse sich das Vorhandensein früher Primaten auf beiden Seiten des Indischen Ozeans erklären. Einer seiner Zeitgenossen, der deutsche Biologe Ernst Haeckel, gelangte zu dem Schluss, die Menschheit habe sich zuerst auf Lemurien entwickelt.

Doch richtig ins öffentliche Bewusstsein rückte erst Colonel Churchward das pazifische Mutterland. Sein 1926 erschienenes Buch *Mu – der versunkene Kontinent*, beruhend auf der Übersetzung uralter Texttafeln, löste eine Kontroverse aus, die bis zum heutigen Tag anhält. Von den meisten Lesern bestenfalls als Fantasie oder, schlimmer, als Lügenmärchen abgetan, gewannen Churchwards Thesen sechzig Jahre später an Glaubwürdigkeit, als Kihachiro Aratake in der Nähe von Yonaguni, der südlichsten Ryukyu-Insel, unter Wasser ein monumentales Bauwerk entdeckte. Auf diesen Fund folgte die Entdeckung von mindestens einem Dutzend weiterer im Meer versunkener Bauten vor den Küsten von Japan, Taiwan, Pohnpei, Fidschi, Peru und Nordamerika. Während mehr und mehr dieser Ruinen gefunden werden, gewinnt das Bild des verlorenen Lemurien immer deutlichere Konturen.

NACHWORT

Die wahre Bedeutung Lemuriens

Vielleicht verfiel das Volk nach der Katastrophe in Anarchie, und darauf folgte eine chaotische Demokratie, die, führerlos und ohne Tradition, in die Tiefen der Zügellosigkeit und Ehrlosigkeit herabsank, was bei einem ungebildeten und unorganisierten Proletariat unvermeidlich geschieht. Und so könnte Lemuriens große Geschichte in völliger Barbarei geendet haben.

LEWIS SPENCE

Eine Fülle an Beweismaterial liegt uns in Gestalt der mündlichen Überlieferungen Dutzender indigener Völker im gesamten Pazifikraum vor – von Südostasien durch ganz Ozeanien bis nach Amerika. Lemurien wird darin übereinstimmend als Heimat eines technisch progressiven, aber stets nach sozialer Harmonie strebenden Volkes beschrieben. Der Erfolg dieser Zivilisation beruhte auf der sogenannten Ewigen Philosophie, die zur Nationalethik Lemuriens wurde, einem moralischen Standard für individuelles und gesellschaftliches Verhalten, der später als Grundlage für die Bön-Religion in Tibet und den japanischen Shinto diente, nachdem diese Länder von Missionaren aus dem Mutterland besucht worden waren.

Ihr Weltbild war kein »Mysterienkult« in dem Sinne, dass es nur Eingeweihten zugänglich war, auch wenn es die esoterische Dreizehnte Schule gab. Alle Praktizierenden dieser Religion anerkannten, dass es eine »Mitfühlende Intelligenz« gibt, die sich in der unendlichen Komplexität des Universums offenbart und deren Willen in den Naturgesetzen zum Ausdruck kommt. Weiterhin glaubten sie, dass die Identität dieser »Mitfühlenden Intelligenz« in der Gesamtsumme all dessen zu finden ist, was existiert. Daher betrachtete man alle Dinge und Wesen als Teil Gottes. Die Lemurer sahen ihre Pflicht und Erfüllung darin, mit der Natur und ihren Mitmenschen zu kooperieren. Demgemäß richteten sie ihr Augenmerk nicht auf selbstsüchtigen Materialismus, ökonomische Konkurrenz, sozialen Status, Machtpolitik, militärische Stärke, ja nicht einmal kulturellen Reichtum. Wenn es überhaupt eine Bevölkerungsgruppe auf der Welt gibt, mit der sie sich vergleichen lassen, dann vielleicht die modernen tibetischen Buddhisten, deren Hauptinteresse, individuell und als Volk, ihrem spirituellen Wohlergehen gilt.

Mehrere Jahrzehntausende lang entwickelten sich die Menschen von Mu in der Abgeschiedenheit ihres Inselreiches. Dann, vor 40.000 Jahren, zwangen durch Naturkatastrophen verschlechterte Lebensbedingungen viele von ihnen, das schwer geschädigte Mutterland zu verlassen. Wie in den Kapiteln dieses Buches dargelegt, lässt sich ihre Spur bis heute in archäologischen Ruinen und in den Volksüberlieferungen zahlreicher indigener Völker in Ozeanien und weit darüber hinaus finden. Diese prähistorischen Pazifikinsulaner waren aber weit mehr als bloße Flüchtlinge. Sie erschufen eine globale Zivilisation, die nicht von einer politischen, ökonomischen oder militärischen Agenda angetrieben wurde. Sie war vielmehr von dem Bestreben motiviert, potenziell zerstörerische geologische Energien in etwas Positives umzuwandeln – so dass sie zur kulturellen und spirituellen Entwicklung genutzt werden konnten, statt Katastrophen auszulösen. Mit dieser Zielsetzung entwickelte sich eine vorsintflutliche Technologie, die zu einer *Oikumene* führte, einer ökumenischen Macht, die global im Einklang mit der Natur agierte.

Im Gegensatz dazu ist die heutige Industriegesellschaft durch unersättliche Gier gekennzeichnet, die zu einem immer weiter ansteigenden Verbrauch endlicher planetarer Ressourcen führt. Die lemurische Gesellschaft könnte unterschiedlicher nicht sein. Das wird besonders an der Einstellung zur Erde deutlich: Während die Lemurer in Harmonie mit ihr lebten, geht es heute nur um ihre Ausbeutung. Die Lemurer besaßen keine Atombomben und verschmutzten die Umwelt nicht durch fossile Brennstoffe. Wir hingegen sind süchtig nach Erdöl, was ihnen als selbstmörderischer Irrsinn erschienen wäre wie alle zügellosen Süchte.

Zu den weit entfernten Gegenden, die von den Lemurern erkundet wurden, gehörte auch eine große, fruchtbare Insel mit angenehm mildem Klima, die 400 Kilometer westlich der Straße von Gibraltar im Mittelatlantik lag. Während der folgenden 3.400 Jahre war sie lediglich eine Kolonie des fernen pazifischen Mutterlandes. Aber um etwa 4000 v. Chr. erfolgte eine friedliche Übernahme dieses atlantischen Außenpostens durch Neuankömmlinge, die von den Archäologen als seefahrende Megalithbauer aus Westeuropa identifiziert werden.

Das Zusammentreffen dieser Völker beschreibt Platon auf mythologische Weise in seinen Dialogen *Timaios* und

Kritias. Darin wird erzählt, Poseidon sei auf die Insel gekommen und habe sie bewohnt von einem Volk Sterblicher vorgefunden. Er heiratete eine einheimische Frau, Kleito. Sie schenkte ihm fünf Zwillingssöhne, die zu den ersten Königen der Neuen Ordnung heranwuchsen. Die Zwillinge erbauten eine gewaltige Stadt, wie es noch nie eine gegeben hatte. Sie bestand aus konzentrisch angelegten Wassergräben und künstlichen Inseln. Der erste halb göttliche Sohn des Meeresgottes war Atlas, nach dem das ganze Inselkönigreich benannt wurde. Sein Name bedeutet »der Träger«, abgeleitet von dem allegorischen Bild eines Berges, der das Himmelsgewölbe trägt, zugleich ein Hinweis auf Atlas als Erfinder der Astronomie und Astrologie. Im Schatten seines Berges wurde eine prächtige Metropole errichtet, die Tochter des Atlas: *Atlantis*. Die Megalithbauer stellten große Menhire auf, die als Bestandteil ihrer religiösen Verehrung des Himmelsvaters nach verschiedenen Himmelsphänomenen ausgerichtet wurden. Dies verschmolz mit der Erd-Mystik der lemurischen Bevölkerung.

Während des fünften vorchristlichen Jahrtausends entwickelte sich in Atlantis eine Hybridzivilisation aus lemurischer Spiritualität und neolithischer Technologie. Doch 3100 v. Chr. verwüstete die erste aus einer Serie von Kometen-Katastrophen einen großen Teil der Erde. Zwar überdauerte Atlantis, aber es hatte schwere Zerstörungen erlitten, und seine zutiefst erschütterten Bewohner, die im Einklang mit den Naturgesetzen als göttlichem Willen gelebt hatten, fühlten sich von den Göttern verraten. Sie wandten sich von den spirituellen Prinzipien ab, denen sie und ihre Vorfahren seit unzähligen Generationen gefolgt waren. Sie waren nicht länger Lemurer oder Megalithbauer, sondern ein neues Volk, die Atlanter, ein Name, in dem sich die Veränderung widerspiegelt, die mit ihnen vorgegangen war. Sie wandten ihr respekteinflößendes technologisches Geschick dem Abbau von Bodenschätzen zu und wurden so rasch zu Lieferanten und Zwischenhändlern kostbarer Metalle für die Königreiche des Bronzezeitalters, die vor allem nach hochwertigem Kupfer verlangten, das ihnen in der Waffentechnik einen Vorteil gegenüber ihren Nachbarn verschaffte.

Da nun der Reichtum der zivilisierten Welt ihr Staatssäckel füllte, stiegen die Atlanter zur ersten Großmacht, zum ersten Welt-Imperium auf. Um ihre globalen Investitionen zu schützen, rüsteten sie Flotten und Armeen aus, die sich, statt nur die atlantischen Grenzen zu schützen, zu Instrumenten der Expansion entwickelten. Die Atlanter setzten ein unvermeidliches Muster in Gang, dem zukünftige Imperialisten – unter welchen Namen sie auch immer bekannt waren und sind – während der nächsten Jahrtausende zwanghaft folgten. Aus Ehrgeiz entwickelten sich Gier und das Streben nach Sicherheit, was zum Abstieg in die Angst führte, die dann zu militärischer Aggression verleitete. Nachdem die Atlanter zunächst erfolgreich den Mittelmeerraum erobert hatten, geschah das Undenkbare – eine militärische Demütigung durch die technologisch viel weniger entwickelten, zahlenmäßig unterlegenen Griechen.

Die lemurischen Mystiker hatten gelehrt, dass sich die Moralgesetze nicht von den kosmischen Gesetzen trennen lassen, sondern dass beide letztlich gleich sind. Da alle Energie miteinander verbunden ist – oder, besser gesagt, es nur unterschiedliche Ausdrucksformen einer einzigen Energie gibt –, hat gutes und böses Handeln der Menschen Auswirkungen in der ganzen Gesellschaft und der natürlichen Welt. Das war das fundamentale Prinzip, das die Atlanter bei der Expansion ihres Imperiums missachteten. Doch die metaphysische Wahrheit dieses Prinzips manifestierte sich in einer Katastrophe, bei der die Hauptstadt der Atlanter völlig vernichtet wurde und im Meer versank. Damit endete – »in einem Tag und einer Nacht«, wie Platon berichtete – die Bronzezeit, in der Atlantis 1.800 Jahre lang die dominierende Macht gewesen war.

Damals war das pazifische Mutterland bereits seit 430 Jahren untergegangen. Als der Moment kam, von der Weltbühne abzutreten, der für alle Zivilisationen eines Tages unausweichlich naht, suchten einige Lemurer Zuflucht in Mittelasien und Japan. Andere Überlebende trugen genetisch zu zahlreichen Bevölkerungsgruppen in Ozeanien und an der Pazifikküste Nordamerikas bei. Die lemurische Erfahrung bereicherte die mündliche Überlieferung und Mythologie der Polynesier, Mikronesier, Melanesier, Australier, Indonesier, Südostasiaten und der Indianer des amerikanischen Südwestens. Von den Küsten Südamerikas bis zu den japanischen Inseln werden auf dem Meeresgrund immer mehr Beweise für die einstige Existenz des versunkenen Königreiches Mu entdeckt, doch Beweise für die Existenz von Atlantis sind heute noch so wenig greifbar wie in dem dunklen Zeitalter, das auf seine Auslöschung folgte.

Die Atlanter, die einst über das reichste, mächtigste Imperium auf Erden herrschten, wären wohl zutiefst verärgert, wenn sie wüssten, dass man sie heute für pure Legende hält, für eine Fantasie utopischer Träumer. Die Zerstörung von Atlantis hat eine unheimliche Ähnlichkeit mit der Explosion einer gewaltigen Wasserstoffbombe, die alles in Schutt und Asche legte und dann die geologischen Fundamente der ganzen Inseln zerstörte, so dass sie im Meer versank. Das Ausmaß dieser Katastrophe, die vermutlich über eine Million Menschen das Leben kostete, übersteigt jede Vorstellungskraft. Das Ereignis brannte sich tief ins genetische Gedächtnis der Menschheit ein, was unsere ungebrochene Faszination für Atlantis erklärt. Da es Naturgewalten von der Intensität eines Nuklearschlags ausgesetzt war und in den Tiefen des Meeres versank, könnte Atlantis für alle Zeiten unerreichbar sein, außer vielleicht in Visionen und Albträumen.

Das muss aber keineswegs auch für Lemurien gelten. Viele indigene Überlieferungen berichten übereinstimmend, dass seine Bewohner rechtzeitig vorgewarnt waren, sei es durch Vorzeichen in der Natur oder durch übersinnliche Prophezeiungen. So konnten sie das Mutterland noch evakuieren. Anderen Quellen zufolge, etwa dem hawaiianischen Kumulipo, waren bei der endgültigen Katastrophe viele Opfer zu beklagen. In keiner dieser Versionen, mit Ausnahme von Churchwards dubiosen »Lhasa-Aufzeichnungen«, wird jedoch von etwas vergleichbar Schrecklichem wie dem Atlantis-Holocaust berichtet. Zwar ist es in der heutigen Zeit verpönt, moralisch-kosmische Verbindungen herzustellen, aber könnte es nicht sein, dass die lang anhaltende ethische Unausgewogenheit der Atlanter zur Folge hatte, dass sich die Katastrophe bei ihnen schrecklicher auswirkte?

Interessant ist, dass es zwischen 1645 und 1715 buchstäblich keine auffällige Aktivität der Sonnenflecken gab und diese Zeit eine lange Phase relativen Weltfriedens war. Beginnend am Ende des Jahres 1945, seit dem ersten Atombombenabwurf und während der gesamten Dauer der Atomwaffentests des 20. Jahrhunderts, nahm die Sonnenfleckenaktivität stärker zu als jemals zuvor in der Geschichte der Sonnenbeobachtung. Sonnenflecken sind kühlere Regionen auf der Sonnenoberfläche, die ernste Störungen der elektronischen Kommunikation verursachen und, wie manche Forscher glauben, auch das menschliche Denkvermögen beeinträchtigen können. Und wirklich beobachteten Parapsychologen seit Mitte der 1950er Jahre einen Zusammenhang zwischen der Sonnenfleckenaktivität und der Zunahme emotional gestörten menschlichen Verhaltens. Auch andere Säugetiere und sogar Fische scheinen davon betroffen zu sein. Forscher vermuten, dass das bioelektrische Feld vieler Lebewesen unmittelbar durch die Sonne beeinflusst wird. Wenn das zutrifft, dann beginnen moderne Wissenschaft und uralte Mystik einander wieder anzunähern und zu ergänzen.

Für die Lemurer wäre das nichts Neues gewesen. Sie versuchten, die Naturgesetze auf die menschliche Gesellschaft anzuwenden. Sie strebten nach Harmonie zwischen sich und dem Universum, einem Gleichklang, in dem die Menschheit ihre wahre Identität finden würde. Sie verstanden, dass das Ego überwunden werden muss, weil die spirituelle Energie, die größte Macht im Universum, sich niemals kontrollieren und manipulieren lässt. Man kann ihr Wirken nur zulassen, sie durch Menschen wirken lassen, deren Herzen rein genug sind, um sich für diese Energie als Kanal zur Verfügung stellen zu können. Das war die Grundlage für die ideale Rolle der Menschen als mitschöpferische Helfer des einen Schöpfers. Doch um diese Rolle ausfüllen zu können, war eine Reinigung notwendig. Um sie zu erreichen, kannten die Lemurer nur ein Gebot, von dem alle ihre metaphysischen Überlegungen ausgingen: »Sei gütig.« Und nur eine Sünde, aus der alle anderen resultierten: Grausamkeit.

Ihre Vettern auf der anderen Seite des Globus wählten gewöhnlichere Götter: die gleichen Idole von eitlem Luxus, Genusssucht und einer Theologie der Selbstrechtfertigung, die auf der Jagd nach dem vergänglichen Glück auch heute noch angebetet werden. Edgar Cayce beschrieb die Endphase von Atlantis als Kampf zwischen den materialistischen Söhnen des Belial und den monotheistischen Gefolgsleuten des Einen Gesetzes. Dieser Konflikt zwischen zügelloser Gier und religiöser Intoleranz wird im heutigen Amerika von Enron-Kapitalisten und religiösen Fundamentalisten ausgetragen, wobei die Unterschiede verschwimmen, so wie es auch in den letzten Tagen von Poseidons Imperium der Fall war. Die Atlanter sind wir. Die Atlanter *waren* Lemurer. Das Dilemma, das sie so weit voneinander trennte, nicht nur räumlich sondern auch ethisch-moralisch, verdeutlicht uns, wie sehr ein einziges Volk sich in Licht und Dunkelheit aufspalten kann. Diese moralische Dichotomie und die sich daraus ergebenden sehr unterschiedlichen Konsequenzen für die beiden Kulturen sind der unterbewusste Grund für die große Faszination, die Atlantis und Mu in der heutigen Zeit ausüben. Die Ähnlichkeiten zwischen ihrer Zeit und unserer sind so zahlreich, dass sie zu Vergleichen anregen. Die eine Kultur, Lemurien, sah im spirituellen Wachstum das Ziel menschlicher Evolution. Die andere vergötterte progressive Technologie als Lösung gegen alles, was dem materiellen Glück im Weg steht.

Wie sähe die Welt heute aus, wenn Lemurien nicht zerstört worden wäre? Wäre seine Entwicklung über die Jahrtausende ungehindert weitergegangen bis in unsere Zeit, hätte man vermutlich längst Mittel und Wege gefunden, alle Naturkatastrophen zu vermeiden und würde diese Methoden schon seit vielen Jahrhunderten anwenden. Vielleicht hätten sich dann Ereignisse wie der Tsunami des Jahres 2004 im Indischen Ozean vermeiden lassen. Schon allein diese Überlegung rechtfertigt eine intensive Suche nach dem verlorenen Mutterland.

Cayce sagte, im 20. Jahrhundert hätten sich mehr atlantische Seelen reinkarniert als je zuvor – manche, um eine Wiederholung jener selbstmörderischen Katastrophe zu verhindern, die einst ihre Welt beendete, andere, um dieses Szenario in einem noch entsetzlicheren Maßstab erneut durchzuspielen. Wenn dem so ist, dann könnte das 21. Jahrhundert eine nie dagewesene Reinkarnation *lemurischer* Seelen erleben, als ein natürliches Gegengewicht. Schließlich war Gleichgewicht ihr Losungswort. Vielleicht können sie die dunkleren Tendenzen durch eine ewige Form der Erleuchtung ausgleichen, die in ihrer zeremoniellen Verehrung der Sonne ja bereits zum Ausdruck kam. Die Menschheit kann immer noch von dem Kurs abweichen, der sie schon einmal an den Rand der Auslöschung führte, indem sie sich auf die Suche nach dem Mutterland begibt, wo wir einst mit all den großen Hoffnungen einer neuen und potenziell gottgleichen Spezies geboren wurden.

Obwohl die Ruinen des Mutterlandes seit mindestens 33 Jahrhunderten auf dem Meeresgrund liegen, ist sein Geist in den mündlichen Überlieferungen und der hoch stehenden Spiritualität von über einem Dutzend unterschiedlicher Völker des Pazifikraumes lebendig geblieben. Und je mehr wir uns der Großen Krise nähern, die unsere ungewisse Zukunft überschattet, desto mehr wächst dieser Geist offenbar auch in unserem kollektiven Bewusstsein. In dieser Epoche, in der das Unnatürliche als normal gilt, die Genusssucht keine Grenzen kennt und die Erde an den Rand einer ökologischen Revolte getrieben wird, brauchen wir dringend ein anderes Vorbild aus unserer eigenen Vergangenheit. Es ist an der Zeit, nach *Lemurien* zurückzukehren.

ANHANG

Bildtafeln

Die Ausgrabung eines Moai zeigt, dass die Bodenablagerung bis in seine Kinnhöhe reicht, was auf ein weitaus höheres Alter schließen lässt als von den konventionellen Wissenschaftlern angenommen.

Ein Mitglied des Ama-Kults schlüpft in die Rolle eines Überlebenden aus dem versunkenen Mu, der im alten Japan an Land geht, einen Zweig vom Baum des Lebens in der Hand. (Foto: Professor Nobuhiro Yoshida)

In modernen Zeiten wieder aufgerichtet, säumen die Moai das Ufer der Anakena-Bucht auf der Osterinsel.

Eingang zur Stadt Tiahuanaco in den bolivianischen Anden, die aus einer Zeit vor den Inka stammt.

Eine monolithische Statue in Tiahuanaco, die sehr den Moai der Osterinsel ähnelt.

Die Banaue-Reisterrassen auf den Philippinen – Kornkammer des alten Lemurien.

Die gleiche »Handschrift« antiken Agrarwesens zeigt sich im japanischen »Ena« (linkes Bild) und in der Inka-Himmelsstadt Machu Picchu hoch oben in den peruanischen Anden (Bild unten).

Der kolossale Kandelaber
in den Anden nahe der
peruanischen Küste.

Oberteil eines in der Erde
begrabenen Bogens
in Tiahuanaco.

Japans prähistorische Steintürme ähneln stark entsprechenden Bauten auf der Osterinsel und in Südamerika, denn sie waren alle einmal Teil der lemurischen Kultur. (Foto: Professor Nobuhiro Yoshida)

Eine Zeichnung aus der Mitte des 19. Jahrhunderts zeigt einen Steinturm auf der Osterinsel vor seiner Zerstörung.

Einer der Silustani-Türme in Ufernähe des Titicacasees in den bolivianischen Anden. Seine Ähnlichkeit mit den Versionen auf der Osterinsel und in Japan weist auf den gemeinsamen lemurischen Ursprung hin.

Japans versunkenes Monument vor der Insel Yonaguni.

Diese künstlerische Darstellung einer hawaiianischen Heiau oder Zeremonialplattform veranschaulicht die Ähnlichkeit zu der im Meer vor Yonaguni entdeckten Struktur.

Die sauber eingepassten Steinblöcke eines Torbogens an der Unterwasser-Zitadelle von Yonaguni.

Ein Korridor und eine kurze Treppe beweisen, dass die Struktur von Yonaguni künstlichen Ursprungs sein muss.

Ein Taucher schwimmt an der Wendeltreppe entlang, die Teil eines riesigen Unterwasser-Turms nahe der japanischen Insel Okinoshima ist.

Bronzeemblem am Shinobazu-Tempel in Tokio. Es zeigt die vom Meer eingeschlossenen Landgebiete von Mu.

Labyrinth-Stein von Hemet in Kalifornien, auf dem das heilige Symbol von Mu zu sehen ist.

Das Symbol von Mu, wie es Colonel James Churchward aus Klosteraufzeichnungen kopierte, die er einsehen konnte, während er in den 1870er Jahren bei der britischen Armee in Indien diente.

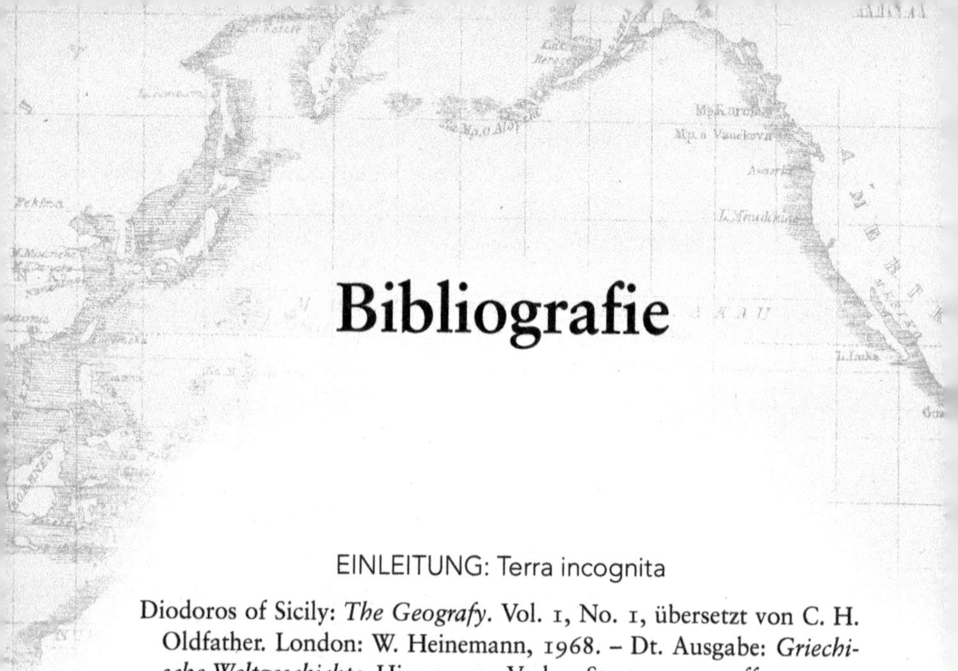

Bibliografie

EINLEITUNG: Terra incognita

Diodoros of Sicily: *The Geografy*. Vol. 1, No. 1, übersetzt von C. H. Oldfather. London: W. Heinemann, 1968. – Dt. Ausgabe: *Griechische Weltgeschichte*, Hiersemann Verlag, Stuttgart 1992 ff.

Joseph, Frank: *The Temple of Mu*. Fernsehdokumentation, produziert von AUS-TV International, Australien, Sydney 2000.

Soddy, Frederick: *Pioneers of Progress: Selected Biographies of Outstanding Nobel Prize Winners*. New York: Feathermount Press Inc., 1925.

EINS: Eine vergessene Superwissenschaft

Alip, Eufonio M.: *The Philippines of Yesteryears: The Dawn of History in the Philippines*. Manila 1964.

Ashby, Gene: *A Guide to Ponape*. Eugene, Ore.: Rainy Day Press, 1987.

—: *Some Things of Value: Micronesian Customs and Beliefs*. Eugene, Ore.: Rainy Day Press, 1985.

Ballinger, Bill S.: *Lost City of Stone: The Story of Nan Madol*. New York: Simon and Schuster, 1978.

Bator, Vamos-Toth: »Supreme Tamana Witness-Data«, in: *Midwest Epigraphic Journal 16*, No. 2 (2002): 75-78.

Beardsley, Felicia: *Kosrae Historical Preservation Office (KHPRO) Report* 9(1) (2003).

Berkshire, Henry: »Can the Philippines 8th Wonder of the World Survive?«, in: *UNESCO Bulletin* 24, No. 9 (2005).

Brown, John MacMillan: *The Riddle of the Pacific*. 1924. Neuausgabe: Kempton, Ill., Adventures Unlimited Press, 2003.

Cerve, W. S.: *Lemuria: The Lost Continent of the Pacific*. 3. Aufl. San José, Calif.: Supreme Grand Lodge of AMORC, 1942.
Childress, David Hatcher: *Ancient Micronesia and the Lost City of Nan Madol*. Kempton, Ill.: Adventures Unlimited Press, 1998.
—: *Lost Cities of Ancient Lemuria and the Pacific*. Kempton, Ill.: Adventures Unlimited Press, 1989.
Churchward, James: *The Lost Continent of Mu*, 1924. Neuausgabe. Albuquerque: Brotherhood of Life, 1987. – Dt. Ausgabe: *Mu, der versunkene Kontinent*. Windpferd Verlag, Aitrang 1990.
Clarke, Arthur C.: »The Other Side of Tomorrow«, in: *Science Reader Magazine* 12, No. 5 (1996).
Corliss, William R.: *Ancient Structures*. Glenbrook, Md.: The Sourcebook Project, 2001.
Davis, Maria: »Weather Manipulation: Fact or Fantasy?«, in: OMNI 11, No. 7 (1988).
Deveraux, Paul: *Earth Lights*. London: Royal Oak Press, 1993.
Eastlund, Bernard J.: *Can We Control the Weather?* Washington, D.C.: National Public Radio, 6. September 1987.
Edmonds, I. G.: *Micronesia*. New York: Bobbs-Merrill Co., 1974.
Hesse, Georgia: »Micronesian Paradise Not«. *The San Francisco Examiner*, 12. Dezember 1998, p. 8.
Hanlon, David: *Upon a Stone Altar*. Honolulu: University of Hawaii Press, 1988.
Imel, Martha Ann und Dorothy Myers Imel: *Goddesses in World Mythology*. Oxford: Oxford University Press, 1993.
Knappert, Jan: *Pacific Mythology: An Encyclopedia of Myth and Legend*. London: Diamond Books, 1995.
Merritt, Abraham: *The Moon Pool*. New York: Collier Books, 1961. – Dt. Ausgabe: *Der Mondteich*. Fischer Taschenbuch Verlag, Frankfurt am Main 1988.
Newman, Joseph: *The Energy Machine of Joseph Newman*. Pressemitteilung. www.josephnewman.com
Peattie, Mark R.: *Nan'Yo: The Rise and Fall of the Japanese Micronesia 1885 to 1945*. Honolulu: University of Hawaii Press, 1988.
Ramsay, Cynthia Russ: »On the Reef of Heaven«, in: *Mysteries of Mankind*. Washington, D.C.: National Geografic Society, 1992.
Rittlinger, Herbert: *Der maßlose Ozean*. Franz Eher Verlag, München 1939.
Saxe, Arthur: »The Nan Madol Area of Ponape«, in: *Institute of Electrical Electronics and Engineers* 12, No. 5 (1969).
Tompsen, Edward: »More Than Half-a-Million Feared Dead in China Earthquake«, in: *The New York Times*, 5. Juni 1976, p. 1.

Däniken, Erich von: *Im Namen von Zeus*. Bertelsmann Verlag, München 1999.

Zimmerer, Neil: *The Chronology of Genesis*. Kempton, Ill.: Adventures Unlimited Press, 2003.

ZWEI: Der Nabel der Welt

Andersen, Johannes C.: *Myths and Legends of the Polynesians*. London: Harrap, 1928.

Billimoria, Rashnu: *The Rongo-Rongo and Mohenjo Daro Scripts*. Vol. 35. London: Anthropos, 1938.

Brown: *The Riddle of the Pacific*.

Casey, Robert: *Easter Island*. Indianapolis: Bobbs-Merrill, 1931.

Chance, Jack: »The Faces of Rapa Nui«, in: *Atlantis Rising* 46 (2004).

Cremo, Michael A. und Richard L. Thompson: *Forbidden Archaeology*. San Francisco: Bhaktivedanta Institute, 1993. – Dt. Ausgabe: *Verbotene Archäologie*. Kopp Verlag, Rottenburg 2006.

De Hevesy, Guillaume: *The Easter Island and Indus Valley Scripts*. Vol. 35. London: Anthropos, 1938.

Handy, E. S.: *Polynesian Religion*. Honolulu: Bishop Museum, 1927.

Heine-Geldern, Richard: *Easter Island Script Controversy*. Vol. 35. London: Anthropos, 1938.

Heyerdahl, Thor: *Reports of the Norwegian Archaeological Expedition to Easter Island and the East Pacific*. Bd. 1 und 2. Chicago: Rand McNally, 1965.

Hunter, G. R.: *Easter Island's Written Language*. Vol. 35. London: Anthropos, 1938.

Joyce, T. A.: »The Mystery of the Easter Island Images«, in: *Wonders of the Past*. New York: Wise and Company, 1952.

Macintosh, Jane R.: *The Peaceful Realm*. New York: McBurty Press, 2003.

Metraux, Alfred: *Easter Island*. London: André Deutsch, 1957. – Dt. Ausgabe: *Die Osterinsel*. Kohlhammer Verlag, Stuttgart 1957.

Routledge, Katherine: *The Mystery of Easter Island*, 1919. Neuausgabe. Kempton, Ill.: Adventures Unlimited Press, 1998.

Spence, Lewis: *The Problem of Lemuria*. London: Rider and Company, 1933.

Thompson, Gunnar: *American Discovery, the Real Story*. Seattle: Argonauts Misty Isles Press, 1994.

Wyse, Elizabeth, Hrsg.: *Past Worlds: The Times Atlas of Archaeology*. New York: Crescent Books, 1995.

DREI: Die Riesen sprechen

Andersen: *Myths and Legends of the Polynesians.*

Barbara Ann Karamenos Institute. 15. April 2004. www.tbakaramenos.org, info@karamenos.org

Brown: *The Riddle of the Pacific.*

Cerve: *Lemuria.*

Childress, David Hatcher: *Lost Cities of Ancient Lemuria and the Pacific.*

Churchward: *The Lost Continent of Mu.*

Daniel, Glyn, Hrsg.: *The Illustrated Encyclopedia of Archaeology.* New York: Thomas Y. Crowell Company, 1977. – Dt. Ausgabe: *Enzyklopädie der Archäologie.* Pawlak Verlag, Herrsching 1988.

Fornander, Abraham: *An Account of the Polynesian Race.* Montpelier, Vt.: Charles E. Tuttle Company, 1885.

Hipskind, Gerald: »Easter Island«, in: *Nature* 15, No. 3 (1892).

Huppertz, Josephine: »Ancestor Worship on Easter Island«, in: *Epigraphic Journal* 16, No. 1 (2002): 71.

Imel, Martha Ann und Dorothy Myers Imel: *Goddesses in World Mythology.*

Jennings, Jesse D., Hrsg.: *The Prehistory of Polynesia.* Cambridge, Mass.: Harvard University Press, 1979.

Jordan, Michael: *Encyclopedia of the Gods.* New York: Facts on File, Inc., 1993.

MacKenzie, Donald A.: *South Seas Myths and Legends.* London: Senate Books, 1930.

Margrave, Susan: *Stem-Cell Research Promising; Arguments Surrounding It Plentiful.* Henderson State University, www.hsu.edu/content.aspx?id=1705, 16. Oktober 2004.

Maziere, Francis: *Mysteries of Easter Island.* New York: W. W. Norton, 1968.

McLaughlin, Shawn: »Lichenometry on Easter Island.« Easter Island Foundation, Brief an den Autor, 27. September 2004.

Moerenhout, J. A.: *Voyages aux Iles du Grand Ocean.* Paris: Quintillion, 1837.

Routledge, Katherine: *The Mystery of Easter Island.*

Scarboro, David: »Easter Island Possibilities.« MadSci Network: webadmin@www.madsci.org

Spence, Lewis: *The Problem of Lemuria.*

Van Tilburg, Jo Anne: »Respect for Rapa Nu: Exhibition and Conservation of Easter Island Stone Statues«, in: *Antiquity* 64 (1990): 249-258.

Yoshida, Nobuhiro: »The Prehistoric Stone Towers of Japan and Easter Island«, in: *Ancient American* 5, No. 31 (2000).

VIER: Uralte ozeanische Technologie

Allen, M. R.: *Male Cults and Secret Initiations in Melanesia*. Melbourne: Melbourne University Press, 1967.
Andersen: *Myths and Legends of the Polynesians.*
Anell, Bengt: »Contributions to the History of Fishing in the Southern Seas«, in: *Studia Ethnographica Upsaliensia* 9 (1955).
Best, Elston: *Maori Religion and Mythology*. Bd. 1 und 2. London: Wellington Press, 1924.
Bohr, Niels: *Hypo-Typographica,* übersetzt von Helge Norcross. New York: Grosset and Dunlap, 1949.
Chevalier, Louis: *Revue de la Société d'Etudes Melanesiennes.* New Caledonia: University of New Caledonia Press, 1964.
Childress, David Hatcher: *Lost Cities of Ancient Lemuria and the Pacific.*
—: *Ancient Tonga and the Lost City of Mu'a*. Kempton, Ill.: Adventures Unlimited Press, 1996.
—: »The Kaimanawa Wall«, in: *World Explorer* 1, No. 8 (1996): 19.
Corliss, William R.: *Archaelogical Anomalies: Small Artifacts.* Glenbrook, Md.: The Sourcebook Project, 2003.
—: *Ancient Man: A Handbook of Puzzling Artifacts*. Glenbrook, Md.: The Sourcebook Project, 1980.
Davis, Easter Payne: »The Strange Lat'te Stones of Guam«, in: *World Explorer* 1, No. 2 (1992).
Duff, Roger: »The Prehistory of the Southern Cook Islands«, in: *Canterbury Museum Bulletin* 6 (1974).
Etpison, Mandy T.: *Palau: A Portrait of Paradise*. Koror, Palau: NECO Marine Corp., 1995.
Heyerdahl, Thor. *Early Man and the Ocean*. New York: Doubleday, 1978. – Dt. Ausgabe: *Wege übers Meer,* Goldmann Verlag, München 1994.
Knappert, Jan: *Pacific Mythology: An Encyclopedia of Myth and Legend.*
Mahler, Heinrich: »New Guineas Strange Mummies«, in: *Science Newsletter* 11, No. 4 (1936): 22.
Moss, Rosalind: *The Life After Death in Oceania and the Malay Archipelago*. London: Harrison House, Ltd., 1925.
O'Neill, Terry, Hrsg.: *Out of Time and Space*. St. Paul: Llwellyn Publications, 1999.

Reynolds, Philip K.: *The Banana.* New York: Houghton Mifflin, 1927.

Rivers, W. H. R.: »Pacific Monuments«, in: *American Anthropologist* 31, No. 9 (1915).

Roth, H. Ling: *The Natives of Sarawak and British North Borneo.* London: Harrison House, Ltd., 1896.

Rothovious, Andrew E.: »Mysterious Cement Cylinders in New Caledonia«, in: *Fate* 22, No. 7 (1973).

Sanders, Albert: »New Medical Research Breakthrough?«, in: *The Detroit Free Press*, 15. April 2004, p. 8.

Smith, S. Percy: *Hawaiki: The Original Home of the Maori.* Wellington, New Zealand: Wellington Press, 1921.

Sorrenson, M. P.: *Maori Origins and Migrations.* Auckland, New Zealand: Auckland University Press, 1979.

Spence, Lewis: *The Problem of Lemuria.*

Stern, William: »Stem-Cell Research Offers Bright Prospects for Future Cures«, in: *London Daily Herald*, 14. Oktober 2004, p. 12.

Steubel, C. und B. Herman: *Talo o Vavao: The Myths, Legends and Customs of Old Samoa.* Auckland, New Zealand: Auckland Polynesian Press, 1987.

The Times of India: »Giant Skeleton Found on Fiji.« 14. Juli 2002.

Yoshida, Nobuhiro: »Japan's Megalithic Links to Ancient America and Europe«, in: *Ancient American* 3, No. 23 (1998).

FÜNF: Der Colonel von Mu

Caroli, Kenneth. Persönliche Korrespondenz. November 2004.

Churchward, James: *Cosmic Forces of Mu.* Bd. 2, 1935. Neuausgabe. Santa Fé, N. Mex.: BE Books, 1998.

—: *Cosmic Forces of Mu.* Bd. 1, 1933. Neuausgabe. Santa Fé, N. Mex.: BE Books, 1998.

—: *The Children of Mu.* 1928. Neuausgabe. Santa Fé, N. Mex.: BE Books, 1988.

—: *Books of the Golden Age,* 1927. Neuausgabe. Santa Fé, N. Mex.: BE Books, 1997.

—: *The Sacred Symbols of Mu,* 1926. Neuausgabe. Santa Fé, N. Mex.: BE Books, 1988.

—: *The Lost Continent of Mu.*

Le Plongeon, Augustus: *Sacred Mysteries Among the Mayas and Quiches 11.500 Years Ago.* New York: Macoy, 1886.

Santesson, Hans: *Understanding Mu.* New York: Paperback, Library, 1970.

Beckwith, Martha W.: *The Kumulipo, A Hawaiian Creation Chant.* Chicago: University Press, 1951.
Cerve: *Lemuria.*
Churchward: *The Lost Continent of Mu.*
Dodd, Edward: *Polynesia's Sacred Isle.* New York: Dodd, Mead and Company, 1976.
Etpison, Mandy T.: *Palau: A Portrait of Paradise.*
Fornander, Abraham: *An Account of the Polynesian Race.*
Goodman, Jeffrey: *American Genesis.* New York: Doubleday, 1979.
Grundy, Martin A.: »Native Americans: Really out of Asia?«, in: *Ancient American* 4, No. 3 (1999).
Haeckel, Ernst: »Human Origins«, in: *The Hyklut Society Bulletin* 121 (1879).
Handy, E. S.: *Polynesian Religion.*
Heyerdahl, Thor: *Reports of the Norwegian Archaeological Expedition to Easter Island and the East Pacific.* Bd. 2.
Imel, Martha Ann und Dorothy Myers Imel: *Goddesses in World Mythology.*
Jordan, Michael: *Encyclopedia of the Gods.*
Joseph, Frank: »Buhl Woman Sheds Light on Ancient Americans«, in: *Ancient American* 4, No. 26 (1999).
—: »New Finds Demolish ›Bering Land-Bridge‹ Theory«, in: *Ancient American* 20, No. 60 (2005): 27.
Knappert, Jan: *Pacific Mythology.*
Lever, Carole und Peter Quinone: »Kennewick Man: May He Rest in Peace?«, in: *Ancient American* 6, No. 37 (2001).
Le Plongeon, Augustus: *Sacred Mysteries Among the Mayas and Quiches.* London: Kegan, Paul, Trench, Tuebner, 1998.
MacKenzie, Donald A.: *Mythology of the Babylonian People.* London: The Gresham Publishing Company, Ltd., 1915.
Melville, Leinani: *Children of the Rainbow: The Religion, Legends and Gods of Pre-Christian Hawaii.* Wheaton, Ill.: Quest Books, Theosophical Publishing House, 1969.
Meyer, Priscilla S.: »Rewriting America's History: Genetics and the South Pacific«, in: *Ancient American* 2, No. 9 (1996).
Nugent, John: »Who Were the Original Native Americans?«, in: *The Barnes Review* 5, No. 3 (1999).
Ogilvie-Herald, Chris: »Older Than Expected«, in: *Quest* 1, No. 6 (1997).
Oppenheimer, Steven: *Eden in the East. The Drowned Continent of Southeast Asia.* London: Weidenfeld and Nicolson, 1999.

Santesson, Hans: *Understanding Mu.*
Spence, Lewis: *The Problem of Lemuria.*
Zimmerer, Neil: *The Chronology of Genesis.* Kempton, Ill.: Adventures Unlimited Press, 2003.

SIEBEN: Hawaiianisches Mutterland

Alexander, W. D.: *Polynesian Travels.* New York: McVey and Company, 1929.
Beckwith, Martha W.: *Hawaiian Mythology.* Harmouth, Conn.: Yale University Press, 1940.
—: *The Kumulipo, A Hawaiian Creation Chant.*
Bellwood, Peter: *Man's Conquest of the Pacific.* London: William Collins, 1978.
Cunningham, Scott: *Hawaiian Religion and Magic.* St. Paul: Llewellyn Publications, 1994.
Colum, Padraig: *Legends of Hawaii.* Harmouth, Conn.: Yale University Press, 1937.
Ellis, William: *Polynesian Researches.* Montpelier, Vt.: Charles E. Tuttle Company, 1833.
Emerson, Nathaniel B.: *Unwritten Literature of Hawaii.* Washington, D.C.: Smithsonian Institute, 1909.
Hezel, Francis X.: *The First Taint of Civilization.* Honolulu: University of Hawaii Press, 1983.
Imel, Martha Ann und Dorothy Myers Imel: *Goddesses in World Mythology.*
MacLaine, Shirley: *The Camino: A Journey of the Spirit.* New York: Pocket Books, 2000. – Dt. Ausgabe: *Der Jakobsweg*, Goldmann Verlag, München 2001.
Malo, David: *Hawaiian Antiquities.* Honolulu: Bishop Museum, 1951.
Melville, Leinani: *Children of the Rainbow.*
Morwood, Mike, Thomas Sutikna und Richard Roberts: »The People Time Forgot«, in: *National Geografic* 207, No. 4 (2005): 6.
Olsen, Brad: *Sacred Places: North America.* San Francisco: Consortium of Collective Consciousness, 2003.
Puku'i, Mary Kawena: *The Water of Kane and Other Legends of the Hawaiian Islands.* Honolulu: Kamehameha Schools Press, 1994.
—: *New Pocket Hawaiian Dictionary.* Honolulu: University of Hawaii Press, 1992.
Rogers, Jim: *World Travels.* Wash.: Backpack Press, 1990.
Spence, Lewis: *The Problem of Lemuria.*

Suggs, Robert: *The Hidden Worlds of Polynesia.* New York: Harcourt Brace, 1962.
—: *The Island Civilisations of Polynesia.* New York: Mentor Books, 1960.
The Bernice P. Bishop Museum Newsletter. Vol. 203. Honolulu: Bishop Museum, 1950.
Verrengia, Joseph B.: *A Tiny Human, A Giant Find.* St. Paul: Pioneer Press, 28. Oktober 2004.
Williams, Mark R.: *In Search of Lemuria.* San Mateo, Calif.: Golden Era Books, 2001.

ACHT: Lemurer in Amerika

Alexander, William: *North American Mythology.* New York: Harcourt Brace, 1935.
Allen, Charles: »New Science in the Mountains«, in: *Chicago Herald,* 16. Januar 1999, p. 17.
Aveni, Michael: »Mystery Lines of the Desert«, in: *Archaeology* 26, No. 64 (1998): 32.
Bierhorst, John: *The Mythology of South America.* New York: William Morrow and Company, 1982.
Childress, David Hatcher: *Lost Cities of North and Central America.* Kempton, Ill.: Adventures Unlimited Press, 1992.
—: *Lost Cities and Ancient Mysteries of South America.* Kempton, Ill.: Adventures Unlimited Press, 1986.
Churchward, James: *Cosmic Forces of Mu.* Bd. 1, 1933. Neuausgabe. Santa Fé, N. Mex.: BE Books, 1998.
—: *The Lost Continent of Mu.*
Clark, Ella E.: *Indian Legends of the Pacific Northwest.* Berkeley: University of California Press, 1953.
Davis, E. M. und S. Winslow: »Giant Ground Figures in the Prehistoric Deserts«, in: *Proceedings of the American Philosophical Society* 109, No. 1 (1965).
Donato, William A.: »Whatever Happened to the ›Western Whites‹?«, in: *Ancient American* 3, No. 17 (1997).
Dunbavin, Paul: *Atlantis of the West.* New York: Carrol and Graf, 2003.
Ellis, William: *Polynesian Researches.*
Flagmark, Knut R.: *British Columbia Prehistory.* Ottawa: National Museum of Canada Press, 1986.
Glavin, Terry: *A Death Feast in Dimlahamid.* Vancouver: New Star Books, 1990.

Joseph, Frank: *Sacred Sites of the West.* Blaine, Wash.: Hancock House, 1997.

Keithahan, Edward S.: *Monuments in Cedar.* Seattle: Superior Publishing Company, 1963.

Kirbus, Frederico: *Enigmas, Miserios y Secretos de America.* Rio de Janiero: Rio de Janiero Press, 1978.

Lee, Laura: »Super Technology of Ancient Egypt and Peru«, in: *Ancient American* 3, No. 17 (1997).

McCall, Lynne und Rosalind Pery: *California's Chumash Indians.* Santa Anna, Calif.: EZ Nature Books, 1990.

Marriott, Alice und Carol K. Rachlin, Hrsg.: *American Indian Mythology.* New York: New American Library, 1968.

McNeary, Robert: »The Mystery of the Andes«, in: *Reader's Digest* 68, No. 43 (1988): 52.

Moseley, Michael E.: *The Incas and their Ancestors.* London: Thames and Hudson, 1994.

Noorbergen, René: *Secrets of Lost Races.* New York: Barnes and Noble, 1977.

Posnansky, Arthur: *Tiahuanaco.* New York: Augustin Press, 1945.

Rainey, Froelich G.: »Mystery of the Arctic«, in: *Natural History* 46, No. 12 (1941): 148-155.

Reiche, Maria: *Mystery of the Desert.* Selbstverlag, Peru, Nazca 1968. – Dt. Ausgabe: *Geheimnis der Wüste,* Selbstverlag, Stuttgart-Vaihingen 1968.

Scofield, Bruce: »Ecuador, America's Prehistoric Port of Call«, in: *Ancient American* 3, No. 23 (1998).

Stoddy, Frederick: *Pioneers of Progress.*

Spence, Lewis: *Mexico and Peru: Myths and Legends,* 1920. Neuausgabe. London: Senate, 1994.

Steiner, Greg: »Mysterious Tiahuanaco«, in: *World Explorer* 1, No. 6 (1995): 19.

Tompkins, Peter: *Secrets of the Mexican Pyramids.* New York: Harper and Row, 1970. – Dt. Ausgabe: *Die Wiege der Sonne.* Droemer Knaur Verlag, München 1980.

Waters, Frank: *Book of the Hopi.* New York: Viking Press, 1963. – Dt. Ausgabe: *Das Buch der Hopi.* Diederichs Verlag, Düsseldorf und Köln 1980.

Wherry, Joseph H.: *Indian Masks and Myths of the West.* New York: Funk and Wagnells, 1969.

Wilkins, Harold T.: *Mysteries of Ancient South America.* Kempton, Ill.: Adventures Unlimited Press, 2000.

Wyss, M.: »Local Changes in Sea-Level Before Earthquakes in South America«, in: *Seismological Society of America* 66 (1976): 903-914.

Zettl, Helmut: »Tiahuanaco and the Deluge.« www.crystalinks.com/preinca.html

NEUN: Was Asien Lemurien verdankt

Allen, Charles: *A Mountain in Tibet*. London: Futura Publications, 1983.
Bancroft, H. H.: *New World Mythology*. Montpelier, Vt.: Charles E. Tuttle Company, 1889.
Blau, Tatjana und Mirabai Blau: *Buddhistische Symbole*. Schirner Verlag, Darmstadt 2007.
Caroli, Kenneth. Persönliche Korrespondenz. November 2004.
Chamberlain, Basil Hall: »A Translation of the Kojiki« und »Records of Ancient Matters«, in: *Translations of the Asiatic Society of Japan* 10, (1882).
Childress, David Hatcher: *Lost Cities of China, Central Asia and India*. Kempton, Ill.: Adventures Unlimited Press, 1985.
Christie, Anthony: *Chinese Mythology*. New York: Peter Bedrick Books, 1977. – Dt. Ausgabe: *Chinesische Mythologie*, Emil Vollmer Verlag, Wiesbaden 1968.
James Churchward: *The Sacred Symbols of Mu*.
Daniel, Glyn, Hrsg.: *The Illustrated Encyclopedia of Archaeology*.
Davis, Frederick H.: *Myths and Legends of Japan*. Singapore: Graham Brash Publishing Company, 1989.
Dorson, Richard M.: *Folk Legends of Japan*. Montpelier, Vt.: Charles E. Tuttle Company, 1962.
Jett, Stephen C.: »The Jomon of Neotlithic Japan: Early Ocean-Goers«, in: *Pre-Columbiana* 1, No. 2 und 3 (1999).
Joe, Eugene B.: *Navajo Sandpainting Art*. Phoenix: Treasurechest Publications, Inc., 1978.
Joseph, Frank: »Ancient Wonders in Japan«, in: *Ancient American* 3, No. 17 (1997).
MacKenzie, Donald A.: *Myths of China and Japan*, 1933. Neuausgabe. New York: Gramercy Books, 1994.
Meggers, Betty J.: »Jomon-Valdivia Similarities: Convergence or Contact«, in: *Across Before Columbus?* Edgecomb, Maine: NEARA Publications, 1998.
Norbu, Namkhai: *Drung, Deu and Boen, Narrations, Symbolic Languages and the Boen Tradition in Ancient Tibet*. Übersetzt von Adriano Clemente und Andrew Lukianowicz. New York: Library of Tibetan Works and Archives, 1988.
Schiller, Ronald: *Distant Secrets. Unravelling the Mysteries of Our Ancient Past*. New York: Carol Publishing Group, 1993.

Spence, Lewis: *The Problem of Lemuria.*
Sykes, Edgerton: *Lemuria Reconsidered.* London: Markham House Press, Ltd., 1968.
Thompson, Gunnar: *American Discovery, the Real Story.*
Villasenor, David: *Tapestries in the Sand: The Spirit of Indian Sand Painting.* San Francisco: Naturegraph Publishers, 1966.
Wyman, Leland C.: *Navajo Sandpainting: Symbolism, Artistry, and Psychology.* Phoenix: Taylor Museum, 1960.
Yoshida, Nobuhiro: »Japan's Megalithic Links to Ancient America and Europe«, in: *Ancient American* 3, No. 23 (1998).
—: »Stone Tablets of Mu«, in: *Ancient American* 3, No. 21 (1997).
Zimmerer, Neil: *The Chronology of Genesis.*

ZEHN: Was uns Namen verraten

Ashby, Gene: *Micronesian Customs and Beliefs.* Eugene, Ore.: Rainy Day Press, 1985.
Codrington, R. H.: *The Melanesians: Studies in Their Anthropology and Folklore.* Oxford: Clarendon Press, 1891.
Caroli, Kenneth: Persönliche Korrespondenz, 1996.
Colebrook, H. T.: *The Hindu Epics.* Chicago: William Regnery, 1900.
Cunningham, Scott: *Hawaiian Religion and Magic.*
Edmonds, I. G.: *Micronesia.*
Ellis, William: *Polynesian Researches.*
Fornander, Abraham: *An Account of the Polynesian Race.*
Heyerdahl, Thor: *The Maldive Mystery.* Annapolis, Md.: Adler-Adler, 1986. – Dt. Ausgabe: *Fua Mulaku – Reise zu den vergessenen Kulturen der Malediven.* Goldmann Verlag, München 1995.
Jacolliot, Louis: *Histoire de vierges: Les Peuples et les continents disparus.* Paris: Lacroix, 1879.
Joseph, Frank: *The Atlantis Encyclopedia.* Franklin Lakes, N.J.: Career Books, 2005.
Knappert, Jan: *Pacific Mythology: An Encyclopedia of Myth and Legend.*
MacKenzie, Donald A.: *South Seas Myths and Legends.* London: Senate Books, 1930.
Melville, Leinani: *Children of the Rainbow.*
Mercatante, Anthony S.: *Who's Who in Egyptian Mythology.* New York: Clarkson N. Potter, Inc., 1978.
Poignant, Rosslyn. *Oceanic Mythology.* London: Paul Hamlyn, 1967.
Smith, William Ramsay: *Aborigine – Myths and Legends.* London: George C. Harrap, 1930.

ELF: Der Schlafende Prophet Lemuriens

Cayce, Edgar: *The Edgar Cayce Readings*. Bd. 22. Virginia Beach, Va.: A.R.E. Press, 1987.

—: *Mysteries of Atlantis Revisited*. Virginia Beach, Va.: A.R.E. Press, 1982.

James Churchward: *The Lost Continent of Mu*.

Evermann, Rudy: *The Gobi Desert*. London: Haversmill Press, Inc.: 1955.

Joseph, Frank: *Edgar Cayce's Atlantis and Lemuria*. Virginia Beach, Va.: A.R.E. Press, 2001.

Marriott, Alice und Carol K. Rachlin, Hsg.: *American Indian Mythology*.

Oppenheimer, Steven: *Eden in the East. The Drowned Continent of Southeast Asia*.

Plog, Stephen: *Ancient People of the American Southwest*. London: Thames and Hudson, 1997.

Smith, William Ramsay: *Aborigine: Myths and Legends*.

Spence, Lewis: *The Problem of Lemuria*.

Steiger, Brad: *Atlantis Rising*. New York: Dell Publishing, 1973.

ZWÖLF: Die Zerstörung Lemuriens

Alexander, William: *North American Mythology*.

Andersen, Johannes C.: *Myths and Legends of the Polynesians*.

Barberi, Franco, Hrsg.: *Volcanoes*. Kitchener, Ontario: Firefly Books, Ltd., 2003.

Caroli, Kenneth: Persönliche Korrespondenz, 1989-2004.

—: »Catastrophe: An Investigation into the Origins of the Modern World«, in: *Ancient American* 5, No. 32 (2000).

Christy-Vitale, Joseph: *Watermark*. New York: Paraview Pocket Books, 2004.

Dobbs, Michael: »Terrible Ravages of the Indonesian Tsunami«, in: *Washington Post*, 26. Dezember 2004, p. 2.

Dunbavin, Paul: *Atlantis of the West*.

Eagle, Jonathan und William Hutton: *Earth's Catastrophic Past and Future*. Virginia Beach, Va.: A.R.E. Press, 2004.

Ganguly, Dilip: »Devastating Waves Kill 11.000 After Quake«, in: *Pioneer Press*, 27. Dezember 2004.

Huggett, Richard: *Cataclysms and Earth History*. Oxford: Clarendon Press, 1989.

Imel, Martha Ann und Dorothy Myers Imel: *Goddesses in World Mythology*.

Jett, Stephen C.: »The Jomon of Neotlithic Japan: Early Ocean-Goers«, in: *Pre-Columbiana* 1, No. 2 und 3 (1999).
Joseph, Frank: *Survivors of Atlantis.* Rochester, Vt.: Bear and Company, 2004. – Dt. Ausgabe: *Die Überlebenden von Atlantis,* Amra Verlag, Hanau 2014.
Knappert, Jan: *Pacific Mythology: An Encyclopedia of Myth and Legend.*
Le Plongeon, Augustus: *Sacred Mysteries Among the Mayas and Quiches 11.500 Years Ago.*
Ogilvie-Herald, Chris: »Older Than Expected«.
Oppenheimer, Steven: *Eden in the East. The Drowned Continent of Southeast Asia.*
Palmer, Trevor und Mark E. Bailey, Hrsg.: *Natural Catastrophes During Bronze Age Civilizations: Archaeological, Geological, Astronomical and Cultural Perspectives.* Oxford: Archaeo Press, 1998.
Poignant, Rosslyn: *Oceanic Mythology.*
Sandwell, David: *Floor Stratigraphy of the Mid-Pacific Ocean Basin.* Calif.: Scripps Oceanographic Institute, 1996.
Simkin, T. und L. Siebert: *Volcanoes of the World.* Phoenix: Geoscience Press, 1994.
Spence, Lewis: *The Problem of Lemuria.*

DREIZEHN: Die Entdeckung Lemuriens

Abe, Hiroshi: »Sunken Structure at Yonaguni.«, in: *Tokyo: Mu Super Mystery Magazine* 5, No. 3 (1996).
Donato, William A.: »Whatever Happened to the ›Western Whites‹?«
Jesmain, Marilyn: »Ancient Alaska and the Great Flood«, in: *Ancient American* 6, No. 39 (2001).
Joseph, Frank: »Japan's Undersea Ruins«, in: *Atlantis Rising* 13 (1997).
__: »Underwater City Discovered in Japanese Waters«, in: *Ancient American* 3, No. 17 (1997).
__: »Topper Is Fifty Thousand Years Old«, in: *Ancient American* 9, No. 60 (2004).
Kimura, Masaaki: *Diving Survey Report for Submarine Ruins off Yonaguni, Japan.* Okinawa: University of the Ryukyus Press, 2002.
Little, Gregory: *The Search for Atlantis.* Virginia Beach, Va.: A.R.E. Press, 2004.
Menzies, Robert J. und Edward Chin: »Cruise Report #2, Research Vessel Anton Bruun«, in: *Cruise 11, OCLC333371904.* Galveston: Marine Laboratory, Texas A&M, 1966.
Pettyjohn, F. S.: »The Caucasian ›Mummy People‹ of Alaska«, in: *Ancient American* 6, No. 39 (2001).

Rainey, Froelich G.: »Mystery of the Arctic«.
Sandwell, David und Walter H. F. Smith: *Exploring the Ocean Basin with Satellite Altimeter Data*. San José, Calif.: Scripps Oceanographic Institute, 1998.
Schoch, Robert M.: »The Yonaguni Monument: An Enigmatic Underwater Feature off Japan«, in: *Pre-Columbiana* 1, No. 2 und 3 (1999).
—: *Voices of Rocks*. New York: Harmony Books, 1999.
Shinbutsu, Celine: *The Basic Facts of Submarine Ruins off Yonagui, Japan*. Okinawa: University of the Ryukyus Press, 2002.
Spence, Lewis: *The Problem of Lemuria*.
Vanderveer, Thomas in einem Telefoninterview mit dem Autor, 9. November 2004.
Yoshida, Nobuhiro: »Huge ›Pillars‹, Staircase Found in Sea off Japan«, in: *Ancient American* 4, No. 26 (1999).
Walton, Marsha und Michael Coren: »The New Ancient Americans«, in: *Scientist* 22, No. 63 (2004).
Wilkins, Harold T.: *Mysteries of Ancient South America*.
Wood, W. W.: »Tombs in the Islands of Rotuma«, in: *Royal Anthropological Institute Journal*.

NACHWORT: Die wahre Bedeutung Lemuriens

Spence, Lewis: *The Problem of Lemuria*.

Register